Cornelia König-Becker

Mein Kind von 0 bis 6

Ein Elternbuch für die wichtigsten Jahre

Cornelia König-Becker

urania

Mein Kind von 0 bis 6

Ein Elternbuch für die wichtigsten Jahre

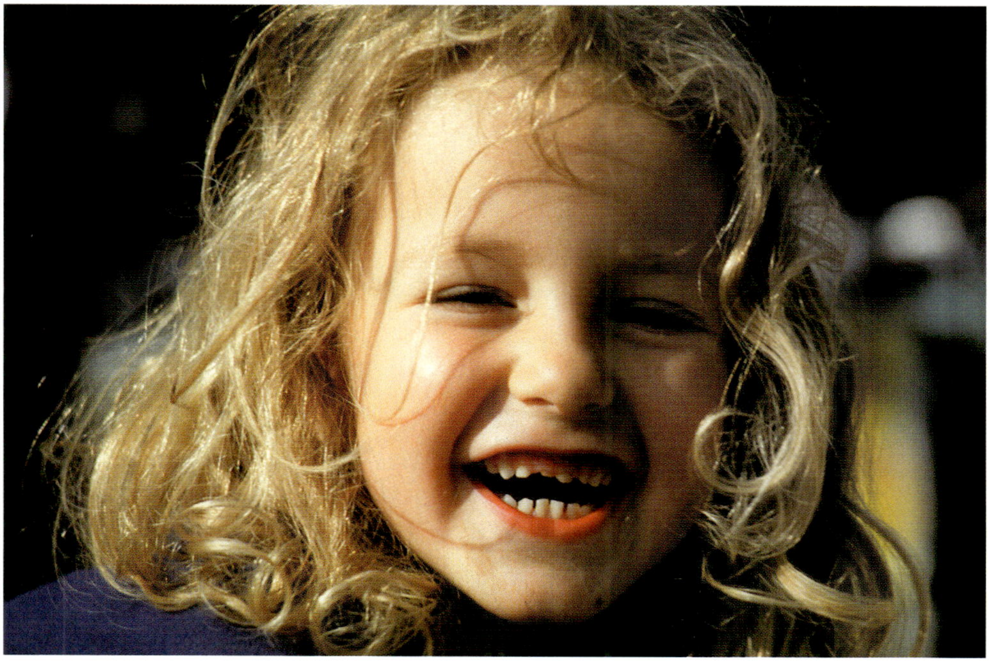

Die Autorin: Cornelia König-Becker studierte Pädagogik und Soziologie und hat eine Ausbildung als Kunsttherapeutin. Sie arbeitet als Dozentin im Bereich pädagogische Medien und ist Mutter von zwei Kindern.

Für Katja

Zum Thema erschienen:
Heike Baum: Papa, spiel mit mir. 1000 tolle Ideen und Tipps. ISBN 3-332-01135-9
Renate Csellich-Ruso: Die schönsten Bewegungsspiele für Kinder von 0–5. ISBN 3-332-01250-9
Michaela Dietenmeier, Erna Steindlmüller-Werz: So lernt mein Kind richtig sprechen. ISBN 3-332-01350-5
Helga Gürtler: Regeln finden ohne Tränen. Erziehungstipps für gestresste Eltern. ISBN 3-332-01310-6
Sandy Jones: Schlafende Babys – ruhige Nächte. ISBN 3-332-00870-6
Sabine Pauli, Andrea Kirsch: Geschickte Hände, wacher Verstand. ISBN 3-332-01196-0
Barbara Reck-Irmler: Unser Baby. 100 Fragen und Antworten zum ersten Jahr. ISBN 3-332-01136-7
Gerlind Schabert: Ein tolles Wochenende mit Papa. ISBN 3-332-01412-9
Monika Thiel: Babyspaß mit PEKiP-Spielen. In Zusammenarbeit mit dem PEKiP-Verein e.V. ISBN 3-332-01308-4
Dr. Miriam Stoppard: So fördere ich mein Kind. ISBN 3-332-01311-4
Peter Walker: Babymassage. ISBN 3-332-01293-2

Bibliografische Information **Der Deutschen Bibliothek**
Die Deutsche Bibliothek verzeichnet diese Publikation in der Deutschen Nationalbibliografie; detaillierte bibliografische Daten sind im Internet über http://dnb.ddb.de abrufbar.

Urania Verlag
Verlagsgruppe Dornier
Postfach 80 06 63,
70506 Stuttgart

Der Urania Verlag ist ein Unternehmen der Verlagsgruppe Dornier.
www.verlagsgruppe-dornier.de
www.urania-verlag.de

Umschlaggestaltung: Behrend&Buchholz
Titelfoto: Nino Gehrig
Fotos: Adobe Image Library (5); Digital Stock (6); Digital Vision (13); Ute Fey (2); John Foxx (1); Goodshoot (1); Ketz Technik GmbH, Roland Dach (6); MATTEL GmbH (1); MEV (2); Milupa (1); Photo Alto (4); Photo Disc (4); Stockbyte (8); Heidi Velten (40); Werner Waldmann (19)
DTP: Karolina Stuhec
Printed in Slovenia

ISBN 3-332-01405-6

Inhalt

Einleitung

Elternsein ist in einer hochkomplexen Gesellschaft, deren wesentliche Energien sich auf ökonomisch motivierte Nützlichkeit und damit zusammenhängender Steigerung von Leistung und Effizienz richten, eine schwierige Aufgabe.

Das Verdrängen und Verschwinden tradierter Werte und verbindlicher Normen, der Mangel an gültigen gesellschaftlichen Entwürfen von Bildung macht es Eltern schwer, ihre eigenen Maßstäbe zu entwickeln und der herrschenden diffusen Orientierungslosigkeit etwas entgegenzusetzen.

Sollen ihre Kinder in der Zukunft bestehen, müssen sich Eltern dieser Herausforderung stellen und allen Widrigkeiten zum Trotz einen verlässlichen Rahmen schaffen, innerhalb dessen sich die Persönlichkeit ihres Kindes entfalten kann. Alle Erfahrungen eines glücklichen Lebens beginnen im Elternhaus - eine einfache Einsicht mit weit reichenden Folgen.

Einerseits ist der Druck, sich raschen Veränderungen anzupassen und dabei flexibel zu bleiben, enorm hoch. Andererseits sind - bei aller Aufmerksamkeit durch die Medien - das gesellschaftliche Ansehen, die Unterstützung und Anerkennung, die Familien mit Kindern erfahren, eher gering.

Woran soll man sich halten, wenn es keine verbindlichen Erziehungsideale mehr gibt, dafür aber um so mehr „Miterzieher"?

Eltern übernehmen ein hohes Maß an gesellschaftlicher Verantwortung, ihr Erziehungsverhalten ist dennoch bis zu gewissen Grenzen Privatangelegenheit.

Viele Eltern sind verunsichert, das Zutrauen zu ihrer eigenen Kompetenz gerät ins Stocken. Aber ohne die Unterstützung der Eltern kann eine Gesellschaft „ihre" Kinder nicht fit machen für die Bewältigung der Zukunft. Um dies zu leisten, bedarf es eine Klimas, das nicht allein Familien erzeugen können. Ein Land muss sich auch und vorrangig auf die Aufgabe konzentrieren, seinen Nachwuchs zu fördern und zu erziehen.

Inhalte, Wege und Ziele von Erziehung wachsen nicht mehr wie selbstverständlich als Tradition aus der Mitte der Familien. Eher drängt sich eine unübersichtliche Folge von Anforderungen und Vorstellungen auf. Gefühle von Ratlosigkeit, Unsicherheit, Ohnmacht und Isolation sind etlichen Eltern nicht fremd. Und dann sind da die Kinder, die auf all dies reagieren und doch dringend des Schutzes, der Anleitung und der verlässlichen Selbstsicherheit ihrer Eltern bedürfen. Eltern, die für ihre Kinder und ihre Maßstäbe einstehen. Denn Kinder brauchen vor allem selbstbewusste Eltern, die in ihrer Elternrolle Kompetenz entwickeln. Eine solche Kompetenz beruht auf der Gewissheit, das Kind auf seinem Weg in die Welt unerschütterlich und zuverlässig zu begleiten, ohne dabei den Blick und die Liebe für dessen Eigenarten zu verlieren.

Dies vermögen Eltern besonders dann, wenn sie bereit sind, sich selbst zu hinterfragen und eigene Einstellungen zu überdenken. Dazu gehört auch die Bereitschaft zu sehen, woher man kommt und wer man geworden ist.

Ein gewisses Maß an Selbsterkenntnis ist die Voraussetzung für ein verantwortungsbewusstes Leben mit Kindern.

Ideale lassen sich nicht einfach herstellen, wir brauchen Menschen, die sie vertreten und verkörpern. Welche positiven Modelle von Autorität gibt es? Nach welchen Maßstäben können Erwachsene der Verantwortung gerecht werden, Macht und Einfluss auf Kinder auszuüben? Können wir im privaten Leben den uns umgebenden gesellschaftlichen Interessen und globaler Macht ein menschliches Gesicht verleihen? Welche Zukunft entwerfen wir für unsere Kinder durch die Art, in der wir jetzt mit ihnen leben?

Solche Fragen bilden den Hintergrund für den Alltag, den Eltern und Kinder gemeinsam bestehen.

Dieses Buch möchte vor allem dabei unterstützen, über die Entwicklung von Kindern und Eltern nachzudenken. Es greift die wichtigsten Fragen, Themen und Stadien ihrer Beziehung auf.

Was ein Baby, was ein Kind in den ersten Jahren durchlebt und wozu es bereit ist, was Eltern wollen und fühlen, welche Hürden zu nehmen, welche Konflikte zu bewältigen sind – das alles wird als Teil eines Entwicklungsprozesses gezeigt, der für alle Beteiligten eine sinnvolle Gestalt hat.

Solch ein Entwicklungsprozess ist nichts Geradliniges, Feststehendes, in dem wie auf einer Messlatte ein Schritt dem anderen folgt. Vielmehr ist er ein Wechselspiel von Kind, Vater, Mutter, Bezugsgruppen und Umwelt, in dem alle unterschiedlich zum Zug kommen und abwechselnd Regie führen.

Kinder sind neugierige, zielstrebige kleine Personen, brennend interessiert an der Welt und den Menschen, bereit zu lernen und zu lieben, mit tiefer Konzentration und einer lustvollen Sinnlichkeit.

Jedes Kind hat in diesem Zusammenspiel seinen eigenen Rhythmus, seinen eigenen inneren Plan, dem die Eltern vertrauen können. Wenn sie die individuellen Gesetzmäßigkeiten ihres Kindes annehmen können, gibt es für Eltern allen Grund, sich über die Eigenart und die Einzigartigkeit ihres Kindes zu freuen, es dafür zu lieben und nach Kräften für sein Gedeihen als Persönlichkeit zu sorgen.

Schon mit der Geburt ihres Kindes verfügen Eltern über diese Kraft und natürliche Kompetenz, ihrer Aufgabe gerecht zu werden. Sie und ihr Baby sind mit allen notwendigen Fähigkeiten ausgestattet, um miteinander gut zurechtzukommen.

Das Buch beschreibt, was die moderne Säuglingsforschung zu dieser „Kompetenz“ von Babys und ihren Eltern herausgefunden hat. Diese Fähigkeit, sich aufeinander einzustellen und sich in der Bindung optimal voranzubringen, ist der Weg, auf dem Babys zu Persönlichkeiten heranwachsen und Eltern zu „guten Eltern“ werden.

Ein Zusammenspiel, das normalerweise gut klappt. Es kann jedoch auch zu Störungen kommen. Ursachen gibt es viele auf beiden Seiten. Doch überkritisches Messen an dem, was „normal“ sein soll, führt zu vorschneller Verunsicherung. Besser ist es, dem Kind zu vertrauen und der eigenen Intuition zu folgen. Oft hilft es, sich selbst und seine Erfahrungen in der neuen Rolle positiv zu sehen und sich bewusst für diese Aufgabe zu entscheiden.

Dort, wo nicht immer alles glatt geht und Schwierigkeiten durchgestanden werden, können tiefes Verständnis und feste Bindung entstehen.

Immer sollten Eltern aber auch auf Wissen zurückgreifen können, das ihnen Sicherheit bei der Beurteilung einzelner Phasen, Hürden und Krisen in der Entwicklung ihres Kindes vermittelt.

Für die meisten Eltern ist es heute selbstverständlich, sich über praktische Tipps hinaus mit fundiertem Wissen und Informationen auf ihre neue Rolle vorzubereiten.

Die Frage, welche Anlagen ihr Baby mit auf die Welt bringt und welchen Anteil und Einfluss sie auf seine Entwicklung haben, ist für sehr viele Eltern von zentraler Bedeutung.

Hier bietet das Buch hilfreiche Informationen und beschreibt erstaunliche Erkenntnisse über die Fähigkeiten des Babys bei seiner Reise durch das „Wunder“ der ersten Lebensmonate und Jahre.

Das Wissen über die frühe Entwicklung, die Art und Weise des Babys, sich seinen Eltern mitzuteilen, hilft nicht nur über Hürden hinweg. Es hilft auch, Dinge zu sehen, die sonst verborgen blieben, die aber das Leben mit dem Baby reicher und lebendiger machen.

Mit den Anregungen und Erkenntnissen aus dem hier lesbar dargestellten Fachwissen aus Forschung, Wissenschaft und Praxis ergeben sich viele neue Möglichkeiten, Zusammenhänge zu begreifen, sich in seinen Beziehungen zu verstehen und mit verändertem Blick sich selbst und das eigene Kind zu sehen.

Vor diesem Hintergrund fällt es dann leichter, mit Gelassenheit durch Phasen des glücklichen Gelingens oder durch Phasen der Stagnation, der Konflikte oder Belastungen zu gehen – alles kann gleich wichtig und wertvoll sein und näher an die Vielfalt und den Reichtum eines Lebens mit Kindern heranführen.

Cornelia König-Becker

SCHWANGERSCHAFT: ZEIT DER VORBEREITUNG

Ob sich die Gewissheit, schwanger zu sein, langsam ausbreitet oder es die Mutter wie ein Schlag trifft – in beiden Fällen gilt: Nichts bleibt so, wie es ist. Ein neuer Lebensabschnitt beginnt.

Schwanger! Im Aufruhr der Gefühle

Für die einen wird ein Traum wahr, für andere vielleicht eine Befürchtung zur Gewissheit. Alle erleben einen Aufruhr der Gefühle, vom Leben erfasst, himmelhoch jauchzend oder von dunklen Ahnungen bedrückt. Keine Frau, die den Beginn ihrer Schwangerschaft bewusst erlebt, kann sich dem Ansturm der Gefühle und Fantasien entziehen, der ihre körperliche Verwandlung begleitet.

Die Verwandlung beginnt

Die Schwangerschaft ist eine Zeit der Vorbereitung und Anpassung an die inneren und äußeren Veränderungen.

Es gibt Frauen, die diesen „Zustand" erhebend finden, als wäre das Leben in sie hineingeflutet. Aber auch weniger freudige Empfindungen sind möglich: beunruhigende Gefühle, Erschrecken vor dem fremden Lebewesen, das sich einnistet, ja womöglich auch Panik vor dem unaufhaltsam sich ausbreitenden Wachstum im eigenen Leib. Gerade in den ersten Wochen der Schwangerschaft sind Körper und Geist vollauf damit beschäftigt, die inneren Veränderungen zu verarbeiten. Was ist das für ein Wust von Erwartungen, Fantasien, Befürchtungen, Selbstzweifeln, Glücksmomenten, den eine Schwangerschaft ins Rollen bringt?

Die neun Monate der Schwangerschaft sind eine Zeit der Vorbereitung und eine Zeit der Verarbeitung. Sie bietet nicht nur der schwangeren Frau, sondern auch ihrem Partner Gelegenheit, sich seelisch und körperlich auf ihr neues Leben vorzubereiten. Dabei werden sowohl die Auswirkungen der verschiedenen Phasen der Schwangerschaft verarbeitet als auch bewusste und unbewusste Gefühle. Es sind Gefühle aus der persönlichen Lebensgeschichte von Frau und Mann, die sich nun zu Mutter und Vater wandeln. Ein Verwandlungsprozess, der nicht nur den Körper der Frau erfasst, sondern auch die Beziehung zu ihrem Partner. In der Beziehung kann sich verstärkt das Bedürfnis nach Nähe und gemeinsamer Regression äußern oder aber nach emotionalem Rückzug, Distanz, Unruhe und Angst vor der gemeinsamen ungewissen Zukunft. Die eigenen

Gefühle und die künftige Verantwortung für neues Leben, für ein Leben als Eltern in einer neu sich formierenden Familie, aktivieren Freude über die Gewissheit, reif und erwachsen zu sein, wie auch ein verstärktes Abhängigkeitsgefühl.

Begegnung mit der eigenen Kindheit

Viele zukünftige Eltern zieht es wieder verstärkt zu ihren eigenen Eltern. Ein emotionaler Rückzug innerhalb der Familie ist Gelegenheit und Hilfe, sich auf die kommenden Veränderungen vorzubereiten.

Werdende Mütter und werdende Väter haben das Bedürfnis, sich neu zu organisieren. Dieser Prozess von Neuorganisation und Anpassung umfasst auch intensive innere Kämpfe und zwiespältige Gefühle, die aus der eigenen Familiengeschichte herrühren. Diese Mobilisierung alter und neuer Gefühle, die mit der Schwangerschaft einhergehen, sind ein wichtiger Anpassungsvorgang – und eine Chance der Reifung.

Werdende Eltern haben die Chance, ein ganzes Spektrum an Gefühlen zu verstehen und anzunehmen.

Es tut den zukünftigen Eltern gut, dieses Spektrum an positiven und negativen Gefühlen zu verstehen und als Chance anzunehmen. Oft gesellt sich zu der anfänglichen Hochstimmung die bange Gewissheit, dass es kein Zurück mehr geben wird. Das aufkeimende Bewusstsein der künftigen Verantwortung mobilisiert Stolz und Befürchtungen. Egal wie unabhängig und gereift man sich bisher gefühlt hat, die künftige Elternschaft versetzt erwachsene Menschen in die eigene Kindheit zurück.

Die Fantasien führen die Zukunft mit der eigenen Kindheit zusammen. Das „Wie es werden soll“ verbindet sich zum Beispiel mit einem „Nicht wie bei meinen Eltern“ oder begegnet den Erinnerungen an Kämpfe. Im Rückblick erscheint die eigene Kindheit selten jemandem als ungetrübtes Vergnügen. Es leben die vielfältigsten Erinnerungen und Bilder wieder auf. Meist entsteht der Wunsch, es besser, zumindest anders zu machen als die eigenen Eltern. Viele sind sich dessen gewiss, ein größeres Maß an Souveränität als diese entwickelt zu haben. Aber auch intensive Gefühle der Dankbarkeit gegenüber der eigenen Familie und der Wunsch nach Wiederannäherung entfalten sich in dieser Lebensphase neu. Sie enthalten die Möglichkeit der Versöhnung und eines gereiften Verständnisses füreinander.

Die Begegnung mit der eigenen Kindheit hilft dem Paar, sich auf seine Rolle vorzubereiten; der Wunsch, es besser zu machen, die positive Perspektive auf die eigenen Fähigkeiten unterstützen das Zutrauen zu sich selbst und dem Kind, das „erschaffen" wird.

Tagträume, Wünsche und Sorgen

An irgendeinem Punkt stellt sich meist die Frage: „Wie konnte ich nur?". Wilde Träume und Ängste machen sich breit, Sorgen verdüstern die Aussicht auf ein „rosiges" Baby. Kaum eine werdende Mutter, die nicht von Anomalien und Behinderungen träumt oder sich schreckliche Gefährdungen ausmalt.

Intensive Gefühle machen schwangere Frauen verletzlich und rückzugsbedürftig.

Die Ambivalenz, die solchen Ängsten zugrunde liegt, gehört zu den normalen Anpassungsvorgängen einer Schwangerschaft. Die Intensität der schwankenden Gefühle und Sorgen macht schwangere Frauen verletzbar und rückzugsbedürftig. Um zu bewältigen, was in ihr an Mächten waltet, mobilisiert eine werdende Mutter zunehmend Abwehrkräfte. Sie hegt und pflegt die bewussten Wünsche, das Baby „wirklich" zu bekommen und eine tolle Mutter zu werden. Dabei helfen ihr die idealisierten Bilder der glücklichen Mutterschaft und eines hinreißenden Babys.

Die meisten Frauen erfüllt ihr schwellender Körper mit Stolz. Sie möchten es sich nie mehr nehmen lassen, der nährende Leib für dieses sich entfaltende Leben zu sein: ausgeliefert an ein lebendiges Wagnis. Viele erleben das als faszinierende, zutiefst existenzielle Nähe zum Leben.

Wir wünschen uns alle, „ein bisschen" unsterblich zu sein. Das Kind schließt die Hoffnung für die Fortdauer der eigenen Existenz mit ein. Das Verrinnen der Zeit erscheint in einem anderen Licht. Im Aufruhr der Gefühle sehnt sich eine schwangere Frau nach Verständnis und Unterstützung, ja sogar Bemutterung, um sich selbst auf das Bemuttern vorzubereiten. Mit dem emotionalen Anpassungsprozess müssen sich die Hormone und andere körperliche Vorgänge auf ein verändertes Gleichgewicht einpendeln. Tagträumereien und heftiges nächtliches Träumen spielen in diesem Stabilisierungsprozess eine wichtige Rolle. Diese innere Arbeit wird begleitet von dem Bedürfnis, für angemessene und sichere soziale und ökonomische Bedingungen zu sorgen.

Es verlangt dem Partner „unter Umständen“ einiges Einfühlungsvermögen ab, den Rückzug, das In-sich-hinein-Lauschen, das Anlehnungsbedürfnis seiner schwangeren Frau richtig zu verstehen und angemessen zu beantworten. Sie muss mit ihrer ganzen Persönlichkeit den „Fremd-Körper“, der sich in ihrem Inneren einnistet, akzeptieren.

Jedes Kind hat einen Vater und eine Mutter – ein Paar hat das Kind gezeugt. Es ist dem Kind zu wünschen, dass es von Anfang an eine verlässliche mütterliche und eine verlässliche väterliche Bezugsperson hat. Der neugeborene Mensch ist zu Beginn seines Lebens über einen langen Zeitraum auf den Schutz einer mütterlichen Pflegeperson angewiesen. Er braucht die kontinuierliche Fürsorge und liebevolle Zuwendung in der stabilen Beziehung „seiner Erwachsenen“, damit sein Start ins Leben gelingt. Wie gut, wenn die Vorbereitung darauf, die Vorfreude und die Anstrengung gemeinsam durchlebt werden.

Der Anfang einer tiefen Bindung

Die ersten Gedanken und Fantasien, die Gewöhnung an die Vorstellung „schwanger zu sein", werden abgelöst durch die wachsende Realität der körperlich manifesten Schwangerschaft.

Das Baby klopft an

Wenn das Baby Realität wird, entstehen auch neue Fantasien und Ängste.

Wenn im Laufe des 5. Monats das künftige Baby zart von innen anklopft, seine ersten Bewegungen spürbar sind, ist eine neue Stufe der Vorbereitungszeit erreicht. Die ersten Bewegungen des Fötus und die Erkenntnis, dass das Baby Realität ist, lassen nicht nur die Schwangerschaft wirklicher erscheinen, sondern auch neue Fantasien entstehen.

Der offenkundig vorhandene Fötus wird als getrenntes Wesen wahrgenommen und so wird eine Beziehung möglich, aus der die Bindung an das spätere Kind reift.

Die Fantasien nehmen nun konkretere Gestalt an, Jungen oder Mädchen werden erträumt. Ängste, irgendetwas könnte die kleine Leibesfrucht in Gefahr bringen, steigen auf. Depressionen und Selbstzweifel wechseln mit Phasen des Hochgefühls ab. Träume über das Leben mit dem Baby ziehen vorbei, über seine wunderbare Vollkommenheit, wie es lacht, wie es spielt. Dann färben wieder Befürchtungen das schöne Bild: „Was, wenn das Baby gar nicht so vollkommen ist? Bin ich überhaupt in der Lage, ein intaktes Baby zu bekommen? Was geschieht, wenn es behindert ist, krank, todkrank. Wenn etwas bei der Geburt passiert!" Komplikationen, Gefahren, Sterben – die erschreckende Erkenntnis, dass der Tod immer ein Gegenspieler des Lebens ist, beschäftigt jede schwangere Frau in irgendeiner Weise. Die ungeheuer erhebende Tatsache, Leben schenken zu können, wird eingeholt von der Erkenntnis, wie unsicher und verletzlich das Leben ist. Wo Leben entsteht, ist seine Vergänglichkeit auch nah.

Verantwortung für das Leben

Das Durchspielen solcher Gedanken, die Ehrfurcht vor dem „Leben-Schenken" ist in dieser Situation sicherlich angemessen. Es kann dem Leben der zukünftigen Eltern eine reifere Dimension verleihen und ihre Verantwortung für das Leben überhaupt vertiefen. Das Durcharbeiten von Zweifel und Hoffnung begleitet die Schwangerschaft, bis das Kind dann tatsächlich auf der Welt ist.

Das Durchspielen von Möglichkeiten kann in konkreten Situationen dazu beitragen, Enttäuschungen zu mildern.

Je mehr solche Gedankengänge zugelassen werden, desto besser werden die Eltern auf alles vorbereitet sein: Auch auf die Vergeblichkeit aller Anstrengungen, auch auf das mögliche Scheitern, den Verlust. Das Durchspielen von Möglichkeiten kann in konkreten Situationen viel dazu beitragen, Schmerz und Enttäuschung zu bewältigen, Ängste zu mildern, aber auch das große Glück bewusst zu erleben. Doch genauso wichtig wie dieses Durcharbeiten ist der Genuss der Schwangerschaft. Der Genuss der Kommunikation mit dem kleinen Gast im eigenen Körper.

Werdende Väter

Für den werdenden Vater ist es nicht immer leicht, an diesem intensiven Geschehen teilzuhaben. Er muss mit seinen eigenen widerstreitenden Gefühlen fertig werden. Vielleicht solchen, die er aus Rücksicht auf seine Partnerin nicht mitteilen möchte, oder weil er zögert, Schwäche zu zeigen. Ist der sich verändernde weibliche Körper noch der, der ihn anzog? Oder weckt er jetzt Ängste, stößt ab oder ist er in seiner sich rundenden Weiblichkeit besonders anziehend? Manche Männer sind von Zweifeln geplagt, wie sie sich verhalten sollen, ihre Unsicherheit kratzt an ihrem Selbstbild. Andererseits ist die Schwangerschaft seiner Frau für den Mann natürlich ein Anlass zu Stolz und Freude, schließlich hat er einen wesentlichen Teil dazu beigetragen. Nur jetzt muss er sich mit diesen widerstreitenden Gefühlen auseinander setzen. Er freut sich auf das Baby und steht doch daneben. Er hat es mitgewünscht und geplant, aber wie kann er jetzt seine Anteilnahme zeigen?

Werdende Väter möchten an dem intensiven Geschehen teilhaben und stehen doch oft daneben.

Seine schwangere Partnerin vermittelt ihm neue Anforderungen, irgendwie fühlt er sich vereinnahmt, angebunden. Ihre Wünsche verändern sich Sei zärtlicher, sensibler, nicht so fordernd, sei nah, aber zurückhaltend. Der werdende Vater muss sich mit seiner Sexualität und der Liebesbeziehung zu seiner Frau neu auseinander setzen, jede Phase der Schwangerschaft ist auch für ihn eine Herausforderung.

Auch er hat Wünsche und Konflikte, die nun wieder belebt werden. Vor allem hat auch er ein Ideal, wie ein Vater sein sollte, er setzt sich mit dem Vorbild, seinem Vater, auseinander und auch er möchte es anders machen. Er möchte die Zweifel an seiner Potenz und Vollkommenheit überwinden und sich in einem Ebenbild widerspiegeln und erneuern. Der Wunsch, Nachkommen des eigenen Geschlechts zu zeugen, ist bei Männern deutlich stärker als bei Frauen. Ein Sohn wird häufig dazu ausersehen, die Zweifel zu zerstreuen, die „mann" hinsichtlich seines männlichen Selbstbildes hegt.

Distanz oder Nähe?

Ebenso wie die werdende Mutter begibt sich der Vater innerlich immer wieder in seine Fantasiewelt, um sich den neuen Verhältnissen anzupassen, sie „durchzuarbeiten". Allerdings bleibt Vätern ein größerer Spielraum, sich innerlich und äußerlich einzulassen. Manche sind von dem ambivalenten Gefühl, ausgeschlossen oder gefesselt zu werden, derart geschockt und aus dem Gleichgewicht gebracht, dass sie lieber gleich auf Distanz – in welcher Form auch immer – gehen.

Die meisten aber fühlen sich herausgefordert von der Verantwortung und gehen die neue Lage enthusiastisch an. Daraus kann ein starkes Bedürfnis erwachsen, die Partnerin in jeder Hinsicht gut zu versorgen und durch die Schwangerschaft zu begleiten, die Vorfreude mit ihr zu teilen. Eine intensive Nähe und Teilnahme kann entstehen. So wächst und reift mit der Verantwortung füreinander und für das gemeinsame Kind die Beziehung.

Vater zu sein beginnt in der Schwangerschaft und ist ein Entwicklungsprozess, der von gesellschaftlichen Möglichkeiten oder Ansprüchen ebenso beeinflusst ist wie von subjektiven Voraussetzungen.

Auch Männer arbeiten intensiv an ihren Gefühlen, um sich den neuen Verhältnissen anzupassen.

Heute wird es immer üblicher, dass Männer die Schwangerschaft ganz konkret begleiten, indem sie z. B. an Vorsorgeuntersuchungen, Schwangerschaftsgymnastik und Geburtsvorbereitungskursen teilnehmen. Auch die Planung und die Teilnahme an der Geburt ermöglichen das Hineinwachsen in die Väterlichkeit. Später wird die kontinuierliche Präsenz dazu beitragen, die Vaterfreuden genießen zu können.

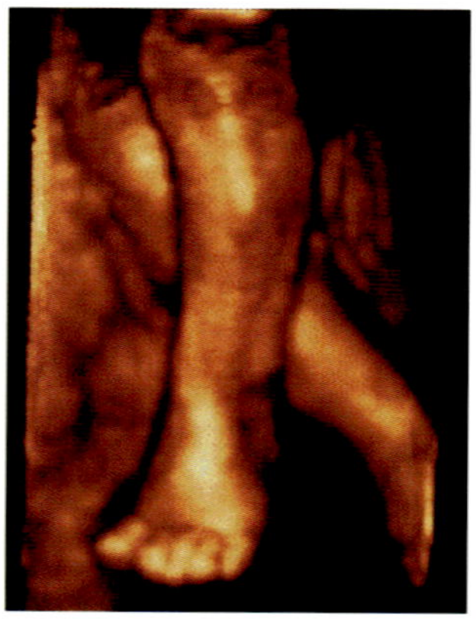

Die Beinchen des Fötus auf einem 3-D-Ultraschallbild

Über das Leben im Mutterleib

Irgendwann im Laufe des fünften Schwangerschaftsmonats spürt die werdende Mutter, wie sich das Kind in ihrem Bauch rührt, sie berührt. Es bewegt sich. Ein Echo, eine Bestätigung seines Daseins und der Anfang einer Beziehung. Die frühe Bindung, die mit dem Anklopfen des kleinen Wesens in seiner Behausung beginnen kann, ist ein Kommunikationsprozess, in dem vieles geschieht.

Das Innere der Mutter ist wie ein vollkommenes Gehäuse, in dem der werdende Mensch nun unaufhaltsam wachsen wird, umspült und umgurgelt, gehalten und gewiegt, in sanftes Hell und Dunkel getaucht, um sich schließlich mit aller Macht abzustoßen.

Dem Schutz der Mutter anvertraut

Wie lebt der Fötus eigentlich? Nimmt er schon etwas wahr? Wenn ja, wie kann man etwas darüber in Erfahrung bringen? Früher war der Bauch eine undurchdringliche Hülle, ein geschlossener rätselhafter Ort, in den niemand hineinsehen konnte. Heute werden durch verschiedene vorgeburtliche Untersuchungsmethoden, aber vor allem durch den Ultraschall die Verhältnisse dort offenkundig. Selbstverständlich sind sie von hohem Wert um Risiken einschätzen zu können.

Zahlreiche Beobachtungen, die Schwangere im Laufe der Jahrhunderte gemacht haben, erwiesen sich durchaus nicht als unhaltbare Fantasien oder Spekulationen. Vieles, was an Rückschlüssen auf das körperliche und psychische Leben des Fötus gezogen wurde, kann durch die moderne Ultraschalltechnik bestätigt werden. Beobachtbar geworden ist vor allem das Bewegungsverhalten des kleinen Fötus im Bauch seiner Mutter.

Heute kann man das Bewegungsverhalten des Fötus sehr genau beobachten.

Über die Motorik des Fötus lassen sich auch indirekt fötale Wahrnehmungen untersuchen, da sie sich in Bewegungsreaktionen niederschlagen. Auch die Aktivität zentraler Funktionen wird in Form von Koordination und Aktivierung verschiedener motorischer Mechanismen sichtbar. Die Vielfalt der fötalen Bewegungen und Aktivitäten vermittelt wichtige Informationen über Sinneswahrnehmungen und Gehirnfunktionen. Für die Mutter erkennbar bilden sich Zyklen und Muster der fötalen Bewegungen und Aktivitätsgrade heraus.

Die herkömmliche Vorstellung, dass die intrauterine Umwelt ein dunkler, stiller Raum sei, in dem der kleine Fötus abgeschirmt von der Außenwelt gegen nahezu jede Stimulation geschützt heranwachse, ist mittlerweile weitgehend revidiert. Heute wissen wir, dass die intrauterine Welt alles andere als ein statisches, gleichförmiges Universum bildet.

Die Erforschung einer geheimnisvollen Welt

Die wissenschaftliche Erforschung der fötalen Bewegungen begann gegen Ende des 19. Jahrhunderts. Man bediente sich dabei verschiedener Techniken, beispielsweise versuchte man Bewegungen durch die Bauchwand zu tasten und gleichzeitig mit dem Stethoskop abzuhören. Man erkannte schon damals, dass die spontanen Bewegungen des Fötus lange vor der 12. Schwangerschaftswoche beginnen, und man interpretierte Zusammenhänge zwischen Motorik und Entwicklung. Man gelangte auch zu dem Schluss, dass der Fötus Fruchtwasser trinkt. Solche „modernen" Ansichten wurden schließlich durch die Erfindung des Ultraschalls bestätigt.

Ein 11 Wochen alter Fötus auf dem 3-D-Ultraschallbild. Auf der rechten Seite sind weitere 3-D-Ultraschallbilder von Föten abgebildet.

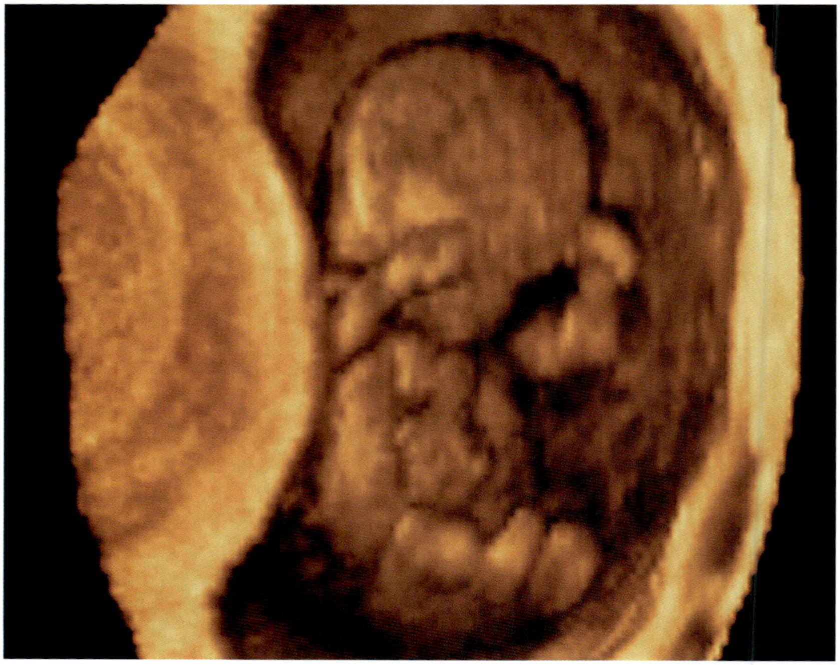

Die motorische Entwicklung im Mutterleib bereitet das Kind perfekt auf das Leben in seiner künftigen Umwelt vor.

Das gesamte Bewegungsrepertoire des neugeborenen Kindes lässt sich schon vor der Geburt beobachten. Ein Großteil der motorischen Entwicklung findet im Mutterleib statt und bereitet die Anpassung des Neugeborenen an seine Umwelt vor. Bereits in der 6. bis 7. Woche lassen sich wahrnehmbare sanfte, kreisende Bewegungen erkennen. Während der 8. Woche setzen die ersten deutlichen Bewegungsabläufe ein, wie langsames Beugen und Strecken der Wirbelsäule und Lageveränderungen der Arme und Beine. Von der 10. Woche an erweitert sich das Repertoire sehr schnell. Um die 13. Woche sind Hand-Gesicht-Kontakte zu erkennen, Schließen der Hände, Schluck- und Atembewegungen, Gähnen, Öffnen des Mundes, zarte Bewegungen der Finger. Mechanische Stimuli rufen eine Schreckreaktion hervor. Es ist aber auch eine Gewöhnungsfähigkeit des Fötus gegenüber Reizen nachweisbar. Nach weiteren zwei Wochen saugt das kleine Wesen an seinen Fingern. Dann, zwischen der 16. und 20. Woche, nimmt seine Mutter erste „schmetterlingshafte" Bewegungen wahr. Nach der 20. Woche lassen sich isolierte Bewegungen einzelner Finger, der Füßchen und der Augenlider beobachten. Um die 26. bis 28. Woche reagiert der Fötus auf Reize von außen, z. B. auf akustische Reize, mit dem Drehen des Kopfes oder der Beschleunigung des Herzschlags.

Erste individuelle Unterschiede

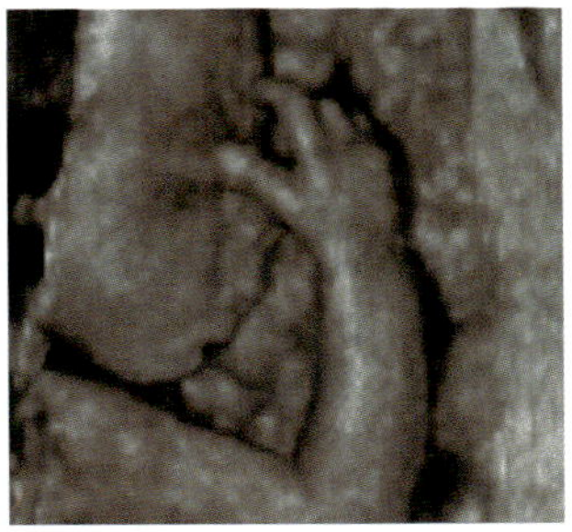

Zwar weisen Föten desselben Schwangerschaftsmonats identische Verhaltensmuster auf, doch es lassen sich auch individuelle Unterschiede feststellen, die während der Schwangerschaft erhalten bleiben. Jeder Fötus entwickelt ein eigenes Muster von Präferenzen und Initiativen in Bezug auf seine Bewegungen und die Häufigkeit der Aktivität.

Auffällige Bewegungsmuster können Hinweise auf Probleme sein. Normalerweise zeigt sich innerhalb eines Zeitraums von 10 Minuten irgendeine Form von Bewegung. Im 6. Monat ist ein Fötus ungefähr 14% des Tages (24 Stunden) aktiv.

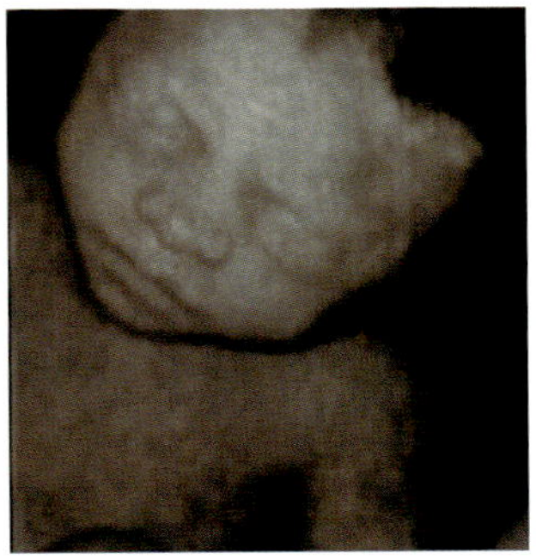

Die Verhaltenszustände Ruhe, Aufmerksamkeit, Schlafphasen lassen sich, wie beim Neugeborenen, auch beim Fötus beschreiben. Sie scheinen nicht vom Schlaf der Mutter beeinflusst zu werden. Viele Frauen können gegen Ende der Schwangerschaft einen Tagesrhythmus ihres Fötus und seine unterschiedlichen Verhaltensweisen beschreiben: z.B. ob er leicht schläft, im Tiefschlaf oder in einem lebhaften Wachzustand ist.

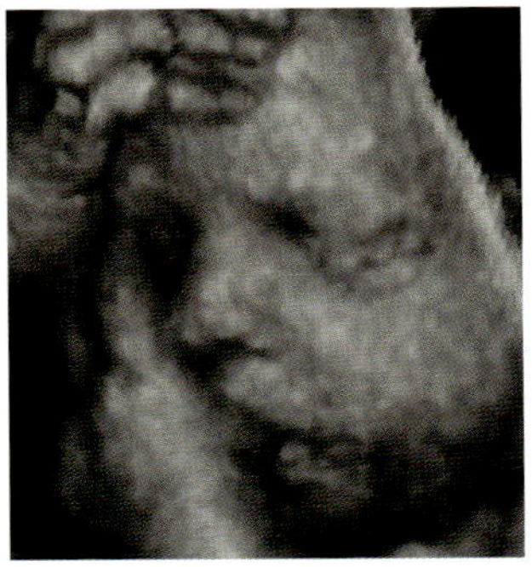

Im zweiten Drittel der Schwangerschaft reagiert der Fötus auf Reize von innen und außen, seine Sinnesorgane funktionieren, er reagiert auf Druck, Berührung, Wärme, Licht usw.

Von Untersuchungen weiß man, dass er im letzten Schwangerschaftsdrittel verlässlich auf visuelle, akustische und kinästhetische Reize reagiert. Sein Schmerzempfinden scheint sich zu entwickeln. Geräusche bewirken eine Erhöhung der Herzfrequenz und schnellere Bewegungen.

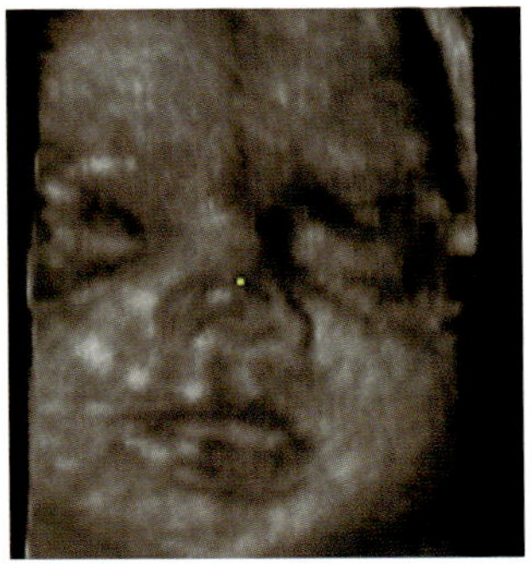

Der Fötus trinkt täglich eine erhebliche Menge Fruchtwasser und sein Geruchs- und Geschmackssinn sind bereits gut entwickelt. Vermutlich ist es in der intrauterinen Umwelt nicht einfach düster oder dunkel, sondern Licht schimmert, gefiltert durch die mütterliche Bauchdecke, hinein.

Mit dem Heranwachsen des Fötus verändert sich auch der Uterus, seine Wand dehnt sich, wird dünner. Je nach Ernährung und Hormonstatus verändert sich die Zusammensetzung des Fruchtwassers. Die intrauterine Umwelt unterliegt einer prozesshaften Veränderung. Der Fötus, der in ihr wächst, ist aber auch schon mit der großen äußeren Umwelt durch die Vielfalt der Reize und charakteristischen Erfahrungen verbunden, die für ihn von Bedeutung sein können. So kann man zusammenfassend sagen, dass das neugeborene Baby viele Signale schon im Mutterleib kennen gelernt hat und sogar schon Reaktionsmuster ausformt. Das ungeborene Baby nimmt seine Umwelt nicht nur „zur Kenntnis“, sondern ist auch bereit, auf seine Weise darauf zu reagieren.

Die Anfänge des Lebens

Auch wenn wir viel über das vorgeburtliche Leben wissen, in vielerlei Hinsicht eingreifen können, so sind wir doch nicht in der Lage, es wirklich zu beeinflussen – und man möchte sagen, das ist auch gut so. Die Anfänge des Lebens legen eine gewisse respektvolle Zurückhaltung nahe.

Unsere Vermutungen und Schlussfolgerungen über das intrauterine Leben sind immer auch Projektionen unserer jeweiligen Einstellungen darüber, wie unser Leben beginnt. Zwar können wir vermuten, dass der Fötus in einem weitgehend spannungsfreien „idealen Raum“ lebt, dem mütterlichen Leib, der ihn lückenlos versorgt, sicher umhüllt, zu seiner Vervollkommnung fast grenzenlos zur Verfügung steht – wir können dies Harmonie, Glück, Wohlbehagen nennen, aber wirklich wissen können wir es nicht.

Was wir mit Gewissheit sagen können, ist, dass das Baby auf seinen Eintritt in die Welt gut vorbereitet ist. Auch die Mutter hat innerlich und in ihrer Umgebung alle Vorbereitungen getroffen, um das Kind auf der Welt zu empfangen. In den letzten Wochen beginnen Erwartungen und Bilder, die sie sich von dem Kind gemacht hat, sich aufzulösen. Sie stellt sich auf die Beziehung zu einem realen Baby ein.

Gebären und geboren werden

Wenn die Geburt bevorsteht, ist die Mutter in der Lage, den Schock der Trennung körperlich und seelisch zu bewältigen und sich an ihren Säugling und die neue Beziehung anzupassen. Sie wird die Realität ihres Babys anerkennen können und ihre eigenen Bedürfnisse mit den seinen in Einklang bringen wollen.

Wichtig ist es, dass alles gut geplant ist. Das gibt Sicherheit für die Geburt des Kindes.

Als Paar vorbereitet sein

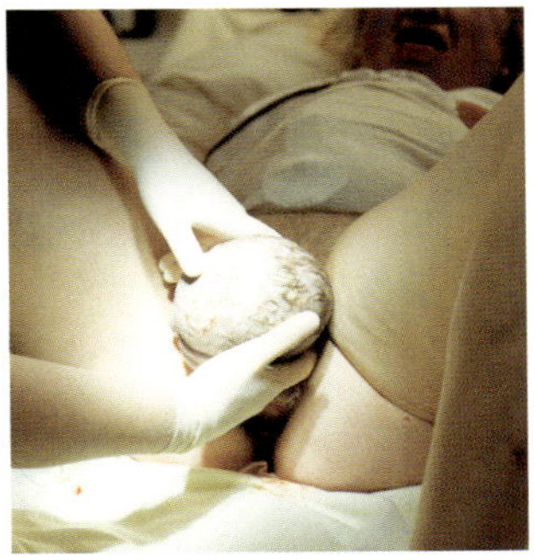

Auch der Vater sollte sich auf die Entbindung vorbereiten. Seine Einstellung und sein Verhalten sind von großem Einfluss auf die Geburt und die erste Bindung an das Neugeborene.

Ein Vater, der seinen Gefühlen von Ausgeschlossensein und Ambivalenz ins Auge geschaut hat und bereit ist zu einer Umwandlung der Zweierbeziehung in eine Dreierbeziehung, tut nicht nur für sich, sondern für sein Kind und seine Partnerin sehr viel. Studien haben ergeben, dass es einen direkten Zusammenhang zwischen der Einstellung des Partners und einer positiven Geburtserfahrung gibt.

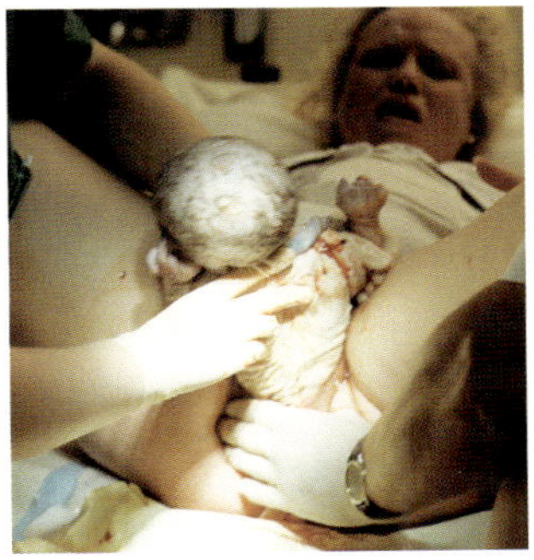

Wie sehr Väter konkret bei der Geburtsvorbereitung mitmachen, mit ihren Frauen Kurse besuchen und auf eine unmittelbare Teilnahme bei der Geburt eingestellt sind, ist keine Frage des Eifers, sondern des gegenseitigen Respekts. Paare sollten hier in der Lage sein, sich ihren gegenseitigen Bedürfnisse und Befürchtungen zu öffnen. Manche Frauen empfinden Schwangerschaftsgymnastik und Atemübungen als „Frauensache". Sie möchten während der härtesten Phase der Geburt sich völlig auf ihren Körper und die „Zusammenarbeit" mit dem professionellen Team im Kreißsaal konzentrieren. Es gibt Männer, die ihrer Frau sehr nahe sind und dennoch in der letzten Phase der Geburt nicht dabei sein wollen oder können. Das ist alles „respektabel".

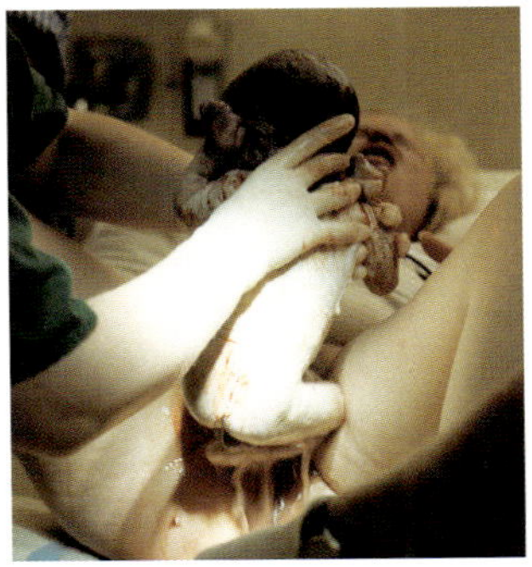

Weil man sich im entscheidenden Moment den Ereignissen überlassen muss, ist es das Beste, sich vorher über alles ausgetauscht zu haben. In den Tagen um die Geburt kann man zusammen planen, sich alles vorstellen und ausmalen, sich Gefühle eingestehen, aber auch noch einmal ganz praktische Schritte überlegen. Das Gefühl, alles gemeinsam gut vorbereitet zu haben, gibt Sicherheit für die Geburt des Kindes und die Zeit danach.

Der Weg in die Welt

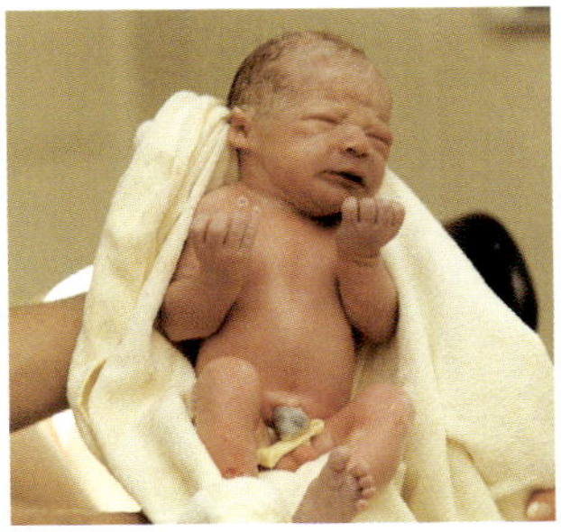

Was wird die Geburt für das Kind sein? Ein gnadenloser Sturz in die kalte Welt, der es von einem Zustand der Vollkommenheit in seine tatsächliche Hilflosigkeit stößt? Oder ist es dort angekommen, wo es mit aller Macht hinstrebte – auf der Welt –, um sein individuelles Wachsen vollenden zu können? Vielleicht fühlt das Baby nach seiner gefahrvollen Reise aus der allmählich zu eng gewordenen Leibeshöhle trotz der erschreckenden Reize, die nun auf es einstürmen, eine Erleichterung wie nach einer geglückten Flucht?

Nicht nur das Kind, auch die Frau wird neu geboren: Als Körper ist sie wieder für sich, entbunden der parasitären Zwei-Einheit und sie wird als Mutter geboren.

Der gewaltsame Loslösungsprozess, in dem sich Mutter und Kind zur Welt bringen, ist ein unvergleichbares Erleben voller Gegensätze. Diese Loslösung ist so ambivalent, weil auch immer bei Mutter und Kind ein Widerstand gegen die Trennung wirksam ist, die aber doch beide ersehnen und die dann schließlich von der Natur erzwungen wird. „Die Natur" ist nicht nur harmonisch und so steht am Beginn des menschlichen Lebens eben beides: Lust und Glück sowie Schmerz.

Gebären: Ein Wunder aus Fleisch und Blut

Die amerikanische Schriftstellerin Phyllis Chesler beschreibt in ihrem Tagebuch die Geburt ihres Sohnes sehr eindrucksvoll als Hinundhergeworfensein zwischen Ehrfurcht und Angst, überwältigendem Schmerz und existenzieller Glückseligkeit.

Mit einem Kind wird auch eine Familie geboren.

Sie spricht mit ihrem Sohn: „Mitternacht. Es geht nicht voran. Ich komme nicht voran … Ich will aufgeben, dich aufgeben, gebären. Aber ich kann nicht … Wie viele Zentimeter sind es eigentlich, die du ins Sein zurücklegen musst? … Diese Reise endet nie. Ich bin erfüllt von Angst und Mitleid um dich … Die Zeit steht völlig still. Ich bin schon ewige Zeit hier … Es gibt nur dieses Hochsteigen, diese Geburtsarbeit. Wasser! Ich blase einen Erdklumpen ins Sein, hauche Adam den Atem ein … Ich drücke dich hinaus, sehr langsam, während ich dich in einem festen Tunnel aus Luft halte, der mein Körper ist … Ich bin fortgeflogen, schlage mit den Flügeln, bin an der Zimmerdecke. Ich kann nicht sehen, was sich abspielt. Es ist vorbei für mich. Da ist das Kind. Das Kind ist da … Du bist es! Das Kind aus meinem Traum … Das ist unglaublich … Ach, du bist so nackt! Ich habe noch nie jemanden so nackt gesehen. Mutternackt … Gebt ihn mir! Ich möchte das Kind!“

Bei keiner Geburt lässt sich verlässlich vorhersagen, wie sie ablaufen wird.

Die gewaltige Emotionalität und Erschütterung während des Gebärens führen uns die existenzielle Bedeutung vor Augen, die dieses Ereignis hat. Und dann, wenige Stunden später hat sich die Welt weiter gedreht und Phyllis ist nicht mehr dieselbe: „Ich schwebe den Klinikflur entlang. Zehn Pfund leichter. Ausgelassen vor Freude. Du bist ein Wunder aus Fleisch und Blut.“ Hier ist die Geburt geglückt. Die Mutter kann sich ungetrübt über ihr Kind freuen.

So ist es normalerweise, so muss es nicht sein. Bei keiner Geburt lässt sich verlässlich vorhersagen, wie sie ablaufen wird. Die Bedingungen bei einer Geburt sind sehr vielfältig. Der Körper der Schwangeren, ihre Konstitution, die seelische Verfassung, die Beziehung, die äußeren Umstände, das Vertrauen in die Hebamme oder den Arzt – so viele Faktoren spielen zusammen und machen jede Entbindung einzigartig. Eine „ideale“ Geburt gibt es nicht.

Jede Geburt bewegt sich mehr oder weniger dramatisch, aber unaufhaltsam ihrem Ende zu. Das Licht am Ende des Tunnels ist sichtbar und dort wird die Hauptsache Wirklichkeit: das Baby.

Auch das Bild der „sanften Geburt“ ist irreführend. Am Beginn des Lebens ist eine Frau mit ihren Kräften, ihren intensiven Gefühlen und Schmerzen bei der Geburtsarbeit. Und wenn eine Frau nur mit allerlei Hilfen und medizinischen Eingriffen ihr Kind zur Welt brachte, so ist auch das ein Anlass zu Stolz und Freude. Enttäuschung und Selbstzweifel sind nicht angebracht, vielmehr Dankbarkeit für die Möglichkeiten der modernen Geburtshilfe und der Medizin.

DIE ERSTEN WOCHEN: UMHÜLLT

Es ist da – Ihr Baby. Mit diesem Ereignis beginnt nun ein neuer Abschnitt im Leben der Eltern und in ganz besonderem Maße für die Mutter.

Nach der Geburt

Bei aller Kleinheit, Zartheit und Zerbrechlichkeit setzt das Neugeborene seine Eltern doch in Erstaunen durch seine Vollkommenheit und Kraft zum Leben. Ja, es verfügt über die wunderbare Eigenschaft, auf seine Eltern zu reagieren und ihre Reaktionsweisen aktiv mitzugestalten.

Jetzt ist das Baby Wirklichkeit

Zunächst muss die Mutter, wenn die Entbindung durchgestanden ist, eine neue Bindung eingehen. Dazu muss sie die Bereitschaft und Fähigkeit entwickeln, sich völlig in die Lage des Neugeborenen hineinzuversetzen.

Das Neugeborene ist Zentrum des Fühlens und Handelns der Mutter.

Der bedeutende englische Kinderarzt und Psychologe D. W. Winnicott beschreibt diese komplexe Aufgabe als eine „Art normaler Krankheit", in der die Mutter mit einem Teil ihrer Person in die Welt des Kindes eintaucht und durch ihre Präsenz in der Lage ist, das Richtige zu tun. Diese Fähigkeit setzt einen Zustand erhöhter Sensibilität und eine gewisse „Entrücktheit" von der Welt voraus. Die Mutter trägt das Baby nach der Geburt zwar nicht mehr im Leib, aber es bleibt noch einige Zeit das Zentrum ihres Fühlens und Handelns.

Zum einen ist dies die perfekte Einheit zweier getrennter Wesen, zum anderen muss die Mutter mit der Erfahrung fertig werden, nicht mehr mit dem Fötus zu einer Einheit verschmolzen zu sein: Zwar hat das Baby Spuren hinterlassen, aber ihr Leib ist leer. Alle Fantasien und Vorstellungen, die bis jetzt lebendig waren, müssen der Realität weichen.

Es ist durchaus normal, wenn eine Frau in dieser Umstellungsphase Gefühle der Fremdheit, ja der Unheimlichkeit mit dem Neugeborenen erlebt, das da aus ihr herausgeschlüpft ist. Dies kann einhergehen mit der Trauer um das fantasierte Kind und für viele Mütter bedeutet es eine ge-

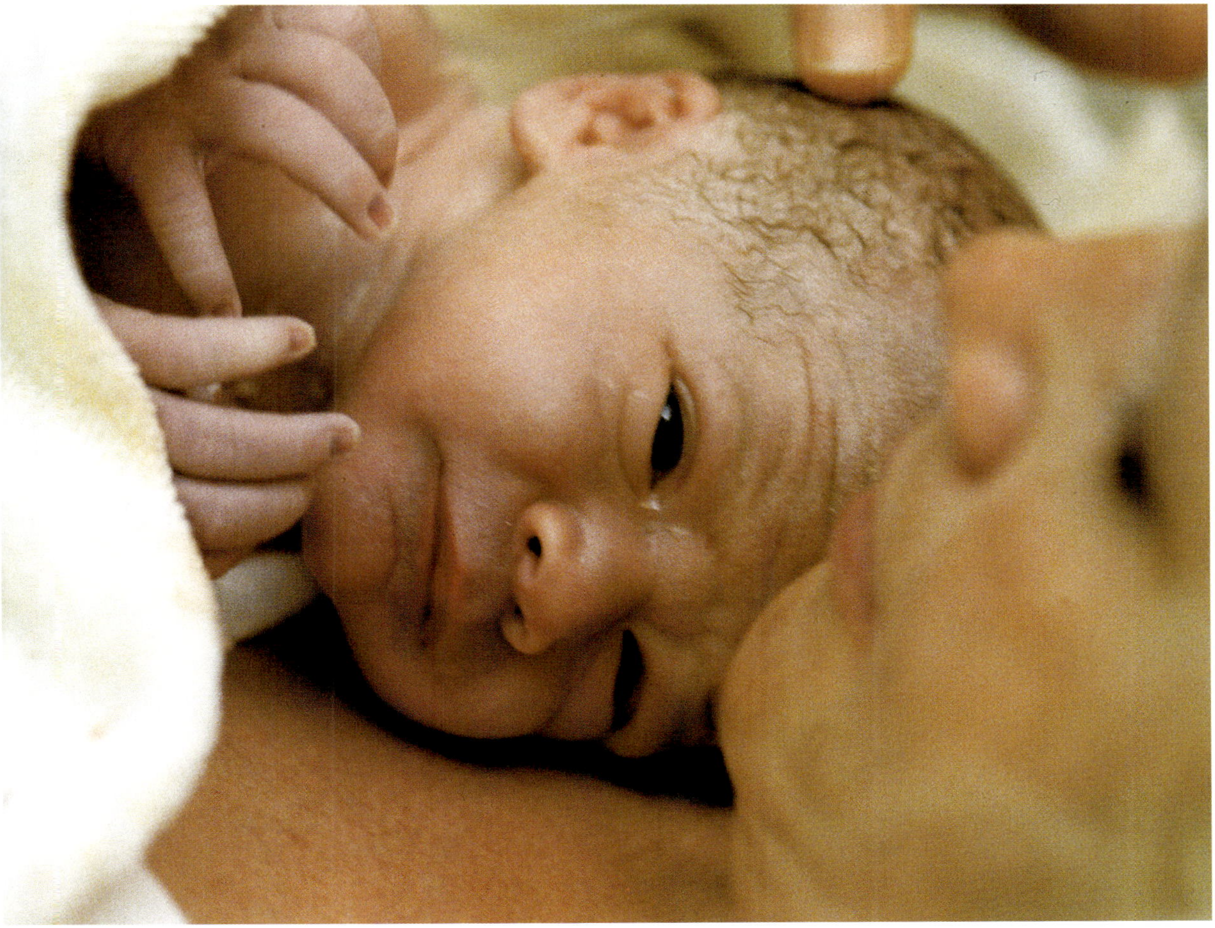

Mutter und Kind wenige Augenblicke nach der Geburt – Beginn einer neuen Bindung.

waltige psychologische Umstellung all ihrer Gefühle, sich auf diese neue unentrinnbare Wirklichkeit umzustellen. Manchmal spielen hier auch Ängste eine Rolle oder die Sorge, dem hilflosen Baby Schaden zuzufügen. Doch die meisten Mütter sind in der Lage, diese Verwandlung durchzumachen, und entwickeln enorme Fähigkeiten, die Anforderungen, die die Abhängigkeit des Babys mit sich bringt, zu tolerieren, ja zu genießen. (Es soll hier gleich zu Beginn gesagt werden: Selbstverständlich können nach der Geburt andere mütterliche Pflegepersonen ersatzweise die Rolle der Mutter übernehmen, mit derselben Verantwortung und Liebe und allen dazugehörigen Pflichten und Genüssen. Es muss nicht immer und in jedem Fall die leibliche Mutter sein. Dennoch spreche ich der Einfachheit halber meist von „der Mutter".)

Von nun an müssen sich die Eltern mit einschneidenden Veränderungen auseinander setzen.

Das neue Leben wird viel Abwechslung, Glück, Aufregung und Spaß, Stress und Freude bringen. Es wird darum gehen, sich mit einschneidenden Veränderungen und Belastungen auseinander zu setzen. Die Geburt eines Kindes ist zweifellos ein freudiges Ereignis, aber es kann auch Schattenseiten geben. Das hat oft gar nicht so viel mit dem Kind selbst zu tun. Aber seine Ankunft hat Auswirkungen auf viele andere Lebensbereiche, besonders auf die Beziehung des Elternpaares.

Es kann sehr wichtig für die Beziehung werden, die neuen Anforderungen als Anstöße zum Umdenken aufzugreifen und nicht an Gewohnheiten festzuhalten, die aus der Zeit der Zweierbeziehung stammen. Oft geht von den veränderten Bedingungen sowieso ein Zwang aus, sich anders zu verhalten, z. B. sein Liebesleben neu und einfühlsamer zu gestalten. Zwar sind Mann und Frau ein Paar, aber Vater und Mutter werden sie erst richtig durch Erfahrung. Und diese Erfahrungen können zu einer unschätzbaren Bereicherung ihres Lebens werden.

Auch nach neun Monaten Wartezeit, in der sie schon eine Art Beziehung zu dem Kind entwickelt haben, müssen Mütter und Väter sich auf die Art ihres Babys einstellen und ein Gefühl für seine Persönlichkeit bekommen. Fantasie und Realität müssen zur Deckung kommen.

Trennungsschmerz

Nicht bei jeder Mutter mischt sich die Erleichterung nach der Geburt sofort mit der überwältigenden Liebe. Statt unfassbarem Glück steigen vielleicht ganz andere Gefühle auf: Unsicherheit, Kummer, eine bestimmte Art von Enttäuschung, Selbstzweifel. Manchmal kann eine notwendige Trennung nach der Geburt zu Startschwierigkeiten führen. Sicher ist es realistischer, statt auf das große Glück zu warten, sich auf einen emotionalen Prozess zu verlassen. Wenn die Mutter nach der Geburt noch mit medizinischen Eingriffen fertig werden muss, braucht sie unter Umständen mehr Zeit, um „ihr Baby" auch innerlich anzunehmen.

Nach Ereignissen, in denen der Körper derart in Anspruch genommen wurde, kann es schon sein, dass alle Potenziale, auch das Herz ganz leer gesaugt sind. Daher die Enttäuschung, wenn sich nicht gleich die großen Gefühle einstellen. Manchmal wirkt auch der nüchterne Klinikablauf jeder emotionalen Sensibilität entgegen. So manche Frau fühlt sich gar nicht wie eine neugeborene Mutter, sondern selbst wie ein Baby.

Im Übrigen reagieren Mütter sehr unterschiedlich auf ihre Babys. Da gibt es kein „Mutterschema", sondern eben sehr verschiedene Formen, seinen Gefühlen Ausdruck zu verleihen. Aber welche Mutter ist nicht für immer „verloren", wenn sie zum ersten Mal in die Augen ihres neugeborenen Babys schaut und von ihm angeschaut wird!

Wenn Mutter und Baby einander zum ersten Mal in die Augen schauen, ist das ein unvergesslicher Moment.

Kennenlernen: Der Beginn einer lebenslangen Bindung

Die Stunden nach der Geburt sind eine unerlässliche Zeit für Mutter und Vater, zur Ruhe zu kommen und sich mit ihrem Baby bekannt zu machen, und das möglichst ungestört.

Das Neugeborene ist nach der Geburt hellwach. Seine Augen sind weit offen. Die Eltern wollen ihr Kind betrachten, es streicheln und betasten oder es an sich drücken, Wärme geben, Wärme spüren. Die Mimik des Kleinen ist ausdrucksvoll, manchmal rührend komisch. Jede seiner Regungen wird wahrgenommen. Das Neugeborene signalisiert seinen Eltern ein vehementes Bedürfnis nach Nähe und Ansprache.

Zweifelsohne, die ersten Stunden sind von besonderer Bedeutung. Aber wenn ein erstes Beschnuppern und Kennenlernen nicht gleich möglich ist – es kann auch später stattfinden, ohne dass die Aussichten auf eine gelungene Bindung damit geschmälert wäre. Nicht immer hat das Leben einen Bilderbuchstart zu verschenken. Aber es hält viele Chancen bereit.

Am schönsten ist es natürlich, wenn das Baby seine Mutter nach der Geburt mit seiner Aufmerksamkeit belohnt. Ein rundum gesundes Baby vermittelt sofort ein Gefühl der Sicherheit und Erleichterung. Es ist in der Lage, durch seine erstaunliche Vollkommenheit und Reaktionsfähigkeit seinen Eltern zu vermitteln, dass sie alles richtig machen und dass sie es gemeinsam mit ihm schon schaffen werden. Wie es Mutter und Vater bald nach der Geburt anschauen kann, sie wahrnimmt, auf ihre Stimmen lauscht, ihre Gesichter entdeckt, ist der Lohn für eine lange Wartezeit und die Anstrengung der Geburt: der Beginn einer lebenslangen Bindung

Nach der Geburt wollen Eltern vor allem eins wissen: Ist das Baby gesund?

Die Koordination der Bewegungsabläufe, wie das Baby mit den Veränderungen seiner Verhaltenszustände zurechtkommt, kann ganz unterschiedlich sein. Diese Unterschiede beeinflussen sowohl die Art, wie das Baby sich in der Interaktion mit den Eltern verhält, als auch die Reaktionen der Eltern. Immer stellt diese frühe Wechselbeziehung eine Herausforderung für die Eltern dar. Je aufmerksamer und liebevoller sie die charakteristischen Reaktionen und Stärken ihres Babys kennen lernen und annehmen, desto intensiver und befriedigender wird natürlich auch die Beziehung werden.

Ideal ist es, wenn die „Chemie" zwischen der Zuwendungsfähigkeit der Eltern und den individuellen Bedürfnissen ihres Kindes stimmt. Glücklicherweise haben die meisten Babys eine große Fähigkeit, sich die von der Mutter angebotenen Reize zunutze zu machen.

Aber nicht jedes Baby ist für seine Eltern so beschaffen, dass sie gut mit ihm zurechtkommen. Es gibt schwierige Babys und es gibt schwierige Persönlichkeitsstrukturen bei Müttern und Vätern.

Wenn das Baby nach der Geburt in einer schlechten Verfassung ist, hilft es den Eltern meist weiter, wenn sie das nicht als ihre „Schuld" ansehen müssen. Eine Übereinstimmung der jeweiligen Reize und Reaktionen herzustellen ist eine anstrengende „Anpassungsarbeit". Die beste Richtschnur dafür bietet das Verhalten des Babys.

Das Neugeborene verfügt über die wunderbare Kraft, aktiv die mütterliche Zuwendung zu wecken.

Wenn das Reaktionsvermögen des Neugeborenen in Ordnung ist, kann es mit seinen Verhaltenszuständen auf seine Mutter reagieren. Immer wenn sie mit ihrem Verhalten eine Reaktion bei ihm auslöst, z. B. Beruhigung oder Aufmerksamkeit, ist sie darin bestärkt, es richtig gemacht zu haben und gibt dieses Gefühl an den Säugling weiter. Beide fühlen sich wohl.

Jede Mutter ist darauf angewiesen, dass ihr Baby sie durch seine Reaktionen bestätigt, und es ist erstaunlich, wie gut Neugeborene das schon können. Sie verfügen über die wunderbare Kraft, die mütterliche Zuwendung zu wecken und aktiv ihre Reaktionsweisen mitzugestalten. Ein Baby strahlt so unendlich viel Vertrauen aus, dass es nahezu unmöglich ist, davon nicht angerührt zu sein und diese Ausstrahlung durch liebevolle Zuwendung zu erwidern.

Mit wachen Sinnen: Das Neugeborene und seine Reaktionsfähigkeit

Was geschieht genau nach der Geburt und mit welchen Fähigkeiten wird das Baby geboren? Vereinfacht kann man sagen: Das Erscheinungsbild des Babys löst bei fast allen Menschen den Pflegetrieb aus. Das flaumige runde Köpfchen, die sanften Proportionen des Gesichts, die zarte Haut, die Ärmchen und Beinchen, die sich entgegenstrecken, das Wunder kleiner Hände, all das typisch Babyhafte löst den Wunsch aus, es an sich zu nehmen, zu halten und zu umsorgen.

Das Baby ist bereit zur Kommunikation

Wir wissen, dass ein Kind, das in der folgenden Zeit nicht verlässlich auf liebevolle Versorgung und Zuwendung bauen kann, wenn nicht körperlich, so doch seelisch verloren ist. Aber es ist auch gut zu wissen, dass Babys ungeheuer widerstandsfähig und flexibel sind. Ihre Eltern müssen keine perfekten Alleskönner sein, die keine Fehler machen dürfen.

Das Kind bindet sich bedingungslos an seine Eltern und schenkt ihnen unbesehen ihrer charakterlichen Stärken und Schwächen einen Vorschuss auf Liebe und Anhänglichkeit. Das erste Kommunikationsmittel zwischen der Mutter und ihrem neugeborenen Kind sind Berühren, Anfassen, Streicheln, Betasten. Meist reagieren Mütter auf unruhige Babys mit besänftigendem Aufnehmen und Festhalten.

Die Berührung verschiedener Körperregionen löst Reflexe aus, zum Beispiel die Stimulation um den Mund herum den Saug- und Suchreflex. Ein Baby, das von seiner Mutter hochgehalten wird, öffnet die Augen und sucht ihr Gesicht. Der erste Blickkontakt von Angesicht zu Angesicht gehört zu den bewegenden und wichtigsten Momenten in der Interaktion mit dem Neugeborenen. Es kommt offensichtlich mit dem „Interesse" und der Fähigkeit zur Welt, das Gesicht seiner Eltern genau zu erforschen. Es fixiert die Augen, den Mund, die Gesichtsumrisse und es hat eine auffallende Vorliebe für ein lebendiges, reaktionsbereites Erwachsenengesicht. Schon drei Wochen später wird es das Gesicht seiner Mutter wieder erkennen und von dem anderer Erwachsener unterscheiden können.

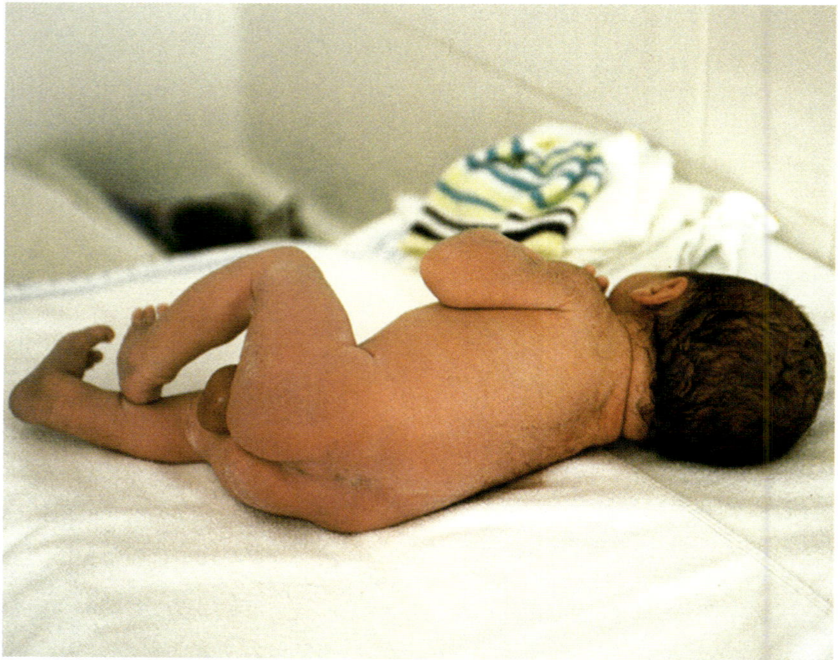

Das Neugeborene ist zwar ein winziges Wesen, doch es verfügt über erstaunlich differenzierte Sinneswahrnehmungen.

Und da ist die Stimme der Mutter, die das Neugeborene fesselt, es scheint sie wieder zu erkennen und hat überhaupt eine deutliche Vorliebe für weibliche Stimmen. Säuglingsbeobachtungen zeigen, dass Neugeborene unmittelbar nach der Geburt ihre Bewegungen dem Rhythmus der Stimme der Mutter angleichen.

Sehen und Hören sind neben der Fähigkeit zu saugen wichtige Startbedingungen in der sozialen Interaktion. In der neueren Forschung hat sich der Begriff vom „kompetenten Säugling" eingebürgert, der damit eine veränderte Sicht auf das erste Lebensjahr ausdrückt.

Der Säugling erscheint hier als aktiv, differenziert und beziehungsfähig. Er verfügt über Fähigkeiten, die Welt und sich selbst nicht nur als ungeordnete Vielfalt zu empfinden. Er ist zu erstaunlich differenzierten Sinneswahrnehmungen in der Lage und beginnt bald, sie miteinander zu verbinden. Das Baby ist mit dem Bedürfnis geboren, seine Umwelt wahrzunehmen und zu erforschen. Reize wecken sein Interesse, sie werden aktiv gesucht, wahrgenommen und verarbeitet. Man hat in Untersuchungen (z.B. durch den amerikanischen Professor für Kinderheilkunde

T. B. Brazelton) festgestellt, dass Eltern, die auf das Verhaltensrepertoire und die zahlreichen Fähigkeiten ihres neugeborenen Kindes eingestellt waren und sie miterleben konnten, später erheblich sensibler auf die Signale des Kindes reagieren konnten und im gesamten ersten Lebensjahr mehr Einfühlungsvermögen zeigten.

Das Baby ist mit dem Bedürfnis und der Fähigkeit geboren, seine Umwelt wahrzunehmen und zu erforschen.

Die Reflexe

Schon die Überprüfung und die Darstellung der Reflexe zeigen, welche Entwicklungsmöglichkeiten in dem winzigen und doch so vollkommenen Wesen stecken. Reflexbewegungen sind im Gehirn vorprogrammiert. Vermutlich spielen reflexartige Verhaltensweisen, etwa Dreh- und Krümmbewegungen, eine aktive Rolle beim Hinausarbeiten aus dem Geburtskanal.

Bewegt man den Kopf des Babys nach unten, breitet es, veranlasst durch die so genannte Mororeaktion, seine Arme aus, um sie sogleich wieder an den Körper zu führen bzw. sich am Körper der Mutter anzuklammern.

Wenn man die Fußsohlen des Babys fest auf eine Unterlage aufsetzt, beginnt es in einer Art langsamem Trott zu schreiten. Die Schreitreaktion stellt eine Vorbereitung auf das zukünftige Steh- und Gehverhalten dar.

Legt man das Neugeborene auf den Bauch, so versucht es automatisch den Kopf zu heben und zur Seite zu drehen. Es schiebt die Hände neben den Kopf und versucht sie zum Mund zu führen. Beides hilft ihm im Fall des Falles, die Atemwege freizubekommen. Mit lebhaften Kriechbewegungen zieht es die Beinchen an und streckt sie wieder aus.

Die Gefahr, dass ein gesundes Baby unter normalen Bedingungen erstickt, ist gering.

Wird es auf den Rücken gelegt, rudert es mehr oder weniger fließend mit Armen und Beinen. Auch in dieser Lage verfügt es über einen wichtigen Schutzreflex. Würde ein Tuch oder Kissen auf sein Gesicht geraten, fängt es an zu zappeln, beugt den Kopf nach hinten und dreht ihn hin und her, um es abzuschütteln. Es fährt abwechselnd mit den Fäustchen ins Gesicht, um die Atemwege freizuhalten. Die Gefahr, dass ein Baby erstickt, ist unter normalen Bedingungen ziemlich gering, denn es wird sich eher befreien als schweres Bettzeug über sich zu ziehen oder wehrlos in Kissen zu „versinken“. Bei dem Phänomen des „plötzlichen Kindtodes“ zählt

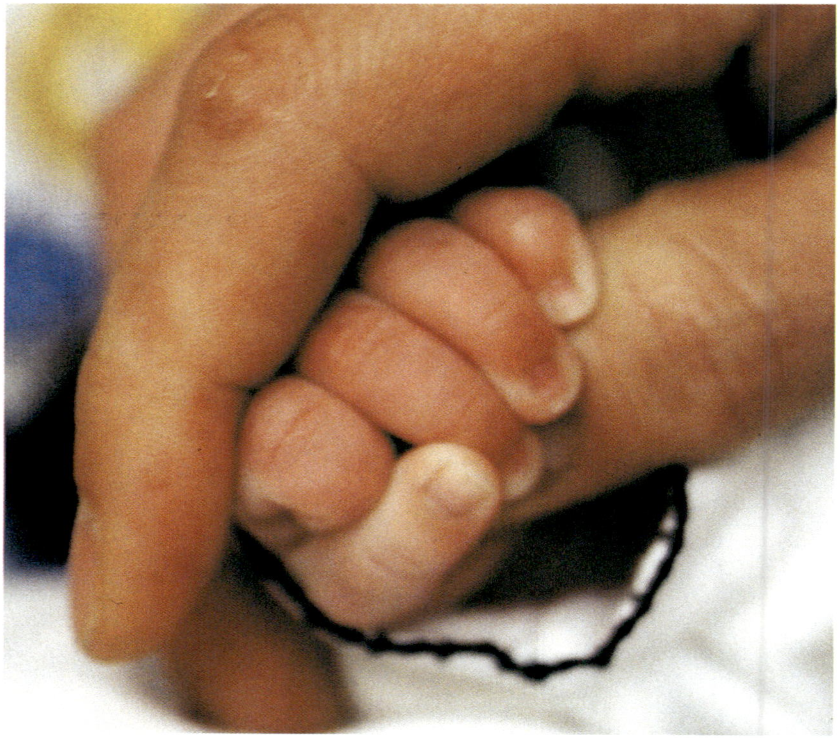

Neugeborene greifen sofort nach dem ausgestreckten Finger und können ihn erstaunlich gut festhalten.

das Ersticken nicht zu den wahrscheinlichen Ursachen. Man kann davon ausgehen, dass ein gesundes Kind sich zur Wehr setzt, wenn sein Gesicht zugedeckt und die Atemwege blockiert sind. Es meldet sich außerdem und hat dann hoffentlich jemanden in der Nähe, der es hört.

Wenn man das Neugeborene nach dem Zeigefinger greifen lässt, hält es sich daran fest und lässt sich vorsichtig in die Sitzposition hochziehen. Zwar hängt der Kopf im Nacken, aber es gibt sich sichtlich Mühe, ihn aufzurichten. Im Sitzen schaut das Baby mit Kulleraugen um sich und die entzückten Eltern bekommen eine Ahnung davon, wie köstlich es sein wird, sich mit ihm zu beschäftigen.

Möglicherweise lassen sich bei der ersten Überprüfung durch den Arzt nicht gleich alle Reflexe auslösen. In der ersten Zeit nach der Geburt kann es vorkommen, dass ein Baby erschöpft ist und sich erst erholen muss. Bleiben sie allerdings schwerfällig und die üblichen Reaktionen kommen nur schwach oder verzögert, so ist es besser, den Arzt zu konsultieren. Eine unterstützende Maßnahme sollte möglichst früh einsetzen, so kann das Baby seine Fähigkeiten so weit wie möglich entfalten.

Manchmal ist ein Neugeborenes zu erschöpft, und es gelingt nicht gleich, alle Reflexe auszulösen.

Der Saug- und Würgreflex gehen am Anfang zusammen. Das Baby reagiert mit Würgen und Spucken, bevor es mit dem Saugen beginnen kann. Es muss seine Atemwege befreien und vielleicht ist es eine Erleichterung, wenn der Schleim nach der Geburt vorsichtig abgesaugt wird. Der Niesreflex befördert von selbst noch Tage danach Reste heraus.

Es kann ein paar Tage dauern, bis der Saugreflex richtig in Gang gebracht wird, sodass die ersten Trinkversuche an der Brust oder mit dem Fläschchen eine Übungszeit für Mutter und Kind sind. Das Baby lernt, kräftig zu saugen, seine Mutter lernt, wie sie es am besten hält und zum Trinken ermuntert. Diese Zweiersituation ist störanfällig und irgendein Druck ist gänzlich unangebracht. Da das Baby mit Sicherheit nicht gleich verhungert, kann man sich ganz entspannt und in Ruhe dieser Übungsphase hingeben. Die Such- und Saugbewegungen gehören zu den zuverlässigsten Aktivitäten des Neugeborenen.

Bietet die Mutter ihm die Brust oder den Sauger an, indem sie seine Wange berührt, beginnt der Säugling das „besaugbare Objekt" zu suchen, um es mit seinem Mund zu umfassen. Seine Atmung, das Saugen und Schlucken kann er zuverlässig koordinieren. Zwischen den Saug- und Trinkphasen legt das Baby Pausen ein. Es entwickelt mit seiner Mutter zusammen einen Trink- und Ruherhythmus, der viel mehr ist als nur ein Sättigungsvorgang. Es entspinnt sich eine Beziehung, in der die Mutter nicht nur den Bauch des Babys „voll pumpt", sondern sich ein Dialog voller Informationen und Reaktionen bildet. Bald beginnen Mutter und Kind sich vorrangig auf die hin- und hergehenden Signale zu konzentrieren: Das Anschauen und Ansprechen, das Aufmuntern und Weitermachen, das Pausieren und entspannte Warten, Füttern und Gefüttertwerden sind eins. Zwiegespräch und Nahrungsaufnahme gehören zusammen.

Sinne, Reaktionen und Fähigkeiten

Womöglich genauso wichtig wie der erste Körperkontakt, verbunden mit dem Halten und Saugen, sind Hör- und die Sehfähigkeit des Babys.

Wenn es nicht allzu sehr durch die Entbindung belastet wurde, ist das visuelle Verhalten ein wichtiger Hinweis auf seine Gesundheit.

Neugeborene folgen einem sich bewegenden Objekt in ihrem Gesichtsfeld mit den Augen. Am besten sehen sie in einer Distanz von 20 cm. Intuitiv halten Eltern diese Entfernung ein, wenn sie Blickkontakt mit ihrem Baby aufnehmen.

Das visuelle Erkennen der Eltern ist ein wichtiges Bindungssignal.

Nach neueren Forschungen exploriert das Baby in den ersten Lebensmonaten einen visuellen Reiz in einer charakteristischen Reihenfolge – es entwickelt ein Abtastmuster vor allem zunächst für das menschliche Gesicht. In den ersten vier Wochen werden die kontrastreichen Übergänge zwischen Haaransatz und Stirn und der Übergang zwischen Kopfumriss und Hintergrund erforscht. Stück für Stück verlagert sich die Aufmerksamkeit dann auf das Gesichtsinnere, also Augen, Nase und Mund. Bald kann der Säugling die einzelnen Teile eines Gesichts als Gestalt erfassen und das Gesicht seiner Mutter wieder erkennen. Das visuelle Unterscheiden und Erkennen der Eltern wird ein wichtiges Signal für die Bindung aneinander.

Die Reaktion auf ein menschliches Gesicht ist von Beginn an anders als auf andere Reize. Das Baby ist von einem Gesicht stärker gefesselt als von einem Gegenstand. Es fixiert einen Gegenstand eher mit einem unbewegten Gesichtsausdruck. Wenn es dagegen ein menschliches Gesicht vor sich hat, spielt sich in seinem eigenen Gesicht auch etwas ab: Es kräuselt vielleicht die Lippen, seine obere Gesichtshälfte gerät in Bewegung. Tatsächlich imitieren manche Babys mit ihrer Mimik den Ausdruck des Gesichts, das ihre Aufmerksamkeit fesselt. Sie können Mundstellungen nachahmen, z. B. den Mund öffnen und die Zunge herausstrecken. Vielleicht ist dieses Imitieren ein Anzeichen dafür, wie sehr wichtige Bezugspersonen das Baby beeinflussen können.

Von Geburt an sucht das Baby aktiv nach Reizen und kann sie unterscheiden.

Interessant in diesem Zusammenhang ist auch, dass bereits von Geburt an aktiv nach Reizen gesucht wird und verschiedene Reize auch voneinander unterschieden werden. Während des Fütterns kann der „Hunger nach Reizen" gelegentlich das Trinken unterbrechen und das Baby schaut erst einmal, was sich da Interessantes bewegt. Nach so einem kleinen Ausflug mit den Augen kehrt es meist zufrieden zu seiner Mahlzeit zurück.

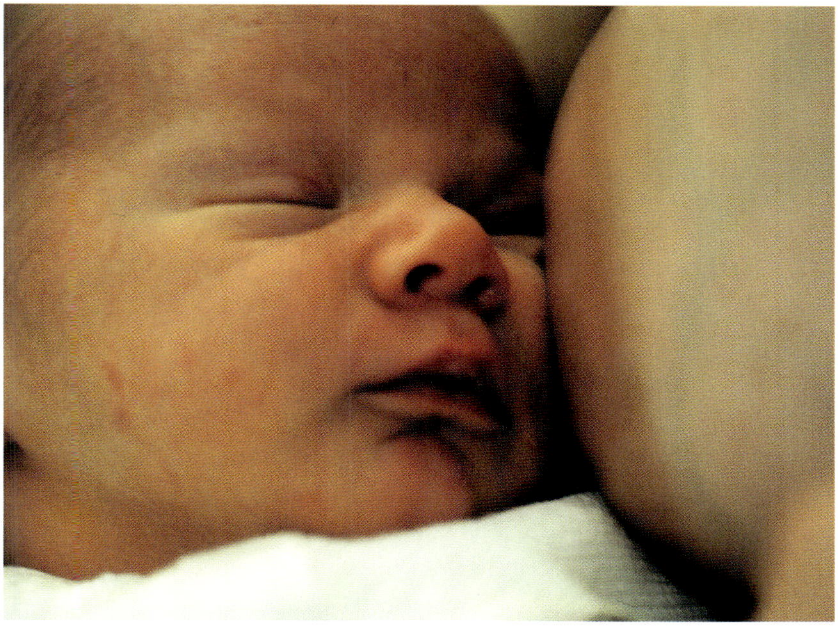

Zufriedenes und entspanntes Baby an der Mutterbrust

Unruhige Babys kommen ins Gleichgewicht, wenn sie sich mit dem Betrachten von vertrauten Gegenständen (z. B. Mobiles) beschäftigen.

Das Neugeborene reagiert auf die menschliche Stimme, es betrachtet ein Gesicht, „aus" dem gesprochen wird, noch neugieriger. Es kann eine ganze Weile mit seinen Blickbewegungen und seiner Mimik dem Rhythmus der Stimme folgen. Die weibliche Stimme wirkt auf das Baby beruhigend, die mütterliche Stimme wird allen anderen Stimmen vorgezogen.

Das Neugeborene erkennt seine Mutter

Man fand auch bestätigt, was Mütter und Geburtshelfer immer behaupteten: Babys erkennen ihre Mütter am Geruch wieder und sie können in wenigen Tagen den Geruch ihrer Mutter von dem anderer Menschen unterscheiden. Man hat beobachtet, dass Babys, die gestillt werden, im Alter von drei Wochen sich weigerten, Flaschennahrung von der Mutter anzunehmen, da sie ihre „Nahrungsquelle Brust" riechen. Von den Vätern hingegen ließen sich dieselben Babys durchaus mit der Flasche füttern. Mit der Flaschennahrung kommt etwas Neues hinzu, was erst kennen gelernt werden muss und was nicht so unmittelbar sinnlich mit dem mütterlichen Körper verbunden ist. Wie jedoch die Interaktion zwischen Mutter und Baby verläuft, hängt davon ab, wie intensiv aufmerksam und zärtlich diese Situation ablaufen kann. Je mehr eine Mutter die Gelegenheit hat, die Reaktionsweisen ihres Babys zu beobachten und zu interpretieren, umso vertrauter werden beide miteinander.

Verhalten und die Bewusstseinszustände in den ersten Wochen

Von Beginn an befindet sich der Säugling in einer besonderen Beziehung zu seiner Mutter. Viele Studien zu dieser frühen Interaktion zwischen Mutter und Kind bestätigen ein erstaunliches Maß an Abgestimmtheit, Wechselseitigkeit und Zusammengehörigkeit. Auf positive, nicht überwältigende Reize kann das Baby lebhaft und aufmerksam reagieren. Ja, viele Interaktionen werden vom Säugling eingeleitet, ihr Verlauf „kontrolliert" und reguliert. Wechselseitiger Blickkontakt, Blickabwenden, Wiederaufnahme des Kontakts, bestimmte wechselseitige Vokalisierungen, das zeitliche Abstimmen von Verhaltensweisen, all das ist ein höchst filigranes Netz gegenseitiger Verständigung, das der Säugling mitgestaltet.

Schlüssel zum Verstehen

Der Säugling ist zunächst untrennbar mit seiner Mutter verbunden.

So ist der Säugling zum einen zunächst vollkommen aufgehoben in seiner Beziehung zur Mutter, er ist untrennbar verbunden mit ihr, ohne mütterliche Pflege könnte er nicht leben. Zum anderen jedoch ist er nicht einfach passiv und unabgegrenzt in dieser „Symbiose", sondern aktiv von Anfang an. Ausgestattet mit vielen kognitiven Fähigkeiten, bereit zur Interaktion, die in ein selbstständiges Leben hinausstreben.

Viele Reaktionen des Babys werden vor dem Hintergrund seiner Bewusstseinszustände verständlich. Sie geben wichtige Hinweise darauf, wie es seine Erfahrungen ordnet und in welchem persönlichen Stil es sich mit seiner Umgebung auseinander setzt. Tatsächlich hat jedes Baby seine ganz eigenen Fähigkeiten, die Reize, die es aus seiner Umgebung aufnimmt, zu bewältigen. Je nach Verfassung ist eine Stimulation angemessen oder auch nicht. Die Bewusstseinszustände, zwischen denen das Baby im Verlauf des Tages hin und her wechselt, sind für die Eltern ein wichtiger Schlüssel zum Verständnis seines Verhaltens. Die Definition der Verhaltenszustände bezieht sich auf den Ansprechbarkeitsgrad oder Wachheitsgrad. Der Zyklus dieser Zustände reicht von Tiefschlaf und leichtem Schlaf über halbbewusstes, später aufmerksames und sehr gut ansprechbares Verhalten bis hin zu Unruhe, Quengeln, Schreien. Der Zyklus dient dem Baby dazu mit seiner Innenwelt und Außenwelt zurechtzukommen. Es ist nicht nur ausschlaggebend für seine Fähigkeit, Informationen aufzunehmen und sich zunutze zu machen, er beeinflusst auch die Art und Weise seiner Reaktionen.

Eine erste und wichtige Aufgabe besteht für Mütter und Väter darin, die Verhaltenszustände ihres Babys kennen zu lernen und vorhersagen zu können. Daraus können sie schließen, ob es ansprechbar ist, gefüttert oder schlafen gelegt oder unterhalten werden will.

Wichtig für die Eltern ist es, die Verhaltenszustände des Babys kennen zu lernen.

Der persönliche Verhaltensstil des Babys, der sich zu einem gemeinsamen Verhaltensmuster vor allem zwischen der Mutter und ihm entwickelt, zeigt sich darin, wie es auf Reize aus der Umgebung anspricht.

Babys unterscheiden sich darin, wann und wie viel sie schlafen, wie oft und wie lange sie schreien, wie sie sich besänftigen lassen, wie sie auf Hunger, Unbehagen, Tagesrhythmen, Berührungen und auf „ihre" Menschen reagieren. In Hinblick auf dieses Verhalten entsteht eine ganz eigene „Chemie" zwischen mütterlichem und kindlichem Temperament.

Am besten ist es, in diesen störanfälligen, frühen Einstimmungssituationen ganz auf den persönlichen Verhaltensstil des eigenen Babys zu achten und nicht mit dem eines anderen zu vergleichen.

Sechs Verhaltenszustände

Ganz allgemein lassen sich sechs Verhaltenszustände beschreiben, die im Alltag mit jedem Baby die Hauptrolle spielen:

Tiefschlaf: Das Baby hat seine Augen fest geschlossen, die Atmung ist tief und gleichmäßig, es bewegt sich nicht. Manchmal kann es kurz zusammenschrecken, aber es wacht nicht auf. Diesen tiefen Schlaf braucht es anfangs alle vier Stunden. Er organisiert sein reifendes und schnell überlastetes Nervensystem. Es tut ihm gut, mehrmals am Tag tief zu schlafen. Je reifer es wird, umso mehr schiebt es dieses Bedürfnis hinaus.

Traumschlaf: In diesem leichten Schlaf sind die Augen zwar geschlossen, zeigen aber leichte kreisende Bewegungen (REM-Schlaf). Jetzt sind Babys für die Außenwelt empfänglicher. Sie bewegen Arme und Beine, zucken oder drehen sich vielleicht. Die Atmung ist unregelmäßiger. Manche Babys runzeln die Stirn, grimassieren oder lächeln und machen Saugbewegungen. Auf diese Weise schläft das Baby häufig und man geht davon aus, dass in der REM-Schlafphase wichtige Gehirnwachstumsprozesse stattfinden.

In der REM-Schlafphase finden wichtige Gehirnwachstumsprozesse statt.

Halbschlaf: Das Baby öffnet und schließt seine Augen abwechselnd, sein Blick wirkt abwesend. Arme und Beine werden sanft bewegt. Die Atmung ist regelmäßig. Spricht man das Baby in diesem Zustand an, wird es ganz aufwachen und reaktionsbereit sein.

Wacher Aufmerksamkeitszustand: Das Gesicht und der Körper sind entspannt und ruhig, die Augen schauen aufmerksam und strahlend in die Welt. Ganz kleine Babys können diesen Zustand noch nicht lange aufrechterhalten. Doch schon im Alter von zwei Wochen kann es bis zu 20 Minuten so beschäftigt sein und die Nähe seiner Eltern wahrnehmen.

Aufmerksamer, quengeliger Zustand: Jetzt wird das Baby unruhig. Es ist für äußere Reize zugänglich und ein attraktiver Reiz kann seine Aufmerksamkeit fesseln, es lässt sich durch sanftes Wiegen und Sprechen beruhigen. Wird es jedoch mit Reizen überfordert, reagiert es abwehrend, quengelig, weinerlich. Es kann jetzt die eigenen Bewegungen nicht mehr so gut koordinieren und versetzt sich in noch größere Unruhe, es kann sich selbst nicht mehr beruhigen. Spätestens jetzt sollte ein verlässlicher Tröster in der Nähe sein, damit sich das Baby nicht in einen Schreckzustand hineinsteigert. Denn dann gestaltet sich das Beruhigen schwieriger.

Schreien: Das Schreien ist für das Baby ein wichtiges Kommunikationsmittel und erfüllt vielerlei Funktionen. Zuallererst ruft es die Mutter herbei. Es gibt durchdringendes, schmerzgeplagtes Schreien, forderndes, drängendes Schreien, gelangweilt wirkendes Schreien und rhythmisches, aber nicht drängendes Schreien. Es scheint, als sei das Baby in der Lage, sich durch diese verschiedenen Arten des Schreiens mitzuteilen. In jedem Fall löst es bei seinen Eltern ein Besorgnis- und Verantwortlichkeitsgefühl aus. Sie fühlen sich gezwungen, etwas zu tun, um herauszufinden, was dem Baby fehlt. Das ist auch in jedem Fall richtig so. Eine Mutter braucht nur wenige Tage, um die charakteristische Art, wie ihr Kind schreit, zu unterscheiden. Nach und nach bekommt sie heraus, mit welchen Mitteln es sich trösten lässt. Im Laufe der ersten Wochen kann das Baby tagsüber immer wieder in unzufriedenes Geschrei ausbrechen, das offenbar der Spannungsabfuhr dient und ihm hilft, seine Verhaltenszustände zu regulieren. Wenn es dann nicht zusätzlich stimuliert, z. B. hochgenommen wird, schläft es nach einer Weile wieder ein. Meist braucht es dazu Nähe, aber keine weiteren Aktivitäten.

Doch obwohl die Eltern rasch lernen, zwischen den verschiedenen Arten des Schreiens zu unterscheiden, ist für viele diese Situation heikel und zu Missdeutungen geeignet.

Vielleicht geht es auch nicht so sehr um die Kunst des Deutens, sondern primär um die Bereitschaft, innerlich und äußerlich anwesend zu sein. Schließlich wird man ja dem Baby nicht das Schreien „abgewöhnen" wollen, sondern es unterstützen und bei ihm sein wollen.

Schreien ist für ein Baby ein wichtiges Mittel zur Kommunikation.

Gelingt diese Unterstützung mit der notwendigen Aufmerksamkeit und Zugewandtheit, so wird das Baby bald in der Lage, sein Bewusstseinszustände so zu regulieren, dass klar gegliederte Verhaltenszyklen entstehen.

Die Schlafzyklen

Die Schlafzyklen verändern sich mit der Zeit.

Mit der Reifung des Nervensystems verändert sich die Länge der Schlafzyklen. Schlaf- und Wachphasen wechseln sich zunächst ungefähr alle vier Stunden ab. Innerhalb eines solchen Zyklus befindet sich das Baby etwa eine Dreiviertelstunde lang im Tiefschlaf, dann geht es über in einen leichteren Schlaf. Nach einer Weile schläft es erneut tief. Diese Zyklen treten tagsüber und in der Nacht auf, d.h., das Baby muss zwischen diesen beiden Phasen wechseln können.

Es muss auch lernen, nachts länger als drei, vier Stunden zu schlafen. Dazu muss es erst einmal Verhaltensmuster aufbauen, mit denen es Reize verarbeiten und sich selbst beruhigen kann. Manche Babys brauchen etwas mehr Zeit, um ihren Nachtschlaf zu verlängern. Sie können sich vielleicht weniger erfolgreich gegen äußere Reize schützen und wachen beunruhigt in den REM-Phasen auf. Ein regelmäßiger und zuverlässiger Tagesrhythmus hilft dem Baby, seinen eigenen Rhythmus zu festigen.

Mutter werden ist ein Wandlungsprozess

Die erste Aufgabe des neugeborenen Kindes besteht darin, die Fähigkeit zu entwickeln, zwischen der Aufnahme von Reizen und den eigenen Verhaltenszuständen ein Gleichgewicht herzustellen. Das Baby wird sich nur dann aufmerksam auf ein Interaktionsangebot konzentrieren, wenn es seiner Motorik und seinen jeweiligen Zuständen nicht ausgeliefert ist. Seine Steuerungsfähigkeit schafft die Voraussetzung für Aufmerksamkeit und wechselseitige Beziehung. Seinen eigenen Aufmerksamkeitszustand zu entwickeln lernt das Baby in den ersten Lebenstagen.

Intensives Einfühlen

Zunächst vermittelt die Mutter ihrem Baby Ruhe und Geborgenheit. Sie schützt es vor Reizüberflutung, weil sie sich in sein labiles Gleichgewicht einfühlen kann. Sie passt ihre eigenen Verhaltensweisen der Reiz-

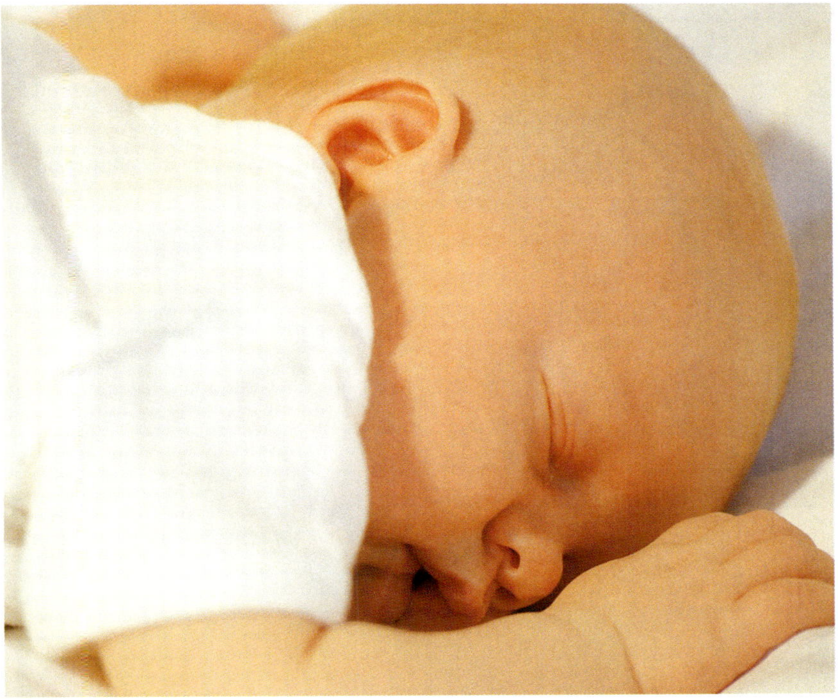

Ein stabiler Tagesablauf ist unerlässlich, um einen eigenen Rhythmus aufzubauen.

schwelle ihres Babys an. Sie lernt, sich mit seinem Verhalten abzustimmen. Mütter können es nachempfinden, wie sehr sich ihr Baby bemüht, seine Zustände zu kontrollieren und eine ruhige Aufmerksamkeit zu entwickeln. Sie haben oft das Gefühl, in der Haut ihres Babys zu stecken.

Diese intensive Identifizierung ermöglicht der Mutter, das Kind zu verstehen und sich sein kompetentes Verhalten bewusst zu machen. Sie erkennt den Säugling als ein von ihr getrenntes Individuum und akzeptiert seine Abhängigkeit und Bedürftigkeit ebenso wie seine Fähigkeiten. In dieser Wechselbeziehung muss auch sie ein Gefühl der Kontrolle entwickeln, indem sie ihr Verhalten steuert und ihre Ungeduld beherrscht.

Liebevolle Geborgenheit

In den Wochen nach der Geburt beherrscht die Körperbeziehung zwischen Mutter und Kind natürlicherweise alle anderen Ebenen von Beziehung. Es ist eine körperliche Liebe, aus der sich die Bindung der beiden aneinander entfaltet.

Die Mutter des Winzlings kann ja gar nicht anders als ihn an sich drücken, in einem Winkel ihres Körpers bergen und tragen wie das Känguru sein Junges in der Bauchtasche. Die Mobilisierung dieser Art von Liebe geschieht quasi naturhaft, wenn das Begehren nach Körpernähe nicht gestört wird. Die spontane Reaktionsbereitschaft, den kleinen Leib, der sich anschmiegt, am eigenen Körper zu halten, um ihn zu schützen, um von ihm berührt zu sein, bedarf keiner weiteren Begründung. Das Kind wird angenommen, aufgenommen, genährt, umhergetragen und in all diesen Handlungen und Gesten sind und wachsen Pflege und Liebe.

Für das Neugeborene, das die Körperverschränkung nicht nur für sein Wohlbehagen, sondern für seine Entwicklung braucht, ist es nur gut, dass seine Mutter, seine Eltern nicht nur aus „reiner Liebe“ handeln. Ihre spontane Reaktionsbereitschaft, ihr Bedürfnis, das Kind aufzunehmen, zu tragen, zu pflegen, zwingt sie zu dieser Körperbeziehung, in der ihr Baby gedeiht. Es kann ganz beruhigt sein – auch wenn seine Mama sich zwischendurch gar nicht wie eine große Liebende fühlt, wird sie es nicht „fallen lassen“.

Die Körperverschränkung zwischen Mutter und Kind ist wichtig für die Entwicklung.

Auch wenn Mütter nicht in der Lage sind zu stillen, sind sie doch zur gleichen intensiven Beziehung zu ihrem Kind bereit. Das Anfassen, Halten, Streicheln, Kosen, das innige Zwiegespräch, das Nähren und Pflegen, all das ist auch ohne das Stillen an der Brust möglich. Es geht ja um die Bereitschaft zur Hingabe an eine Beziehung. Liebe schenken, Liebe nehmen sind zwar ein sehr körperlicher Vorgang in der Beziehung zum Säugling, aber diese Liebe hat viele andere wichtige Kanäle jenseits der Brustdrüsen. Egal woran der Säugling saugt, er nimmt in dieser Situation das Gesicht, die Gestalt, den Geruch, die Stimme, die Gefühle seiner Mutter in sich auf, er fühlt sich gehalten und geborgen.

Natürlich umfasst das Bild des Kindes, das zufrieden an der Brust liegt, und der Mutter, die das genießen kann, mehr: Es ist ein Wiedereintauchen in die Welt vor der Geburt und vor der Trennung. Mutter und Kind werden wieder eins und lernen doch, dass sie zwei sind, die sich im Stillen etwas geben. Das Stillen ist so gesehen viel mehr als nur Ernährung, es ist das Zurücktauchen in die Spannungs- und Schwerelosigkeit, es ist das Heilmittel gegen Mangel, Not und Angst hin zu Frieden und Harmonie.

Hilfe! Mutter werden braucht Zeit und Unterstützung

Viele Kulturen gewähren Mutter und Kind in den ersten Wochen den Genuss von Fürsorge, Schonung, Hege und Pflege. Heute erwartet man, dass der Rückzug nicht allzu lange dauert und die junge Mutter bald wieder aktiv und realitätsangepasst wenigstens wieder in den Haushalts- und Familienbetrieb einsteigt.

Trotz der Exklusivität der Mutter-Kind-Beziehung sollte es Dritte und Vierte geben, die Last und Verantwortung in dieser Situation übernehmen, damit Mutter und Kind sich auch in der Geborgenheit neugierig-

Der Vater sollte, sooft es möglich ist, bei der Babypflege einspringen, um die Mutter zu entlasten.

Manchmal sollte der Mutter auch etwas Verantwortung abgenommen werden, damit auch sie sich ausruhen kann.

freundlicher Pflege ausruhen können. In der Realität einer Kleinfamilie entschwindet der Vater jedoch bald nach der Geburt zur Arbeit und Mutter und Kind sind häufig „mutterseelenallein". Gut, wenn dann Verwandte wie Großmütter, Schwiegermütter oder Freunde in der Nähe sind – was in unserem Land leider ein schwindendes Phänomen ist. Man kann nur raten, sich solche zuverlässige Unterstützung schon im Vorfeld zu sichern.

Trübe Stunden

Von der Mutter wird erwartet, dass sie sich rasch und mit ganzer Kraft den Anforderungen ihrer neuen Rolle stellt. Sie soll möglichst umgehend in der Lage sein, ihre Erholung selbst in die Hand zu nehmen, und sich ihrem Kind zuwenden, damit sich die Bindung aneinander auch gleich richtig entfalten kann.

Wie wir gesehen haben, läuft das ja meist ganz „programmgerecht". Und doch herrscht nicht immer nur eitel Sonnenschein. Das Entzücken über das Kind geht auch mit Schwierigkeiten einher. Das ist normal. Einerseits ist es ganz richtig von der Mutter, sich voll und ganz auf das Kind einzulassen und es mit ihrer Fürsorge zu umschließen. Andererseits sind die Fortsetzung der körperlichen Beanspruchung, die ganze Umpolung der Wahrnehmungsstruktur hin zum Kind eine wahrlich enorme Anforderungen.

Fast alle Frauen erleben nach überstandenem Schmerz und der anfänglichen Euphorie „trübe Stunden". Da ist sie, die vielzitierte Wochenbettdepression, die Neigung, in den Tagen nach der Geburt zu Melancholie und Weinen. Am wenigsten ist für diesen „Baby-Blues" die hormonelle Veränderung verantwortlich.

Das Aufsetzen auf den Boden der Tatsachen mit einem durcheinander gebrachten Körper und einem vollkommen abhängigen Kind im Arm, kann hart sein. Es ist schon so, dass die plötzliche Gegenwart eines neuen Menschen auch etwas Erschreckendes hat. Die Ahnung taucht auf, dass hier ein Kind ist, von dem niemand weiß, was für ein Mensch es einmal sein wird. Jeder noch so innige Gefühlsansturm bleibt nicht ohne diesen Aspekt von Irritation.

Anwandlungen, in denen Mütter sich wünschen, sie wären das Neugeborene wieder los, können Quelle von Schuldgefühlen und Sorgen sein. Befremdliche Ängste entstehen, man könnte dem Kind Schaden zufügen. Solche „Anwandlungen" sind aber letztlich nichts anderes als die legitime Gegenwehr der Psyche einer erwachsenen Frau gegen das totale Besetztwerden durch die Bedürfnisse des Säuglings.

Traurige Gefühle sind eine normale Verarbeitung der großen Anstrengungen und Emotionen, die von der Mutter durchlebt werden.

Ein unsicherer, noch nicht eingespielter Alltag allein zu Hause mit dem Kind kann an die psychischen und seelischen Grenzen führen und zu der bangen Frage führen: Wie soll ich das in Zukunft alles schaffen? Sonderbar sind depressive Gefühle nach all den emotionalen Erschütterungen nicht. Sie sind eine ernst zu nehmende psychische Verarbeitungsform dieser als widersprüchlich erlebten Gefühlsanstürme. Die Vitalität des Babys, seine Fähigkeit, sich das, was seine Mutter ihm anbietet, zunutze zu machen, vertreibt wahrscheinlich bald alle Schatten.

AUFTAKTE: 1.–3. MONAT

Das Entzücken über die körperliche Rundheit und Vollkommenheit des Babys, seine Energie und seine Anpassungsarbeit ist mindestens ebenso groß wie die Rührung über seine Zartheit und Zerbrechlichkeit. Für die Mutter ebenso wie für den Vater (der hier etwas in den Hintergrund tritt) ist es gut zu wissen, dass sie mit ihren seelischen Bewegungen wichtige emotionale Energien mobilisieren, um schließlich eine tragfähige Übereinstimmung mit dem Baby herzustellen. Die ambivalenten Empfindungen dieser Zeit werden zur Antriebskraft, nach den individuellen Eigenschaften ihres Babys zu suchen und sie auch dann ins Herz zu schließen, wenn sie den Traumvorstellungen nicht entsprechen.

Erste Dialoge

Durch Gesten, Blicke und Laute wird ein dichtes Netz von Verbindungen zwischen Mutter und Kind geschaffen.

Vom Augenblick der Geburt an lernt die Mutter nicht nur, ihr Baby so zu sehen, wie es ist, sondern jede seiner Regungen bekommt für sie eine Bedeutung – scheint ihr etwas über seinen Charakter zu sagen. Sie reagiert nicht nur auf das, was es tatsächlich tut, sondern verleiht dem kleinsten Laut, der kleinsten Geste eine Bedeutung und schafft so zwischen ihrem Baby und sich ein dichtes Netz von Verbindungen.

Auf diese Weise beginnt sie den Säugling mit der Symbolwelt der Erwachsenen vertraut zu machen, denn über die Bedeutungszuschreibung formen sich Erfahrungen und Charakterzüge.

Das Baby in den Augen der Eltern

Das Verhalten des Babys kann z. B. als „stur“, „intelligent“, „faul“, „charmant“ und Ähnliches gedeutet werden. Je nach der Bewertung färbt sich das Verhalten der Eltern und sie werden z. B. Stolz Freude, Besorgnis oder Enttäuschung entwickeln. Wie der Säugling selbst sein eigenes Verhalten wahrnimmt, wird von diesen elterlichen Zuschreibungen mitbestimmt.

Später einmal wird die Selbstdarstellung des Kindes in erheblichem Ausmaß von den Erwartungen, Idealen, Vorlieben und Abneigungen seiner Eltern geformt. Diese innere Haltung seiner Eltern vermittelt sich dem Kind von Anfang an durch Minenspiel, Bemerkungen, Affekte und

Handlungen, an denen es abliest, wie die Eltern sein Verhalten interpretiert haben.

Zunächst hat der Säugling keine „Absichten“, doch er lernt, Absichten zu entwickeln und auch kundzutun. Oft wird die Absichtlichkeit des frühkindlichen Verhaltens überschätzt, zu viel hineininterpretiert. Andererseits machen das Eltern überall und zu jeder Zeit, dass sie in das Kind etwas hineindeuten, „hineinlegen“ („sie wird einmal eine große Schauspielerin“ … „er ist schon jetzt der Boss“ … „sie ist so sensibel, man muss ganz behutsam mit ihr sprechen“ …). Solche Deutungen sind normale Bestandteile der Entwicklung.

Wie sollte ein Kind sich zu einer Person formen, wenn es die Bedeutung seines Verhaltens nicht in den Augen der Mutter und des Vaters ablesen könnte? Sie spiegeln sein Verhalten durch mimischen, körperlichen, sprachlichen Ausdruck. Sie ahmen seinen Gesichtsausdruck nach, übertreiben und variieren ihre Nachahmung und steigern damit das Interesse des Babys. Man kann es auch so sagen: Indem die Eltern ihre Gefühle und Gedanken, die ihrem eigenen Inneren entstammen, auf das Baby übertragen, entwickeln sie eine Bereitschaft, sich einzufühlen (Empathiegefühl), sie erkennen sich in ihrem Baby wieder. Würde das nicht geschehen, würde eine (unsichtbare) Wand zwischen ihnen entstehen. Aus diesem wechselseitigen Prozess von Identifizieren und Projizieren entsteht schließlich die ganze Bandbreite menschlicher Gefühle und sozialer Fähigkeiten.

Eltern erkennen sich in ihrem Baby wieder und entwickeln so eine Bereitschaft, sich einzufühlen.

Im Zwiegespräch

In diesen ersten Wochen des Umgangs miteinander entwickeln Säugling und Mutter eine innere Stabilität. Wenn die Wechselbeziehung zwischen beiden als aufeinander eingestellte Partner gut läuft, fühlt sich die Mutter durch die Reaktionen ihres Babys entschädigt. Eine Stimmungsaufhellung, ein gelungener Trost, Beruhigung der Motorik, alles kann bestätigen, dass sie richtig reagiert und ihre Sache gut macht. Mit solchen Bestätigungen lernen Mütter die Grenzen ihres Babys, sein Temperament und seinen Reaktionsstil sehr gut kennen. Wenn die Mutter merkt, dass die Fähigkeit, sich ihr aufmerksam zuzuwenden, von seinem individuellen Rhythmus abhängig ist, gleicht sie ihr Verhalten dem des Babys an.

Wenn diese Synchronisation gelungen ist, sind erste wichtige Schritte getan. Der Säugling lernt seine Mutter als zuverlässige Partnerin kennen und kann beginnen eigene Beiträge in diesen Dialog einzubringen. Sie selbst erlebt sich in einem solchen Abstimmungs- und Dialoggeschehen als „fähige Partnerin". Natürlich ist in diesem Dialog das Baby nicht nur viel abhängiger, es ist auch der Beeinflussung durch seine Eltern viel mehr unterworfen. Deshalb müssen Mutter und Vater so sensibel wie möglich mit dieser Kommunikation umgehen. Sie müssen die Reizschwelle des Babys respektieren und sich von seinen Vorlieben und Reaktionen führen lassen. Auf diese Weise trägt jeder zu Entwicklung und Wahrung der gegenseitigen Abstimmung bei.

In die zuverlässige Beziehung zu seiner Mutter kann das Baby eigene Beiträge einbringen.

Für die Symmetrie ist die Mutter verantwortlich. Sie muss „selbstlos" sein in der Möglichkeit, sich in das Baby hineinzuversetzen. Sie muss „selbstsüchtig" sein in ihrem Verlangen, eine Rückkopplung zu erhalten. Die mütterliche Bereitschaft, sich zurückzunehmen, zurückzustellen, ist eine Voraussetzung, um sich mit den Rhythmen und Möglichkeiten des Babys vertraut zu machen – sich zu identifizieren. Die Fähigkeit des Babys, sich auf Berührungen, „Gespräche" und Geräusche, Bewegungen, die Ansprache der Mutter einzulassen, hängt von seinem jeweiligen Verhaltenszustand ab. Am besten gelingt ihm das, wenn es selbst die Regulation seiner Verhaltenszustände zustande bringt. Solange das Baby sich aufmerksam verhält, kann es am besten die Welt um sich herum kennen lernen. Beginnt es sich abzuwenden, tritt es in eine Erholungsphase ein, in der es sich selbst kennen lernen kann.

Wenn der Säugling aufmerksam ist, beginnt er allmählich seiner Mutter Signale zu geben: Er runzelt die Stirn, verzieht das Mündchen, „erzählt", streckt die Ärmchen aus usw. Die Mutter reagiert angemessen, wenn sie erkennen kann, was das Baby „meint". Sein Verhalten zeigt ihr dann, ob sie richtig oder falsch lag. Mit jedem Misserfolg oder Erfolg lernt sie dazu, wird sicherer und entwickelt ein Repertoire an Verhaltensweisen, die „passen".

Sie erkennt auf diesem Weg des Angleichens und Anpassens an die Antworten des Kindes, ob sie eine „gute Mutter" ist. Dieses Gefühl ist ganz wichtig, um mit Freude weiterzumachen. Auch für den Vater gilt Ähnliches. Beide können sich so dem Kind tief verbunden fühlen, je mehr die

„Chemie" zwischen ihnen stimmt. Das Baby zeigt ihnen, ob sie das Richtige tun und, falls sie danebenliegen, ob sie bereit sind, aus Fehlern zu lernen.

Wenn die „Chemie" stimmt, ist das für Eltern und Baby ein großer Ansporn.

Im Rhythmus der Tage und Nächte: Stillen, Schreien, Schlafen, Pflegen

Der Tages- und Nachtrhythmus des Säuglings ist durch Schlafen und Füttern bestimmt. Alles orientiert sich zunächst an den Bedürfnissen des Säuglings, der erst langsam vor allem mit Unterstützung seiner Mutter einen stabilen Rhythmus entwickeln kann.

Füttern nach Bedarf

Die Überlegung, das Baby nach einem genauen Zeitplan zu füttern, sollte man am besten gleich fallen lassen. Mit dem Kind einen gemeinsamen Tagesrhythmus zu finden ist nicht besonders schwer, denn es meldet sich, wenn es Hunger hat. Ob mit der Flasche oder Brust genährt, wichtig ist, das Kind zu seiner eigenen Zeit zu füttern. Es ist zweifellos not-

Jedes Baby hat seinen eigenen Rythmus, dem man sich anpassen muss.

wendig, einen Überblick darüber zu behalten, wann und wie viel etwa im Tagesverlauf getrunken wurde, aber ein starrer Zeit- und Mengenplan ist meist unnötig. Ein nach Bedarf gefüttertes Baby zeigt durch seine Zufriedenheit, dass es genug Milch bekommen hat. Seine Windeln sind mehrmals am Tag ordentlich nass und in ungefähr ein bis zwei Wochen hat es sein Geburtsgewicht wieder erreicht.

Die körperlichen Regungen des Säuglings, der Wechsel von Hunger und Sättigung, Schlafen und Wachen, aktive und passive Verhaltenszustände folgen einem Rhythmus, der mit der Uhr nicht zu messen ist, auch wenn sich bald regelmäßige Zeiten einstellen. Dieser Rhythmus ist nicht exakt, er ist mal fließend, mal sprunghaft, an- und absteigend, mit intensiven Phasen und ruhigen Pausen. Über einen längeren Zeitraum hinweg lassen sich Gleichförmigkeit und Kontinuität erkennen, aber auch Brüche.

Die körperlichen Regungen des Babys folgen seinem inneren Rhythmus und sind nicht mit der Uhr zu messen.

Da verstreicht ein Tag wie der andere, das Kind trinkt gut und schläft brav. Dann wieder scheint es störanfälliger und unruhiger zu werden. Der Rhythmus, in dem der Säugling Bedürfnisse fühlt und zu ihrer Befriedigung bereit ist, kann regelmäßig und unregelmäßig zugleich sein. Immer Neues kommt hinzu. Deshalb muss er variabel sein und offen für Veränderungen. Aber auf lange Sicht bewegt er sich doch stetig in seinen Grundkonstanten, wie z. B. Stundenzahl des nicht unterbrochenen Schlafes oder Dauer der Aufmerksamkeit. Eine Reglementierung des Tagesablaufs mit der Uhr ist ein recht gewaltsamer Einbruch in die ungestörte Entwicklung des Kindes.

Eine Kontrolle und Gewöhnung an Regelmäßigkeit, gar „Erziehung" ist zu so einem frühen Zeitpunkt noch gar nicht möglich. Dem Säugling fehlen noch alle Voraussetzungen zur Verinnerlichung einer Bedürfnisregulation. Er hat jetzt eine Strecke vor sich, die weitgehend frei ist von Regulation, im Sinne von Erziehung. Er darf schreien, schmusen, saugen, in die Windeln machen, schlafen und wachen, wann immer es ihn dazu drängt.

Manche Eltern sucht angesichts dieser „Anarchie" die Angst vor der „Verwöhnung" heim. Sie hegen die Befürchtung, dass, wenn man sich nicht rechtzeitig verhärten würde und der prompten Erfüllung aller Bedürfnisse nachginge, bald die Wünsche ins Maßlose steigen und die Eltern knechten würden. Eine „Verwöhnung" im Babyalter gibt es nicht. Eine viel größere Gefahr besteht für das Baby in der Nichterfüllung seines Bedürfnisses nach intensiver Zuwendung. Nur ein volles Maß der Stillung seiner Bedürfnisse bewahrt es vor der befürchteten Unersättlichkeit.

Stillen: Ein Geben und Nehmen

Ganz ohne Zweifel ist das Stillen die Form der Zuwendung und Ernährung, für die das Baby am besten vorbereitet ist und die es am intensivsten noch über einen längeren Zeitraum am schützenden Körper der Mutter hält.

Dem erst langsamen Eintreten des Säuglings in die Realität des Alltags entspricht das Heraustreten der Mutter aus dem Alltagstrubel, wenn sie ihr Kind stillt. Das intensive Zuwenden, also Abwenden von Zwängen, ist der notwendige Rahmen für eine befriedigende Stillsituation. Für Leboyer („Die sanfte Geburt") ist das Stillen eine „faire l'amour", ein Liebesakt. Ein Geben und Nehmen zwischen Mutter und Kind, ein sinnlicher Vorgang, in dem nicht nur Nahrung ausgetauscht wird, sondern Zärtlichkeit, Wärme, Rhythmus - die Vergewisserung vom leiblichen Einsseinkönnen.

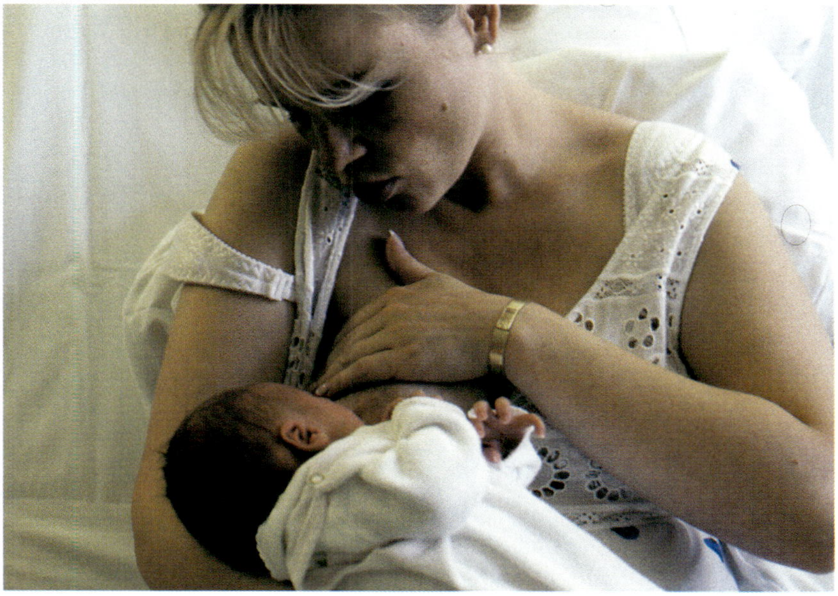

Stillen bedeutet nicht nur Nahrungsaufnahme, es ist eine Zeit besonders intensiver Beziehung zwischen Mutter und Kind.

Gegenüber den Vorteilen des Stillens erscheint die Flaschennahrung doch eher als ein Notbehelf, aber ein akzeptabler, der auch viele Möglichkeiten des beschriebenen Austausches enthält und bestimmt keinen Schaden anrichtet.

Für die Muttermilch spricht zuallererst die Qualität der Versorgung des Neugeborenen, denn ihr Nährwert und ihre Verträglichkeit sichern ein optimales Gedeihen. Der Säugling kann an der Brust niemals überfüttert werden. Das Neugeborene, das gleich nach der Geburt angelegt wird, kann die intensivste Form von extrauteriner Geborgenheit genießen.

Das allmähliche Mitwachsen der Muttermilch mit der Fähigkeit des Säuglings, seine Nahrung zu verarbeiten, ist unnachahmlich. Auch die Immunstoffe und andere „Biostoffe", die den Säugling schützen und heilen, sind von unschätzbarem Vorteil. – Allerdings auch nicht vollkommen unersetzlich. Auch „Flaschenkinder" können rundum gesund und zufrieden sein.

Von Ernährungsstörungen bleiben Brustkinder vermutlich während der ersten Lebensmonate eher verschont. Die Gründe dafür können in der gesamten Fütterungssituation liegen. Stillen erfordert per se eine gewisse Einfühlung und Übereinstimmung, sonst klappt es nicht.

Mutter und Kind sind auf das Stillen von Natur aus gut vorbereitet.

Die Sorge vieler Mütter, nicht zu wissen und zu sehen, wie viel ihr Kind trinkt, ist verständlich, aber unnötig, solange man dem Kind und dem eigenen Körper vertraut und das geheime Kontrollbedürfnis aufgibt. Die Milchmenge jedenfalls richtet sich nach der Nachfrage. Die Brust „versteht" Anlegen als Nachfrage und produziert entsprechend. Eine vermehrte Nachfrage bei Entwicklungsschüben des Babys wird registriert, es kann aber einige Tage dauern, bis der Nachschub wieder im Lot ist.

In den ersten Wochen ist es durchaus möglich, dass das Baby sehr oft und sehr unregelmäßig die Brust verlangt. Jetzt ist ein regelmäßiges Leben mit möglichst wenig Störung und Druck von außen sehr hilfreich, um zu einem erkennbaren Tagesrhythmus zu kommen.

Da das Stillen nicht nur eine „Mahlzeit" ist, um das Baby zu füttern, kann der häufig erfolgte Rat „nicht mehr als 20 Minuten" getrost vergessen werden. Selbstverständlich gibt es keine Obergrenze für die Dauer des Stillens in dem Sinn, dass langes Stillen auf irgendeine Weise schädlich für Mutter oder Kind sein könnte – über dessen Verlauf und Dauer entscheiden beide allein. Auch wenn längeres Nuckeln nicht mehr der Ernährung, sondern dem reinen Vergnügen dient, ist das kein Grund, dem Kind sofort die Brust zu entziehen. Das Nuckeln gehört dazu, nährt die Seele. Kein Stillakt muss gleich lang sein. Mal ist er sehr ausgiebig, mal geht es aus äußeren oder inneren Gründen rasch und pragmatisch zu.

Das Stillen überlässt dem Kind die Initiative und trägt so zu seiner Entwicklung bei.

Es ist nicht zu befürchten, dass das Kind die Brust gar nicht mehr loslässt – ein befriedigtes Kind ist rundum satt und löst sich mit einer deutlichen Geste entspannt von selbst.

Schreien ist die Sprache des Säuglings

Leider ist es im Alltag oft viel schwerer, ein harmonisches Gleichgewicht herzustellen. Babys kommen mit sehr unterschiedlichen Temperamenten und Anlagen zur Welt, sie können ruhig, selbstgenügsam, lebhaft und kaum zu halten oder mit wenig Tendenzen zur Integration sein.

Die Kontinuität an Zuwendung und Identifikation kann arg auf die Probe gestellt werden, wenn Mutter, Vater und Kind von sehr unterschiedlichem Temperament sind und Erwartungen aneinander vorbeigehen. Manchmal ist es ein langer Kampf, bis alle Einflüsse und Ansprüche zu einem Gleichgewicht gelangen. Es ist keine leichte Aufgabe, die „Sprache" des Säuglings zu verstehen. Sein Schreien kann zur Nervenzerreißprobe werden.

Der Zyklus der Bewusstseinszustände, die das Baby alle drei bis vier Stunden durchläuft, ist der Schlüssel zum Verständnis seiner Verhaltensweisen. Je nach Temperament tritt das Kind auf seine charakteristische Art in die verschiedenen Bewusstseinszustände ein und lässt sie hinter sich. Die Übergänge sind es, bei denen es die meiste Unterstützung braucht. Der Weg vom Wachen zum Schlafen kann schwierig und verwirrend sein.

Die Zeit, in der Vater und Mutter lernen müssen, mit dem Quengeln und Schreien ihres Babys umzugehen, kann sie in ihrer Erwachsenenhaltung enorm verunsichern. Sie können dann gelassen reagieren, wenn sie sich mit dem Temperament ihres Kindes auskennen und seine Arten des Schreiens auseinander halten können. Lebhafte Kinder brauchen eine andere Unterstützung als ruhige. Sensible und überempfindliche Kinder sind schnell überlastet und wecken quälende Zweifel in ihren Eltern.

Was das Schreien jeweils bedeutet, lässt sich bei den meisten Babys bald ohne weiteres erkennen. Da sind die bekannten Gründe Hunger, Bauchweh, Müdigkeit, Unbehagen, Erschöpfung, Überforderung. Es kann sich auch allein und verlassen fühlen.

Den Eltern fällt es oft schwer, ein positives Verhältnis zum Schreien des Babys zu finden.

Schwierig ist es mit der Frage, ob das Baby auch einfach „Dampf" ablässt, wenn es manchmal quäkt und brüllt? In der Tat kann man gewisse Quengelphasen, bevorzugt am Tagesende feststellen. Man hat dann den Eindruck, das Kind versucht mit seinem Quengeln wieder ins Gleichgewicht zu kommen, weil es den ganzen Tag Reize aufnehmen und verarbeiten musste, die es aber immer ein wenig überlasten. Schließlich beschleunigt das Nervensystem den Zyklus aus Schlaf- und Trinkphasen und versucht aktiv über Quengeln und Schreiphasen Spannung loszuwerden. Meist tritt nach solchen Schreiphasen eine gewisse Entspannung ein. Diese Entspannung kann aber nur eine gute Erfahrung für das Kind bleiben, wenn es dabei von „seinen Erwachsenen" gehalten, getröstet, getragen wurde. Und zwar ohne neue Aufregung, zusätzliche Reize oder ängstliches Hantieren.

Das Hin und Her zwischen Mitleid und Genervtsein, die Unfähigkeit, herauszufinden, was dem Kind fehlt, liegen oft an der zu großen Distanz zu ihm. Es wird überrumpelt mit einem Wechsel von Weglegen und Aktivitäten, obwohl es schon genug mit sich selbst zu tun hat und nach Wegen sucht, sich selbst zu trösten.

Nach der Erfahrung des Kinderarztes T. B. Brazelton, der eingehende Studien über die zyklischen Schrei- und Quengelphasen von Babys machte, erreichen diese Phasen nach sechs Wochen ihren Höhepunkt und gehen dann zurück, um nach dem 3. Monat ganz zu verschwinden.

Eltern wollen oft wissen, ob sie ihr Kind nicht verwöhnen, wenn sie auf sein Quengeln zu prompt reagieren, es herumtragen und füttern. Aber wie schon gesagt, mit „Verwöhnen" hat das nichts zu tun – es ist gar nicht möglich, einen Säugling zu verwöhnen. Auf die Bedürfnisse des Säuglings einzugehen, mit ihm zu spielen, auszuprobieren, womit er zufrieden ist, das ist der richtige Weg, auf dem Eltern und Babys einander kennen lernen.

Daumen und Schnuller

Durch sanfte Hilfestellung können Eltern das Baby anregen, sich mit dem Daumen oder Schnuller selbst zu beruhigen. Daumen oder Schnuller sind durchaus ein akzeptabler Ersatz für den unmittelbaren Körperkontakt mit der Mutter. Mit diesen Hilfsmitteln kann das Kind sich eine Weile ohne sie trösten und seinen eigenen Weg zum Gleichgewicht finden. Die vielen Bedenken, die von Eltern gegen solche Surrogate angemeldet werden, sind meist Rationalisierungen einer Sache, die ihnen peinlich ist. Das Baby hat nun mal den oralen Weg zur Verfügung, um mit Belastungen fertig zu werden. Tut es das unabhängig von den Eltern, fühlen sie sich irgendwie unzulänglich, weil das Kind sich „mit so was" behilft.

Daumen oder Schnuller sind manchmal durchaus ein akzeptabler Ersatz für den unmittelbaren Körperkontakt.

In Wahrheit ist es eine sehr gesunde Art und Weise des Kindes, mit Stress umzugehen, und keinesfalls eine peinliche Gewohnheit. Schnuller und Daumen sind entgegen manchen Behauptungen harmlose und unschädliche Tröster. Man kann unbesorgt einen Schnuller anbieten und sollte niemals den Daumen aus dem Mund ziehen. Beides hat auch nicht die behauptete Auswirkung auf die Formung des Kiefers. Die Provokation, die für manche Erwachsene das lutschende Kind darstellt, ist der Konflikt mit der kindlich-oralen Triebhaftigkeit – man muss dazwischenfunken („Schnipp-schnapp: Daumen ab"). Mit dem Dazwischenfunken wird in der Regel erreicht, dass das Kind störrisch an seiner Gewohnheit festhält, die sich sonst wahrscheinlich beizeiten gegeben hätte.

Schreikinder

Bei so genannten „Schreikindern" ist es zunächst einmal ganz wichtig, das Schreien nicht als Ablehnung zu empfinden oder gar als „Angriff" auf die gut gemeinte Versorgung („Wir tun doch alles!"). Nichts spricht hier gegen die Eltern, nichts gegen das Kind. Das Auftreten von Schreiperioden und die offenkundige feste Entschlossenheit des Babys, sich durch

Durch Schreien lösen Babys einen inneren Spannungszustand.

nichts davon abbringen zu lassen, zeigt den Eltern, dass ihr Baby nun von einem inneren Bedürfnis zum Schreien getrieben wird und dadurch einen Spannungszustand lösen muss.

Je mehr Zuwendung und körperliche Nähe das Baby erfährt, desto sicherer wird es sich fühlen und desto ruhiger wird es sich verhalten.

Es ist sehr wahrscheinlich, dass die Dauer und Intensität solcher untröstlichen Schreiperioden durch äußere Spannungseinflüsse erhöht werden. Eine hektische ungeordnete Umgebung, Anspannung und Müdigkeit gegen Abend, zu wenige gemeinsame und entspannte Situationen während des Tages und Ähnliches mehr können nervöse Spannungen in der Familie erzeugen, denen das Baby ausgesetzt ist. Diese Spannung wird es abreagieren und so seine innere Unruhe wieder ordnen. Ein junger Säugling braucht dabei immer Hilfe und einfühlsame Begleitung.

Ein schnell abgefertigtes und „weggelegtes" Baby wird mit Sicherheit mehr zu Bauchschmerzen und Brüllen neigen als ein am Körper gehaltenes und getragenes. Ängstlichkeit und Unsicherheit sind hier fehl am Platz, das Kind leidet ja nicht unter einer folgenreichen Krankheit. Es braucht hier und jetzt Verständnis, liebevolle Zuwendung, Körpernähe und Festigkeit in der Bindung an seine noch unreife Persönlichkeit.

Wenn erkennbar wird, dass das Schreien jetzt unvermeidlich ist, hilft es vielleicht, seinem Baby einfach beizustehen, indem man es vor weiterer Unruhe schützt und am Körper hält oder zumindest nahe bei ihm bleibt.

Sollte deutlich werden, dass es sich um eine Kolik handelt, muss man natürlich Maßnahmen ergreifen. Eine beträchtliche Anzahl von Kindern leidet von der zweiten Woche an unter solchen Koliken. Es sind oft besonders lebhafte und aktive Kinder, die auf die Umweltatmosphäre und Reize empfindlich reagieren. Ihr Bauchwehgeschrei äußert sich nach den Mahlzeiten, das Baby verspannt und krümmt sich, zappelt und stößt Arme und Beine herum, im Bauch rumort es und sein Gebaren ist untröstlich. Auch hier ist vor allem wichtig, das Entweichen von Luft und Gasen aus dem Leib durch Wärme, sanfte Bewegungen und Herumtragen, Saugen, Trinken von warmem Wasser oder ungesüßtem Fencheltee zu begünstigen. Die stillende Mutter muss alle blähenden Lebensmittel aus ihrem Speiseplan streichen. Zur Vorbeugung kann in Maßen häufiger gefüttert werden, denn durch allzu gieriges Saugen bei großem Hunger wird viel Luft geschluckt. Das Füttern sollte möglichst von keinen Außenreizen begleitet sein, unerlässlich sind dann das Herumtragen und das Aufstoßen der Luft in aller Ruhe. Das Saugen am Schnuller ohne eine erneute Belastung der Verdauungsorgane hilft den meisten Babys, sich wieder „einzukriegen". Wichtig ist es, beim Herumtragen den empfindlichen Wahrnehmungsapparat zu schonen und die Ansprache auf Sparflamme zu schalten. Das Baby hat dann Nähe ohne weitere Spannung und Reize.

Das Füttern sollte von möglichst wenigen Außenreizen begleitet sein.

Wenn wir die Natur zu diesem Thema befragen, können wir sehen, wie das Neugeborene instinktiv versucht sich an den Körper anzuklammern, es will die unmittelbare Nähe zum mütterlichen Körper (wieder) herstellen. Wenn das nicht gelingt, schreit es. Sein Schreien ist also zunächst einmal existenziell, denn es ist in Lebensgefahr, wenn es „fallen gelassen", allein gelassen wird. Etwas anderes „weiß" es nicht, all seine Reflexe und Fähigkeiten sind auf die Herstellung menschlicher Nähe und Kommunikation ausgerichtet. Es braucht eine Mutter mit der vorbehaltlosen Bereitschaft, ihm nahe zu sein. Jede längere Abwesenheit seiner nährenden und pflegenden Mutter ist für das Baby eine Verarmung und Verunheimlichung seiner Welt, deren Verarbeitung ihm große Mühe macht. Schreikinder mit wiederholten und starken Angsterlebnissen können später an den Auswirkungen zu leiden haben.

Das heißt nicht, dass man sofort die Schlussfolgerung ziehen muss, wenn ich etwas „falsch mache, muss ich unweigerlich mit schleichenden Spätfolgen rechnen". Es geht um die Tendenz, die in der Beziehung den roten Faden legt. Das Kind reagiert vor allem auf eine Grundeinstellung, und wenn die Mutter tut, was sie kann, mit der Ruhe und unerschütterlichen Haltung einer verantwortlich Liebenden, wird es auch einmal ihre Erschöpfung und einen punktuellen Rückzug verkraften.

Das Klagen eines Menschenkindes

Vielleicht ist es auch das „Ringen um den richtigen Abstand", das dem Kind hin und wieder einen unauflösbaren Kummer beschert. Es gibt wohl eine Art von Weinen, das gar nicht an den Erwachsenen gerichtet ist. Es ist eine Klage, die ihnen zeigt, dass dieses kleine Wesen nicht ausschließlich „ihr" Baby ist, sondern ein Menschenkind, das sich selbst gehört. Für Eltern, die gerne alles verstehen wollen, kann das kränkend sein.

Die vorbehaltlose Bereitschaft zu trösten fördert die Stabilität des Säuglings.

Ahnen wir nicht auch (vielleicht erinnern wir uns dunkel) das Gefühl des Ausgeliefertseins, das ein Kind vielleicht von Zeit zu Zeit erfasst? Sein Erschrecken vor dem Unbekannten, die Angst vor dem Befremdlichen in den Gesichtern von Mutter und Vater. In ihrem sonst so freundlichen Blick kann ja auch heftige Ambivalenz aufscheinen, sie sind nicht Engel, sondern erwachsene Menschen mit einer eigenen Geschichte und mit eigenen Gefühlswelten. Ein Rest von Geheimnis bleibt auf beiden Seiten, nicht immer müssen alle Ursachen dingfest gemacht werden. Deswegen kann es auch ganz richtig sein, das brüllende Baby nicht jedes Mal einer regelrechten Untersuchung zu unterziehen. Man kann es auch einfach trösten durch Gegenwart und körperliche Nähe, die seine Klagen respektiert und begleitet, ohne es ihm unter allen Umständen entreißen zu wollen – sich in Geduld fassen und mitleiden.

Schlafen und Wachen

Die Einpassung eines Schlaf-wach-Rhythmus in den Wechsel von Tag und Nacht bereitet so manchem Baby ernste Schwierigkeiten. Es hat zwar schon eine gewissen Rhythmus und eigene Schlafzyklen, aber noch keine „Gedankenleiter" für ein Hinein- und Heraussteigen aus dem Schlaf. Es hat noch keine Einschlafmethode wie Erwachsene und braucht deshalb dessen einfühlende Unterstützung.

Diese Unterstützung kostet Eltern viel Zeit, aber das ist eher wenig angesichts der Anpassungsleistung, die das Baby schaffen muss. Der Schlafmangel, unter dem bald beide Eltern leiden, ist belastend, aber doch ausgleichbar und nicht so eine große Leistung im Vergleich zu den Mühen und Ängsten, die es den Säugling kostet, die äußere Welt zu erkennen und mit ihr zurechtzukommen.

Oft ist das Interesse der Erwachsenen viel zu sehr darauf fixiert, das Kind möglichst schnell und reibungslos in den Schlaf abzuschieben. Dort soll es dann schön lange die Nacht hindurch bleiben. Zu den wichtigsten stolzen Verkündungen wird bald gehören: Es schläft schon durch! Doch der lange Nachtschlaf ist nichts, wonach der Säugling in den ersten Wochen verlangt. Wie diese Bereitschaft zu beeinflussen ist, hängt von vielen Faktoren ab. Körper und Seele brauchen Zeit, die Rhythmen anzunehmen und einzuüben. Wie lange das dauert, kann von Kind zu Kind

In den ersten Wochen verlangt der Säugling nicht nach langem Nachtschlaf. Das muss er erst lernen.

sehr verschieden sein. Probleme bei Einschlafen und Durchschlafen innerhalb eines Schlafzyklus zeigen seine emotionale (In-)Stabilität. Eine Instabilität kann im Kind selbst entstehen, etwa durch zu viele irritierende Reize, chaotische Tage, Schwierigkeiten im Anpassungsprozess mit der Mutter und vieles andere mehr. Schlafstörende Momente sind in der Entwicklung des Kindes unvermeidlich.

Neuere Säuglingsbeobachtungen haben gezeigt, dass die Qualität des Wachseins einen besonderen Einfluss auf den Schlaf hat. Das Wachsein des Babys tagsüber sollte Schritt für Schritt mit befriedigenden „Aktivitäten" und sozialem Leben einhergehen, dann kann es auch eindeutig müde werden. Es ist durchaus richtig, schon bald seine anfangs noch kurzen Wachperioden mit kleinen Gesprächen und spielerischem Umgang zu nutzen. Das Baby wird bald nach solchen Gelegenheiten des vergnüglichen Umgangs mit seinen Eltern gieren. Es empfiehlt sich also auch hier, das Baby nicht einfach „abzulegen“, sondern bei sich zu behalten. So kann es nach einem kurzen Nickerchen noch einmal wachen und aktiv werden. Wird dann die Wachzeit wirklich genossen und nicht nur als Übergangszeit zum nächsten Schlaf betrachtet, wird die Reise in den Schlaf auch leichter.

Wenn das Kind dann Anzeichen von Müdigkeit zeigt, sind vor allem am Abend die kleinen Einschlafrituale an der Reihe. So wächst das Baby in seinen Tag-Nacht-Rhythmus hinein.

Es ist also keine Frage der „Erziehung“, dem Baby bei Einschlafen und Durchschlafen zu verhelfen. Seine Bereitschaft dazu wird sich umso besser entwickeln, je bereitwilliger es von Mutter und Vater dabei begleitet wird. Je entspannter die Eltern dabei sind, desto entspannter kann das Kind von äußeren Reizen abschalten und mit ihrer Verarbeitung zurechtkommen. Die beste Hilfe dabei ist den meisten Babys, in den Armen getragen zu werden. Die sind vertraut, schützend und beruhigend.

Säuglinge wachen bis zum 5., 6. Monat auf, weil sie Hunger haben. Erst mit ungefähr einem halben Jahr sind sie in der Lage, längere Schlafphasen ohne Nahrung zu überstehen. Trotzdem schlafen die meisten auch dann nicht durch.

Eltern müssen sich darauf einstellen, dass ihr Nachtschlaf für längere Zeit gestört sein wird.

Das Baby braucht noch lange die körperliche Nähe der Eltern, um mit Angst, Alleinsein und anderen Aufregungen fertig zu werden, sonst schreit es. Gehaltenwerden, Saugen an Schnuller oder Flasche oder Brust sind die Mittel, um beim Wiedereinschlafen zu helfen. Wenn das Baby zuverlässig gehört wird mit seinem Rufen, kann es aus dieser guten Erfahrung Vertrauen entwickeln und zu seinen eigenen Schlafgewohnheiten finden. An der Erfahrung eines vergeblichen Rufens kann ein Säugling nicht „klug“ werden. Zum Glück sind Debatten um das nächtliche Schreienlassen weitgehend verstummt.

Nähe und Trost

Die Sorge, ein erhörtes und getröstetes Baby könnte vielleicht nie lernen durchzuschlafen, wenn es immer die Erfahrung macht, dass jemand prompt kommt, ist recht seltsam. Ein ganz junger Säugling will nicht mehr als die Befriedigung seiner Bedürfnisse im Augenblick, er bildet noch keine „schlechten Gewohnheiten“ aus. Wenn er nachts schreit und deshalb aufgenommen und getröstet wird, ist er zufrieden.

Die wiederholte Erfahrung von Zutrauen und Trost – oder aber von ungestillter Gier und beängstigendem Alleinsein – färbt seine Seele so oder so. In ihr sammeln sich diese leib-seelischen Erfahrungen und Stimmungen an und beeinflussen schließlich sein Verhalten. Wiederholte Angst, Einsamkeit, Unwohlsein oder Hunger sind schlaffeindlich, wiederholte sättigende und tröstende Zuwendung ist schlaffreundlich. Ein beunruhigter allein gelassener Säugling wird vermutlich eher zu Schlafstörungen neigen

Ein Kind entwickelt ein eigenes Bedürfnis nach Durchschlafen und dieser Lernprozess kann mal nach vorn, aber auch rückwärts gehen. Auch Erwachsene schlafen nicht immer durch, besonders wenn sie nicht sehr ausgeglichen sind. Doch mit dem Frust werden sie dann selbst fertig. Das Baby kann das noch nicht selbstständig, der Säugling schon gar nicht.

Viele Mütter nehmen aus diesem Grund ihr Baby mit ins große Bett und machen damit gute Erfahrungen. Jedenfalls gibt es keinen Grund, diese Möglichkeit von vornherein zur Tabuzone zu erklären. Es hat den großen Vorteil, dass beide nicht ganz wach werden müssen, bei Bedarf kann das Baby gestillt werden, meist entfallen auch das Wickeln und das Herumtragen. Man ist ja mit dem Baby zusammen und spürt, wenn es unruhig wird und etwas seine Ruhe stört, man kann es bergen und warm halten. Wer sich mit dem Baby an der Seite nicht wohl fühlt, sollte darauf verzichten, denn dann fühlt sich auch das Baby unwohl. Ein Körbchen neben dem Elternbett kann genauso viel Nähe herstellen und hat den Vorteil, dass jeder auch seinen eigenen Bereich hat.

Wer sich mit dem Baby im elterlichen Bett nicht wohl fühlt, sollte darauf verzichten, sonst fühlt sich auch das Baby unwohl.

Erfahrungen zeigen übrigens, dass das Bettchen für den jungen Säugling nicht zu groß sein sollte, er braucht Halt und eine spürbare Umfriedungen, auf einer zu großen glatten Unterlage „schwimmt“ er.

Die viel diskutierte Frage der Schlafposition erübrigt sich bei einem viel getragenen und in der Nähe der Mutter verbleibenden Kind. Es lehnt die ihm unbehagliche Lage ab und entspannt sich in einer anderen. Man findet das schnell heraus und sollte das Kind entscheiden lassen. In der Regel werden Kinder weder platt noch schief, noch droht ihnen Erstickungsgefahr, wenn sie eine Position bevorzugen. Eine „objektiv" beste Position gibt es nicht.

Kleine Rituale sind von Anfang an nicht nur nützliche, sondern liebenswerte Begleiter in den Schlaf. Summen und Schaukeln in einem besonders bequemen Sessel, eine Wanderung mit einem dazugehörigen Lied durchs Zimmer oder ein ganzes Repertoire an Schlafliedern am Bett gesungen, eine Spieluhr, die freundlich dudelt, alles kann helfen, den Übergang zu entängstigen. Wie später das Kuscheltier werden diese Rituale mit der Zeit Vertrautheit und Halt geben auf dem Weg in die innere oder die äußere Welt, die Traumwelt oder die Realität.

Für eine perfekt sitzende Höschenwindel sind nicht mehr als drei Handgriffe nötig, aber Wickeln ist mehr – es bedeutet auch Schmusen.

Pflege: Zeit für Zärtlichkeit

Ein Säugling trinkt und verdaut, trinkt und verdaut – und ist ein ausgesprochen „undichtes" Wesen, oben, unten, hinten, vorne.

Das Wickeln und Pflegen eines Säuglings ist jedoch keine „Wissenschaft". Wer sich unsicher fühlt und niemals Gelegenheit hatte, beim Wickeln zuzuschauen, niemals ein Baby in den Händen hatte, sollte allerdings einen Säuglingspflegekurs belegen. Ansonsten sind die Methoden, ein Baby trockenzulegen, denkbar einfach und bequem. Die Zeiten von stinkenden Windeleimern, komplizierten Wickeltechniken und ewig rutschenden Windelschichten gehören der Vergangenheit an.

Die einfachste und in jeder Hinsicht beste Wickelart ist die Verwendung von Höschenwindeln. Es sind nicht mehr als drei Handgriffe nötig, um das Baby mit einem vorzüglich sitzenden und auslaufsicheren Paket zu umhüllen. Die Feuchtigkeit wird hautschonend abgesogen, Wundsein weitgehend verhindert. Die Windeln sind so konstruiert, dass sie optimal dem Körper angepasst, an den richtigen Stellen dick oder dünn sind und die Schenkel bei optimaler Bewegungsfreiheit etwas spreizen. Das ist wichtig für die Entwicklung der Hüfte.

Wichtiger als die Technik an sich ist, dass die ganze Prozedur nicht die Lust am Umgang mit dem Babykörper verdirbt. Das Trockenlegen sollte kein Reinlichkeitsritual werden, bei dem es nur darum geht, alle Ausscheidungen so schnell und so gründlich wie möglich zu entfernen und den „blank gewienerten“ Babykörper mit knappen Handgriffen wieder zu verpacken. Nähren, Schlafengehen, Wickeln sind Gelegenheiten, für das Baby Zeit zu „verschwenden“.

Wirklich wichtig beim Wickeln ist die Pflege der Körperlichkeit und Sinnlichkeit des kleinen Wesens. Das Säubern, Betupfen, Ölen und Streicheln sind Teil eines Zärtlichkeitsaustausches. Babys lieben es, nackt zu sein, und man sollte es mit ihnen genießen. Man kann das Zusammenspiel seiner Arme und Beine sanft lenken. Das ganze Baby darf ausgiebig liebkost und gestreichelt werden.

Heute schon geschmust?

Am Anfang liegt es noch zart und eher zerbrechlich da, entspannt lauschend. Ein paar Wochen später gluckst und gurrt es schon bei den angenehmen Schmusereien, bei den zärtlichen Handgriffen und Neckereien auf der Wickelkommode. Jedes Baby lässt sich dabei gerne erzählen, wie reizend und vollkommen es ist und wie wunderbar alles an ihm aussieht.

Damit Ausziehen, Anziehen, Waschen, Cremen, Ölen und Windeln eine gedeihliche Erfahrung in Babys Leben werden, sollte es in der Regel, weder wenn es schläft noch wenn es weint oder hungrig ist, gewickelt werden. Ein vor Hunger oder Bauchweh erregter Säugling ist absolut intolerant gegen Gezupfe und hektisches Herummanipulieren an Körper und Bekleidung. Natürlich sollte ein Baby gewickelt werden, wenn es sehr nass ist oder die Windeln voll sind. Aber man muss es auch nicht überstürzen, denn eine gesunde Babyhaut hält den Kontakt mit den eigenen Ausscheidungen ganz gut für eine Weile aus.

Ein Baby sollte nicht gewickelt werden, wenn es schläft, weint oder hungrig ist.

Die Vorstellung, das Baby schreie, weil ihm die eigenen Ausscheidungen in der Windel unangenehm sind, es gar körperliches Unbehagen wie Ekel davor empfinde, ist eine Projektion der Erwachsenen. Der Säugling hat mit seinen Körperproduktionen keine Probleme und es besteht eigentlich auch kein Grund, seine Absonderungen und Ausscheidungen Ekel erregend zu finden.

Das Wundwerden ist leider in den seltensten Fällen völlig zu vermeiden. Irgendwann passiert es auch bei der sorgsamsten Pflege dann doch. Luft am Po und nackt strampeln lassen helfen beim Abheilen. Häufiges Waschen mit Wasser und Seife ist auf Dauer strapaziös für die Haut. Meist ist das Abwischen mit Öl oder Pflegetüchern sehr viel schonender.

Oft ist die Haut des Neugeborenen noch nicht so rein wie die des älteren Säuglings. Er muss sich noch an die Bedingungen außerhalb des Mutterleibs anpassen. So können noch Reste der mütterlichen Hormone im Blut des Kindes sich als Bläschen und verstopfte Poren zeigen. Die Erneuerung der Hautoberfläche verläuft noch stockend, Schuppenbildungen entstehen an verschiedenen Hautpartien oder auf dem Kopf. Der Wärme- und Wasserhaushalt ist noch empfindlich störbar und unausgereift, ebenso die Hauttemperatur und -feuchtigkeit. Das führt manchmal zu Rötungen und Trockenstellen. Erst ungefähr um den 3. Monat herum stabilisiert sich dies und das Baby bekommt seine sprichwörtlich appetitliche Babyhaut.

Körperkontrolle

Für den jungen Säugling ist es nicht nötig, ihn täglich gründlich zu waschen oder gar zu baden. Es genügt eine kleine Wäsche von Kopf und Händen, der Windelbereich ist ja sowieso mehrmals am Tag „in Arbeit“.

Ein hungriges oder empfindliches Baby kann an Waschen und Baden unter Umständen erst einmal kein Vergnügen haben. Es gibt ausgesprochen wasserscheue Kerlchen, die nicht zum Baden gezwungen werden sollten.

Es ist nicht notwendig, Säuglinge täglich zu baden, eine kleine „Katzenwäsche“ tut es auch.

Aus hygienischen Gründen müssen Säuglinge nicht zwingend gebadet werden. Eine kleine Katzenwäsche, ein sanftes Abtupfen, ein Klacks Creme, viele Streicheleinheiten und frische Kleidung machen aus einem Säugling einen duftenden Wonneproppen. Hautfalten, Körperöffnungen, Schleimhäute, Sinnesorgane müssen weder penibel ausgewischt noch ehrgeizig gereinigt werden.

Sich Zeit nehmen, das Kind im Blick haben, ohne es dauernd besorgt „abzukontrollieren“, ein gelassener zärtlicher Umgang mit seinem Körper, das sind die Grundregeln, auf denen Pflege beruht. Ob man dann eher ein bisschen herzhaft zupackt, kräftiger rubbelt und überhaupt einen robusteren Umgang pflegt oder lieber sanft und vorsichtig einfühlend mit dem Baby umgeht, ist letztlich vor allem auch eine Frage des Verhältnisses zum eigenen Körper. Wichtig ist es, die Eigenart des Babys nicht aus dem Blick zu verlieren. Ein schreckhaftes empfindliches Baby braucht ebenso viel zurückhaltende Einfühlung wie ein gemütliches Temperament humorvolle Anregung in der Behandlung vom Körper und Seele.

Der kompetente Säugling: Wechselspiel zwischen Mutter und Kind

Die erste Entwicklungsaufgabe für den Säugling besteht ganz allgemein gesprochen darin, die Fähigkeit zu entwickeln, zwischen der Aufnahme von Reizen und den eigenen Verhaltensweisen und Reaktionen ein Gleichgewicht herzustellen. Säuglinge können sich nur dann aufmerksam auf ein Interaktionsangebot einstellen, wenn sie zur Steuerung ihrer motorischen Aktivitäten (Strampeln, Arm- und Beinbewegungen), ihrer Verhaltenszustände und vegetativen Vorgänge in der Lage sind. Diese Steuerung ist die Voraussetzung, um einen Aufmerksamkeitszustand entwickeln zu können, bei dem es auf Empfang für die Signale seiner Eltern schalten kann.

Grundbausteine des Vertrauens

In der ersten Zeit des Einrichtens lernen Eltern, ihr Kind zu verstehen und ihm das Gefühl von Ruhe und Geborgenheit zu vermitteln. Sie lernen, ihre Verhaltensweisen an die Reizschwelle des Babys anzugleichen. Das Baby macht die Erfahrung, dass es sich auf seine Mutter und ihre Bereitschaft verlassen kann, seine Bedürfnisse prompt zu befriedigen. Die Abstimmung des eigenen Verhaltens auf ihr Baby gelingt der Mutter durch eine intensive Identifizierung mit ihm. Seine Wahrnehmung steht zwar noch am Anfang der Entwicklung, es registriert aber genau, dass es der Umwelt nicht hilflos ausgeliefert ist.

Durch Vertrautheit und Stabilität entwickelt sich die Fähigkeit des Kindes, Beziehungen aufzunehmen.

Die Grundbausteine für das „Urvertrauen“ (E.H. Erikson) sind gelegt. Die Fähigkeit, Beziehungen aufzunehmen, beginnt und entwickelt sich in diesem Austausch gegenseitiger Zuneigung, Vertrautheit, Stabilität, Verlässlichkeit. Wenn der Säugling lang dauernde und stabile Erfahrungen mit einer Person machen kann, wird er sich zu einem beziehungsfähigen Menschen entwickeln.

Im Wesentlichen geschieht der Aufbau dieses ersten Sozialverhaltens im Rahmen der Regulierung und Stabilisierung der Schlaf- und Wach-, der Tag- und Nacht-, der Hunger- und Sättigungszyklen. Schon nach 4 bis 6 Wochen kann sich ein regelmäßiger Rhythmus von drei bis vier Stunden eingestellt haben.

Wohlgemerkt, es handelt sich um einen Rhythmus, den Mutter und Baby gemeinsam finden, nicht um ein starres Zeitschema. Einen Rhythmus finden bedeutet, ein Zusammenspiel vieler Faktoren zu meistern:

Man muss den Zeitablauf von Füttern und Schlafen und Wachen im Kopf haben und dennoch flexibel bleiben. Die Vorstellung eines Tagesablaufs als Rahmen zu haben hilft beim Ausbalancieren von Aktivität und Ruhe, Zuwendung und Abgrenzung, Ritual und Improvisation, Spontaneität und festen Regeln. Das wird die Kunst über viele Jahre mit dem Kind bleiben: das Management dieser spannungsreichen Anforderungen im Gleichgewicht zu halten.

Im Zusammenleben mit dem Baby geschieht dies noch ganz gemäß seinen Bedürfnissen und Möglichkeiten. Und die Fähigkeiten des Babys, sie zu zeigen, sind ebenso enorm wie die Fähigkeiten von Müttern und Vätern, für ihr Baby das Richtige zu tun.

In dieser Beziehung spiegeln die Eltern und ihr Kind sich ihre Kompetenz und die Freude darüber. Der Mutter macht es jetzt zunehmend Spaß, in ihrem Kind einen richtigen „Partner“ zu entdecken, der ihr zeigt, dass sie eine gute und erfolgreiche Mutter ist, die ihr Baby gut versteht.

Ein „inneres Arbeitsmodell“ entsteht

Die frühere Bindung an die Mutter baut alles weitere menschliche Erleben und Handeln auf.

Das Vertrauen in diese Art von Kompetenz auf beiden Seiten ist der rote Faden, mit dem eine gute Beziehung gesponnen wird. Im Rahmen dieser frühen Bindung entsteht etwas, was der englische Psychiater John Bowlby „inneres Arbeitsmodell“ nennt. Auf diesem inneren Arbeitsmodell baut alles weitere menschliche Erleben und Handeln, alle Erwartungen an menschliche Beziehungen auf.

Die ersten Bindungserfahrungen sind die Basis für die Fähigkeit, sich Menschen zuzuwenden, Beziehungen und Bindungen selbst einzugehen, aber auch andere zur Bindung zu bewegen und sie aufrechtzuerhalten.

Verantwortlichkeit, Fürsorglichkeit und Nähe bedeuten für das Baby naturgemäß noch viel mehr als nur Wohlbefinden. Da es allein noch nicht existieren kann, steht sein Leben auf dem Spiel. Deshalb sind auch seine Verhaltensweisen, seine Bindungssignale wie Weinen, Schreien, Anklammern so heftig, dass wir darauf reagieren müssen. Mutter und Vater halten es nur unter Qualen aus, ihr Baby schreien zu lassen.

Im Rahmen der Art und Weise, wie das Baby seine frühen Bindungserfahrungen macht, die zahllosen Erfahrungen im Kontakt mit den Eltern, bauen sein „inneres Arbeitsmodell“ auf. Ein Modell, das ein für alle Mal die Grundlage dafür bildet, wie es später sich selbst und andere beurteilt, wie es mit Situationen und Konflikten umgeht und wie viel Vertrauen es in die Welt hat.

Es sei noch einmal betont: Optimale Bindungsbedingungen, die sich in Zuverlässigkeit, Aufmerksamkeit, zärtlicher Nähe und Fürsorge ausdrücken, haben nichts mit Verwöhnen zu tun. Kinder werden auch nicht früher selbstständig, wenn man sie nur rechtzeitig in die Unabhängigkeit drängt. Im Gegenteil, je ausgiebiger ihre frühen Bindungsbedürfnisse erfüllt wurden, desto schneller und sicherer werden sie sich selbst der Welt zuwenden.

Gefühle und das erste Lächeln

Gefühle sind die erste Sprache, die das Baby auf verschiedene Weise empfängt. Es kann selbst Gefühle empfinden und ausdrücken. Seine Fähigkeit, Gefühle anderer zu erkennen und darauf zu reagieren, wird sich rasch verfeinern. Bald ist es in der Lage zu erkennen: Da ist jemand wütend, da ist jemand gereizt, da ist jemand froh über mich. Je mehr seine Eltern ihren Gefühlen Ausdruck verleihen, z.B. indem sie die für das Baby gut verständliche „Ammensprache“ mit ihrem musikalischen Sing-

Das Baby lernt rasch, Gefühle zu erkennen.

sang benutzen, desto besser kann das Baby Gefühle erkennen und darin die andere Sprache, die Worte, kennen lernen. Für die über das Sprechen ausgedrückten Gefühle sind Babys besonders empfänglich. Deshalb können auch freundliches Sprechen, beruhigendes Singen und Erzählen so viel bewirken. Was ihr Baby fühlt, „wissen“ sensible Mütter meist genau, wenn sie sich auf ihre Intuition verlassen können – ihre wichtigste Kompetenz.

Das erste Lächeln ist ein unvergesslicher Augenblick für die Eltern.

In der Interaktion oder dem sozialen Spiel passt sich die Mutter den begrenzten Fähigkeiten ihres Kindes intuitiv an. Sie übertreibt und vereinfacht ein wenig ihren mimischen und körperlichen und sprachlichen Ausdruck. Die Mimik wird überdeutlich, der Mund besonders ausdrucksvoll und die Augen werden groß. Sie bewegt den Kopf zum Kind hin. Ihr Gesicht nimmt oft den Ausdruck eines freudigen Erstauntseins an. Ihre Sprechweise verlangsamt und vereinfacht sich, sie wiederholt sich oft. Wenige Laute werden mit erhöhter Stimmlage ausgesprochen. Die Mutter verändert nicht nur ihr Ausdrucksverhalten, sie stellt sich auch auf das Tempo ihres Kindes ein. Sie spürt, dass ihr Kind Zeit braucht, um sich mitzuteilen. Wenn nach ungefähr sechs Wochen deutlich das erste Lächeln an sie gerichtet ist, dann ist das wie eine Belohnung für alles.

Zusammenspiel

Wenn wir dieses soziale Spiel zwischen dem Baby und seiner Mutter anschauen, bestätigt sich, was der amerikanische Kinderarzt und Säuglingsforscher Daniel Stern sagt, nämlich, „das Leben eines Säuglings habe einen durch und durch sozialen Charakter, sodass die meisten Dinge, die er tut, fühlt, wahrnimmt, sich in verschiedenartigen Formen sozialer Beziehungen abspielen“.

Sein Gleichgewicht findet das Baby im Rhythmus der Zeit und in der Bindung an seine Mutter. Wie alle Lebewesen strebt es nach einer inneren Balance, die sein Wohlbefinden, ja sein Überleben sichern. Die innere Balance ermöglicht eine optimale Entfaltung sämtlicher Sinne und in der Folge letztlich die notwendigste aller menschlichen Fähigkeiten: sich selber und die Welt bewusst zu erfahren. In der Welt zu leben und zu lernen und sich in ein „Stück Welt“, ein eigenes soziales Umfeld, hineinzufinden. Dazu braucht das Baby von Anfang an nicht nur Nahrung, Pflege,

Liebe und Nähe, sondern Anregungen und sozialen Austausch. Was es bestimmt nicht braucht, sind einseitige, gezielte Stimulationen. Das würde seine Balance stören. Seine Sinne kommunizieren in einem fein abgestimmten System und sollten in diesem Zusammenspiel nicht durch Uneinfühlsamkeit oder falschen Ehrgeiz gestört werden. Die Fähigkeit zur Selbstregulation hat Grenzen und deshalb ist es auch richtig, ein Baby vor zu viel Ehrgeiz, Tumult und Reizen zu schützen. Die wohl dosierte Teilhabe am Familienleben mit den vielfältigen Anregungen des Alltags sind am Lebensanfang ein gutes Klima für die Entwicklung des Kindes.

Die innere Balance des Säuglings ermöglicht eine optimale Entfaltung sämtlicher Sinne.

Im Familienbetrieb, in dessen Welt der Säugling hineinwächst, wird sofort deutlich, dass zwar ein Großteil der ganzen Interaktion der physiologischen Regulierung dient, aber alle Aktivitäten stellen auch eine soziale Interaktion dar. Meist handeln Eltern so, als ob das Baby das Selbstempfinden einer Person mit Absichten und Motiven hätte. In ihren Augen ist das Baby ein kleiner Mensch mit Eigenschaften und Charakterzügen, die es verstehbar machen („Sie wird einmal eine Ballerina, so graziös sind ihre Bewegungen“ … „Er wird einmal Dirigent“ … „Er ist schon jetzt der Boss“ … „Sie weiß, was sie will“ … usw.). Die Eltern nehmen also vorweg, was der kleine Mensch vielleicht einmal werden soll, schreiben ihm ganz besondere Eigenschaften und Fähigkeiten zu. Sie gehen davon aus, dass ihr Baby ein Mensch mit subjektiven Erfahrungen, sozialer Sensibilität und einem heranwachsenden Selbstempfinden ist.

Die Wahrnehmungswelt des Babys

Was die Leistungsfähigkeit des Neugeborenen und des Babys betrifft, so hat Daniel Stern besonders dessen aktive Anpassung an die Interaktion herausgearbeitet. Von ihm stammt das Konzept des „kompetenten Säuglingsverhaltens“, das in den letzten Jahren auch in Deutschland bekannt und diskutiert wurde (z.B. durch den Soziologen Martin Dornes). Die Betonung liegt in der neueren Forschung nicht mehr auf der Hilflosigkeit, sondern der Aktivität, auf dem Auslösen von Verhaltensweisen.

Ein aktives Baby

Wurde der Säugling früher als Wesen angesehen, das seinen körperlichen Bedürfnissen passiv ausgeliefert ist und die Welt und sich nur unscharf wahrnimmt, so scheint heute klar, dass seine Fähigkeiten weit unterschätzt wurden. Der Säugling mit all seinen Sinnen interagiert viel mehr und sehr viel differenzierter als bis dahin angenommen. In dieser Sichtweise relativiert sich auch die Vorstellung des symbiotischen, mit der Mutter verschmolzenen Säuglings erheblich. Er ist nicht nur ein hilfloses Wesen, abhängig vom Tun der Mutter, sondern formt geradezu als aktiver Teilnehmer die Beziehung mit.

Der Säugling interagiert mit der Welt viel mehr als bislang angenommen.

Schon bei einem 3 bis 4 Wochen alten Säugling sind Verhalten und Aufmerksamkeit einem unbelebten Objekt gegenüber deutlich anders als in der Interaktion mit der Mutter. Beide entwickeln zusammen eine Abfolge von Aufmerksamkeit und Abbruch von Aufmerksamkeit. Ein Zyklus von Kontaktaufnahme, Rückzug und Warten auf die Reaktion des Partners, kann z. B. folgendermaßen vor sich gehen:

Mutter und Baby schauen einander an, lächeln und erzählen. Das Baby beginnt Arme und Beine kreisend zu bewegen und nach der Mutter zu greifen. Nach einigen Minuten beginnt das Baby sich von ihr abzuwenden. Die Mutter reagiert, indem sie auf ihre Hände schaut und hält in ihrer Aktivität einen Moment inne. Dies veranlasst wiederum das Baby, sie anzusehen. Sie lächelt, spricht, beugt sich zum Baby vor und löst damit ein Lächeln aus. Zusätzlich kreisen Arme und Beine und es gurrt zufrieden, während es sie beobachtet. Als das Baby sich von ihr abzuwenden beginnt, fügt die Mutter weitere Verhaltensweisen und Gesten hinzu. Das Baby ignoriert ihre Versuche, sich in Erinnerung zu bringen, und wendet sich von ihr ab. Nach und nach gibt die Mutter sämtliche Aktivitäten auf, bis sie ihrerseits den Blick vom Baby abwendet. Unmittelbar danach sieht sie das Baby erneut an und die Interaktion beginnt wieder.

Diese Szene entstammt einer von vielen Videoaufnahmen, die T. B. Brazelton und seine Mitarbeiter zur Analyse von solchen Interaktionsphasen machten.

Wichtig bei dieser Beschreibung ist vor allem die Komplexität der Einfühlung, die schon in dieser winzigen Episode deutlich wird. Die wirkungsvollste Möglichkeit der Mutter, die Interaktion positiv zu beeinflussen, liegt offensichtlich in ihrer Sensibilität für die Konzentrationsfähigkeit des Babys und sein Bedürfnis, sich nach einer Weile ganz oder teilweise zurückzuziehen. Obwohl der Säugling scheinbar unentwegt auf die Mutter konzentriert ist, zeigen Videobilder den zyklischen Charakter des Ansehens und Wegsehens. Indem sie wegsehen, bewahren die Säuglinge sich eine gewisse Kontrolle über das Ausmaß der Stimulation, der sie sich aussetzen.

Durch Wegsehen bewahren sich Babys eine Kontrolle über die Stimulation, der sie sich aussetzen.

Ein einfühlsames Wechselspiel

Mütter müssen ein Gefühl entwickeln für das Bedürfnis ihres Babys, das innere Gleichgewicht aufrechtzuerhalten und dieses Bedürfnis, sich zu schützen, respektieren, weil sie es sonst überlasten. Hier scheint auch der Schlüssel zu den Schwierigkeiten zu liegen, die es machen kann, einen gemeinsamen Rhythmus von Schlafen, Trinken, Entspannen zu finden.

Die Fähigkeit der Mutter, auf die Signale ihres Babys angemessen zu reagieren, entwickelt sich mit seinem Verhalten, das ihr zeigt, ob sie richtig oder falsch liegt. Auf diese Weise verbessert sie ihre Reaktionen und entwickelt ein Verhaltensrepertoire, das jeweils „passt“ oder „nicht passt“. Brazelton nennt das „Rapport“, im Sinne eines Musters oder sich wiederholenden Motivs. Solche Muster erfordern sowohl eine kognitive als

Babys sind keineswegs nur hilflose Wesen, sie nehmen die Umwelt aktiv wahr.

auch gefühlsmäßige Verfügbarkeit der Mutter, sodass sie eine situative Übereinstimmung mit ihrem Baby zustande bringt.

Wenn Mutter und Kind sich auf diese Weise schon ganz gut kennen gelernt haben, können sie einen bestimmten Rhythmus entwickeln und haben schon bald bestimmte Erwartungen von Gemeinsamkeit: Beide wollen den anderen „mitziehen" im Wechsel von Aufmerksamkeit und Nicht-Aufmerksamkeit. Dieses Mitziehen und gegenseitige Anspornen tragen zu Entwicklung und Vertiefung der Bindung entscheidend bei.

Die gemeinsamen Spiele ab dem 3. und 4. Monat, mit Lächeln, Nachahmen, Erzählen, Gesichterschneiden usw., geben dem Baby und seiner Mutter Gelegenheit zu zeigen, wie gut sie einander schon verstehen. Das gegenseitige Mitziehen ist die Möglichkeit zur Gestaltung des Zwiegesprächs. Der Säugling lernt, sowohl die Mutter als auch die Interaktion selbst zu steuern. Die Mutter lernt, wie sie die Aufmerksamkeit des Babys stabilisieren und ihm helfen kann, sein Verhaltensrepertoire zu erweitern. Wenn dem Baby bewusst wird, dass es die Interaktion zu steuern vermag, ist auch die Grundlage zur Selbstständigkeit gelegt. Das heißt, neben dem Gemeinsamkeitserlebnis mit seiner Mutter entwickelt sich das Gefühl, selbst Urheber seiner Handlungen zu sein.

Wärend der Interaktion wird die Grundlage zur späteren Selbstständigkeit des Kindes gelegt.

Beides ist gleich wichtig und hängt miteinander zusammen. Die Fähigkeit zur Selbstständigkeit hat ihre Wurzeln im Vertrauen auf die vorhersehbaren Reaktionen seitens der Mutter, für die es gar nicht so leicht ist, in dem kleinen hilfsbedürftigen Menschlein eine von ihr getrennte Person zu sehen, die zu ihr hinstrebt und ganz bei ihr geborgen sein will, doch ebenso lebensnotwendig von ihr fortstrebt.

Das Selbstempfinden

Professor Stern hat sich in seiner Forschung auf die Frage, wie und wann Säuglinge sich und andere Personen sehen, hören und verstehen, wie und wann sie mit anderen interagieren können und Gefühle entwickeln, die sich auf den anderen wie auch auf das eigene Selbst beziehen – kurz sein „Selbstempfinden" konzentriert. Er hat herausgearbeitet, dass bestimmte Selbstempfindungen von Anfang an den Entwicklungsprozess des Säuglings mitorganisieren.

Die Forscher können uns erklären, wie das Baby seinen Einstieg in das soziale Leben meistert.

Aber was ist dieses „Selbst" eigentlich? Was man „selbst" ist, lässt sich ja recht schwer definieren, immer nur annähernd beschreiben. Dennoch haben wir als Erwachsene ein sehr reales „Selbst-Empfinden": Wir empfinden ein Selbst als einzelnen, abgegrenzten, integrierten Körper; wir empfinden ein Selbst als Handlungsinstanz, ein Selbst, das unsere Gefühle empfindet, unsere Absichten fasst, unsere Pläne schmiedet, unsere Erfahrungen in Sprache umsetzt und unser persönliches Wissen ordnet und mitteilt. Instinktiv verarbeiten wir unsere Erfahrungen so, dass sie zu einer Art persönlicher Organisation passen, die man gewöhnlich als Selbstempfinden bezeichnet.

Säuglinge beginnen von Geburt an ein sich herausbildendes oder, wie Stern sagt, „auftauchendes" Selbst zu erleben. Ein erster deutlicher Entwicklungschub ist mit zwei bis drei Monaten zu erkennen. Bereits das Neugeborene verfügt über die Fähigkeit, Selbstorganisationsprozesse wahrzunehmen: Es erlebt nicht unsortierte Einzelheiten, sondern kann, was es mit seinen Sinnen wahrnimmt, zusammenfügen. Einzelheiten werden in ein umfassenderes Wahrnehmungserlebnis eingefügt. Der Säugling erlebt, so Stern, auch nie eine Phase völliger Unabgegrenztheit, so als gäbe es für ihn keine Erfahrung der Verschiedenheit mit seiner Mutter und er könnte sich mit ihr verwechseln. Er ist auch in der Lage, von Beginn an wählerisch auf soziale Vorgänge zu reagieren, und ist nicht zunächst über eine längere Phase in sich selbst versunken.

Zwischen dem 2. und dem 6. Monat verfestigt sich das, was Stern das „Kern-Selbst" nennt. Es ist ein organisierendes inneres Erleben, das die Empfindung ermöglicht, als abgegrenztes körperliches Wesen mit einem fortbestehenden Zusammenhalt körperlich und geistig in einer Kontinuität zu existieren. Die Fähigkeit der abgestimmten Interaktion und des Einssein mit der Mutter beruht also nicht auf der Unfähigkeit, zwischen sich und anderen zu unterscheiden. Die Erfahrung des Einsseins, die der Säugling macht, beruht auf dem Gelingen einer aktiven Organisation des Zusammenseins.

Grundmuster des Lernens

Die Entwicklungsschritte, die das Baby jetzt tut, sind der Aufbau einer Art Basisorganisation. Und um organisieren und ordnen zu können, müs-

Das Baby baut in diesen Entwicklungsschritten eine Art Basisorganisation auf, die ihm hilft, Beziehungen zwischen Vorgängen herzustellen.

sen Beziehungen zwischen einzelnen Erlebnissen, sich selbst und außen hergestellt werden. Das ist ein Grundmuster von Lernprozessen. Die Verbindung, die der Säugling in der Phase seines „auftauchenden Selbst" herstellt, sind zum Teil angeborene Fähigkeiten, zum Teil Lernvorgänge. Er erlebt ein erstes Gefühl von Regelmäßigkeit und Geordnetheit. Auf diesen Bezugspunkten baut das „Kern-Selbst" auf.

Die weitere Organisation des Erlebens betrifft nun den Körper: das Gefühl seines Zusammenhangs, seiner Handlungen, Gefühlszustände und die Erinnerung an all dies.

Stern nennt verschiedene Fähigkeiten, die in der anfänglichen Wahrnehmungs- und Gefühlswelt für Ordnung sorgen, und dafür, dass ein beginnendes Selbstempfinden entsteht: 1. Amodale Wahrnehmung, 2. Physiognomische Wahrnehmung, 3. Vitalitätsaffekte.

Diese auf den ersten Blick strapaziösen Fremdworte sagen uns, wenn wir etwas Geduld aufbringen, etwas ganz Zentrales über das Baby. Sie fassen die Fähigkeiten zusammen, die es unserem Kind ermöglichen, Verbindungen zwischen verschiedenen Erfahrungen herzustellen und dadurch sowohl in sich selbst wie in der Welt eine auftauchende Ordnung zu erfahren.

Amodale Wahrnehmung bedeutet, dass Wahrnehmungen, die mithilfe verschiedener Sinnesorgane gemacht werden, miteinander in Beziehung gesetzt und verglichen werden. Also verfügt das Baby über die Fähigkeit, einen „Informationstransfer" von einem Modus in den anderen vorzunehmen, der es erlaubt, eine Entsprechung z.B. zwischen einem gefühlten und einem gesehenen Eindruck zu erkennen. „Modalitäten" sind hier sozusagen Transportmittel für Sinnesreize. (In verschiedenen Schnuller-Experimenten steckte man z.B. Säuglingen einen Schnuller mit und einen ohne Noppen in den Mund und zeigte ihnen anschließend Bilder solcher verschiedenen Schnuller. Sie bevorzugten immer Bilder von Schnullern, die sie zuvor im Mund gefühlt hatten.)

Wahrnehmungen bringen jetzt auch Gefühle in Bewegung.

In ähnlicher Richtung wirkt die physiognomische Wahrnehmung. Damit ist gemeint, dass nicht nur die Gestalt, die Ausprägung, einer Sache, eines Tones, einer Farbe usw. wahrgenommen werden, sondern diese

Wahrnehmungen auch Gefühle in Bewegung bringen. Töne werden z.B. als „zornig“ oder „fröhlich“ wahrgenommen, Farben als „warm“ oder „kalt“, abfallende Töne oder aufwärts gezackte Linien haben Ausdruckseigenschaften wie „traurig“ oder „gefährlich“.

Vitalitätsaffekte schließlich sind Erlebniseigenschaften oder auch Lebensäußerungen. Ein Erlebnis kann „flüchtig“ oder „einschneidend“ oder „explosiv“ sein. Etwas wird als „anschwellend“ oder „abklingend“ erlebt. Die unterschiedlichen Arten des Fühlens nimmt der Säugling an sich wie auch am Verhalten anderer Menschen wahr. Die unterschiedlichen Vitalitätsgefühle können in einer Vielzahl dessen, was Eltern den lieben langen Tag mit dem Baby tun, zum Ausdruck kommen: in der Art, wie die Mutter ihr Baby aufnimmt, wie sie die Windel auseinander faltet, wie sie das Kind anfasst und bewegt, sich die Haare zurückstreicht, nach der Flasche greift, sich mit dem Baby an einen schönen Platz zurechtsetzt – in all diese „Vitalitätsgefühle“ taucht das Baby ganz und gar ein.

Das Baby erlebt also die Welt nicht als Anhäufung formaler Handlungen, sondern es taucht in ein Zusammenspiel von Gefühls- und Affektklängen ein. Es erlebt, dass es viele Arten gibt, angefasst zu werden, in Lachen oder Weinen auszubrechen oder ein Fläschchen zu bekommen usw.

Für das Baby beginnt sich die innere und äußere Welt zu ordnen.

Das Resümee dieser Einsichten ist zunächst einmal: Es gibt nicht eine Hörwelt, eine Sehwelt, eine Fühlwelt, die dann im Laufe der Entwicklung zu einer einheitlichen Welt koordiniert werden, sondern eine einheitliche Welt, die sich im Laufe der Entwicklung in viele Welten aufgliedert. Der Säugling entdeckt in sich und der Welt Zusammenhänge, Regelmäßigkeiten und wiederkehrende Gruppierungen und kann dadurch in sich ein Gefühl von Ordnung errichten.

Diese Regelmäßigkeiten sind die Grundbausteine des auftauchenden Selbstempfindens und der Wahrnehmung der Welt der Dinge.

Denken, Handeln, Fühlen und Wahrnehmen existieren am Anfang nicht als unterscheidbare Aktivitäten. Sie werden empfunden als zeitliche Strukturen, Intensitäten, Gestalten, Rhythmen und als bewegliche Muster. Die Welt und das Selbstempfinden sind deshalb nicht undifferenziert oder durcheinander. Sie sind von einer besonderen Ordnung. Die Entstehung des Ordnungsgefühls von sich und der Welt ist ein Thema – wie das Thema eines Musikstücks –, das sich zu allen Zeiten der Entwicklung auswirkt, z. B. auf die Art des Lernens.

Diese Entwicklung als immanentes System und multimodaler Prozess stellt sicher, dass immer neue Bereiche geübt werden, immer neue Kombinationen vom Baby bevorzugt, gelernt und schließlich integriert werden.

Vaterrolle: Der Vater ist mit im Spiel

Das Baby strebt wie jedes Lebewesen aktiv nach innerer Balance, die für sein Wohlbefinden, seine Entwicklung von größter Bedeutung ist. Wir wissen heute, dass dies eine ganzheitliche, alle Wahrnehmungssysteme betreffende Regulation ist. Sie ermöglicht die optimale Entfaltung aller Sinne und letztlich die menschlichste aller Fähigkeiten: nämlich sich selbst und die Welt bewusst zu erfahren, in eine soziale Gemeinschaft hineinzufinden und in ihr zu lernen.

Gefühle entlocken

Sobald der Säugling es regelmäßig zustande bringt, ein inneres Gleichgewicht herzustellen, und wenn er auf dieser Grundlage seine Erwartungshaltung und Erregung in einer verlässlichen Beziehung erlebt, beginnt er seine emotionalen und kognitiven Fähigkeiten zu entdecken. Er erlebt dann, wie viel Freude es macht, „seinen Erwachsenen“ Reaktionen zu entlocken und selbst angemessen zu reagieren. Er beginnt Gefühle bei sich und den anderen Menschen wahrzunehmen. Indem er auf die Reaktionen von Mama und Papa eingeht, sie beantwortet und erweitert, lernt er die emotionale Atmosphäre mitzusteuern. Er kann nun etwas ganz Wichtiges beginnen, nämlich Kontrollmöglichkeiten zu verinnerlichen, die notwendig sind, um Gefühle zu erleben. Und er lernt noch etwas Wichtiges, nämlich was es heißt, emotionale Reaktionen in anderen Menschen hervorzurufen.

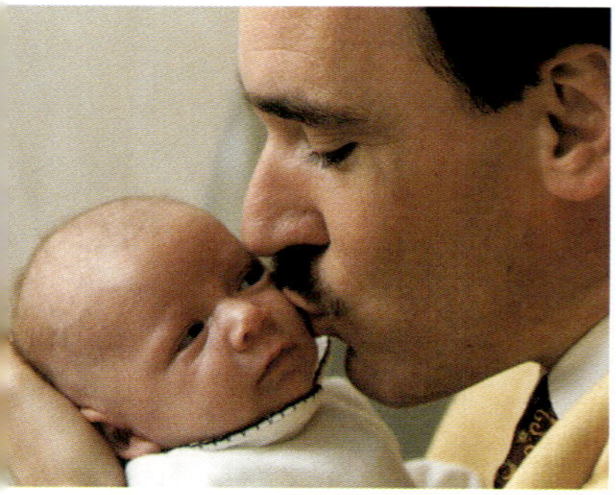

Für die spielerische Interaktion von Baby und Eltern gibt es keinen Fahrplan und keine Rezepte, sie ist bei jedem „Paar“ unverwechselbar und einmalig, eben weil zwei Menschen einander begegnen. Diese Begegnung soll auch nichts besonders Herbeigeführtes und in Szene Gesetztes sein, sie ist vielmehr in den ganz normalen Tagesablauf eingewoben.

Ein eigenes Repertoire

Auch mit dem Vater hat der Säugling ein eigenes Repertoire, das sich von der Interaktion mit der Mutter unterscheidet. Im Übrigen kann der Vater darauf vertrauen, auch wenn er sich manchmal aus der „Exklusivität“ der Beziehung zwischen seinem Baby und seiner Frau ausgeschlossen fühlt, dass hier die beste Voraussetzung für das Gelingen aller bald nachfolgenden Beziehungen entsteht.

Im Übrigen bedeutet es nicht, wenn die Mutter die Hauptperson in Babys erstem Lebensjahr ist, dass der Vater sich raushalten sollte. Im Gegenteil, er soll sich so viel einmischen wie möglich, damit beide einander kennenlernen. Er ist ähnlich wie die Mutter in der Lage, das Verhalten des Babys richtig zu „lesen“. Eltern sind offenkundig mit der Gabe ausgestattet, sich intuitiv richtig auf die Aufnahme- und Ausdrucksmöglichkeit ihres Babys einzustellen. Eltern spüren, wann ihr Kind zur spielerischen Kommunikation bereit ist, wann es müde wird und wann es in Ruhe gelassen werden möchte. Kein Ratgeber kann Eltern sagen, wie viel und welche Art der Zuwendung ihr Kind braucht – sie müssen es mit sich selbst ausmachen.

Vater und Baby haben ihr eigenes interaktives Repertoire.

Ebenso wie die Mutter lernt auch der Vater, welche Rolle von ihm erwartet wird. Er passt sein Verhalten, seine eigenen Rhythmen denen des Babys an und lernt dabei, auf das Kind einzugehen und seine Entwicklung zu fördern.

Väter spielen anders

Dem Vater gegenüber reagiert das Kind oft anders, denn Väter neigen eher zu lebhaften animierenden Spielen. Sie knuffen und berühren das Baby und steigern seine Erregung. Entsprechend sind die Erwartungen des Babys. Wenn es die Stimme des Vaters hört, spannt sich der Körper, die Bewegungen sind abgehackter. Es zieht seine Schultern erwartungsvoll hoch, während es den Vater beobachtet, um zu lächeln oder zu kichern, und Finger, Zehen, Arme und Beine schießen dem Vater entgegen

Väter leisten einen wichtigen Beitrag zur Entwicklung des Kindes.

und ziehen sich dann kurz zurück. Es erwartet, dass er mit ihm spielt. In seinen Protokollen über das 1. Lebensjahr beschreibt Brazelton das vier Wochen alte Baby Tommy: „Die Perioden der Anteilnahme an seiner Umwelt dauerten am längsten, wenn Mr. Moore sich mit ihm befasste. Oft konzentrierte sich Tommy so angestrengt auf das Gesicht oder auf die Stimme seines Vaters, dass er schielte. Oder er zitterte am ganzen Körper oder bekam vor Anstrengung sogar einen Schluckauf ... Mr. Moore fühlte sich mit seinem Baby innig verbunden."

Die Möglichkeit, sich in ein Spiel mit dem Baby zu vertiefen, sich zu identifizieren und auf seine Entwicklungsstufe einzulassen, ist bei Müttern traditionell und natürlicherweise gegeben. Männern fällt das schwerer. Sie hatten nicht immer so freien Zugang zu ihren Babys, wie wir es heute als ganz selbstverständlich betrachten. Dass Babys eine absolut weibliche Domäne in unsere Kultur waren, ist noch gar nicht so lange her.

Vielen Müttern fällt es immer noch nicht leicht, ihre Männer uneingeschränkt an das Baby „heranzulassen" – sie kontrollieren dann gerne, ob er auch alles richtig macht. Und gemeinhin heißt es ja auch immer noch, dass Männer mit kleinen Babys nicht viel anzufangen wissen. Sie treten erst auf den Plan, wenn das Kind sich aus der engen Bindung mit der Mutter löst und beginnt die Umwelt und ihre Regeln zu erforschen.

Manchmal fällt es Müttern schwer, ihre Männer ohne Aufsicht an das Baby heranzulassen.

Vielleicht ist hier nicht so sehr die Frage relevant, ob es die Väter den Müttern gleichtun sollten, sondern was Männer als Väter tun können. Offenkundig leisten Väter gerade in der ihnen eigenen Rolle einen wesentlichen Beitrag zur Entwicklung ihres Kindes. Jedes Paar muss für sich hier eine passende Rollen- und Aufgabenverteilung finden.

Fraglich scheint in der Entwicklung unserer Gesellschaft immer mehr, ob Partner sich (noch) bereit finden, ein solches Ausmaß an gegenseitiger Bindung und Verantwortung füreinander zu übernehmen. Und für (selbständige) Frauen stellt sich die Frage: Kann ich mich über einen langen Zeitraum so abhängig von einem männlichen Partner machen und mich in dem Maße zurückziehen, wie es das Leben mit einem Baby erfordert? Wird dieser Partner mir wirklich den Rücken freihalten und die volle Verantwortung für mich und unser Kind übernehmen? Da es nicht mehr bestimmte Konventionen und Zwänge sind, die zum Zusammenhalt einer Partnerschaft und Familie nötigen, ist auf der Seite der Männer nicht nur eine „neue Väterlichkeit“ gefragt, sondern eine Befähigung zur Verantwortung.

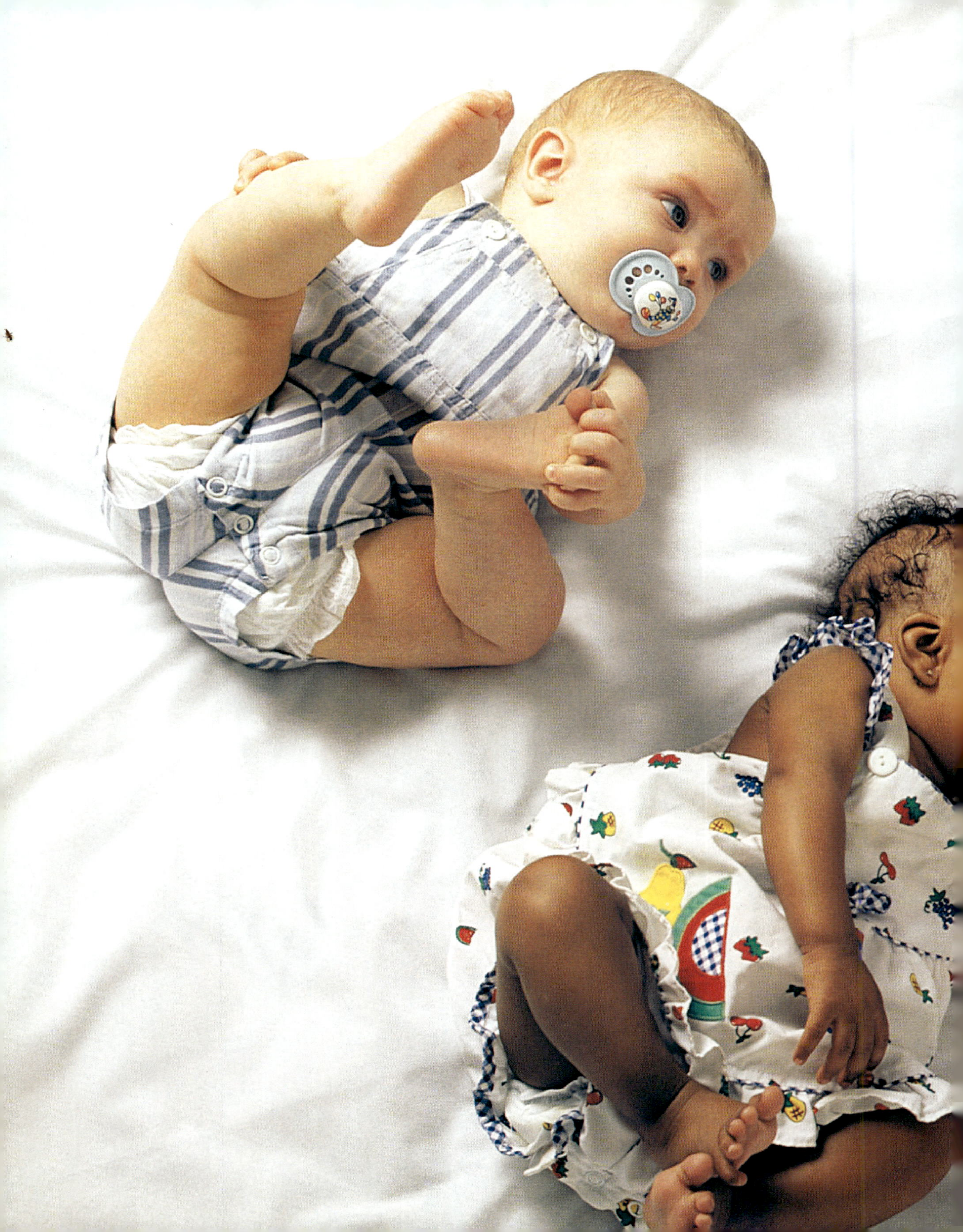

DIE WELT BEGREIFEN: 4.–8. MONAT

Bis zum 4. Monat hat das Baby gelernt, die Welt um sich herum vertrauensvoll und von innerer Sicherheit geleitet zu erforschen. Was könnte dieses Vertrauen und Sicherheitsgefühl zuallererst hervorbringen, wenn nicht die Erinnerung an einschlägige frühere Erfahrungen, an das Erkunden der Welt gemeinsam mit dem wichtigsten „Gegenüber" – der Mutter. Mit ihr ist das Baby anfangs nahezu ununterbrochen zusammen und eben mit seiner Erinnerung an das zuverlässig immer wiederkehrende Zusammensein.

Geistige Fähigkeiten und das Selbstempfinden

Die Vorstellung der Gemeinschaft mit der Mutter als zu ihm selbst gehörende Wirklichkeit ist nahezu allgegenwärtig, das Baby verliert diese Sicherheit nicht mehr einfach. Die Erfahrungen des Zusammenseins bilden dauerhafte, gesunde Bestandteile der geistigen Landschaft, die ständig in Wachstum und Ausgestaltung begriffen, aktive Elemente seines Gedächtnisses sind, das Erfahrungen ordnen und einbauen kann, in Erinnerung ruft und auf diese Weise das Verhalten steuert.

Eine kleine Persönlichkeit

Von einem Baby dieses Alters gewinnt man den Eindruck, es schon mit einer kleinen Persönlichkeit zu tun zu haben. Im Kontakt und sozialen Spiel wirkt es jetzt vollständiger integriert, sodass man das Gefühl hat, als ob seine Aktionen, Absichten, Affekte, Wahrnehmungen und Erkenntnisse jetzt alle ins Spiel gebracht und für eine Weile auf die Interaktion konzentriert werden können.

Das Baby macht jetzt einen „runden" Eindruck.

Das Baby ist nicht nur geselliger und ausgeglichener, aufmerksamer und gescheiter, es scheint Begegnungen und Beziehungen organisieren und gestalten zu wollen. Es ist eine „richtige Persönlichkeit", die so etwas wie „Selbstbewusstsein" ausstrahlt. Es weiß also: das bin ich und da sind Mama und Papa und ich kenne sie schon ganz gut. Man kann eine Menge mit ihnen machen. Sie sind zuverlässig für mich da. Sie gehen auf meine Vorschläge ein usw. Die Voraussetzungen für die „Rundung“ unserer kleinen Baby-Persönlichkeit werden mit den Begriffen der Wissenschaft ungefähr wie folgt beschrieben. Die Erfahrungen, die dem Säugling zugänglich sind und die zur Entwicklung eines organisierten Kern-Selbst beitragen, sind die „Urheberschaft“, die „Selbst-Kohärenz“, die „Selbst-Affektivität“ und die „Selbst-Geschichtlichkeit“.

Was steckt hinter diesen Begriffsungetümen Wissenswertes für Eltern? Die „Urheberschaft“ ist einfach das Empfinden, das eigene Handeln auch selbst in Gang gebracht zu haben, eben der Urheber der eigenen Handlung zu sein; den Willen zu besitzen, selbst erzeugte Aktionen kontrollieren zu können (meine Hand bewegt sich, wenn ich will dass sie greift) und bestimmte Konsequenzen der eigenen Aktionen zu erwarten (wenn ich die Augen schließe, wird es dunkel).

Die „Selbst-Kohärenz“ (Kohärenz bedeutet so viel wie Zusammenhang) ist das Empfinden, ein vollständiges körperliches Ganzes zu sein und sowohl in der Bewegung, in der Interaktion als auch im Ruhezustand über Grenzen und ein körperliches Handlungszentrum zu verfügen. Die „Selbst-Affektivität“ meint das Erleben von regelmäßigen inneren Gefühlsqualitäten (also kleine Bausteine für das, was später mal die großen Gefühle wie Glück, Trauer, Wut etc. werden), die Teil der übrigen Selbsterfahrung sind.

Bis jetzt hat das Baby schon viele Erfahrungen gesammelt. Es hat schon ein Gefühl von Dauer.

Das Baby hat schon zahlreiche Erfahrungen über die meisten Affekte gesammelt – Freude, Kummer, Interesse, auch Wut oder Überraschung. Es erwartet schon in Verbindung mit bestimmten Affekten charakteristische Ereignisse und Verhaltensweisen – also z. B. Mama schneidet Grimassen, Papa wirft mich in die Luft, das sind Anlässe für Spaß und Freude. Das Empfinden des Kern-Selbst bliebe ohne die Kontinuität des Erlebens eine flüchtige Angelegenheit. Doch die „Selbst-Geschichtlichkeit“ gibt schon dem Baby ein Gefühl von Dauer, der Einbindung in die eigene Vergangenheit. Winnicott nennt es das „going on being“, das Gefühl eines fortwährenden Seins, sodass man sich verändern und doch dieselbe Person bleiben kann.

Der Säugling nimmt am Fluss der Regelmäßigkeiten teil und er hat ein Gedächtnis. Er registriert Erlebnisse und Affekte und kann sich das

Eltern sind die Vermittler und üben einen großen Einfluss auf den Erkundungseifer des Kindes aus.

nächste Mal verändert darauf einstellen (das Fläschchen war das letzte Mal zu heiß, diesmal reagiert er vorsichtig und scheu). Kurz, er ist in der Lage, eine immer auf den neuesten Stand gebrachte „Geschichte" zu bewahren – seine eigene Geschichte.

Die Mutter regelt das Fühlen und Erleben

Noch ein anderer Aspekt ist wichtig, um sich das Erleben des Babys vorstellen zu können. Es ist das, von dem wir teilweise schon in der Beschreibung der Interaktion gehört haben und was Stern in einem umfassenderen Sinn als „Selbst in Gemeinschaft mit dem Anderen" beschreibt. Stern betont immer wieder die aktive Integrationsleistung des Babys in der Zweisamkeit mit der Mutter. Auch dann, wenn es eigentlich die Mutter ist, die sein Selbsterleben reguliert, für sein Wohlbefinden sorgt. In diesem Sinne ist sie „ein das Selbst regulierender Anderer".

Im Spiel bringt sie Ordnung und Gleichmäßigkeit in die Intensität seiner Affekte und den Grad der Erregung. Sie lächelt etwas intensiver, löst damit ein noch breiteres Lächeln aus, ein noch stärkeres Rudern mit den Armen und Beinen, das sie wiederum anspornt usw., eine Spirale, die mit dem Begriff „Mitziehen" gut getroffen ist. Hier geht es noch mehr darum, zu sehen, wie im Alter bis zu 8 Monaten ein enormer Teil des gesamten Affektspektrums, das vom Baby erlebt werden kann, nur im Zusammensein und durch die Vermittlung seiner Mutter möglich ist.

Das Affektspektrum, das vom Baby erlebt werden kann, ist nur durch die Vermittlung der Mutter möglich.

Sicherheit und Bindung sind weitere Erfahrungen in der Gemeinschaft mit der Mutter. Alle Vorgänge, die die Gefühle der Bindung, der körperlichen Nähe, Geborgenheit und Sicherheit regulieren, stellen gemeinsam geschaffene Erfahrungen dar.

Das bleibt unser Leben lang so, ob wir uns an einen warmen Körper kuscheln und anschmiegen und in den Arm genommen werden, ob wir einem anderen in die Augen sehen und von ihm angeblickt werden, ob wir uns an ihm festhalten und von ihm gehalten werden – all diese intensiven Erfahrungen in Gemeinschaft mit einem anderen gehören zu den kostbarsten sozialen Momenten unseres Erlebens und sie können nur dann auftreten, wenn sie durch einen anderen Menschen ausgelöst oder beantwortet und lebendig gehalten werden.

In ihrer Gemeinschaft regulieren Baby und Mutter (der Vater spielt hier aber auch eine wichtige Rolle!) die Aufmerksamkeit und Neugier, mit der das Baby an der Welt teilnimmt. Durch ihre Vermittlerrolle üben die Eltern einen bedeutenden Einfluss auf den Erkundungseifer ihres Babys und seine Fähigkeit zu staunen aus.

Erinnerungen

Also ist das Kind, auch wenn es allein ist, doch durch die Erinnerung an wichtige Erlebnisse mit der Mutter verbunden. Solche Erinnerungen herbeirufen zu können ist ein wichtiger Entwicklungsschritt für das Baby. Sowohl im Alleinsein als auch im Zusammensein spielen sie eine tragende Rolle.

Durch die Erinnerung ist das Kind, auch wenn es allein ist, mit der Mutter verbunden.

In Erinnerung bleiben nicht nur Einzelheiten, Episoden oder Ausschnitte davon. Wichtig sind vor allem die Zusammenfassungen und Verallgemeinerungen mehrerer Episoden.

Das Baby macht sich ein allgemeines Bild. Nach dem ersten „Guck-Guck"-Spiel z.B. hält es die Erinnerung an diese spezielle Erfahrung fest. Nach dem zweiten, dritten, zehnten Spiel, das ja immer kleine Veränderungen erfährt, hat es eine verallgemeinerte Version des „Guck-Guck"-Spiels in sich aufgenommen.

Diese Verallgemeinerungen sammelt das Baby und kann sie in Erinnerung rufen. Solche verallgemeinerten Muster von wirklich erlebten Erfahrungen sind wie Inseln oder Haltepunkte im Fluss der Ereignisse. Stern nennt sie „Gefährten", die sich das Baby ins Gedächtnis rufen kann, auch wenn es allein ist. Sie stärken seine Selbstständigkeit. Diese abrufbaren Gefährten spielen ebenso in der Interaktion mit der anwesenden Bezugsperson eine Rolle wie in deren Abwesenheit, indem sie aktiviert werden, sodass die Mutter in Form einer Erinnerung gegenwärtig wird. Auch in ihrer Gegenwart spielen sie zunehmend eine Rolle, denn die Erinnerungsgefährten helfen dem Baby dabei zu verstehen, was gerade passiert. Sie bilden ein Archiv der Vergangenheit zur Orientierung in der Gegenwart.

Mein Baby entwickelt sich – und ich?

Jetzt ist das feste Band an Beziehungen zwischen Eltern und Kind geknüpft.

Wie wir gesehen haben, ist das Baby von Anfang an erstaunlich aktiv, aber diese Aktivitäten sind noch zart und anfällig, finden in einer Art Umhüllung statt, die das Baby und die Mutter nach außen schützen. Nach dem vierten Monat hat man den Eindruck, als schlüpfe das Baby erneut aus. Jetzt allerdings an das feste Band der Beziehung zu seinen Eltern geknüpft. Zu diesem Zeitpunkt sind die meisten Babys unwiderstehlich und entsprechen am ehesten unserem Bild vom wonnigen, properen Baby, das „aus allen Knopflöchern" strahlt.

Wonnig und handlich

Sein Körper ist jetzt wohl gerundet, an Ellbogen und Knien sind kleine Grübchen. Die Augen sind groß und rund, wonnige Pausbäckchen und ein Mündchen, das jetzt immer mehr mit Gurren, Glucksen, Blubbern und Stimmübungen beschäftigt ist – zum Anbeißen! Das Wollhaar auf dem Rücken und den Ohrmuscheln ist verschwunden, Hautausschläge und Pickelchen sind abgeklungen. Wenn man das Baby jetzt hochnimmt, fühlt es sich fest und kompakt an und behält eine gewisse Spannung. Es ist der Welt und ihren Menschen freundlich zugetan und lässt sich gerne auf diesen und jenen Schoß nehmen, ohne besonders irritiert zu sein.

Es ist nun auch besonders „handlich" und nicht mehr so zerbrechlich, lässt sich überallhin mitschleppen oder auch mit einer kleinen Beschäftigung „beiseite legen" oder „dazusetzen". Dieses „Mitschleppen" geht im zweiten Lebenshalbjahr besonders gut und ist eine wunderbare Möglichkeit, mobil zu sein und dennoch im Kontakt mit dem Baby zu bleiben. So genannte Tragehilfen können ein genähter Tragesitz oder das Tragetuch sein, mit denen man sich das Baby vor den Bauch oder auf den Rücken bindet.

Regina Hilsberg beschreibt ihre Erfahrungen mit dem Tragen im Tragetuch so: „Für mich war das Tragen die Möglichkeit, zwei Dinge auf einmal zu tun: das Baby zu beschäftigen und meiner Gegenwart zu vergewissern und gleichzeitig meine Arbeit zu tun. Außerdem war der „Funkweg" vom Baby zu mir sehr kurz. Ob es hungrig wurde, merkte ich nicht erst am Geschrei, sondern schon an seinen suchenden Kopfbewegungen. Wenn es drückte, spürte ich auch das genau … Bauchweh verzog sich durch Wärme und Massage, und wenn das Baby müde wurde, schlief es einfach ein. Es musste weniger schreien und bekam seine Bedürfnisse doch eher befriedigt, als wenn es mich vom Bettchen, Decke oder Wippe aus hätte herbeiweinen müssen." Das Baby genießt es sehr, vom Körper der Erwachsenen aus die Welt zu betrachten. Es teilt von seinem angenehm schaukelnden Sitz aus die Perspektive von Mutter oder Vater, bewegt sich mit ihnen durch die Welt, nimmt an ihren Beschäftigungen teil, sieht, wie und womit sie hantieren und was sie schließlich alles bewirken können.

Die Eltern sind zu dieser Zeit meist völlig vernarrt in ihr munteres Baby und zeigen es verständlicherweise jetzt besonders gern vor. Die erste, oft anstrengende gemeinsame Strecke ist ja auch geschafft und die Entwicklung geht eindeutig „aufwärts" und die Fortschritte, die das Baby macht, werden immer sichtbarer.

Dass die meisten Gedanken und Aktionen sich jetzt um das Baby drehen, ist völlig richtig und normal.

Total angebunden

Sollte allerdings das Gefühl im Vordergrund stehen, nur noch verzichten zu müssen und gar nicht mehr zu sich selbst zu kommen, dann ist Innehalten angesagt. Natürlich darf „frau“ schon mal in Verzweiflung geraten über einen schier endlosen Alltag, obwohl sie eigentlich „alles so gewollt“ hat und eine bewusste, gut überlegte Entscheidung getroffen, ja herbeigesehnt hat. Ein Baby großzuziehen bedeutet eine gewisse Isolation in unserer Kultur und es lässt sich vorher nicht genau ausmachen, welche Auswirkungen es hat.

Ein nicht enden wollender Alltag kann schon mal zur Verzweiflung führen.

Kleine Babys und ihre Mütter scheinen in viele Bereiche unseres Lebens nicht so recht hineinzupassen: wir leben nun mal nicht alle in Häuschen auf Butterblumenwiesen, umgeben von netten Nachbarn, freundlichen Tanten, patenten Freunden und hilfreichen Opas. Es ist deshalb gut, manchmal einfach etwas unkonventioneller und mutiger zu sein und auch „kinderfremden“ Umgebungen seinen eigenen Stempel aufzudrücken und dorthin zu gehen, wohin man gehen möchte: mit Kind!

Wenn allerdings die Decke auf den Kopf zu fallen droht und verpasste Kinobesuche und dergleichen als Verlust empfunden werden, ist es an der Zeit, einmal gründlich zu überlegen, welche Prioritäten man setzen möchte und in welcher Phase des eigenen Lebensentwurfs man angekommen ist. Gibt es nicht Dinge, auf die man eine Zeit lang ganz gut verzichten kann, ohne sie völlig aus dem Auge zu verlieren, die man zu einem späteren Zeitpunkt wieder aufgreifen kann? Ist vielleicht das Gefühl des Dauerverzichts und der Isolation deshalb so stark, weil man schon vorher, bevor das Baby da war, nicht so richtig auf die eigenen Bedürfnisse geachtet hat?

Wenn die eigenen Möglichkeiten nicht reifen konnten, Ideale und Ziele nicht in einem befriedigenden Maß erreicht oder auch verworfen werden konnten, ist die Situation, „nur Mutter“ zu sein, oft besonders bedrückend. Jetzt, wo das Baby beginnt, sich etwas abzustoßen, aus der innigen Zweisamkeit drängt, tauchen diese Gedanken auf. Man möchte wieder mehr den eigenen Bedürfnissen nachgehen und den beengenden Raum der Familie verlassen, mehr für sich selbst tun. Da das Baby seine Interessen nicht selbst vertreten kann, sondern in dieser Hinsicht absolut abhängig ist von seiner Mutter, findet der Interessenkonflikt in ihr selbst statt. Sie muss zwischen Schuldgefühlen, den Abhängigkeitsbedürfnissen des Babys und ihren eigenen Interessen abwägen.

In den ersten kritischen Lebensjahren ist eine gleich bleibende verlässliche Muttergestalt, zu der das Baby eine Beziehung herstellt, die es versteht und an die es gewöhnt ist, während es selbst damit beschäftigt ist, seine Reaktionen auf die Umwelt zu ordnen, mit Sicherheit das Beste. Unter dieser Maßgabe muss auch jede Form der Betreuung und des Babysittings bedacht und sorgfältig vorbereitet sein, falls dies geplant oder unumgänglich ist.

Eine gleich bleibende und verlässliche Muttergestalt ist in den ersten Lebensjahren das Beste für das Kind.

Endlich wieder raus!

Die alte Faustregel gilt für die Babyzeit besonders: Lieber das, was gerade geht, besonders gut und konzentriert tun, alle Möglichkeiten ausschöpfen und genießen als immer mit einem Auge auf das schielen, was einem gerade entgehen könnte.

Man verliert dann den Blick für das Unersetzliche und die damit verbundene Befriedigung. Die Lebenserfahrung mit dem Baby ist ein unersetzlicher Schatz für alles, was später noch kommen kann und wird. Auch wenn es nicht täglich „Wunder" sind, die es zu erleben gibt, ist es doch oft wunderbar, was es mit dem Kind zu erfahren und zu empfinden gibt.

Die Unruhe, die Mütter von vier, fünf, sechs Monate alten Babys befällt, das Gefühl, sie müssten endlich wieder „raus", korrespondiert mit dem Selbstständigkeitsstreben ihres Kindes. Bisher haben sie die ungestörte Nähe und Innigkeit genossen und nun fühlen sie sich im Stich gelassen, wenn das Baby beginnt, sich für alles Mögliche zu interessieren.

Das Gefühl, gar nichts mehr für sich selbst tun zu können, kann für Mütter sehr bedrängend werden.

Es dreht z. B. beim Trinken den Kopf weg und ist nicht mehr ausschließlich auf Körper und Gesicht der Mutter konzentriert. Es will sich nicht entgehen lassen, was drumherum noch los ist, und lässt sich nicht mehr ungestört füttern. Die Psychoanalytikerin Magret Mahler spricht davon, dass das Baby jetzt aus der Einheit mit der Mutter „ausschlüpft". Das Bild der symbiotischen Zweieinheit beschreibt sehr treffend das Gefühl aller innigster Verbundenheit mit dem Säugling – der aber nun ganz aktiv beginnt, diese enge Verbindung elastischer zu gestalten. Mütter, die überrascht sind von dem neuen Entwicklungsschub im Wahrnehmungsvermögen ihres Babys, begreifen manchmal nur schwer, was vor sich geht. Sie werden traurig und enttäuscht, so als wenn eine „wundervolle Romanze" zu Ende ginge, und mit solchen Gefühlen liegen sie auch gar nicht so falsch.

Aber wenn es auch nicht mehr ganz so verträumt zugeht, braucht das nach Selbstständigkeit strebende Baby doch die volle Zuwendung und zärtliche Verbundenheit gerade mit seiner Mutter.

Seine ersten Erkundungen der Umwelt kann es ja nur von ihrem Schoß oder Arm aus machen – und vor allem sollte jetzt, wenn er bisher zurückhaltend war, der Vater in Aktion treten und seinem Baby die Welt zeigen.

Da Männer meist unter großem beruflichem Druck stehen, fällt es ihnen oft schwer, sich (innerlich und äußerlich) frei zu machen und auf die Familie und das Kommunikationsniveau eines Babys einzulassen. Wenn Frauen dafür sorgen können, einen Raum für väterliche Aktivitäten zu schaffen, fällt es Männern leichter, sich als Väter gebraucht zu fühlen.

Die Motorik kommt in Gang: Greifen, Sitzen und Fortbewegen

Wenn das Baby auf seinen fünften, sechsten Monat zusteuert, sind motorische und kognitive Lernprozesse untrennbar miteinander verwoben. Die Babys dieses Alters wollen sich bewegen, alle Dinge berühren, danach greifen, in den Mund nehmen, betrachten. Das Erkunden ihrer Hände und der nächsten Umwelt ist ein wichtiger Bestandteil ihrer frühen geistigen Entwicklung.

Fünf bis sechs Monate alte Babys wollen sich bewegen und Dinge berühren.

Immer in den Mund

Manche Babys können sich jetzt bis zu 30 Minuten ganz mit sich selbst beschäftigen, wenn sie sich in einer gemütlichen Lage oder Position befinden. Sie beobachten ihre Hände, heben sie hoch, machen Fingerspiele und beäugen jede Hand, führen die Hände zusammen und betasten sie. Sie können abwechselnd nach einem Gegenstand grabschen oder patschen und von hier aus entwickelt sich später das Bewusstsein zweier getrennter Körperhälften, was für das Erkennen räumlicher Beziehungen von Bedeutung ist. Ein Spielzeug, das man dem Baby hinhält, ergreift es mit den Handinnenflächen beider Hände (beidhändiges Greifen), bewegt es und führt es unweigerlich zum Mund. Es will den Gegenstand kennen lernen – nicht so sehr mit den Augen, sondern mit der Zunge, den Lippen, den Händen. Seine Methode, so viel wie möglich über den Gegenstand zu erfahren, ist, ihn in den Mund zu nehmen, zu befühlen und zu betasten. Es kann Gegenstände, die es ausführlich mit dem Mund erkundet hat, später mit den Augen wieder erkennen.

Bis zum achten Monat ist das orale Erforschen das dominierende Erkundungsverhalten.

Bald kann es Gegenstände von einer Hand in die andere nehmen und gezielt zugreifen. Innerhalb weniger Monate entfaltet es dann seine Greiffähigkeit mit den verschiedenen Zwischenstadien.

Nach dem sechsten Monat tritt verstärkt das Hantieren mit Gegenständen hinzu. Das Spielzeug wird ergriffen, hin und her bewegt, auf die Unterlage geschlagen oder gerieben und vielleicht – plumps – zu Boden befördert. Das ist kein unsinniges Tun, weil das Baby noch nicht weiß, wie man richtig spielt, sondern es gewinnt mit seinem Verhalten vielmehr wichtige Informationen über den Gegenstand.

Begreifen

Durch das Be-Greifen, Hinundherbewegen, Schlagen, Reiben, Werfen lernt das Baby, dass Gegenstände unterschiedliche Gewichte und Formen haben, sich unter Krafteinwirkung unterschiedlich stark verändern und unterschiedliche Geräusche hervorrufen.

In diesem Stadium der Entwicklung werden meist beide Hände gleichmäßig stark gebraucht. Bei einhändigem Greifen macht die andere Hand die Greifbewegung abgeschwächt mit oder fungiert als Hilfshand. Die einzelnen Finger haben noch keine spezialisierte Aufgabe.

Mit einem halben Jahr kann das Baby auf dem Rücken liegend diagonal über seinen Körper hinweg nach einem Gegenstand greifen. Es fasst z.B. mit der linken Hand nach einem Spielzeug, das ihm von rechts gereicht wird. Das einhändige Greifen ermöglicht einen erweiterten Umgang mit

Das einhändige Greifen ermöglicht einen erweiterten Umgang mit Spielsachen.

Spielsachen. Es können zwei Gegenstände ergriffen, untersucht und verglichen werden. Oder ein Gegenstand kann von einer in die andere Hand gegeben werden.

All diese Manipulationen und Erfahrungen sind unersetzbare Entwicklungsschritte des Begreifens. Das Abspreizen des Daumens und das Einklemmen des Gegenstandes zwischen Zeigefinger und Daumen – der Scherengriff – sind die Vorstufe zum „Pinzettengriff", der am Ende des 1. Lebensjahres dann mit dem auffälligen und witzigen Aufklauben von kleinen Teilchen und Krümelchen eingeübt wird.

Turnübungen

Auch sonst tut sich nun viel: Das Baby, das bis jetzt liegen blieb, wo man es hinlegte, will seine Lage selbstständig verändern. Es liegt jetzt nicht nur auf dem Rücken zum Spielen, sondern sollte auch in der Bauchlage sein Gleichgewicht ausprobieren und auf die Unterarme gestützt in die Welt gucken oder Arme und Beine anheben und „schwimmen". Ungefähr mit einem halben Jahr machen viele Babys Stemmübungen. Wieder in der Rückenlage, werden Arme und Beine betastet und ergriffen.

Manche versuchen sich zu rollen oder zu drehen, erst in die Seitenlage, dann von der Rücken- in die Bauchlage und umgekehrt. Den meisten Babys gelingt es mit sechs, sieben Monaten sich vom Rücken auf den Bauch zu drehen und etwas später vom Bauch auf den Rücken. In der Rückenlage spielen sie nun mit wachsender Begeisterung ausgiebig mit ihren Füßen und stecken die Fußzehen in den Mund.

Nun wird ausgiebig mit den Fußzehen gespielt.

Einigen Babys gefällt das Kreisrutschen auf dem Bauch und sie rudern mit Armen und Beinen im Kreis herum, um an einen Gegenstand zu kommen. Manche Babys halten nichts von all dieser Turnerei und bleiben brav auf der Wickelkommode liegen. Sicher ist das alles aber in diesem Alter nicht mehr und man muss sie immer gut im Blick behalten.

Die Möglichkeit, sich aufzurichten, genießt jedes Baby und sein Kampf gegen die Schwerkraft beginnt jetzt mit viel Energie. Wenn man ein fünf Monate altes Baby zum Sitzen hochzieht, strengt es sich ungeheuer an, um mitzuhelfen, sich aus eigener Kraft aufzurichten. Manchmal lässt es sich auch schon auf die starren Beinchen ziehen und scheint sich für einen kurzen Moment großartig zu fühlen. Manche Babys hören sogar auf zu weinen, wenn man sie auf die Füße stellt – die aufrechte Haltung scheint ein echtes „menschliches Bedürfnis“ zu sein.

Sitzen

Es sitzt nun ungeheuer gern in Wippen und Babysesseln oder abgestützt auf dem Sofa, um im Zimmer herumzuschauen und am allgemeinen Geschehen teilzunehmen. Noch lieber will es auf dem Schoß sitzen. Die Eltern können ihm beibringen, sich selbst zum Sitzen hochzuziehen, aber üben wird das Baby selbst, wenn es so weit ist.

Mit viel Energie kämpft das Baby gegen die Schwerkraft und versucht sich aufzurichten.

Oft gelingt es nun dem Kind, sich über die Bauchlage in den Kniestand zu befördern und so in den umgekehrten Schneidersitz auf den Po zu plumpsen. Die Beinstellungen, wenn es dann schließlich frei sitzt, können unterschiedlich sein, die Arme und Hände werden als Stützen benutzt, um das Gleichgewicht zu halten. Erst wenn es sicher ist, kann es die freien Hände zum Spielen benutzen. Die meisten Kinder können bis zum Ende des 9. Monats zum freien Sitzen gelangen. Das Baby sitzt dabei mit geradem Rücken, das Gewicht ist gleichmäßig auf beide Pobacken verteilt und die Beine sind leicht angewinkelt. Das Sitzen eröffnet ihm jede Menge neue Erfahrungsmöglichkeiten, denn es kann am Geschehen seiner Umgebung besser teilhaben als im Liegen. Anfangs, wenn es noch nicht frei sitzen kann, ist es mit abgestütztem Rücken doch in der Lage, zu spielen, zu hantieren, zu kommunizieren und sich selbstverständlich auch als Zuschauer zu beteiligen.

Hochstühle mit einem festen Tischchen sind ein bevorzugter Aufenthaltsort für Babys nach dem 6. Monat. Auf dem Tisch kann es mit Spielsachen und Gegenständen hantieren, die ersten Fütterversuche mit Löffel oder Tasse finden so statt.

Das Baby will vorwärts kommen

Doch für den großen Bewegungsdrang wird das Stühlchen schnell zur Fessel. Das Baby will zur Vorwärtsbewegung vorstoßen und zu den verlockenden Gegenständen in seiner Umgebung kommen.

Nach dem Drehen versucht es mit etwa 7 Monaten zu robben und sich irgendwie auf dem Bauch vorwärts zu schieben oder zu ziehen. Erst mit den Armen, dann mit den Beinen, deren Bewegungen es mehr und mehr aufeinander abstimmt, bis eine Überkreuzbewegung entstanden ist. Diese Überkreuzbewegung, die ihm dann auch das Vorwärtskommen bei Kriechen und Krabbeln auf Händen und Knien ermöglicht, ist ein wichtiger Bewegungsmodus. Das Überschreiten der Körpermittellinie durch das alternierende Überkreuzen übt und stärkt das Zusammenspiel der beiden Körperhälften.

Die Bauchlage ist eine günstige Ausgangsposition für alle diese Bewegungen, die für seine Entwicklung förderlich sind. Deshalb kann es durchaus richtig sein, das Baby hin und wieder in diese Position zu legen. Es gibt aber einige Kinder, die auch in diesem Alter die Bauchlage verabscheuen und jämmerlich wie ein Fisch im Trockenen nichts damit anfangen mögen. Dann sollte man das lieber lassen. Es gibt genug andere Möglichkeiten zu „turnen", bis es so weit ist. Motorische Entwicklung lässt sich nicht erzwingen.

Es gibt auch Kinder, die die Bauchlage verabscheuen. Man sollte sie nicht dazu zwingen.

Wenn das Kind zu kriechen beginnt, werden viele Dinge in der Wohnung erreichbar. Babys müssen sich bewegen und Dinge berühren, in den Mund nehmen und betrachten. Ein solches Erkunden der Umwelt ist ein wichtiger Bestandteil ihrer frühen geistigen Entwicklung. Eltern müssen diesem Bewegungs- und Erkundungsdrang einen angemessen großen Spielraum einräumen, damit ihr Baby dazu möglichst viele Gelegenheiten hat.

Es liegt auf der Hand, dass je nach Temperament des Kindes die Wohnung ihrem kleinen Mitbewohner entsprechend gestaltet sein muss und gefährliche oder gefährdete Dinge nicht in seine Reichweite gehören. Ein „Nein" oder andere Abschreckungsmethoden führen in diesem Alter noch nicht zu irgendeiner Einsicht. Auch „Laufställchen" und Absperrgitter sind bedenklich und höchstens im Notfall hilfreich. Es ist selbstverständlich, dass das spielende Baby nicht allein in ein geschlossenes Zimmer gehört. Längere Zeit allein ohne Kontakt zur Mutter oder Betreuungsperson zu spielen überfordert ein Baby dieses Alters. Viele seiner Übungen kann es ja nur mit ihrer „Assistenz" machen. Es möchte umfangen von ihren Händen auf dem Schoß stehen und von dort aus in die Umgebung streben und greifen. Die Übungen, die das Kind täglich von sich aus vollführt, kann man mit ihm wiederholen und ausbauen.

Der Spaß am gemeinsamen Spiel beflügelt Eltern und Baby.

Man kann das Baby um sich selbst kullern lassen, die ersten Ansätze von Robben verstärken, indem man es lockt und heranzieht, es aus der Rückenlage vorsichtig zum Sitzen hochziehen, sooft es das mag, oder es bei Sitz- und Stehversuchen mit stützenden Händen halten. Bei allen Möglichkeiten, dem Kind bei seiner Arbeit zu assistieren, sollte man sich von ihm selbst inspirieren lassen, lachen und Spaß mit ihm haben und keinesfalls zu viel an später denken und „Entwicklungsförderung“ betreiben. Die gerade erlebten Augenblicke der Freude und das Gefühl des Zusammenklangs sind viel wichtiger. Etwas selbst zu schaffen macht das Baby stolz. Auch kleine Fehlschläge können es beim Lernen beflügeln.

Entspannt spielen

Beim Spielen geht man am besten auf das Niveau des Kindes und hockt oder legt sich zu ihm auf den Boden. Das begehrteste Spielzeug in dieser Zeit sind sowieso (neben dem eigenen Körper) die Körper der Eltern. Auf dem Erwachsenenkörper kann Baby liegen, schaukeln, ihn betatschen, drücken, greifen, ziehen, bohren, später ist er ein hervorragender Kletterberg oder eine gute Basis, von der aus es andere interessante Dinge zu erreichen gibt. Man kann gemeinsam pusten, singen, erzählen, Musik hören, „Hoppe-Reiter“ spielen und sich in den verschiedensten Positionen miteinander beschäftigen.

Manchmal entwickeln Babys auch eine Vorliebe für bestimmte Gegenstände oder Spielzeuge, wobei Gegenstände aus der Erwachsenenwelt oft größere Faszination ausüben als Sachen, die speziell zum Spielen gedacht sind. Dagegen ist nichts einzuwenden, denn Gegenstände, die Erwachsene mit ihren Händen gebrauchen und manipulieren, sind für den kleinen unermüdlichen Beobachter faszinierend. Ein Kind will „Arbeitsgegenstände“, es will schon - gerade mal ein halbes Jahr alt - alles machen, was die Erwachsenen machen und es interessiert sich für Spielzeug oft nur dann, wenn auch die Erwachsenen sich damit beschäftigen. Leider neigen Erwachsene dazu, viel mehr Dinge vor dem Baby in Sicherheit zu bringen, als eigentlich nötig wäre.

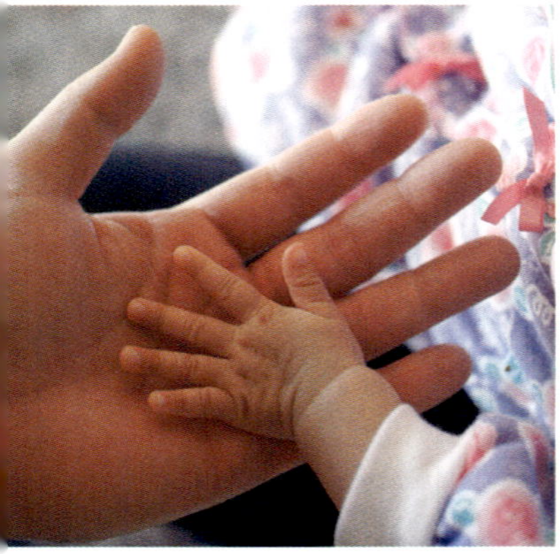

Weder durch Druck noch durch Zwang lässt sich die motorische Entwicklung günstig beeinflussen.

Wenn man Kindern von Anfang an in einem vernünftigen Ausmaß die Dinge des Alltags und der Umgebung zugänglich macht, werden sie lernen, pfleglich damit umzugehen, und später weniger „anrichten", wenn sie doch in einem unbeaufsichtigten Moment an verbotene Dinge herankommen.

Selbstverständlich gibt es im Babyleben Tabu-Gegenstände wie Zigaretten, Medikamente, Chemikalien, kochende Flüssigkeiten, spitze, scharfe, heiße Gegenstände und was es dergleichen mehr gibt. Solche Sachen gehören unter Aufsicht, Verschluss oder außer Reichweite.

Übersicht und etwas Vorstellungsvermögen sind eine gute Prophylaxe, aber Panik oder Dauersorgen wegen Hygiene und Verletzungsgefahren, eine durch und durch „kindersichere" Wohnung sind Unsinn und in einem normalen Alltagsleben überflüssig.

Ihr Baby hat Charakter!

Im zweiten Halbjahr, in dem Babys schon beginnen einiges „zu können", wird das Entwicklungstempo immer individueller und Charakterunterschiede werden deutlicher. Die Reihenfolge der Entwicklungsschritte gleicht sich. Aber sowohl die Qualität als auch der Zeitpunkt einer Entwicklungsstufe unterscheiden sich. Wichtig ist, dass Eltern das individuelle Entwicklungsalter ihres Kindes im Auge behalten.

Leider vergleichen Eltern ihr Baby zu oft mit anderen Kindern, statt sich auf das zu konzentrieren, was ihr Baby kann.

Zwar ist die motorische Entwicklung überwiegend ein Reifungsprozess, der nach inneren Gesetzmäßigkeiten abläuft. Es hat aber keinen Sinn, eine Norm festlegen zu wollen, wann ein Baby etwas können sollte. Die Variationsbreite ist sehr groß und Eltern können die Ausreifung motorischer Funktionen bei ihrem Kind nicht (oder nur wenig) beeinflussen.

Das Entwicklungstempo ist unterschiedlich. Eltern sollten sich auf das konzentrieren, was ihr eigenes Baby schon kann.

Ob ein Kind schon mit 10 Monaten die ersten Schritte macht oder Monate später, hängt im Wesentlichen davon ab, wie rasch diese Funktion ausreift. Auch forciertes Üben vermag diesen Reifungsprozess nicht zu beschleunigen.

Neuere Studien der motorischen Entwicklung bei Kindern (Remo Largo) zeigen, dass die frühen Fortbewegungsarten durchaus vielfältig sind. Es gibt Kinder, die das Robben und Kriechen auslassen. Andere bewegen sich überhaupt nie auf allen vieren fort, sondern ziehen sich z. B. aus der Bauchlage auf und gehen. Andere, die weder robben noch kriechen oder krabbeln, setzen sich auf den Hosenboden und rutschen. Es gibt also eine Vielzahl von Bewegungsmustern, die schließlich zum Aufrichten führen.

Ganz allgemein gilt immer wieder: Die Entwicklungstemperamente sind unterschiedlich. Es gibt die kleinen „Gucker", die „Zappler", die emsigen „Krabbler", die versonnenen „Forscher" und freundlichen „Zuschauer" und andere kleine „Typen" und Schwerpunkte in der frühkindlichen Entwicklung. Jeder dieser kleinen Charaktere reift am besten in einem Klima liebevoller Bejahung und aufmerksamer Unterstützung seiner Persönlichkeit.

Die Motorik ist nicht das ganze Kind, in aller Stille reifen im ersten Jahr auch Sprache, Denken und das Sozialverhalten heran.

Das gesteigerte Wahrnehmungsvermögen, seine wachsende Neugier und die beginnende Fortbewegung, die vielen neuen Eindrücke aus seiner Umgebung bringen in der zweiten Hälfte auch eine neue Verunsicherung mit sich, nämlich das Fremdeln.

Während das jüngere Baby sich noch unbefangen Fremden gegenüber verhält und sich auch von nicht sehr vertrauten Personen gerne halten lässt, ist es jetzt nicht mehr so zutraulich. Fremde konfrontieren das Baby mit zu vielen unvertrauten Reizen. Es kann auch noch nicht so viel Wahrgenommenes auf einmal bewältigen. Sein gesteigertes Wahrnehmungsvermögen führt auch dazu, dass es von jetzt an heftiger gegen Trennungen protestiert. Kleinste Veränderungen in Beziehungen können es jetzt aus der Fassung bringen, es reagiert empfindlich auf Ungewöhnliches und scheint auf die kontinuierliche Anwesenheit seiner Eltern nach wie vor unausweichlich angewiesen zu sein.

Fremde und unvertraute Reize können das Baby in diesem Alter aus dem Gleichgewicht bringen.

Diese auftauchende Empfindlichkeit und Irritierbarkeit durch das erweiterte Empfindungs- und Wahrnehmungsvermögen balancieren sich immer wieder aus und werden erst um den 8. Monat herum zu einem ausgeprägten Aspekt von Babys Selbstempfinden.

Vom Füttern zum Essen – Ernährungsumstellung

Während des ersten Lebenshalbjahres wird der Säugling – wie der Name schon sagt – nahezu ausschließlich von Milch ernährt, die er durch Saugen zu sich nimmt. Diese Ernährungsform reicht nun nicht mehr aus. Die meisten Babys brauchen ungefähr ab diesem Alter eine Ergänzung zur Milch. Verdauung, Stoffwechsel und Organe sind so weit entwickelt, dass neue und festere Nahrungsmittel aufgenommen und verdaut werden können. Für das eigentliche Schlucken, das ja eine willkürliche Handlung ist, ist es jetzt gerüstet. Seine Mundmotorik ist so weit herangereift, dass es feste Nahrung nicht mehr mit der Zunge nach draußen befördert.

Aber nicht nur rein physiologisch, auch von seiner sonstigen Entwicklung her ist das Baby jetzt experimentierfreudiger und will beim Essen mitmachen, nach dem Essen greifen und sich bewusster etwas einverleiben. Wenn es bisher ausschließlich gestillt wurde, wird ihm das passive Saugen nun rasch langweilig. Es dreht den Kopf von der Brust weg und interessiert sich mehr für die Umgebung. Das Flaschenkind möchte seine Flasche selbst halten.

Für stillende Mütter ist der Abschied aus der Zweisamkeit oft schwer.

Für stillende Mütter ist der Abschied aus der Zweisamkeit und Bezogenheit oft schwer, denn nun wird das Band intensiver körperlicher Abhängigkeit unwiderruflich zerrissen. Gefühle neugewonnener Unabhängigkeit und trauriger Niedergeschlagenheit können einander abwechseln – und auch das Baby ist hin- und hergerissen zwischen seinem Hunger und dem gesteigerten Interesse an der Umgebung. Eine langsame Umstellung bzw. Erweiterung der Ernährung bietet sowohl der Mutter als auch dem Baby die Gelegenheit, sich ganz allmählich neu anzupassen.

Brei und Löffel

Die ersten Breimahlzeiten dienen dazu, das Baby mit dem Löffel, dem neuen Geschmack, der veränderten Konsistenz und den neuen Empfindungen im Mund vertraut zu machen. Es ist eine große Umstellung, feste Nahrung mit dem Löffel in den Mund zu bekommen. Dass es dazu bereit ist, zeigt das Baby mit seinem Verhalten: es sitzt da und sperrt erwartungsvoll den Mund auf. Ist die erste Portion im Mund gelandet, stoßen, sabbern und prusten die meisten Babys erst einmal einen großen Teil aus. Das tun sie aber nicht, weil es nicht schmeckt oder weil sie nicht mitmachen wollen. Das Baby hat vielmehr Mühe damit, dass es nicht mehr wie gewohnt saugen, sondern schlucken soll. Zu diesem neuen Entwicklungsschritt braucht es etwas Zeit; es ist deshalb gut, sich darauf schon einmal einzustellen, dass das Breiabenteuer kleckerig und zeitaufwendig wird. Da das Baby sich mit der festen Nahrung schwer tut, sollte man weniger darauf achten, wie viel es davon isst, sondern sich klarmachen, dass es das Schlucken zunächst einmal üben muss. Die Aufgabe der Mutter besteht darin, ihm das Schritt für Schritt beizubringen.

Die erste Breifütterung findet wahrscheinlich auf dem Schoß statt. Aber wie auch immer, das Baby „sitzt" so aufrecht wie möglich und gut abgestützt. Es wird nach der Hand, die es füttert, greifen, denn es will mithelfen und mit ihr zusammen den Löffel zum Mund bringen. Es schiebt sein Fäustchen in den Mund, um zu fühlen, was da gelandet ist. Oder es will die Finger zu Hilfe nehmen, um das Essen hinunterzusaugen.

Um den vierten Lebensmonat herum kann man beginnen, das Kind mit dem Löffel zu füttern.

Das Baby will mit den Fingern bei der Fütterung mithelfen. Man sollte es gewähren lassen.

Das Baby lernt jetzt greifen und greift natürlich auch nach dem Essen. Die Hände gehören einfach in diesem Alter zu jeder Aktivität und zu jeder neuen Erfahrung dazu, sodass man ihre Bewegungsfreiheit auf keinen Fall einschränken sollte. Sie unter einem großen Tuch oder Lätzchen verschwinden zu lassen oder festzuhalten ist eine völlig unangebrachte Erziehungsmethode. Es stellt eigentlich kein größeres Problem dar, das Füttern unter Bedingungen stattfinden zu lassen, bei denen Kleckern, Sabbern, Spritzen einfach erst einmal dazugehören. Jetzt jedenfalls darf der Übungs- und Forscherdrang des Kindes auch beim Essen nicht unterbunden werden – auch wenn hinterher alles klebt.

Ess-Stress?

Jedes neue Nahrungsmittel sollte langsam und im Abstand von einigen Tagen eingeführt werden; so hat man die Möglichkeit zu überprüfen, ob es auch vertragen wird. Dass Füttern und Trinken nun komplizierter werden, verunsichert viele Eltern, zumal sie jetzt nicht mehr genau kontrollieren können, wie viel letztlich im Babybauch gelandet ist. Brav trinkende und essende Kinder bestätigen Eltern in ihrem Bedürfnis, gut für das Kind zu sorgen. Ein Kind, das schlecht trinkt, dauernd umherschaut und mit dem Essen herummanscht, löst aggressive Gefühle und Befürchtungen aus: Machen wir etwas falsch? Bekommt das Kind genug, um gesund zu bleiben?

Wenn der Mutter klar ist, warum die Aufmerksamkeit dauernd abschweift und warum es nicht trinken und essen will, sondern viele neue Erfahrungen damit verbindet, muss sie nicht denken, es komme zu kurz oder sie würde ihre Sache nicht gut machen. Gestört wird das Baby höchstens, wenn es sich während der Mahlzeiten nicht wohl fühlt und zu viel Spannung aufkommt. Spielen und Kommunizieren sind genauso wichtig wie die Nahrungsaufnahme.

Experiment Essen

Wenn das Baby erst einmal im Hochstuhl sitzen kann und einen eigenen kleinen Tisch vor sich hat, verändert sich auch die Fütterungssituation, der Ablauf von Essen und Kommunizieren. Das Bemühen um Selbstständigkeit wird noch vielfältiger, es will für seine Bedürfnisse selber sorgen und wirklich alles untersuchen, dessen es habhaft werden kann. Sein Tischchen wird zum Experimentierfeld. Die neuen motorischen Fähigkeiten, das Sitzen, die ersten Fortbewegungsversuche in seine Umgebung und das differenziertere Greifen sind Meilensteine seiner Entwicklung und wirken sich auf sämtliche Aspekte seines Lebens aus. Deshalb geht es jetzt auch beim Essen ganz anders zu. Es ist wichtig, nun seine Fähigkeiten einzubeziehen, damit es das Gefühl größerer Eigenständigkeit aufrechterhalten kann. Es ist ja ganz begeistert davon, mitzumachen und mit all dem, womit Mama hantiert, auch zu hantieren - Löffel, Becher, Flasche, Essen.

Beim Essen wird vom Kind alles untersucht, was es zu fassen bekommt.

Alles, was ihm das Gefühl größerer Eigenständigkeit gibt, hilft, Situationen zu entspannen und Schwierigkeiten aus dem Weg zu gehen. Auch wenn das Kind nach Ansicht der Eltern mit der Tasse, dem Löffel, den Brotstückchen „nur" herumspielt, müssen sie jetzt Verständnis dafür aufbringen, denn der „Wissensdurst" ist jetzt ebenso groß oder sogar größer als der Hunger. Es lohnt sich nicht, mit Druck zu beginnen, daraus können später zähe Kämpfe entstehen. Besser ist es, das Kind geht seiner Neugier nach, lernt, was es lernen will, und kehrt dann mit seiner Aufmerksamkeit und mit Appetit zum Essen zurück.

Wovor man allerdings warnen muss, ist, das Baby zu überlisten oder während des Essens zu sehr mit Spielsachen vom eigentlichen Zusammenhang des Essens abzulenken. Also z.B. völlig fremde Reize (Fernseher!) in der Esssituation zu benutzen, um das Baby zu überraschen oder abzulenken, um ihm in diesen Momenten den Löffel in den Mund zu schieben. Diese „Siege" über den Kooperationswillen des Babys haben dann mehr mit Ohnmacht und Überwältigung zu tun. Sie koppeln unbewusst das Essen und Essverhalten mit Bedingungen, deren Einfluss und Folgen keine günstigen Prognosen haben.

Ohne Zwang genießen

Der Speiseplan eines Babys muss nicht „ausgewogen" sein, einige Löffel Breinahrung als Ergänzung zur Milch reichen jetzt noch aus. Und weil das Baby ja daran interessiert ist, Essensbrocken mit der Hand aufzunehmen oder seine neuen Greifmöglichkeiten wie den Pinzettengriff zu üben, kann man dieses Interesse nützen, indem man das Baby sich selbst füt-

Man muss sich darauf gefasst machen, dass immer nur ein Teil des Essens auch wirklich im Magen des Kindes landet.

tern lässt. Wenn es die Bissen entweder gegessen oder aber untersucht, befingert, zerdrückt oder fallen gelassen hat, kann man den nächsten vorlegen. Man sollte sich immer darauf gefasst machen, dass nur ein Teil davon im Magen landet.

Ganz schade ist es, wenn Mütter von dem Drang getrieben sind, ihre Babys rasch abzufüttern, sodass ihnen entgeht, wie wichtig deren Bedürfnis ist, die Nahrung gründlich zu untersuchen. Wenn das Baby die Essensstücke betrachten, betasten, hin und her drehen und kosten darf, dann können die Mahlzeiten zu den befriedigenden Höhepunkten seines Tages werden.

Esskultur

Ziel ist es, das Baby Schritt für Schritt in die gemeinsamen Familienereignisse miteinzubeziehen. Das Baby genießt es zu dieser Zeit sehr, gemeinsam am Tisch zu sitzen und mit den Eltern oder auch Geschwistern mitzumachen.

Von nun an wird es alles kennen lernen, was am gemeinsamen Tisch passiert und das, was man später einmal Tischmanieren und höfliches Verhalten nennen wird, entsteht hier im Miteinander, nicht so sehr durch gezielte Erziehung oder gar Dressur. Bald versucht es nachzuahmen, wie man etwas in der Hand hält, den Becher zum Mund führt, das Besteck benutzt, sich unterhält usw. – es braucht nicht zum Essen erzogen zu werden. Je größer es wird, desto mehr braucht ein Kind Vorbilder, die es nachahmen kann. Es eignet sich dann die notwendigen Fertigkeiten am Familientisch an, wenn es einbezogen wird und zuschauen kann.

Die Eltern tragen zu den verschiedenen Lernprozessen am meisten bei, wenn sie sich für die Mahlzeiten ausreichend Zeit nehmen und im Übrigen die Esssituation so gestalten, dass das Baby eine gewisse „Wirkungsfreiheit" mit seiner Art des Essens hat.

Gerade beim Essen braucht das Kind ein Gefühl von Eigenständigkeit.

Halten wir neben all dem eines fest: Noch ist das Baby auch ein Säugling, der es genießt, im Arm gehalten zu werden und sein Fläschchen oder die Brust zu bekommen. Neben den vielen neuen Erfahrungen möchte er auch immer wieder an die guten gemeinsamen Erfahrungen anknüpfen.

Er muss noch eine ganze Weile das enge körperliche Band zu seiner Mutter erhalten, um sicher voranschreiten zu können.

Zum Glück haben es Babys dann auch wiederum nicht so eilig, wirklich selbstständig zu werden, sondern zeigen, wie angenehm es sein kann, beim Füttern auch abhängig sein zu dürfen. Die intime Atmosphäre, in der die Mutter der gebende, das Baby der empfangende Partner ist, bleibt eine kostbare Erfahrung, die ausreichend lange und „sättigend" wiederkehren sollte, denn sie ist wie das Grundthema für alles spätere Geben und Nehmen.

Arzttermin: Der Arzt als Begleiter

Das Baby hat wichtige Arzttermine im Laufe des 1. Lebensjahres, auch wenn es nicht krank ist. Es ist von Vorteil für die Entwicklung des Kindes, wenn ein Kinderarzt in der Nähe ist, dem die Eltern vertrauen. Eine entspannte Situation bei den Routineuntersuchungen und genug Raum für Fragen machen diesen wichtigen Termin für Kind und Mutter zu einer gelungenen Erfahrung.

Bei einem Kinderarztbesuch sollte auch ausreichend Zeit für ein Gespräch zwischen Arzt und Eltern sein.

Dringend gesucht: Ein Arzt, der zuhören kann!

Im ersten Lebensjahr gibt es mehrere Untersuchungen, bei denen der Kinderarzt überprüft, ob das Baby gesund ist und sich normal entwickelt. Es ist wichtig, bei diesen Gelegenheiten mit dem Arzt ins Gespräch zu kommen und Fragen zu stellen. Eine Atmosphäre, die einschüchtert, in der man sich nicht ernst genommen fühlt, abgefertigt wird, tut weder dem Kind noch den Eltern gut. Man sollte sich dann nach einem anderen Arzt umsehen.

Es ist durchaus sinnvoll, sich die Erfahrungen anderer Eltern anzuhören, um einen Arzt zu finden, mit dem man zusammenpasst. Gerade in den ersten Monaten und Jahren geht es um mehr als nur darum, Symptome abzuklären und zu behandeln – es geht um die Entwicklung des Kindes und über die muss man mit seinem Kinderarzt sprechen können.

Da die ärztliche Ausbildung auf einem rein medizinischen Denkmodell beruht, bei dem körperliche Krankheiten und Behandlungstechniken im

Das seelische Gleichgewicht des Kindes sollte mit dem Arzt ebenso besprochen werden wie die körperliche Entwicklung.

Vordergrund stehen, kommt genau dieses Anliegen häufig zu kurz. Die Entwicklung des Kindes, sein seelisches Gleichgewicht, die Sorgen der Eltern sind zwar ebenso wichtig wie die körperliche Verfassung des Babys, gehen aber nur allzu oft in der medizinischen Routine und Betriebsamkeit unter. Viele Mütter berichten, dass sie sich in diesen Abläufen eingeschüchtert, gar dumm und unfähig fühlen.

Folgende Gesichtspunkte sollten Sie bei der Arztwahl beachten: Es nützt dem Baby gar nichts, wenn Sie den Arzttermin „durchstehen“. Suchen Sie sich einen Arzt, der viel Erfahrung hat, der sich für seine Weiterbildung interessiert und der zeigt, dass er zu dem Kind und Ihnen ein gutes Verhältnis aufbauen möchte. Das zeigt sich sowohl in dem behutsamen, gleichwohl kompetenten Umgang mit dem Kind als auch im respektvollen Interesse an Ihren Fragen und Anliegen. Ein freundliches vertrauensvolles Verhältnis schließt Offenheit im Umgang mit Informationen ein und die Bereitschaft des Arztes, über seine Eindrücke und Diagnosen zu sprechen. Er wird das Für und Wider von Maßnahmen darstellen und wenn nötig einen guten Rat geben oder wohltuend vermitteln, dass man auf dem richtigen Weg ist. So können Sie die Arztpraxis mit dem Gefühl verlassen: „Mein Baby und ich, wir machen es gut miteinander und haben einen kompetenten Begleiter.“

Die Vorsorgeuntersuchungen

Im Laufe des 1. Lebensjahres gibt es 6 Untersuchungen (U1 bis U6), bei denen der Arzt in der Regel überprüft, ob die Entwicklung des Babys altersgerecht verläuft.

Die sechs (von insgesamt zehn) Untersuchungen im 1. Lebensjahr dienen der Früherkennung von Entwicklungsstörungen und sollten mit großer Sorgfalt durchgeführt werden. Sie helfen den Eltern, ihr Kind noch besser zu verstehen und ihm dort Unterstützung zu geben, wo es sie braucht. Die wichtigsten Untersuchungen während der ersten Lebensjahre sind die Kontrollen der neurologischen Entwicklung. Der Arzt schaut, ob das Zusammenspiel von Gehirn, Nerven, der Sinnesorgane und Muskeln in Ordnung ist. Die Vorsorgetermine im 1. Lebensjahr finden zu festen Zeitpunkten statt: U1 gleich nach der Geburt, U2 wenn das Kind 3 bis 10 Tage alt ist, U3 um die vierte bis sechste Lebenswoche.

Die wichtigsten Untersuchungen sind die Kontrollen der neurologischen Entwicklung.

Die U3, nachdem das Kind in der Regel schon über einen Monat zu Hause versorgt wurde, ist meist der 1. Termin bei dem niedergelassenen Kinderarzt Ihrer Wahl. Er lernt das Baby und Sie kennen. Der Arzt möchte sich ein Bild von der Entwicklung machen und fragt auch nach Beobachtungen und Erfahrungen: Wie geht es mit dem Trinken und Schlafen? Gibt es Auffälligkeiten im Verhalten, beim Schreien? Die Entwicklung des Babys verläuft in der Regel in einer „vorprogrammierten“ Reihenfolge, d.h., zu bestimmten Zeiten sollte es bestimmte Dinge können. Das sind Anhaltspunkte, denn wie schon beschrieben, gibt es große persönliche Variationsbreiten und auch das Überspringen von Stufen ist möglich.

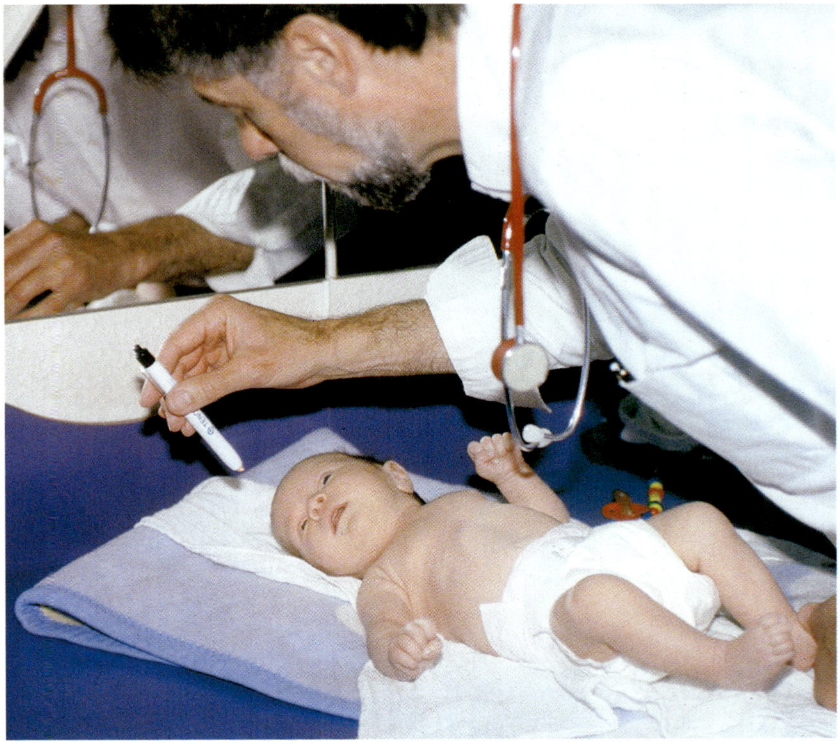

Bei der U3 testet der Arzt unter Anderem die Körperreaktionen des Babys.

Wenn das Kind drei Monate alt ist, gehen Sie zur U4. Jetzt wird schon deutlich, wie gut das Baby gedeiht. Neben seinem Trink- und Schlafverhalten haben sich die Anfänge seines persönlichen Sozialverhaltens und der Sinneswahrnehmungen entwickelt und Auffälligkeiten in der Motorik können schon jetzt zum Ausdruck kommen. Auffällig ist nun, wenn es seine Händchen immer noch ständig zur Faust ballt, wenn es

Es ist wichtig, alle empfohlenen Vorsorgeuntersuchungen wahrzunehmen.

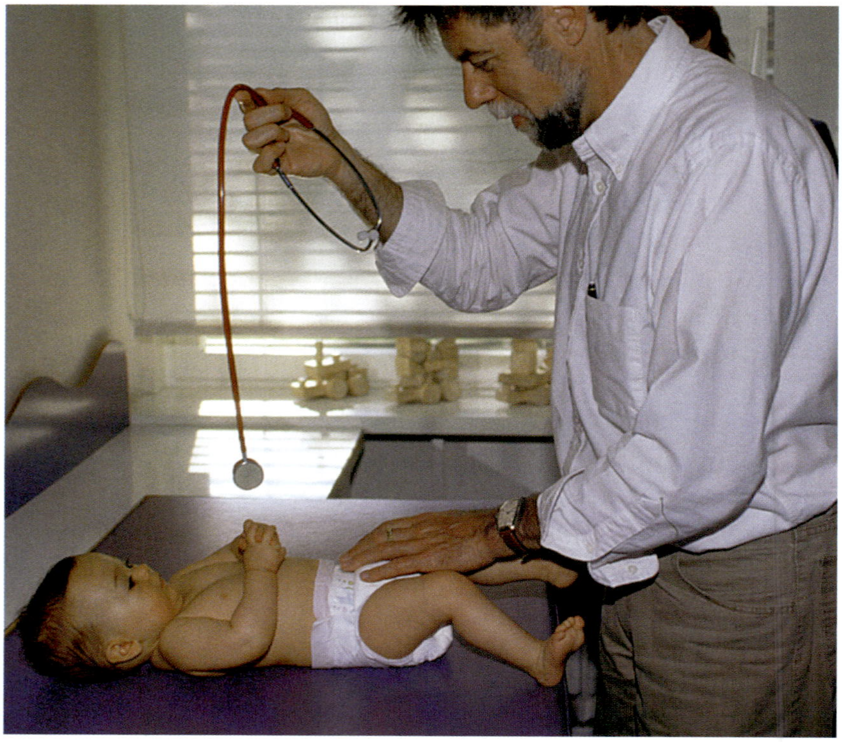

Objekte/Spielzeuge noch nicht mit den Augen fixiert und keinen Blickkontakt aufnimmt oder wenn es am Ende des dritten Monats nicht mit suchenden Kopfbewegungen auf ein Geräusch reagiert.

Zwischen der U4 und der U5 mit sechs Monaten hat sich dann schon enorm viel getan. Im Vordergrund stehen nun bei der ärztlichen Untersuchung die Sinnesorgane: Kann es Dinge mit den Augen fixieren, ist die Hörfähigkeit in Ordnung? Auch seine motorischen und kognitiven Fortschritte kann der Arzt in Erfahrung bringen. Zeigt es Interesse für Gegenstände, ist es im Rahmen seiner Möglichkeiten aktiv? Auffällig zu diesem Zeitpunkt wäre z. B., wenn das Baby noch nicht mit Gegenständen hantiert oder wenn es in den nächsten Wochen keine Anstalten macht. sich zu drehen.

Vorbehalte gegen bestimmte Impfungen sollten mit dem Arzt genau besprochen werden.

Die erste Impfung findet normalerweise nach der U3 statt. Eventuelle Einwände oder Befürchtungen prinzipieller Art sollte man schon jetzt mit dem Arzt abklären. Vorbehalte gegen bestimmte Impfungen wie z. B.

Keuchhusten müssen mit dem Arzt sehr genau besprochen werden. Man sollte keinesfalls völlig gegen die eigene Auffassung handeln, aber vage Bedenken durch gründliche Informationen ersetzen und dann eine Entscheidung treffen. Gegen die meisten empfohlenen Impfungen gibt es heute keine rationalen Argumente. Ein Impfkalender, den der Arzt erstellt, gewährleistet, dass durch den richtigen Zeitpunkt der Impfung ein optimaler Schutz gegen bestimmte Infektionskrankheiten gegeben ist. Mit kranken Kindern sollte auch ein geimpftes Baby möglichst nicht zusammenkommen. Die nächste Vorsorgeuntersuchung steht dann noch vor dem 1. Geburtstag an. All diese Untersuchungen sind sehr wichtig. So lässt sich rechtzeitig feststellen, ob es eventuell gravierende Verzögerungen oder gar Störungen in der Entwicklung gibt. Mit dem Arzt kann man dann beraten, ob z. B. eine weiterführende Untersuchung oder eine spezielle Maßnahme angebracht ist.

Verunsichert?

Der Arzt kann aber auch Sorgen und irrtümliche Auffassungen korrigieren, wenn man sich zu sehr von Meinungen, Ansichten, Theorien verunsichern lässt. Eltern sind mit einer Flut von so genannten Ratgebern konfrontiert, die vorgeben, genaue „Anleitungen“ für dieses und jenes Problem zu haben. Rezepte, die „garantiert“ zum Erfolg führen (z. B. bei Schlafproblemen), sind mit Vorsicht zu genießen. In den meisten Fällen verraten sie uns nichts weiter über mögliche Hintergründe und Ursachen von Problemen, sondern wollen uns weismachen, mit bestimmten (Trainings-)Methoden könne man Schwierigkeiten in den Griff bekommen. Solche Methoden schaffen meist nur wenig dauerhafte Scheinlösungen.

Wer das untrügliche Gefühl hat, dass etwas in der Entwicklung des Babys oder in der Beziehung zu ihm nicht gut „läuft“, sollte mit dem Kinderarzt darüber sprechen und sich mit seiner Unterstützung nach ausgebildeten Fachkräften umsehen.

Gut gemeinte Tipps von anderen Eltern führen oft zu Verunsicherungen.

Eine andere Quelle der Verunsicherung sind häufig Freunde und Bekannte. Zwar ist jede Mutter für ihr eigenes Baby am kompetentesten, aber nicht unbedingt für das Baby der Freundin. Mehr oder weniger gut gemeinte Tips und Fragen wie „Was, es schläft noch nicht durch?“, „Also, meiner krabbelte da schon.“, „Du musst viel mehr zufüttern.“, „Ich habe gehört, Herumtragen beim Einschlafen ist ganz schädlich." etc. führen zu Irritationen. Leider wird auf dieser Ebene oft sehr konkurriert. Man sollte sich nicht weiter von solchen „Bemerkungen" verunsichern lassen.

Halten Sie sich bei Unsicherheiten an Ihren Arzt, kompetente Fachkräfte, fundierte Ratgeber und vor allem: Halten Sie zu Ihrem Kind! Je mehr Sie zu ihm halten, desto günstiger ist das für seine Entwicklung. Mütter neigen untereinander manchmal dazu, zu wetteifern und in der anderen das Gefühl zu erwecken, sie sei irgendwie unzulänglich und ihr Baby nicht so fit, ein bisschen zurückgeblieben vielleicht? Lassen Sie keine so gesäten Zweifel aufkommen. Die Geschwindigkeit, mit der das Baby eine neue Entwicklungsstufe erreicht, ist nicht mit der Qualität mütterlicher Fürsorge gleichzusetzen. Zum Beispiel ist die Fähigkeit eines Babys, an wichtigen Dingen und Erfahrungen festzuhalten, sogar sich daran zu klammern, durchaus eine große Stärke.

Der Besuch einer PEKiP-Gruppe ist für Kinder wie auch für die Eltern sinnvoll.

Werden Sie aktiv!

Wer gerne mehr für sich und das Baby tun möchte, das Bedürfnis nach regelmäßigem Kontakt und Austausch hat, kann sich einer so genannten PEKiP-Gruppe anschließen.

Diese außerordentlich empfehlenswerten Gruppen bieten regelmäßige Meetings für Eltern mit ihren Säuglingen im ersten Lebensjahr an. In den Gruppen gibt es für Eltern und Kinder Spielanregungen und gemeinsame Gespräche unter Anleitung einer ausgebildeten Fachkraft. Die inhaltliche Konzeption ist aus dem Prager-Eltern-Kind-Programm entstanden. Aufgrund dieses pädagogischen Konzepts kann man die Entwicklung des Babys begleiten und positiv beeinflussen, ob man nun zu Hause diese Ideen aufgreift oder in einer PEKiP-Gruppe mit anderen Babys und Eltern zusammen. Die Gruppen bieten darüber hinaus noch Kontakt- und Austauschmöglichkeiten mit anderen Eltern. Die Gruppe mit ihrer Leiterin begleiten dann Eltern und Baby durch das erste Lebensjahr (s. a. Anhang).

NEUE PERSPEKTIVEN: 8.–12. MONAT

Zwischen dem siebten und neunten Monat gelangt das Baby auf ein Entwicklungsplateau, bevor es zu den großen Entwicklungsschüben um das erste Jahr herum ansetzt. Es ist eine der Phasen, die der erfahrene Kinderarzt T. B. Brazelton „Auftakte" nennt. Je nach Temperament und persönlichem Entwicklungsplan sammelt das Baby seine Erfahrungen, experimentiert mit seinen neuen Fähigkeiten und greift ebenso noch reichlich auf die Möglichkeit, „ganz kleines Baby" zu sein, zurück. Es ist beides: ein Kind, das sich schon auf seine Umwelt zubewegen, sie begreifen möchte, aber noch ganz im Rahmen der schützenden, umsorgenden Kontinuität mütterlicher Nähe.

Der Aufbau der Beziehungsfähigkeit

Neue Erfahrungen und Fähigkeiten machen das Baby auch abhängigkeitsbedürftig, so sammelt es auch wieder Energie für neue Entwicklungsschübe. Man kann sich lebhaft vorstellen, wie es zwischen dem Wunsch nach Gehalten- und Umsorgtwerden und dem Bedürfnis nach Selbstständigkeit und Vorankommen hin- und hergerissen ist.

Ambivalenz

Hier im Übergang vom Säugling zum Kind, das bald auf seinen eigenen zwei Beinen steht, zeigt sich am deutlichsten ein existenzielles Thema: die tiefe Ambivalenz von Selbstständigkeitsstreben und Abhängigkeitswünschen, die in uns allen steckt.

Im Spannungsverhältnis zwischen Abhängigkeit und Selbstständigkeit kann es zu kleinen Kämpfen kommen.

Das Spannungsverhältnis zwischen beiden begleitet uns ein Leben lang mit heftigen Ausschlägen nach der einen oder anderen Seite. Und je nach unserer eigenen Persönlichkeit werden wir auch bei unserem Kind das eine oder das andere mehr betonen und fördern wollen. Wenn wir dabei zu sehr die individuellen Bedürfnisse des Babys aus den Augen verlieren, kann es zu Unstimmigkeiten und heftigen kleinen Kämpfen kommen. Denn das Baby steht nun im wahrsten Sinne des Wortes davor, Schritte in die Welt hinein zu machen und dort wird es mit neuen Regeln und Erwartungen konfrontiert, die von außen kommen und nicht mehr nur im Schutzraum der Mutter-Vater-Kind-Beziehung entstehen.

Die Meilensteine in der Entwicklung zur Selbstständigkeit sind Gehen und Sprechen.

Die Meilensteine zu dieser Entwicklung, die das Kind aus dem Säuglingsalter in die Welt entlassen, sind Gehen und Sprechen – darauf bereitet es sich in den nächsten Monaten mit aller Kraft vor. Dazu gehören auch die vermeintlichen Rückschritte, wenn es wieder nachts häufiger aufwacht, beim Essen streikt oder vermehrt klammert und fremdelt.

Das Kind hat bei aller Ambivalenz einen tiefen inneren Drang, selbstständig zu werden. Darauf können sich die Eltern verlassen und deshalb können sie auf Schwierigkeiten gelassen reagieren. Sie sollten sich wie bisher am aktuellen Entwicklungsstand und an den Bedürfnissen des Babys orientieren und ihm Raum für Experimente geben, d. h. mit den notwendigen Orientierungshilfen, nicht einfach sich selbst überlassen.

Im Übrigen beruht die wichtigste Form des Lernens jetzt auf der Nachahmung. Dazu braucht das Baby vielleicht noch mehr als bisher Anregungen und innigen Kontakt mit „seinen Leuten", also seiner Familie, aber auch anderen Bezugspersonen, die das Baby in ihren gegenseitigen Umgang und ihre Tätigkeiten so weit wie möglich einbeziehen.

Neue Perspektiven

Professor Stern erklärt uns faszinierende Entwicklungen aus dem Seelenlebens des Kindes, die eng mit der kognitiven Entwicklung verbunden sind. Er sagt, zwischen dem 7. und 9. Monat gelangt das Baby allmählich zu der folgenreichen Erkenntnis, dass nämlich seine eigene Erfahrung, das, was es denkt und fühlt, eine Sache ist, die es mit anderen teilt.

Wir haben gelernt, dass das Baby von Anfang an das Empfinden eines „Selbst" hat, das sich rasch zu dem so genannten „Kern-Selbst" entwickelt, der stabilen Wahrnehmung von sich als abgegrenzter, handlungsfähiger, körperlicher Einheit. Jetzt im 8., 9. Monat entwickelt das Kind eine neue Perspektive. Es beginnt nun auch Gefühle, Motive, Absichten hinter dem, was vordergründig geschieht, zu erkennen. Das ist neu. Es sieht nicht nur, was der Körper des anderen tut, es „sieht" auch seinen inneren Zustand, z. B. seine Absichten und Gefühle, die das sichtbare Verhalten steuern. Und es behält sie in Erinnerung. Das Baby erlebt nun seine Mutter, seine Bezugspersonen als ein Gegenüber mit Gefühlen und Gedanken, die mit seinen eigenen kommunizieren.

Das Baby erfasst jetzt auch, was in einem Menschen vorgeht.

Das erweitert seine Möglichkeiten, mit anderen zusammen zu (er-)leben, erheblich. Die „innerlichen" Beziehungen zwischen Menschen können nun abgelesen werden, sie können ineinander greifen, sich aufeinander einstimmen (oder: falsch „gelesen" werden, aneinander vorbeilaufen und nicht in Einklang sein). Zu dem neuen Empfinden gehört auch die Fähigkeit, einen gemeinsamen Fokus der Aufmerksamkeit zu entwickeln. Das Mitteilen des eigenen Erlebens wird möglich und die Themen des zwischenmenschlichen Austausches ändern sich.

Ohne auch nur ein Wort zu sagen, kann das Baby etwas mitteilen, z. B.: „Mama, du sollst herschauen, damit du siehst, wie aufregend dieses Spielzeug ist. Ich möchte, dass du die Freude mit mir teilst." Das Baby, das seine Mutter dazu bewegt, organisiert die soziale Welt unter seiner veränderten subjektiven Perspektive. Es möchte z. B. ausdrücken: „Diesen Keks will ich haben", oder es möchte ein Gefühl teilen: „Das ist ein spannendes Ding, ich möchte es gleich untersuchen." Wenn das Baby wahrnehmen kann, dass es solche inneren Zustände seiner Mutter mitteilen und mit ihr teilen kann, finden beide zu einem gemeinsamen Erleben. Das Grundmuster dafür, dass zwei Menschen von einer gemeinsamen Erfahrung berührbar sind, obwohl sie zwei verschiedene Innenleben haben, wird hier sichtbar.

Die Basis jeder Beziehung

Diese deutliche persönliche Ausprägung verleiht dem 8 Monate alten Baby eine größere „Präsenz", es kommt den Eltern jetzt so vor, als sei es nun noch mehr eine richtige kleine Persönlichkeit voller eigener Gedanken, Absichten und eigenwilliger Handlungen. Sie beginnen jetzt auch die kleine Person anders zu behandeln, sie fangen an, an sein Mitgefühl oder Mitdenken zu appellieren. Das behutsame Grenzensetzen beginnt eine Rolle zu spielen. Denn nun kann das Baby langsam begreifen, was ein „Nein" bedeutet. Das heißt, es schwimmt nicht mehr einfach im Strom der Einfühlung seiner Mutter, sondern es nimmt sie zunehmend als ein Gegenüber wahr und ihre wechselseitige Einfühlung wächst zu einer Brücke zwischen beiden.

Mitdenken und Mitfühlen können jetzt beginnen.

Das Baby möchte jetzt auch mehr selbst organisieren, was an gemeinsamen Erfahrungen möglich ist, und möchte, dass die Mutter seine Gefühle teilt. Es ergreift z. B. ein Spielzeug mit einem verzückten „Aaah!“ und seine Mama zeigt durch ihren Gesichtsausdruck die gleiche Erregung und Freude. „Wie toll“! Oder ein Spielzeug liegt außerhalb der Reichweite des Kindes. Es streckt und reckt sich, spannt den Körper an und versucht heranzukommen. Im Augenblick der letzten Anspannung schwingt die Mutter „uhh ... uhh!“ im Rhythmus der Anstrengung des Kindes mit.

Die Empathie der Mutter wird jetzt zum Gegenstand der kindlichen Erfahrung. Die Mutter beschränkt sich nicht mehr auf eine Nachahmung, sondern ihr Verhalten korrespondiert mit dem Gefühlszustand des Kindes, das dieses Mitschwingen aufnimmt, es lässt sich „anstecken“. Solche wichtigen Prozesse sind das basale Urgestein der späteren Beziehungen: das Verlangen eines wechselseitigen Sichanvertrauens, den anderen zu erkennen und erkannt zu werden.

Die Entwicklungsphase, in der sich diese Fähigkeit zu Nähe und Intimität zum anderen entfaltet, ist die, in der die körperliche Intimität mit der Mutter zu Ende geht. Verschiedene Psychologen beschreiben diese Phase deshalb auch als eine Zeit des vollständigen Auftauchens oder „Ausschlüpfens“. Genau dieses Ausschlüpfen ermöglicht eine neue Qua-

Die körperliche Intimität mit der Mutter geht allmählich zu Ende, dafür entwickelt sich die Fähigkeit zu Nähe und Intimität zu anderen Menschen und Dingen.

lität der Beziehung zwischen Mutter und Baby. Beide stellen jetzt immer mehr eine Gemeinsamkeit, eine Verbindung ihres inneren Erlebens her, die auf den Erfahrungen ihrer intensiven Verbundenheit davor aufbaut.

(Mit-)geteilte Perspektive

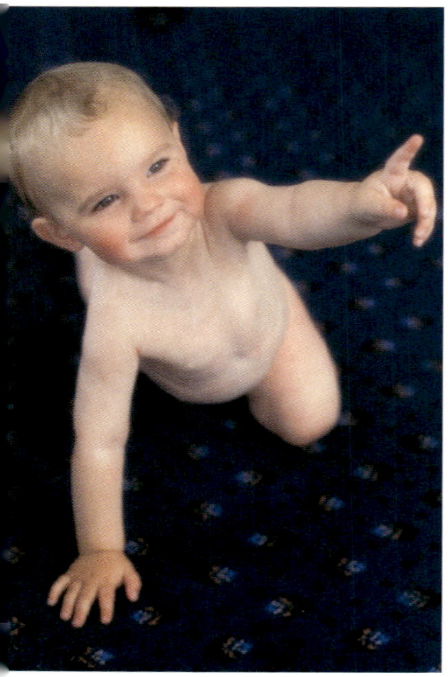

Das Baby will jetzt schon ganz gezielt etwas und macht das auch deutlich.

Noch befindet sich das Baby im präverbalen Entwicklungsstadium, aber es kann sich gut ohne Worte der Mutter und seiner Umgebung mitteilen. Ein deutliches Zeichen, dass es nicht mehr nur um seine innere Welt kreist, sondern seine Koordinaten durch die Welt zu legen beginnt, ist, dass das Baby seine Aufmerksamkeit mit einem anderen teilen kann. Es kann z. B. mit dem Blick einem ausgestreckten Finger folgen und den Gegenstand, auf den die Hand verweist, mit seiner Aufmerksamkeit anpeilen. Und weiter: Die Mutter zeigt auf etwas und das Baby lässt dabei den Blick zwischen dem Zielpunkt und dem Gesicht der Mutter hin- und herwandern, um festzustellen, ob sie seine Aufmerksamkeit teilt.

Die Möglichkeit, selbst auf etwas zu zeigen, ist verbunden mit der Fähigkeit, zu greifen und sich krabbelnd fortzubewegen. Damit sammelt das Baby schon Erfahrungen mit den unterschiedlichen Blickwinkeln auf die Dinge. Die Mutter zu etwas zu bewegen ist jetzt immer häufiger sein Ziel. Sie hält beispielsweise einen begehrten Keks in der Hand, das Baby will ihn haben. Es streckt die geöffnete Handfläche der Mutter entgegen, macht Greifbewegungen, blickt zwischen ihrem Gesicht und der Hand mit dem Keks hin und her, sagt in ziemlich gebieterischem Ton „Äh! Äh!" – und bekommt den Keks gereicht. Es hat sich in dieser kleinen Szene vom Säugling, dem gegeben wird und der nimmt, in eine Person verwandelt, die gezielt von ihrer Mutter etwas will und dabei voraussetzt, dass sie Verständnis für seine Absichten hat und bereit ist, dies zu ihrer Angelegenheit zu machen, also sich ihm zuwendet und ihren Wunsch erfüllt.

Es geht dabei nicht nur um den Keks, der schön süß schmeckt und deshalb einverleibt wird. „Einverleibt" wird die Erfahrung, „ich kann mich so äußern, dass Mama weiß, worum es mir geht. Ich kann sie dazu bewegen, etwas für mich und mit mir gemeinsam zu tun. Sie versteht mich."

Wenn die Mutter darüber froh ist, teilt sich das ihrem Baby mit, denn es kann nun sehr gut ihre Gefühle in ihrem Gesicht ablesen. Wenn es in einer Situation unsicher wird, schaut es zur Mutter hin, um abzulesen, was sie von der Sache hält. Es versucht sich mit ihr abzustimmen und stellt eine Entsprechung zwischen dem eigenen inneren Gefühlszustand und dem, den es an der Mutter beobachtet, her.

Emotionales Echo

Das wirft auch ein Licht auf seine Abhängigkeit und Empfindlichkeit. Je sensibler das Baby um eine Abstimmung der Gefühle bemüht ist, desto irritierter ist es, wenn es nicht klappt, wenn die Mutter (innerlich) nicht erreichbar ist.

Begriffe wie „Spiegeln“ oder „Echogeben“ beschreiben in etwa diesen Vorgang, wie eine Person den inneren Zustand einer anderen „widerspiegeln“ oder ihm als „Echo“ dienen kann. Es geht dabei weniger um Wissen als vielmehr um das Erleben einer emotionalen Resonanz.

Die Anteil nehmende Resonanz der Mutter ist lebensnotwendig.

Weil diese Prozesse des ersten sozialen Lernens so grundlegend sind, ist es wichtig, ihre Bedeutung zu kennen. Das Baby braucht die Erfahrung einer Mutter, die mit ihm zusammen erleben will und Anteil nimmt. Dieser Wunsch nach Gemeinsamkeit und Gleichklang ist noch etwas anderes als das Bestreben, zu reagieren. Das Baby aufzumuntern oder zu beruhigen, verstärkend zu wirken oder ein gewohntes Spiel zu spielen, Interaktionen zu strukturieren – diesen Part übernehmen oft auch die Väter oder andere Bezugspersonen. In der Abstimmung auf ein gemeinsames Erleben, das so eine zentrale Bedeutung in der Beziehung von Mutter und Kind hat, geht es um etwas anderes. Gemeinsamkeit bedeutet, das Erleben des anderen zu teilen, ohne das, was er tut, verändern zu wollen.

Die unterschiedlichen Färbungen des Verhaltens von Vater und Mutter können Anlass zu Reibereien zwischen beiden sein, etwa mit dem Vorwurf, der andere gehe nicht richtig auf das Kind ein. Es ist unbedingt wichtig, dass beide Elternteile gegenseitiges Verständnis dafür aufbringen, dass sie unterschiedlich mit ihrem Kind umgehen und dabei ihrer eigenen Intuition, ihrem Temperament und ihrer Rolle folgen. Die wachsende Fähigkeit, gemeinsam Gefühle zu erleben und sich wechselseitig aufeinander zu beziehen, macht den Umgang mit dem Baby nicht nur komplexer, sondern auch vergnüglicher.

Lautmalerei

Mit seinen acht Monaten beginnt das Kind die Bedeutung bestimmter Wörter zu begreifen, sie bekommen nun neben der gefühls- und beziehungsmäßigen Bedeutung auch eine konkrete. Es beginnt z. B. einer Person eine Silbe oder ein Wort zuzuordnen, hört es das Wort „Papa", schaut es zum Vater. Seine eigenen Sprechkünste sind jetzt sehr „in Arbeit". Es experimentiert mit Konsonanten und Vokalen und bildet Lautfolgen und Lautketten, die es vor sich hin plappert, plaudert oder in verschiedenen Tonfolgen trällert (da-da-da-, go-go-go, meh-meh, ba-ba-ba usw.). Manchmal trifft es mit seinen Lauten auch schon die richtige Person und aus solchen Lautfolgen wird dann der „Ba-Ba": Papa!

Es ist begeistert davon, seine Lautschöpfungen mit Gesten zu verbinden, es imitiert Klatschen und „Ada-ada"-Winken. Der Austausch von Lauten dient jetzt auch dazu, Kontakt aufrechtzuerhalten, wenn Vater und Mutter aus dem Zimmer sind. Das Schreien ist längst nicht mehr das einzige Mittel, um die Eltern herbeizurufen, es wird nun mit Gesten und Silben kombiniert.

Imitieren ist sein Metier und es liebt das Zusammensein am Familientisch, wo es zuhören und zuschauen kann, wie alle miteinander sprechen. Es hat bald Freude daran, einfache Fragen oder Aufforderungen zu verstehen: „Wo ist der Ball? Gib ihn mir – danke!"

Spielend lernen – Sicherheit und Vertrauen durch das Spiel

Im Spiel werden die neu erworbenen geistigen Fähigkeiten erprobt.

Das Baby wird sich seiner selbst und seines Körpers immer mehr bewusst. Seine damit zusammenhängenden geistigen Fertigkeiten erprobt es vor allem auch im Spiel. Das Interesse an Gegenständen wächst. Alle Spielsachen werden intensiv mit den Augen erkundet, mit den Händen nach allen Seiten gedreht, betastet, mit dem Zeigefinger befühlt.

„Fort? – Da!": Die „Objektpermanenz"

Beim Kind entwickelt sich jetzt eine neue, erstaunlich gute Erinnerung an die Gestalt von Gegenständen. Seine neue Merkfähigkeit erprobt es auf verschiedene Weise im Spiel allein oder mit anderen. Es versteckt ein Spielzeug, deckt es wieder auf und begrüßt es freudig. Es lässt Spielzeuge fallen und beobachtet, wohin sie rollen und ob sie noch da sind.

Neben dem Erinnern an den Gegenstand geht es hier um eine Variante des Erinnerns, die Jean Piaget Objektpermanenz genannt hat. Das Wissen, dass ein Gegenstand noch vorhanden ist, auch wenn er gerade nicht gesehen wird. Das ist für das Baby ein neuer Lernschritt. Bisher war ein Gegenstand, wenn er aus dem Blickfeld verschwand, auch nicht mehr vorhanden. Jetzt bewahrt es eine Vorstellung von dem Gegenstand, der verschwunden ist. Es weiß, der Ball ist weggerollt, aber es gibt ihn noch.

Deshalb liebt es jetzt auch Versteckspiele so sehr. Es kann sich die äußere Form des versteckten Gegenstandes so lange merken, bis es ihn gefunden hat. Da das Baby sich jetzt fortbewegen kann, arbeitet es sich an die Gegenstände außer Reichweite heran oder es schleppt Spielzeuge an einen bestimmten Platz. „Fort-Da"- und „Guck-Guck"-Spiele sind nicht nur spaßig, sondern wichtig für seine Entwicklung.

Dass Sachen weiterexistieren, auch wenn man sie versteckt und nicht mehr sieht, ist deshalb so spannend, weil das auch für Personen gilt. Wenn Papa beim „Guck-Guck"-Spiel hinter dem Rücken von Mama verschwindet, sich mit „guck-guck" meldet, ist er also noch vorhanden, auch wenn man ihn nicht sieht. Die Erwartung, ihn wieder zu finden, „da!", ist beglückend und aufregend, denn sie bedeutet in der (noch nicht bewussten) Konsequenz: Auch wenn meine geliebten Erwachsenen nicht im Blickfeld sind, gehen sie nicht verloren. Die Vorstellung, mit der sich das Baby auseinander setzt, ist die „Personpermanenz".

Wenn die Eltern mit dem Baby „Fort-Da"- Spiele machen, baut es Erwartungen auf und wartet ab, ob sie sich erfüllen – das macht die Spannung aus, wenn Papas Gesicht hinter dem Kissen verschwindet und nach einer Weile – ist er immer noch da?! – wieder erscheint. Es hat großen Spaß daran, wenn seine Erwartungen auch einmal durchkreuzt werden und der Papa an einer ganz anderen Stelle wieder zum Vorschein kommt.

Vertraute Gegenstände können jetzt vom Baby weggegeben werden. Es weiß, dass sie später wieder da sind.

Der Unterhaltungswert und die Ausdauer bei diesen Spielen sind auch deshalb so groß, weil sich das Baby hier mit weit reichenden Erkenntnissen vertraut macht. Indem es das Verschwinden und Wiederkommen beobachtet, erwirbt es sich Sicherheit im Umgang mit solchen Situationen. Es merkt, dass es auf das Verschwinden und Wiederkommen Einfluss nehmen kann. Zuerst wird das an vertrauten Gegenständen klar. Es kann sie beruhigt hergeben, denn es geht davon aus, dass sie später wieder da sind. „Fort-Da"-Spiele mit den Eltern sind natürlich aufregender, denn hier sorgt das Miterleben ihrer Gefühle für Spannung.

Spielend Ängste bewältigen

In dieser Phase des raschen Lernens reagieren Babys auf vieles empfindlich. Besonders aber darauf, von Mutter oder Vater allein gelassen zu werden. Trennungen werden jetzt besonders schwer. Das Baby reagiert misstrauisch oder sogar entsetzt auf fremde, aber auch bekannte Gesichter. Es in dieser Phase anderen Menschen oder Babysittern zu überlassen ist eine Entscheidung, die mit Sorgfalt überlegt sein muss. Babysitter sollten immer Personen sein, die das Kind kennt und mit denen es schon gute Erfahrungen machen konnte, als die Elteren da waren.

Babysitter sollten immer Personen sein, die das Kind schon kennt.

Am besten richtet man es so ein, dass das Baby nun für einige Zeit keine Abschiede und größeren Veränderungen verkraften muss, wenn sie nicht dringend nötig sind.

Auf jeden Fall helfen Spiele, die Angst des Kindes vor Trennungen und Verlassenwerden zu verarbeiten. Das Kind ist jetzt meist gar nicht mehr zutraulich anderen gegenüber. Es fremdelt. Selbstverständlich muss es neue Menschen kennen lernen und studieren können, aber man sollte vermeiden, dass Tante, Opa oder Nachbarin auf das Baby zustürzen und gleich auf den Arm nehmen wollen. Es braucht jetzt Zeit, selbst „abzuchecken", will aber nicht so gern von anderen direkt („eindringend") angeblickt werden.

Auch eine Ängstlichkeit gegenüber fremden Orten kann nun auftreten. Das Anklammern an die Eltern wird stärker und sie müssen sich klarmachen, dass dieser vermeintliche Rückschritt ein Auftakt zu neuen Entwicklungsschüben ist. Auch wenn die Oma gekränkt ist, dass ihr Enkel nicht mehr auf ihren Schoß will, muss das Baby unterstützt werden und nicht die Oma.

Das stärkere Abhängigkeitsbedürfnis ist mit dem Bewusstsein gekoppelt, dass die Mutter zwar immer wieder kommt, aber eben auch geht und das Baby manchmal zurücklässt. Außerdem kann es ja auch selbst wegkrabbeln – eine beflügelnde und eine beunruhigende Erkenntnis.

Seine Spiele helfen ihm, schon jetzt Ängste, Wünsche und Ziele darzustellen. Es kann sich das, was in ihm vorgeht, „von der Seele spielen". Insofern benützt es das Spiel auch als Mittel, um seine Ängste an die Oberfläche des Bewusstseins zu bringen und so besser mit ihnen fertig zu werden. Es spielt zum Beispiel Trennung von der Mutter und krabbelt von ihr weg.

Das Spiel hilft, Trennungsängste zu verarbeiten.

Bevor das Baby um die Ecke biegt, vergewissert es sich, ob die Mutter noch da ist. Wenn es außer Sichtweite gekrabbelt ist, hält es den Kontakt durch Rufen aufrecht. Reißt der Kontakt ab, krabbelt das Baby eiligst zurück. Nun will es hochgehoben und gestreichelt werden. Es braucht die Versicherung, dass die Mama das Gefühl der Kluft, die für das Baby durch sein Wegkrabbeln entstanden ist, wieder überbrückt. Sie muss es mit ganz viel Nähe versorgen, damit es sich „aufgetankt" wieder auf den Weg machen kann und erneut übt, wie sich Trennung anfühlt.

Tröstende Begleiter

Wenn aus dem Spiel ernst wird, ist es zwar schon auf die Belastung der Trennung vorbereitet, aber es wird ihm trotzdem viel ausmachen. Seine Verarbeitungsmöglichkeiten sind, solange es noch nicht auf seinen eigenen Beinen steht und laufen kann, noch schwach ausgebildet und unnötige längere Trennungen von der Mutter oder der vertrauten Umgebung nicht angebracht. „Tröster" sind jetzt eine ganz wichtige Sache. Das sind nicht einfach Spielsachen, die das Kind besonders mag – sie haben eine viel zentralere Bedeutung.

Zunächst einmal ist die Fähigkeit, ein Spielzeug, ein Kuscheltier, eine Stoffpuppe u. Ä. liebzuhaben und seinerseits zu „bemuttern", ein Hinweis darauf, dass das Baby in dieser Hinsicht gute Erfahrungen gesammelt hat. Es handelt gescheit und mit einem Sinn für Zärtlichkeit, wenn es für sich einen solchen tröstenden Begleiter (er-)schafft. So ein auserwählter Lieblingsgegenstand, also etwa der schon reichlich abgenutzte

Plüschhase, ist nicht immer das schönste Exemplar seiner Gattung, aber das ist für das Kind nicht von Bedeutung. Im Gegenteil, seine Gebrauchsspuren und seine Orginalität machen ihn unersetzlich.

D. W. Winnicott hat diesen wichtigen Gegenstand jeder Kinderentwicklung beschrieben. Dieser kostbare Besitz, meist ein Stofftier, ein Schmusetuch, aber auch der Schnuller usw., ist immer ein wichtiger Begleiter und zuverlässiger Tröster, der Schutz und Beruhigung spendet. Das „Übergangsobjekt" dient als Brücke zwischen der körperlichen Nähe zur Mutter und dem Getrenntsein von ihr. Es hat gewissermaßen die „magische" Kraft, den idealen Zustand des Ungetrenntseins (illusionär) darzustellen, und übernimmt die beruhigende Funktion dieses Zustandes.

Wir merken schon jetzt: Die Spiele, die das Baby spielen mag, die Spielsachen, die es braucht und an denen es hängt, haben unsere besondere Wertschätzung verdient, denn das Baby macht damit Erfahrungen, die für seine Entwicklung sinnvoll sind.

Im Spiel begegnen sich äußere und innere Welt

Es wird deutlich, dass das Spiel viel mehr umfasst als ein bisschen Zeitvertreib mit netten Sachen. Es ist auch nicht nur die Lust am Einüben von Verhaltens- und Funktionsweisen oder das pure Nachahmen. Natürlich dient dem Baby das Spiel zum Sammeln von Erfahrungen, es erwirbt erste Fähigkeiten durch Nachahmung im sozialen Spiel und lernt, Gegenstände zu gebrauchen, es sammelt Erfahrungen über räumliche und kausale Beziehungen. Diese Dinge lernt es, auch wenn wir seine Spiele, die häufigen Wiederholungen, das dauernde Umwerfen, Runterwerfen und In-den-Mund-Nehmen nervig finden.

Im Spiel verbinden sich Erfahrungen aus der Umwelt mit dem seelischen Erleben des Kindes.

Aber das ist eben nicht alles. Wir haben gesehen, dass sein Spielen eine höchst bemerkenswerte Möglichkeit ist, seine Entwicklungsthemen darzustellen und zu verarbeiten. Das intensive Interesse des Babys am Spiel, seine Lust, seine Erregung, aber auch seine Ausdauer und sein Ernst zeigen uns, wie grundlegend die Erfahrungen im Spiel sind. Das Spiel wird ihm dann seine ganze Kindheit hindurch dazu dienen, die äußere Welt mit ihren Dingen und Phänomenen kennen zu lernen und seine innere Welt den äußeren Gegebenheiten anzupassen.

Sachen zum Spielen

Wie sehr Spielsachen für die Anfänge des Spielens geeignet sind, sollte das Baby entscheiden. Von größtem Interesse sind meist die Dinge, mit denen die Mutter oder andere Familienmitglieder hantieren.

Solange das Baby sich seine Spielsachen noch nicht selbst heranholt, kann man gut etwas von seinen eigenen Arbeitsgegenständen nehmen. Verschiedene Behälter, Schachteln, Becher, Löffel, ein Schlüsselbund, alles, was ohne Gefahr mit Hand und Mund ertastet werden darf und beim Herunterfallen nicht zerbricht, ist geeignet.

Alle Spielsachen sollten sich auch mit dem Mund untersuchen lassen.

Natürlich gibt es auch Spielsachen für dieses Alter, die man kaufen kann. Das sollten dann Dinge sein, die seinem Erkundungsverhalten entgegenkommen, also Gegenstände, die sich mit dem Mund untersuchen lassen, sich auf einer Unterlage hin und her schieben und vergleichen lassen und auf den Boden geworfen werden können, mit denen man Geräusche machen kann und die sich gut zur visuellen Untersuchung hin und her drehen lassen. Im Laufe des 1. Jahres kommen dann Spielsachen dazu, an denen sich einfache ursächliche Zusammenhänge erfahren lassen: Ein Holztier lässt sich an einer Schnur heranziehen, eine Glocke lässt sich schütteln und tönt, eine Spieluhr lässt sich aufziehen.

Außerdem lassen sich Dinge in der Natur erfühlen und erfahren: Wasser, Sand, Gras und vieles mehr. Das Essen ist für die meisten Kinder ein wunderbares „Spielzeug", denn in diesem Alter gilt: Mit Essen darf man spielen, jedenfalls in dem Rahmen, den Mama festsetzt.

Mit der Differenzierung des Greifens fängt das Baby auch schon an, Klötzchen aufeinander zu stellen. Fürs Erste bleibt es beim „Zwei-Klötzchen-Turm", der auch gleich umgestoßen werden muss. Weiche Bälle aus Stoff lassen sich prima herumwerfen und nach dem Herunterfallen beobachten oder sogar schon mit einem Spielpartner hin und her rollen. Spiele wie das Ball-Kullern tragen dazu bei, dass das Baby die Fähigkeit entwickelt, ein Spielzeug loszulassen und bewusst darauf zu warten, es wiederzubekommen.

Immer mehr Eltern möchten gezielt mit Spielsachen die Entwicklung ihres Kindes fördern und beginnen schon jetzt nach dem Motto „Früh übt

Jedes Kindesalter verlangt eigene Spielzeuge, die sorgfältig ausgewählt sein wollen.

sich ..." Dinge zu kaufen, die förderlich sein sollen: „Play-Center" und „Activity-Center" und was es dergleichen mehr gibt. Damit ist die Erwartung verbunden, gezielte Anregung würde sich auf spätere Leistungsfähigkeit auswirken – das ist leider ein Missverständnis des kindlichen Spiels.

Natürlich drängt es das Kind danach, mit allem zu spielen, was es erreichen kann, aber wie wir gesehen haben, weder als Training für eine spätere Leistung noch als zielloser Zeitvertreib. Sinn, Ziel und Lust am Spiel sind eng verflochten mit seiner ganz persönlichen Entwicklung. Und es will von seinen Eltern nicht irgendwohin gedrängt, gezogen oder überfordert werden, sondern es möchte dort, wo es in seiner Entwicklung gerade steht, abgeholt und begleitet werden.

Alles in Bewegung: Aufrichten und Stehen, Schlaf und Ernährung

Mit seiner wachsenden Mobilität steigert sich in den nächsten Monaten der Drang des Babys, unterwegs zu sein. Es gibt Kinder, die kriechen und krabbeln überallhin, wälzen und robben sich den lieben langen Tag durch die Wohnung und nichts ist vor ihnen sicher. Andere sitzen in aller Ruhe auf dem Fußboden oder auf ihrer Spieldecke und untersuchen die Welt auf ihre Weise sehr intensiv und bedächtig.

Erste Grenzen

In der Wohnung sollten mögliche Gefahrenquellen beseitigt werden.

Für Babys mit ungebremster Forschungslust muss man die Wohnung überprüfen und alle Gefahrenquellen beseitigen. Auch mit unschuldiger Spielfreude an den Knöpfen von Musik- und Fernsehanlagen muss man von jetzt an rechnen. Je größer der Radius wird, desto eher wird das Baby ab und zu ein „Nein" hören und seine Bedeutung herausfinden wollen. Das „Nein" wird nun häufig in das Spiel miteinbezogen. Entsprechende Situationen werden von dem Baby gezielt inszeniert. Es krabbelt z. B. auf ein verbotenes Objekt zu und vergewissert sich immer wieder, ob die Mutter auch schaut. Wenn sie reagiert und „Nein!" ruft, wird schnurstracks weiter draufzugekrabbelt. Das Baby versucht herauszufinden, was der Mutter das „Nein" bedeutet, wie ernst es ist, hat aber das Verbot, das in dem Wörtchen steckt, noch nicht verinnerlicht. Selbstverständlich müssen bei Gefahrenquellen die Grenzen unmissverständlich gesetzt werden. Von jetzt an wird die Aufgabe, mit Gespür Grenzen zu setzen und Anfänge von Disziplin „ins Spiel" zu bringen, unerlässlich. Die Eltern sind dafür verantwortlich, dass ihr Kind auf klare Grenzen stößt. Dazu brauchen sie Geduld und eine Vorstellung von einem auf bestimmten Werten beruhenden Zusammenleben.

Auf eigenen Beinen stehen

Mit neun oder zehn Monaten versucht das Baby zu stehen.

Spätestens mit neun oder zehn Monaten will das Baby stehen. Es fängt an, sich an geeigneten Gegenständen hochzuziehen, arbeitet mit auseinander gestemmten Beinen gegen die Schwerkraft, bekommt beispielsweise den Tischrand zu packen und steht schwankend da. Hat es erst einmal das Hochziehen gemeistert, verharrt es eine ganze Weile in dieser Position. Lässt es die Hände los, plumpst es in die sitzende Position zurück und fängt von vorne an. Es übt, eine Hand loszulassen und sich z. B. an einem Gitterstab durch wechselndes Nachgreifen hochzuziehen – ein schwieriger bewusster Lernschritt. Es probiert aus, welche Möbelstücke zum Hochziehen geeignet sind, es zieht vielleicht etwas herunter, fällt hin und lernt aus jedem seiner Versuche.

Babys in diesem Alter stehen oft, solange sie nur können, sie finden das Stehen viel aufregender als das Sitzen und sind frustriert, wenn es plötzlich aufhört. Wenn sie doch vom Stehen genug haben, ist es am Anfang nicht einfach, sich wieder herunterzulassen. Manchmal ist es ein wochenlanger Lernprozess, nicht schmerzhaft umzufallen oder das Gleichgewicht zu verlieren. Manche Babys schreien und brauchen Hilfe, um vom Stehen wieder in eine andere Position zu kommen. Nachdem sie ein paarmal hingefallen sind, entdecken die meisten Babys von selbst, dass sie sich in der Mitte einknicken können, und lernen so nach und nach den Po herauszustrecken, das Gleichgewicht zu halten und mit einem gemächlichen Plumps zum Sitzen zu kommen. Das nächste Ziel ist, die Hände freizubekommen und nach etwas fassen zu können.

Das Stehen kann für das Baby vorübergehend so wichtig sein, dass es sich weigert, etwas im Sitzen oder gar Liegen zu tun. Manche möchten dann im Stehen gefüttert werden, gewickelt, umgezogen werden und versuchen sogar im Stehen einzuschlafen. Die Befriedigung, die das Stehen vermittelt, kann sogar eine Enttäuschung wettmachen und die Freude über den aufregenden Fortschritt kann von einem Schmerz ablenken. Das Fernziel ist die aufrechte Fortbewegung.

Die meisten Babys genießen es zu stehen.

Wenn das Baby sich in seiner Umgebung ungehindert bewegen darf und aus seinen Versuchen lernen kann, verarbeitet es die gemachten Erfahrungen schneller. Die Mutter sollte sich hüten, ständig hinter ihm her zu sein, ihm zu helfen oder es zurückzuhalten, bevor es einen Fehler machen kann, sonst verwandeln sich seine Übungen in etwas ganz anderes. Statt dass es unbekümmert herumprobiert, wird es bei jedem neuen Versuch erst die Reaktionen der Mutter prüfen. Auf diese Weise kann es ängstlich und abhängig werden. Oder es kommt ihm mehr darauf an, die Mutter einzubeziehen als aus seinen Anstrengungen zu lernen.

Das heißt allerdings nicht, dass man das Baby nicht aufmerksam begleiten sollte und bei all seinem Tun in der Nähe sein muss. Im Gegenteil, gerade jetzt ist Vorsicht geboten und ein sehr aktives Baby kann man kaum mehr aus den Augen lassen.

Ein sehr aktives Baby kann man kaum noch aus den Augen lassen.

Es gibt auch Babys, die keine Draufgänger sind, sondern alles bedächtiger angehen und aus sicherer Position ihre Umwelt mehr „guckend erforschen". Sensible Babys entwickeln mit dem Aufrichten oft Höhenängste und prüfen sorgfältig, ob sie auch immer Boden unter den Füßen oder dem Hintern haben. Sie zeigen damit, dass sie schon Höhenunterschiede verstehen und respektieren können.

Balanceakte

Auch wenn es jetzt noch wie angewurzelt an einer Stelle steht und sich festklammert, jedes Menschenkind hat von Natur aus den Drang, sich aufzurichten und zu gehen. Wenn es seine motorischen Fähigkeiten einigermaßen sicher beherrscht und vom Liegen oder Sitzen in den Stand übergehen kann, wirkt es mächtig stolz. Wahrscheinlich wird es Tag und Nacht davon umgetrieben und schon morgens steht es im Bettchen und ruft - und immer häufiger tut es das auch nachts. Sein Rhythmus kann aus der Balance geraten.

Das Baby ist in die dritte Dimension vorgestoßen und die neue Perspektive bietet ungeheuer viele Anregungen. Es kommt auf immer neue Ideen. Es kann bald im Stehen die Kniegelenke bewegen und auf und ab wippen, es versucht mit dem Po wie ein kleiner Tanzbär zu wackeln, wenn es Musik hört, oder es fängt an, sich seitwärts an Möbeln entlang zu bewegen. Das bietet ungeahnte Möglichkeiten, an Dinge heranzukommen, die den Erwachsenen wichtig sind.

Mit dem Gehen hat es meist noch keine Eile, nur 50 % der Babys machen ihre ersten freien Schritte vor dem 1. Geburtstag.

Lauflernhilfen sind völlig unnötig und nehmen dem Baby den Antrieb, selbst auf festen Füßen zu stehen.

Gänzlich falsch wäre es jetzt, das Gehen durch irgendwelche Hilfsmittel beschleunigen zu wollen, etwa mit so genannten „Gehfreistühlchen" und Ähnlichem. Solche Krücken auf Rollen nehmen dem Kind den Antrieb, der aus seinem eigenen Bewegungsmuster erfolgt. Die Geschwindigkeit, mit der das Kind in solchen Geräten rollen kann, entspricht auch nicht seinem natürlichen Fortbewegungs- und Wahrnehmungstempo. Schließlich ist es jetzt aufgeregt genug und braucht seine Kraft nicht nur zum Vorwärtskommen, sondern auch um zur Ruhe zu kommen. Es muss sein körperliches und sein seelisches Gleichgewicht bewahren. Das Baby braucht jetzt viel Halt, um auch innerlich die Balance zu finden.

Ruhig im Rhythmus bleiben

Die neuen Entwicklungsschritte wirken sich auch auf den Schlafrhythmus aus. Ein Baby, das sich mit dem Stehen beschäftigt, ist davon rund um die Uhr mehr oder weniger erregt. Sogar in der Nacht, sobald der Schlafrhythmus eine flachere Phase erreicht, kommt ihm seine motorische Aufgabe mit all den Aufregungen in den Sinn.

Statt abends beim Einschlafen liegen zu bleiben und in den Schlaf hinüber zu gleiten, steht es immer wieder auf; wird es energisch hingelegt, ist es gleich wieder auf den Beinen. Eine neue Phase der Geduldsproben steht für die Eltern an. Es bleibt nicht aus, dass sie sich durch ihr „Stehaufmännchen" gereizt und geärgert fühlen.

Solche Absichten hat das Baby aber gar nicht. Es kann jetzt nun mal schwer abschalten und braucht dazu die ruhige, besänftigende Unterstützung seiner Eltern.

Das Einschlafritual bekommt nun ein größeres Gewicht und man sollte es als besonderes Zeremoniell dem Abschied vom Tag vorbehalten. Das Kind kann dann mit der Zeit eine Erwartungshaltung entwickeln, was bestimmte Tagesvorkommnisse und Abläufe betrifft. Die Konstanz dieser Abläufe gibt ihm Festigkeit und Ruhe. Alles, was dem Kind hilft, sich zu entspannen, ist auch langfristig von Vorteil.

Entspannen heißt für das Baby, auch auf das zurückzugreifen, was bisher beruhigend war – es darf regredieren. Am besten kann es das meistens im Arm von Mama, die z. B. das letzte Abendfläschchen in ein behagliches Ritual einbaut. Während es im Arm liegt, kann sie es wiegen, mit ihm schmusen, ein Lied summen und eine kleine Geschichte erzählen. Im Bett gibt es ein vertrautes Spielzeug und Bettzeug zum Kuscheln, Mamas liebevolle Hand ist da und streichelt, ihre Stimme ist da und besänftigt die inneren Unruhegeister. Das dauert seine Zeit. Nicht jeden Abend wird man in der Verfassung sein, dieses Ritual gemeinsam mit dem Baby zu genießen. Aber es lohnt sich, dem Abendstündchen auch für sich eine angenehme Seite abzugewinnen und innerlich entschieden dabei zu sein. Ein Kind, das regelmäßig und zuverlässig diese Geborgenheit erfährt, hat die Möglichkeit, sie zu verinnerlichen und langsam unabhängiger zu werden. Es wird in sich ein positives Bild vom Weg in den Schlaf aufrichten. Noch hat es für das Kind etwas Beängstigendes, wenn die Augen zuklappen und die ersten Ausfälle der Sinne es wieder hochschrecken lassen. Dann braucht es die vertraute Stimme, eine Halt gebende Berührung, um sich wieder dem Schlaf zu überlassen.

Ein Einschlafritual mindert die Angst vor dem Weg in den Schlaf.

Der Sinn und Zweck des Einschlafrituals liegt im Erleben von Vertrautheit, das die Angst vor dem Weg in den Schlaf mindert. Langsam gewöhnt sich das Kind daran, eigene Muster zu entwickeln und sich auf seine Weise auf den Weg in den Schlaf zu machen. Je mehr die Mutter das Ritual auch für sich als Zeit der Vertiefung der Beziehung zu ihrem Baby nutzt, umso mehr wird sich ihre Mühe lohnen.

Jeder Entwicklungsschub ist für die Eltern eine neue Chance, Vertrauen zu stärken, und für das Kind, das eigenständige Einschlafen zu lernen.

Schlafbedarf, Durchschlafen

Der Schlafbedarf ist von Kind zu Kind durchaus unterschiedlich. Deshalb ist es auch schwierig, eine Regel aufzustellen, wie viel Schlaf das 9 bis 12 Monate alte Baby braucht bzw. wie viel es tagsüber schlafen soll. Manche

Kinder brauchen noch mehrere Schlafstunden über den Tag verteilt, um im Wachzustand zufrieden und interessiert zu sein, anderen reicht ein Stündchen Mittagsschlaf. Eine Faustregel gibt es allerdings: Der Schlafbedarf eines Kindes ist in etwa eine feste Größe. Wenn es tagsüber viel von seinem Schlafbedarf „wegschläft", kann es abends auch erst später einschlafen. Der Schlafbedarf ändert sich nicht von einem Tag auf den anderen. Schlaf-wach-Rhythmus und Schlafbedarf gehören in einer persönlichen Ausprägung zum Menschen. Wie Erwachsene auch, fühlt sich das Baby dann wohl, wenn sein Schlaf-wach-Rhythmus regelmäßig ist und es seinem Bedarf entsprechend schlafen kann. In diesem Alter wacht das Baby noch mehrmals in der Nacht auf. Das gehört zu seinem normalen Schlafverhalten. Es braucht die Nähe seiner Mutter. Um zum selbstständigen Wiedereinschlafen zu gelangen, sollte es allerdings nicht weiter geweckt oder aus dem Bett genommen werden. Ziel ist es ja, unabhängig von der elterlichen Unterstützung wieder in den Schlaf zu finden.

Das Durchschlafen in der Nacht gelingt immer besser, wenn das Kind sich tagsüber geborgen fühlt und in seinem Streben nach Selbstständigkeit gefördert wird und außerdem eine gewisse Regelmäßigkeit des Tagesablaufs gepflegt wird.

Der Schlaf-wach-Rhythmus gehört in seiner persönlichen Ausprägung zum Menschen.

Selbstständigkeit auch beim Essen

Das Saugbedürfnis und die körperliche Nähe, die mit dem Stillen oder dem Fläschchengeben verbunden sind, treten durch das starke Interesse am Selbstständigwerden allmählich in den Hintergrund. Der gegen Ende des ersten Lebensjahres einsetzende enorme Fortschritt in der motorischen Entwicklung und das Ausschlüpfen des Babys in eine größere Unabhängigkeit von der Mutter bringen eine natürliche Trennung mit sich. Die Gelegenheit abzustillen kann jetzt ergriffen werden. Wenn das Baby mehr und mehr sein Interesse erweitert und von der Mutter fortstrebt, fällt es den meisten Müttern schwer, diese enge Verbindung aufzugeben. Viele empfinden einen schmerzhaften Riss und etwas unausweichlich Neues auf sich zukommen. Mit einem weinenden und einem lachenden Auge sehen sie ihr Baby quietschfidel auf die Welt zustreben. Aber sie bleiben ja nicht mit leeren Armen zurück, auch wenn das Baby jetzt nicht mehr so oft und so regelmäßig in ihren Armen liegt. Gerade jetzt braucht es sie besonders, wenn auch auf veränderte Weise.

Was die Mahlzeiten betrifft, so möchte es jetzt mehr über den Ablauf bestimmen können. Es will seine Flasche halten und Brotstücke selbst in den Mund stecken. Es macht die ersten Versuche, aus der Tasse zu trinken und mit dem Löffel zu essen. Während das selbstständige Essen wichtiger wird, nimmt bei vielen Kindern der Appetit deutlich ab. Die Sorge, ob das Kind ausreichend und ausgewogen ernährt wird, wächst.

Das Herumspielen und Manschen, Kleckern und Beiseiteschieben gehen vielen Eltern mächtig gegen den Strich. Aber es hat wenig Sinn, bei einem Baby dieses Alters auf Tischmanieren und einer ausgewogenen Ernährung zu beharren. Das Kind möchte raus aus seiner Abhängigkeit und gerade beim Essen und Trinken selbstständig werden. Das steht jetzt im Vordergrund, auch wenn es schwer fällt. Stellen sich die Eltern diesem Bemühen entgegen, kann das zu Problemen in diesem Bereich führen.

Es hat wenig Sinn bei einem Kind dieses Alters, auf Tischmanieren zu achten.

Weil das Kind gerade mit seinem Essverhalten die Eltern erfreuen oder ängstigen kann, trifft es die Eltern an einem wunden Punkt, es gewinnt Macht über sie. Sie verspüren den unausweichlichen Drang und die Pflicht, ihr Kind ordentlich satt zu bekommen. Ein moppeliges Baby ist der Ausweis für gute Gesundheit und gute Eltern. Ein mageres Baby weckt Schuldgefühle, als hätten sie es vernachlässigt – sie fühlen sich leer und abgelehnt. Das Essen ist ein weites Feld für Kämpfe und Frustrationen. Es empfiehlt sich, hier Konflikten aus dem Weg zu gehen und Druck, aber auch Verführung oder Überlistung zu vermeiden.

In diesem Alter muss das Kind seine Nahrung mit den eigenen Händen zu sich nehmen oder beim Füttern beteiligt sein. Es darf verschiedene Speisen kennen lernen und sich an den einen oder anderen Geschmack gewöhnen. Manchmal entwickeln sich hartnäckige Vorlieben für bestimmte Speisen und unnachgiebige Ablehnung für andere. Da das Kind durch Vorbilder lernt und mehr und mehr mit der Familie isst, erlebt es, dass die anderen am Tisch von allem essen. Ausschlaggebend werden Vorbilder zum Nachahmen.

Auch wenn es wichtig ist, dass das Baby ausreichend Milch trinkt, sollte die Flasche nicht zum Dauerbegleiter werden. Milch ist nur ein Nahrungsmittel und am besten gibt man sie zum Abschluss der Mahlzeiten oder als letzte vor dem Einschlafen.

Wenn das Kind an einen Schnuller gewöhnt ist, dann ist jetzt allerdings der schlechteste Zeitpunkt, um ihn wegzunehmen. Um die kommenden Anforderungen zu überstehen, kann das Baby ein Hilfsmittel wie den Schnuller gut gebrauchen.

Die ersten Zähnchen

Oft hat sich das Zahnen durch vermehrtes Speicheln schon angekündigt.

Ein großer Spaßverderber kann in diesem Alter das Zahnen sein. Wenn die ersten Zähnchen im Mund sichtbar werden, in aller Regel sind es die unteren beiden Schneidezähne, ist das aber auch ein Anlass zur Freude. Oft hat sich das Zahnen durch vermehrtes Speicheln schon angekündigt. Manche Kinder werden weinerlich, unruhig, appetitlos. Für alle ist die Erfahrung, im Mundbereich, der bis jetzt eine Körperregion lustvollen Saugens und intensiven Erkundens war, nun Schmerzen und Unbehagen zu spüren, eine beunruhigende Sache. Was ist da los? Das Harte und Schmerzhafte im Mund geht gar nicht weg, auch Zunge, Fäustchen und Finger können es nicht beiseite schieben.

Das Zahnen ist zwar nicht der Grund, weshalb das Baby alles in den Mund nimmt, aber wenn es auf etwas herumkaut, mildert das den Druck

Manche Kinder bekommen ihren ersten Zahn bereits mit vier Monaten, andere erst mit einem Jahr.

und die Reizung. Von einigen Kindern erfordert das Zahnen eine große Anpassungsleistung an die schmerzhafte körperliche Veränderung, bei anderen schieben sich die Zähne fast unbemerkt heraus.

Wann die ersten Zähne kommen, ist von den Erbfaktoren abhängig. Es gibt Kinder, die Zahnen schon mit vier Monaten, bei anderen ist das erste Jahr fast um, wenn sich das erste weiße Pünktchen durchs Zahnfleisch schiebt. Dann sollte nach einer allerdings nicht sehr verlässlichen Regel etwa jeden Monat ein Zahn kommen. Nach den ersten Zähnen hat sich das Baby an das Unbehagen im Mund gewöhnt und hält sich, wenn es sonst gesund und beschäftigt ist, nicht sehr damit auf. Vieles, was an Quengeleien und Unpässlichkeiten gerne auf „die Zähne“ geschoben wird, hat oft noch andere Ursachen.

Schritt für Schritt in die Welt: Das 2. Lebensjahr

Das Zahnen, das Essen mit seiner veränderten Bedeutung des Abgrenzens und Verweigerns, das Stehen und Greifen, die erweiterte Dimension des Selbstempfindens – all das sind große Herausforderungen an das Kind. Sein Drang nach Entwicklung schiebt es voran und bald tritt es mit eigenen Schritten aus dem Paradies des ersten Jahres hinaus. Wenn die erste Geburtstagskerze brennt, ist das im Leben des Kindes und seiner Eltern ein besonderer Augenblick.

Laufen und viele neue Schritte

Was das Baby bis zu seinem ersten Geburtstag zusammen mit seinen Eltern geleistet hat, ist eine bewunderungswürdige Sache – eben das „Wunder des ersten Jahres“. Zu Recht dürfen sich alle Beteiligten über den Festtag freuen und stolz auf sich sein.

Das „ideale Baby“

Kaum ein Baby entspricht dem „Durchschnitt“.

Da es kein Kind gibt, das dem anderen gleicht, und nicht eines, das tatsächlich dem „Durchschnitt“ entspricht, ist der jeweilige Entwicklungsstand des Babys bei aller Gleichheit der einzelnen Stadien etwas sehr Individuelles. Der aufregende Weg, den das Baby hinter sich hat, läuft nicht einfach wie ein Uhrwerk ab. Auf einen Entwicklungsschub kann ein Stillstand, ein vorübergehender Rückschritt und ein erneuter stürmischer Schritt nach vorne erfolgen.

Bei aller Unterschiedlichkeit, die jedes Baby schon von Geburt an mitbringt und die seinen persönlichen Entwicklungsstil vorbestimmt, gibt es „durchschnittlich ideale“ Bedingungen, unter denen es aufwachsen kann.

Für jedes Baby sind ganz bestimmte Anregungen aus seiner Umwelt „geeigneter“ als andere. Das heißt, jedes Baby reagiert besser, wenn die „Bemutterung“ auf seine Fähigkeit des Empfangens von Anregungen und sein Reaktionsvermögen abgestimmt ist. Wir haben gesehen, wie aktiv und sensibel das Baby diesen „Abstimmungsprozess“ mitgestaltet. Natürlich ist jede Mutter zutiefst von dem Wunsch geleitet, ihr Baby zu verstehen, und sie hat auch die Kompetenz, seinen besonderen Stil zu erkennen

Die meisten Kinder beginnen um den ersten Geburtstag herum mit den ersten Gehversuchen.

und sich ihm anzupassen. Die Kompetenz des Babys und sein eigener Stil beeinflussen die Umgebung im gleichen Maß, wie es selbst von ihr beeinflusst wird.

Jedes Baby widersetzt sich mehr oder weniger deutlich, wenn man es dazu bringen will, etwas zu lernen, was nicht zu seinem persönlichen Stil passt. Sein Widerstand, hinter dem die ihm eigene Kraft einer ausgeprägten Persönlichkeit steht, wird hoffentlich von seiner Umgebung respektiert. Die Bedeutung des Gleichgewichts zwischen Persönlichkeit und Entwicklung durch erworbene Fähigkeiten kann nicht ausdrücklich genug betont werden.

Wenn ein Kind bereit ist, einen neuen Schritt zu lernen, braucht es nur wenig Hilfe, um das Ziel zu erreichen. Wenn es in diesem Alter einen neuen Schritt in seiner motorischen Entwicklung machen soll, die noch nicht genügend ausgereift ist, muss es dazu wahrscheinlich Energien aufwenden, die ihm in seiner Gesamtentwicklung dann fehlen.

Am erfreulichsten ist es sicherlich, wenn das Baby „dankbar" die Anregungen seiner Umwelt aufgreift, sich kontinuierlich entwickelt, wenn man auf seine Fortschritte sicher und gelassen warten kann, ohne es auf eine Stufe „trainieren" zu müssen.

Es gibt Kinder, die fest entschlossen ihren eigenen Weg in ihrem eigenen Tempo gehen.

Es gibt die ganz schnellen Babys, die, von einer aktiven Unzufriedenheit getrieben, nach Anregungen zu gieren scheinen und den nächsten Entwicklungsschritt schon ansteuern, obwohl sie ihn noch gar nicht meistern können. Babys mit einem starken Vorwärtsdrang haben häufig Probleme, etwas Energie für eine gemäßigtere Forschungstätigkeit abzuzweigen und ihre motorischen Leistungen zu vertiefen.

Empfindliche Babys, die auf die Anregungen ihrer Umwelt sensibel reagieren, entwickeln oft ausgeprägte Abwehrmethoden, beispielsweise eine bedächtige motorische Entwicklung, um ihren persönlichen Stil durchzusetzen. Sie haben diese oft hartnäckige Entschlossenheit, ihren eigenen Weg mit der ihnen genehmen Geschwindigkeit zu gehen, um immer in aller Ruhe die Anregungen aus ihrer Umgebung abzuwarten, um sie aufnehmen und verarbeiten zu können, bevor sie schließlich darauf reagieren.

Laufenlernen – Gehen mit gemischten Gefühlen

Jedes Kind muss das ihm gemäße innere Gleichgewicht finden und das einjährige Kind hängt nun in ganz besonderer Weise von seinem äußeren Gleichgewicht ab: Es hat sich aufgerichtet zum Stehen und will nun gehen. Das ganze erste Jahr war es damit beschäftigt, sich gegen die Schwerkraft zu behaupten, vom ersten Kopfheben über das Sitzen und Krabbeln zum Stehen. Es hat die Bestandteile des Laufens ausprobiert und sich auf vielfältige Weise versucht fortzubewegen und aufzurichten. Sein stolzes Lächeln verrät das ungeheure Vergnügen am Stehen. Während es sich an Möbeln entlangtastet, übt es die für das Gehen notwendigen Bewegungselemente Schrittchen für Schrittchen. Das Baby lernt schnell, die einzelnen Teile seiner Bewegungen zusammenzufügen. Es übt zielstrebig, bis es seine Absicht, frei zu stehen, verwirklicht hat. Wenn es schließlich den Mut hat loszulassen, schwankt es – fällt vielleicht hin. Aber es macht weiter und lernt, sein Gleichgewicht halten, und schafft die ersten wackeligen Schritte.

Für das Kind ein Augenblick größter Befriedigung. Es landet strahlend in den Armen von Mama und Papa. Die ersten freien Schritte sind ein unvergesslicher Moment. Von jetzt an wird es mit einem Lächeln äußerster Zufriedenheit und voller Stolz über seine Leistung seine selbstständigen Schritte vom Vater zur Mutter hin und zurück machen.

Das Gehen kann ein Kind ganz in Beschlag nehmen. Es richtet Tag und Nacht seine Energie auf das Ziel, auf den Beinen zu sein. Hinfallen oder Stolpern kann mit peinvollen Erschütterungen des Selbstvertrauens einhergehen und nicht selten gibt es jetzt Tränen.

Die Aufregung um das Gehen kann das Kind jetzt fast pausenlos umtreiben.

Viele Eltern müssen erleben, dass an Durchschlafen in dieser Zeit wieder einmal nicht zu denken ist. Andere Entwicklungsbereiche können in dieser Phase stagnieren, das Interesse an Spielsachen, Spiel- und Sprechsequenzen, Bilderbüchern, aufmerksame Anteilnahme am Familiengeschehen, an einem Spielpartner treten vorübergehend in den Hintergrund.

Es kann jetzt in den Augen der Erwachsenen ganz schön „ungezogen" werden, weil es unvermittelt z.B. das Essen unterbricht, alles von seinem Tischchen fegt, sich aufrichtet, beinahe vom Hochstuhl kippt und runter will. Überhaupt will es jetzt dauernd runter – nachdem es dauernd hoch wollte: auf den Schoß, auf den Stuhl, auf den Tisch, auf das Sofa, auf den Arm, um sich sofort wieder runterzuwinden. Stehen und Laufen sind das oberste Ziel. Essen z.B. kommt erst lange danach.

Viele Kinder machen sich eigene Gehhilfen zurecht, schieben umgekippte Stühle durch die Wohnung wie eine Schubkarre oder schieben mit Vergnügen den eigenen Buggy vor sich her. Sitzroller und Bobbycars kommen ins Spiel – allerdings ist der Vorgang, sich mit den Beinen abzustoßen, etwas anderes, als die Beine zum Gehen zu gebrauchen und das Gleichgewicht zu halten.

Auf den eigenen Beinen zu stehen ist eine aufregende Sache, die auch psychisch bewältigt werden muss.

Psychisch ist die Aufgabe, inmitten einer bewegten Welt das Gleichgewicht zu bewahren, sicher auf den eigenen Beinen zu stehen, eine aufregende Sache. Gehkinder sind unausgeglichener, sie wollen tagsüber nur noch wenig schlafen und die Gewichtszunahme kann sich deutlich verlangsamen. Im Laufe der nächsten Monate wird mit dem Drang, sich fortzubewegen, der innere Widerstreit, den diese Eigenständigkeit erzeugt, heftiger. Das Gehen ist begleitet von „gemischten Gefühlen": Will ich tatsächlich auf eigenen Beinen stehen und fortgehen oder lieber nicht?

Trotzen und andere Gefühlsausbrüche

Während des 2. Lebensjahres spiegelt sich die innere Zerrissenheit in Trotz und Wutanfällen wider – will ich oder will ich nicht? Das Tor zur Eigenständigkeit ist aufgestoßen, die wachsende Erkenntnis, selbst entscheiden zu können, bringt das Kind mitunter in große Nöte.

Entscheidungsnöte

Vieles, was bisher im Zusammenspiel mit Mama „lief", kann jetzt Entscheidungsnöte bringen. Das Baby sperrt sich gegen die alltäglichsten Dinge, alles scheint von dem inneren Widerstreit durchdrungen. „Tu ich's oder tu ich's nicht?" Wutanfälle oder, je nach Charakter des Kindes, diskretes Trotzen und Verweigern begleiten das Kind bis ins dritte Lebensjahr. Deutlich wird, dass es nicht um äußere Anlässe geht, die zu diesem Verhalten führen, sondern das Kind muss seinen inneren Widerstreit durchstehen.

Wie sehr kann man jetzt seinem Kind helfen, wenn man prinzipiell davon ausgeht, dass es nicht „unartig“ oder gar „böse“ ist. Das kann sich etwa in der Haltung äußern: „Ich fühle, wie schlimm es ist, wenn man noch zu klein ist, um die Dinge auseinander zu sortieren. Aber du schaffst es und ich bin bei dir und verstehe dich.“ Verstehen heißt jetzt auch, mehr und mehr erzieherische Maßnahmen zu ergreifen, Nein sagen, Grenzen setzen, eine feste Haltung einnehmen, aber nicht auf die emotionale Ebene des Kindes rutschen und selbst wütend, zerrissen, chaotisch werden.

Eltern müssen deshalb keineswegs in einer schwierigen Situation ihre liebevolle Einfühlung aufgeben und zu einem kalten, rationalen Gegenüber für das trotzende Kind werden. Aber sie können ihm doch durch ihre freundliche Haltung und innere Entschlossenheit helfen zu erkennen, wie weit es gehen darf, oder ihm eine Entscheidung auch einfach einmal abnehmen. Meistens ist es eine große Erleichterung für das Kind, wenn Eltern einen festen, ihm zugewandten Standpunkt beziehen und es dadurch aus dem Wirrwarr, in dem es sich selbst gefangen hat, befreien: Sie geben ihm Sicherheit.

Es ist für das Kind eine Erleichterung, wenn Eltern eine feste Haltung wahren.

Das Gefühl der Sicherheit, das die Eltern vermitteln können, sind also nicht einfach eine starre Haltung, unnachgiebige Regeln, Belehrungen und vernünftige Führung. Sicherheit bedeutet, dem Kind in diesem Stadium eine stabile, dabei menschliche, lebendige Atmosphäre zu geben, die von Zuverlässigkeit und Berechenbarkeit getragen ist.

In ihrer zuverlässigen Präsenz tun Eltern mehrere Dinge zugleich. Zum einen schützen sie es vor unerwarteten Geschehnissen ihrerseits, vor unwillkommener Einmischung von außen und vor einer Welt, die ihm noch unbekannt ist oder die es noch nicht versteht. Zum anderen schützen sie das Kind auch vor seinen eigenen Impulsen und vor den möglichen Einwirkungen seiner Impulse.

Kleine Nein-Sager

Allerdings müssen die Eltern, vor allem die Mutter, es aushalten, dass diese Sicherheit nun Ziel des Angriffs wird. Das Kind beginnt einen langen Kampf gegen die Sicherheit. Nachdem die Mutter das Kind anfangs vor der Außenwelt beschützt hat, lässt sie diese nun in sein Leben herein.

Das Baby, das nun auf seinen zwei Beinen auf die Welt zumarschiert, nimmt begierig jede Gelegenheit zu impulsiven Handlungen und ungebremsten Gefühlsäußerungen wahr. Es rennt gegen die Sicherheit und Kontrolle an, aber die meisten Eltern verstehen instinktiv, dass zur Entwicklung ihrer Kinder ein gewisses Maß an Rebellion gehört. Sie sind weiterhin die freundlichen Hüter des Friedens, der Regeln und Grenzen und sie wissen, dass Kinder sich immer wieder von neuem vergewissern, ob sie sich auf die Eltern verlassen können.

Glücklicherweise entwickelt das Kind nun immer mehr einen Bereich, in dem auch diese Dinge in der Fantasie und im Spiel durchlebt werden können. Auch hier findet die notwendige Verinnerlichung statt.

Äußere Kontrolle soll zu Selbstkontrolle werden und lebendige Beziehungen schaffen den Raum, den dieses Wachstum braucht. Diese Wachstum führt am Ende zu einem reifen Verantwortungsgefühl.

Verinnerlichen von Grenzen soll zu einem Verantwortungsgefühl reifen.

Eltern sind zunächst dafür verantwortlich, dass ihr Kind auf verlässliche Grenzen stößt, die es dann verinnerlichen kann. Dieser Verinnerlichungsprozess wird viele Jahre dauern und braucht viel Geduld. Grenzensetzen wird jetzt, wenn das Baby selbst beim „Nein-Nein"-Sagen angelangt ist, ein Hauptthema.

Mit der Unabhängigkeit und Selbsterkenntnis, die das Baby beim Gehen empfindet, geht manchmal eine regelrechte Phase des Negativismus einher – alles, was von außen einwirkt, wird erst einmal mit Widerstand beantwortet. Das Baby schüttelt den Kopf und kräht „Nein!", selbst wenn es eigentlich „Ja" meint.

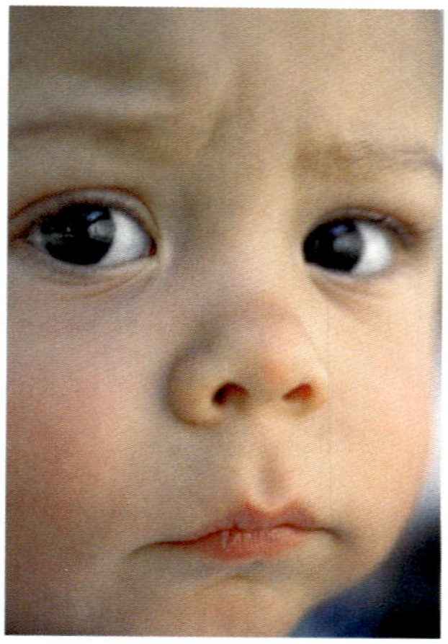

Natürlich finden konfliktfreudige Babys auch heraus, dass Protest gegen irgendetwas, sei es das Wickeln, sei es das Essen, interessante, spannungsreiche Gefühle bei der Mutter hervorruft. Manche Kinder können gar nicht oft genug ausprobieren, wie es sich anfühlt, wenn die Mutter aus der Fassung gerät. Sie werden wahre Stars in Hinwerfen, Strampeln, Trampeln, Schreien.

Ein Wagnis, das nicht alle Babys eingehen – vielleicht weil sie mehr auf ihre innere Balance achten (müssen) oder aber ihre Mütter es nicht so weit kommen lassen. Solche Kinder neigen eher zu hartnäckigem passivem Widerstand.

Jedes Kind muss mit seinem eigenen „Nein" experimentieren dürfen und herausfinden, welche Bedeutung es aus seiner Perspektive hat. Deshalb werden nicht nur am Tag viele Handlungen probeweise mit diesem Singsang und Kopfschütteln begleitet, auch nachts kreist es immer wieder im Köpfchen: „Nein-Nein!" Es übt wichtige soziale Bedeutungen genauso intensiv wie motorische Fähigkeiten.

Alles unter Kontrolle

Das „Nein" markiert ganz deutlich einen Auftakt zu einer neuen Entwicklungsphase im Leben des Kindes. Wenn es laufen und etwas später sprechen lernt, wird es aus der sehr persönlichen intimen Ordnung mit der Mutter auf eine soziale Ordnung hin umorientiert.

Die Mutter verlangt jetzt vom Kind, dass es Dinge selbstständig tun soll.

Bis jetzt war die Interaktion in erster Linie spontan, spielerisch, von einem gemeinsamen Rhythmus geprägt, in dem es darum ging, zusammen zu sein, sich aufeinander abzustimmen. Jetzt verlangt dieselbe Mutter von dem Kind, sein Verhalten und Tun auf praktische soziale Ziele hin auszurichten. Es will nicht nur, es soll auch selbstständig werden: Sein Spielzeug selber holen, die Tasse selber halten, das Getränk nicht umschütten, das Essen nicht auf den Boden werfen und so weiter. Diese Anforderungen und allgemein gültige Normen, die von der persönlichen Ordnung der Säuglingszeit wegführen, können das Kind nachhaltig irritieren.

Auch die Gefühlsintensität, mit der das Kind jetzt seine Abgrenzung und seinen Widerstand erlebt, kann ihm Angst machen. Es ist keinesfalls so, dass das Kind nur eine „Show abzieht" oder ein Ventil öffnet oder eine bestimmte Wirkung erzielen will. Es ist in einer innerlichen Krise und seine Leidenschaft erschreckt es.

Der Weg zur Selbstkontrolle führt über unerschütterliche Zuneigung.

Es muss in diesem Aufruhr Halt und Begleitung, ja Trost bekommen. Das Kind aus einer Szene einfach zu entfernen, indem man es in ein anderes Zimmer setzt, ist eine uneinfühlsame Reaktion. Das Kind kann sich noch nicht auf Erfahrungen mit Konfliktlösungen besinnen und fühlt sich fallen gelassen. Was es aber jetzt in seiner Widerspenstigkeit braucht, sind Eltern, die es halten und zurückhalten, bis es das allein kann.

Eltern wissen von sich selbst, dass der Konflikt zum Normalzustand von uns allen gehört. An jedem Tag unseres Lebens erfahren wir von neuem, dass wir, indem wir eine Sache wählen, auf eine andere wiederum verzichten müssen – „der Kuchen kann nicht gegessen und gleichzeitig behalten werden". Wir stehen also selbst oft vor der Aufgabe, zwischen rivalisierenden Interessen in uns zu entscheiden und diesen Konflikt lösen zu müssen: kaufen oder sparen, essen oder verzichten, flirten oder fliehen etc. Das Baby steht noch ganz am Anfang dieses Lernprozesses.

Die Fortschritte, die ein Baby mit der Regulierung seiner Impulse und seiner Ambivalenz macht, sind von entscheidender Bedeutung für die Entwicklung seiner Persönlichkeit. Wenn alles einen günstigen Verlauf nimmt, wird es nicht nur mit dem Bewusstsein heranwachsen, dass in ihm sehr widersprüchliche Gefühle und Wünsche existieren, sondern auch imstande sein, diese Impulse auszuhalten und zu lenken. Dann sind auch die Angst und die Schuldgefühle, die sie erzeugen, erträglich.

Widerstreitende Gefühle können das Kind aus der Fassung bringen.

Die Eigenständigkeit, die das einjährige Kind probt, und sein Angewiesensein sind zwei Seiten derselben Medaille. Und weil es lernen will, die Dinge auseinander zu halten, wächst sein Bedürfnis nach Distanz. Es will hochgenommen werden und rasch wieder hinunter. Jeden engen Kontakt empfindet es jetzt öfter als Übergriff in seine persönliche Sphäre. Es ist, als müsste es fürchten, die Kontrolle zu verlieren. Es muss auch hier seine Impulse kennen lernen und zwischen Neugier und Selbstschutz ausbalancieren.

Wut und Wagnis

Mehr Klarheit möchte sich das Baby auch über „erlaubt" und „nicht erlaubt", „brav" und „unartig" verschaffen. Es werden ihm jetzt verschiedene Bedeutungsebenen bewusster: Ein Wutanfall hat eine andere Qualität, als etwas Verbotenes zu tun oder die Eltern auf die Probe zu stellen. Diesem Unterschied möchte das Baby auf die Spur kommen. Dazu muss es ganz unmittelbar und wiederholt erleben, wie sich die Forderungen der Realität anfühlen. Da das nicht ohne Frustration gehen kann, empfindet es auch Wut gegen seine Mutter. Es ist ja nicht nur ein kleiner Mensch, angefüllt mit „lieben Gefühlen", es ist auch triebhaft und muss mit seinen aggressiven Impulsen zurechtkommen. Wenn die Wut sich gegen die Mutter richtet, die ja eigentlich das Objekt seiner Liebe ist, gerät es in heftige Konflikte, denn es ist in seiner Empfindungswelt nicht sicher wie sehr es die Mutter „beschädigt". Hier haben Schuldgefühle, die man aber in diesem Zusammenhang nicht als gut oder schlecht bewerten sollte, ihren Ursprung und – ganz wichtig – die Fähigkeit, etwas wieder gutzumachen.

Das Baby inszeniert jetzt gerne Szenen, bei denen es sich „ertappt" fühlt. Es vergewissert sich, dass die Mutter sieht, dass es „etwas vorhat", macht sich dann z. B. über verbotene Gegenstände her und testet, wie sie reagiert. Wenn es jetzt „erwischt" wird, kann es schon wie ein „ertappter Sünder" reagieren und erste Ansätze von Reue zeigen.

Das, was jetzt noch ein Spielchen ist, bei dem die Eltern keinesfalls den Humor verlieren dürfen, ist später ein wichtiger Baustein für soziales Verhalten. Selbstverständlich sind diese unschuldigen Szenen, in denen ein Baby austestet, was richtig und was falsch ist, keine „Dummheit", für die es mit strengen Reaktionen rechnen muss. Es geht darum, die zarten Keime eines „moralischen Empfindens" zu hegen und zu pflegen, denn sie werden ein kostbares Gut für das Kind.

Schuldgefühle gehören zur moralischen Entwicklung.

Das Kind ist jetzt nicht mehr zu klein, sich mit „gut" und „böse" auseinander zu setzen. Es ist nicht in dem Sinne unschuldig, dass dies alles in seinem Erleben noch nicht vorkommt. Im Gegenteil, man kann das Baby auch unter einem anderen Blickwinkel sehen. Es hat durchaus eine Art angeborener Moralität, die sich aus einem rigiden, nahezu grimmigen Erleben speist. Seine innere Welt ist nicht nur ein kleines sonniges, wonniges Paradies, dort wachsen nicht nur die unschuldigen Pflänzchen der Liebe. In der magischen Welt des Babys wächst auch das Kraut von Wut, Aggressivität, Vergeltung und Zerstörung, die Vorstellung vielfältiger Bedrohungen und Ängste.

Der Kinderarzt D. W. Winnicott sagt, die kindliche Welt wäre auch ein Ort des Schreckens, wenn da nicht die beschützende Rolle der Mutter wäre, mit deren Hilfe destruktive Impulse und schreckliche Befürchtungen zurücktreten. Die Mutter verwandelt die feindseligen, verfolgenden Elemente, die mitunter das Seelenleben ihres Babys beherrschen, in integrierbare Tendenzen dadurch, dass sie ein verlässliches menschliches Wesen ist. Das Baby ist nicht dem Auf und Ab von Impulsen und Affekten hilflos ausgeliefert, sondern es wird von seiner Mutter verstanden und sie geht darauf mit ihren persönlichen Gefühlen ein. Durch sie erfährt das Baby, dass zerstörerische Impulse nicht wirklich zerstören, in ihrer gleich bleibend liebevollen Haltung findet es Beruhigung und Zuversicht.

Die Mutter hilft dem Kind, mit schlimmen Gefühlen zurechtzukommen.

Liebesbeweise

Diese Verlässlichkeit der Umgebung macht auch den nächsten Schritt in der Entwicklung des Babys möglich: Es möchte etwas zum Glück seiner Eltern beitragen.

Es beschenkt sie zum Beispiel mit einem besonderen Lächeln, das zeigt, dass es Liebe zu empfinden vermag und in diesem Augenblick Liebe für Mutter oder Vater empfindet. Oder es legt die Ärmchen um sie, schmiegt sich in tiefstem Zutrauen an, ein Schluchzer verklingt am bergenden Körper der Eltern. Aber auch Neckereien und Übermut, sogar Haareziehen und Nassspritzen gehören in die Palette der Liebesbeweise.

Mütter fühlen sich von solchen Gesten – wenn eine kleine Hand „ei“ macht – unendlich berührt und besänftigt. Deshalb kann das Baby einen weiteren Schritt zur Integration seiner Persönlichkeit tun. Es kann seine „Garstigkeit“ oder den Impuls, etwas kaputtzumachen, besser in den Griff bekommen. Es ist in Augenblicken der Erregung nicht mehr seinen Impulsen ausgeliefert, sondern es „kriegt sich wieder ein“. Das ist der Anfang der Möglichkeit, die Verantwortung für das eigene Verhalten zu übernehmen.

In der Situation des Fütterns und der Nahrungsaufnahme spielt das Entwickeln dieser moralischen Grundlage ebenfalls eine Rolle. Die Situation des gegenseitigen Gebens und Nehmens verbindet sich mit dem Gefühl der Zuneigung für die Mutter in einer liebevollen Szene des Alltags. Da sind nicht nur Impulse von einerseits rücksichtslosem Hineinstopfen, andererseits von Verschlingen oder Ausspeien, Einverleiben oder Verweigern, sondern da sind auch die anderen Gesten des Gebens und Annehmens.

Schuldgefühle

Auf diese Weise entstehen Maßstäbe dafür, was sich gut anfühlt und was sich schlecht anfühlt. Schließlich kann das Kind dank seiner zunehmenden Fähigkeit, unterschiedliche Erfahrungen zusammenzuhalten (zu integrieren), auch konflikthafte Gefühle in seinem Erleben und Verhalten tolerieren. Es hat die Gewissheit, etwas wieder gutmachen zu können.

Auch konflikthafte Gefühle können nun vom Kind toleriert werden.

Unausweichlich sind die Ängste, die einen Konflikt begleiten. Solche Ängste auszuhalten ermöglicht dem Kind, auch mit Empfindungen von „Schuld" umzugehen. Diese „Schuld" muss in dem Sinne verstanden werden, dass das Kind einen Zusammenhang zwischen seinem Handeln und den Folgen herstellen kann. Dann kann es später auch Verantwortung für seine Absichten und Handlungen übernehmen. Es geht also nicht um Schuldzuweisung, Beschämen und Bestrafen.

Die beschriebene Fähigkeit (und es ist eine Fähigkeit, nicht, wie manche glauben, eine lästige Begleiterscheinung), „Schuldgefühle" zu empfinden, wächst in einer Atmosphäre des Vertrauens. Wenn ein Kind imstande ist, ein Schuldgefühl im Sinne von „verantwortlich sein" entwickelt, wird aus der ängstlichen Unruhe oder chaotischen Erregung, die es wegen seiner „schlimmen" Gefühle empfindet, konstruktives Verhalten. Es entstehen Ansätze eines moralischen Empfindens.

Erst wenn sich die grundlegenden Elemente eines Wertgefühls ausgebildet haben, kann das Kind die Billigung oder Missbilligung, mit der seine Eltern reagieren, verstehen. Vorher muss es immer wieder neu durch seine Aktionen in Erfahrung bringen, was sie eigentlich meinen.

Eltern müssen ihren Stil finden, wie sie ihre Maßstäbe in die Auseinandersetzungen mit dem Kind einbringen. Sie müssen ihrem Kind Raum geben, damit es sowohl die Gefühle der Zerrissenheit, seine aggressiven Impulse als auch seine Bereitschaft zu Reue und Wiedergutmachung bewältigen kann. Seine Konflikte brauchen ihre Gelassenheit ebenso wie ihre Vorstellung von Disziplin. Je mehr es im Laufe des 2. Lebensjahres seine Erfahrungen von sich selbst und seiner Umwelt zusammenfügen und zusammenhalten kann, desto mehr kann es sich als ein „Ich" mit den „anderen" fühlen. Es wird „mein" und „dein" unterscheiden lernen und die Gefühle seiner Mitmenschen deutlicher wahrnehmen und einschätzen können. Es beginnt sich in sie einzufühlen und sich selbst in Beziehung zu anderen zu erleben.

Wie geht es voran? Der Alltag des $1^1/_2$-Jährigen

Es überrascht nicht, dass ein Kind in diesem Alter, in dem solche komplexen inneren Entwicklungen stattfinden und in dem es mit einem rasant wachsenden Begriffsvermögen seine Umgebung erkundet, Ängste und Irritationen dramatischer werden.

Täglich neue Erfahrungen

Die vielen neuen Erfahrungen und Anforderungen, denen das Kind ausgesetzt ist, machen ihm oft Angst, sodass es sich gerne an Mutter oder Vater klammert.

Das Kind hängt stärker denn je wieder am „Rockzipfel", schnullert und braucht seinen ständigen Begleiter, ob Stofftier, ob Schmusewindel, den lieben langen Tag. In einigen Bereichen des Lernens schalten manche Kinder einen „Schongang" ein oder machen gar einen Rückschritt in ein früheres Verhaltensmuster, um Energie für die emotionale Anpassung zu sparen. So manches Kind hat jetzt eine Riesenangst vor dem Baden, dem Haarewaschen, dem Wasser, das übers Gesicht läuft, und vor allem, was sonst noch aus dem Gleichgewicht bringen könnte. Ebenso möchte es seine Mutter mit ihrem Kommen und Gehen unter Kontrolle behalten. Abschiednehmen macht ihm viel aus, es möchte selbst gehen und wiederkommen. Die Vorstellung der Objekt- und Personenpermanenz sind immer noch nicht ganz selbstverständlich. Es muss sich oft vergewissern, ob die Mutter im anderen Zimmer noch da ist. Es ruft und macht Geräusche, um sie herbeizulocken.

Das Sprachverständnis macht Fortschritte

Das Kind versteht schon Aufforderungen und kleine Bitten und schleppt bereitwillig gewünschte Dinge heran. Mit wachsender Begeisterung übt es seine Silben und einige Wörter wie „Mama, „Papa", „Beebie" oder

„nein-nein" lassen sich schon unterscheiden, auch eigene Wortschöpfungen für wichtige Gegenstände oder Familienmitglieder. Alles, was sich bewegt, Tiere und Autos, bekommt Namen, meist nach den Geräuschen die sie erzeugen.

Auch beim Spielen – wenn es nicht gerade mit Laufen beschäftigt ist – entdeckt das Kleinkind neue Methoden. Es fängt an zu sammeln, versucht jetzt nicht mehr nur einen oder zwei Gegenstände zu packen und zu tragen. Es möchte mehr mit sich schleppen, verstaut Sachen in der Armbeuge, im Mund, möchte mehr in den Händen tragen. Es zeigt eine große Vorliebe für das Aus- oder Einräumen von Behältern jeder Art, also auch Schubladen, Bücherregale und andere Sammlungen.

Das „Fort-Da"- und „Guck-Guck"-Spielen stehen noch hoch im Kurs. Das Interesse am Imitieren und Nachahmen wächst. Der Nachahmungstrieb ist jetzt im 2. Lebensjahr am stärksten. Man kann sich dieses Bedürfnis zunutze machen und dem Kind einige kleine Verrichtungen des Alltags, wie Händewaschen, Zähneputzen u. Ä. beibringen.

Beim Spielen entdeckt das Kleinkind nun neue Methoden.

Das ist ein wichtigerer Entwicklungsschritt, als es auf den ersten Blick scheint. Denn hier eignet sich das Kind durch die „verzögerte Nachahmung“ (Piaget) den Gebrauch von Gegenständen an.

Es spielt Situationen nach, die es einige Zeit vorher erlebt hat. Über diese verzögerte Nachahmung entsteht die innere Vorstellung einer Handlung und damit ist der Schritt zum symbolischen Denken getan. Das Spielzeug, z. B. der Teddy, kann jetzt als Handlungsobjekt gebraucht werden: Der Teddy bekommt aus dem Fläschchen zu trinken. Die Weitergabe dieser Handlung an den Teddy bedeutet, dass das Kind nun fähig ist, sie als Erfahrung zusammenzufassen und im Gedächtnis zu speichern. Diese innere Vorstellung ist nun unabhängig von den zeitlichen und örtlichen Gegebenheiten und auf neue Situationen übertragbar.

Wenn es mit dem freien Gehen besser klappt, kann das Kind Spielen und Laufen miteinander verbinden. Jetzt lässt sich ein Spielzeug an der Schnur mit sich ziehen, Sachen können besser herumgetragen werden. Allmählich müssen die Arme nicht mehr zum Ausbalancieren benutzt werden, dadurch sind sie frei und das Gehen selbst kann mit anderen Beschäftigungen verbunden werden.

Die ersten richtigen Schuhe sind eine symbolträchtige Errungenschaft – vor allem für die Eltern. „Lauflernschuhe“, besonders solche mit sehr starren Sohlen, in die das Baby noch hineinwachsen soll, sind aber eher ein Hindernis denn eine Hilfe. Am sichersten fühlt sich das Kind, wenn es mit Fußsohle und Zehen Boden unter den Füßen spürt. Später sind Schuhe notwendig, um den Fuß zu stützen, vorerst suchen die Zehen am Boden Halt und kräftigen damit das Fußgewölbe. Barfußlaufen ist die beste Übung für Füße und Beine. Der breitbeinige Entengang mit vorgestrecktem Bauch und Hohlkreuz geht allmählich in ein ausgeglicheneres Gehen über, bei dem die Füße schließlich parallel stehen. Zwei, drei Monate später kann das Kind über den Kopf greifen und nach oben schauen.

Kein Theater mit dem Essen

Der erste Versuch mit Tasse und Löffel kann mit 15 Monaten gemacht werden.

Das Essen ist nach wie vor ein heikles Thema. Babys in diesem Alter sind mäkelig und haben ausgeprägte Vorlieben und Abneigungen. Es funktioniert am besten, wenn Mütter sich so weit wie möglich aus den

Mahlzeiten heraushalten können und dem Kind genügend Freiraum für eigenständige Entscheidungen lassen. An einen ausgewogenen Speiseplan ist sowieso nicht zu denken und es ist besser, sich mit einem Minimalbedarf anzufreunden und im Übrigen nicht zu glauben, man hätte völlig versagt, wenn das Kind nicht genügend isst.

Mit 15 Monaten ist das Baby soweit, den richtigen Umgang mit Tasse und Löffel zu lernen. Falls die Eltern ihm nicht den Spaß verderben, wächst dabei sein Vertrauen in die eigenen Fähigkeiten. Es kann ja beides machen, mit den Händen essen und mit seinen Gerätschaften üben.

Das eigentliche Problem beim Theater um das Essen besteht darin zu akzeptieren, dass ein Kind dieses Alters gerne die Kontrolle darüber hätte, was es isst. Jeder Druck und jeder Trick sind eine sichere Methode, ernstere Probleme heraufzubeschwören. Das Risiko, dass sich die Konflikte ums Essen zu Dauerproblemen auswachsen, ist größer, als das Risiko das Kind könnte (heutzutage) durch Mangelernährung Schaden nehmen.

Für das Baby sind jetzt die „Launen" beim Essen so eng mit der Differenzierung seiner selbst von der Umwelt verbunden und Bestandteil seines Negativismus, dass man es mit Zwang in eine ausweglose Lage drängt.

Dauernuckeln beeinträchtigt selbstverständlich den Appetit und den Umgang mit den Mahlzeiten. Es hat jedoch noch einen anderen verheerenden Aspekt: Während sich im 2. Lebensjahr das Gebiss ausbildet, setzt der unentwegte Schluck aus der Saftpulle die Zähne einer Dauerumspülung durch die saure Zuckerlösung aus. Alle Fruchtsäfte enthalten sehr viel Zucker und Säure und können massiv das Gebiss angreifen. Die Nuckelflasche sollte keinesfalls zum Schnullerersatz werden.

Das ständige Nuckeln an einer Flasche beeinträchtigt den Appetit des Kindes.

Jedes Kind ist einzigartig

Im 2. Lebensjahr verdeutlichen sich die Unterschiede zwischen Kindern – sie werden jetzt zu ausgeprägten Persönchen durch ihre eigenwillige Art, ihre Fortschritte zu meistern. Die aufmerksamen, ruhigen Kinder werden noch bedachtsamer und halten unbeirrbar an ihrem Rhythmus fest. Aktive, lebhafte Kinder sind immer in Bewegung, können kaum stillsitzen und lechzen danach, ihre kognitiven Fortschritte zu demonstrieren. Oft können sie ihre Aufmerksamkeit nur kurze Zeit auf etwas bestimmtes richten. Die Energie von zurückhaltenderen Kindern fließt eher in die Entfaltung ihres feinmotorischen Geschicks und ihre Beobachtungsgabe. Bedenklich ist es, wenn Eltern die Variationsbreite einzelner Charaktere nicht akzeptieren können und bang nach dem „Durchschnittskind“ schielen. Sie sollten aber auf die Einzigartigkeit ihres Kindes schauen und auf seinen Entwicklungsstil vertrauen. Unter Druck wird sich das Kind bald mit den Zweifeln an seinen Fähigkeiten identifizieren. Die Freude an seiner Eigenart und die Zuversicht der Eltern leben in dem Kind weiter und werden ihm helfen, alles, was in ihm bereitliegt zu entfalten.

Der Bewegungs- und Forschungsdrang ist jetzt kaum mehr zu bremsen. Bis das Kind etwas ruhiger wird, dauert es noch, bis dahin belohnt es die Eltern mit seinen Fortschritten. Besonders sichtbare Schwerpunkte in der Entwicklung sind jetzt das Laufen, die feinen Bewegungen der Hände und Finger und der Spracherwerb.

In dieser Phase der Loslösung und Individuation kann das Kind bereits mehr Kontrolle über seine körperlichen Funktionen ausüben und entwickelt einen großen Stolz auf sein körperliches Funktionieren: Das Kind ist „verliebt in die Welt“ und in seine eigen Größe und scheinbare Allmacht.

Durch Neugier und seine vielfältige Aktivität lernt das Kind von selbst weiter.

Seine neuen, durch die Reifung kognitiver und motorischer Funktionen bedingten Errungenschaften und Entdeckungen möchte es oftmals umgehend mit seiner Mutter teilen und ist enttäuscht, wenn diese nicht gleich zur Stelle ist. Wenn es vielseitige Erfahrungen machen kann und auf sein Verhalten und seine Fragen ein Echo bekommt, braucht man ihm gar nicht etwas „beizubringen“. Es lernt entsprechend seiner Neugier und durch seine vielfältigen Aktivitäten weiter. Dazu braucht es Eltern, die es nicht allzu sehr einschränken.

Spiele, Spielsachen, Spielpartner

Das Spiel ist ein sehr wirkungsvolles Lerninstrument. Das Kind erprobt darin viele verschiedene Situationen und Handlungen und sucht nach den besten Varianten.

Die Wahrnehmung und das Denken entwickeln sich durch diese Aktivitäten weiter. Das Kind erfährt in seinen Spielformen, dass Gegenstände ganz unterschiedlich beschaffen sind. Es kann sich etwas vorstellen, wenn z. B. von der harten Tischkante, dem weichen Kissen oder dem schweren Bagger die Rede ist.

Es weiß sich zu helfen, wenn es an ein entfernt liegendes Spielzeug herankommen will und hat gelernt, dass das Licht an und ausgeht, wenn es mit dem Schalter knipst. Ob es ein Spielzeug „richtig" oder „falsch" benutzt, ist ihm ziemlich egal, es will das Ding an sich in all seinen Dimensionen kennenlernen. Wenn es ein Auto oder eine Puppe auseinander nimmt, will es herausfinden, was da drinsteckt.

Mit zu viel Spielzeug ist es überfordert. Es kann sich nur mit wenigen Dingen gründlich beschäftigen und es kann sein Spielzeug nur dann gut kennenlernen, wenn es oft damit spielt. Sinn macht jetzt nicht so sehr die Abwechslung sondern die Vertiefung in eine Sache.

Mit viel Ausdauer bewegt das Kind kleine Autos hin und her, legt Gegenstände über- und nebeneinander und reiht sie aneinander; es schaufelt etwas in sein Eimerchen und kippt es wieder aus. Es pickt mit seinen Fingerchen Kügelchen auf und füllt sie in eine Flasche und weiß, wie es sie wieder ausleeren kann. Es hat Spaß am Bauen von Türmen und Stapeln von Gegenständen.

Bei diesen Tätigkeiten ist das Kind sichtlich zufrieden und kauderwelscht vergnügt vor sich hin. Gern verfolgt es auch die Bewegung von Dingen, z.B. von Kugeln, die eine Bahn hinuntersausen, Seifenblasen, die zum Hinterherlaufen verlocken, wenn sie durch die Luft davonschweben.

Spazierengehen kann sich in diesem Alter zum „Spazierenstehen" entwickeln.

Das Spazierengehen wird jetzt zu einer Erkundungs- und Spielstrecke. Den Kinderwagen mag es lieber selbst schieben, als sich darin fahren zu lassen. Alles mögliche muss jetzt eingehend untersucht werden – Hofeingänge, Treppenstufen, Steinchen, Klingelknöpfe und Briefkastenschlitze. Daran schnell weiterzukommen ist gar nicht zu denken. Aus dem Spazierengehen wird jetzt eher ein „Spazierenstehen". Bestimmte Wege, die das Kind kennt, sind besonders beliebt, weil es schon weiß was es dort an Schönem erwarten kann. Es möchte an der Hand auf Mäuerchen balan-

Die meisten Kinder gehen jetzt gerne auf Entdeckungsreisen in der Natur.

cieren, erste Hopser von Treppenstufen werden geübt, Rampen unermüdlich auf und ab gestiefelt.

Ausgiebige Entdeckungsreisen auf dem Bauernhof und in die Natur sind jetzt besonders herrlich. Gerüche und Geräusche werden genau wahrgenommen und unterschieden, es kann sich merken, wie das Heu riecht, Fell oder Gras sich anfühlt; Tiere machen einprägsame unterschiedliche Töne und ein Traktor mit seinem lauten Geknatter ist einfach grandios. Auch zu Hause liebt das Kind lärmende Geräusche und mit verschiedenen Haushaltsgeräten lässt sich ein tolles Spektakel veranstalten.

Die Zeit der Musik- und Hörkassetten beginnt, Kinderlieder machen großes Vergnügen und man sollte die Zeit jetzt nützen, um sein eigenes Repertoire zu erweitern, denn Musik, Singen, Tanzen, nach Rhythmen

Klatschen und Bewegen, all das sind große Lernchancen für das Kind, verbunden mit dem Spaß, den es daran hat.

Die liebsten Spielpartner sind meist noch die Eltern und es kommt oft auf sie zu, um zum Mitmachen aufzufordern. Bilderbücher anschauen und vorlesen, immer wieder bestimmte Figuren oder Sätze wieder erkennen sind nicht nur kurzweilige gemeinsame Beschäftigungen. Das Kind bekommt einen Zugang zu Büchern, die später zu seinen wichtigsten Begleitern werden können.

Das „funktionelle Spiel" wechselt zum „repräsentativen Spiel".

Nach dem „funktionellen Spiel", in dem das Kind nachahmt, wie ein bestimmter Gegenstand zu benutzen ist (es bürstet sich z. B. die Haare), verwendet es jetzt im „repräsentativen Spiel" diesen Gegenstand an einer anderen Person: Jetzt bekommt Papa die Haare gebürstet. Oder die Puppe bekommt die Tasse hingehalten. Diese Spielform erweitert das Kind in einem nächsten Schritt und es stellt sich dann vor, die Puppe trinke nun aus der Tasse.

Um das 2. Jahr herum beginnen Kinder bestimmte Handlungsabläufe darzustellen, die zu einer Alltagssituation gehören. Dieses „sequenzielle Spiel" stellt dann beispielsweise die Sequenz Kochen und Essen dar – es wird gekocht, das Puppengeschirr gedeckt, die Puppe zum Essen an den Tisch gesetzt. Beim „symbolischen Spiel" wird die Puppe z. B. durch die Luft bewegt und das Kind tut so, als säße sie im Flugzeug. Aus dem „symbolischen Spiel" wird im Alter von 4 oder 5 Jahren das Rollenspiel.

Mit etwa 20 Monaten erwacht auch die Erkenntnis, dass Gegenstände aufgrund verschiedener Eigenschaften gleich oder verschieden sein können. Das Kind sortiert und gruppiert Spielsachen und Dinge nach bestimmten Eigenschaften: Alle Spielzeugautos werden in einer Reihe aufgestellt, Figuren werden auf einen Haufen getan, Puppenmöbel werden an einen Ort gerückt, Teller an einen anderen. Dieses Kategorisieren ermöglicht dem Kind bald, einfache Grundformen wie Kreis, Quadrat, Dreieck voneinander zu unterscheiden und richtig zuzuordnen. Etwa im gleichen Alter kann man mit einfachen Steckpuzzles beginnen.

Mama und Papa sind auch wichtige Partner im Geben-und-Nehmen-Spiel, wenn z. B. ein beladener Laster hin- und hergerollt und be- und entladen wird,oder der Ball hin- und hergeschubst, ein Spielzeug gegeben und genommen wird und so fort. Faszinierend sind für das Kind vor allem auch die Erwartungen an das Verhalten der anderen Person.

Ruppige Kontaktfreude

Jetzt ist der Kontakt zu gleichaltrigen Kindern gefragt.

Jetzt beginnt das Alter, in dem andere Kinder wirklich interessant werden. Es braucht den Kontakt zu Gleichaltrigen und lernt durch Nachahmung sehr viel. Die Zeit ist reif, um aus dem Kokon der Mutter-Vater-Kind-Idylle herauszutreten und sich auch auf den oftmals ruppigen Kontakt mit Gleichaltrigen einzulassen. Das Kind beginnt jetzt auf einer bewussteren Stufe sich selbst in Beziehung zu anderen zu erleben. Oft spielen die Kinder eine längere Zeit nebeneinander her oder besser gesagt sie spielen parallel und haben sich dabei durchaus im Augenwinkel. Obwohl sie einander nicht direkt beobachten, kopieren sie ganze Spiel- und Kommunikationssequenzen. Wenn Kinder einander so direkt nachahmen, laufen umfassende und intensive Lernprozesse ab.

In ihrem Verlangen, die Reaktion anderer auszuloten gibt es auch Reibereien und Zank. Es wird an den Haaren gezogen, gekratzt, gebissen, geschubst. Der Nachahmungstrieb, das zunehmende Habenwollen und Besitzstreben führen dazu, dass Kinder dieses Alters immer genau das tun und haben wollen, was das andere Kind tut oder hat.

Auch wenn es schwer fällt, unter den Blicken anderer Mütter das eigene Kind, das vielleicht gerade der „Missetäter" war, in Schutz zu nehmen und zu verstehen, ist das jetzt wichtig. Denn das Verhalten des Kindes ist nicht im eigentlichen Sinne aggressiv gegen andere gerichtet, sondern das Kind ist überfordert und hat den Überblick verloren. Durch ihr schimpfendes Eingreifen verstärken Erwachsene das aggressive Verhaltensmuster und bei der nächsten Gelegenheit passiert wieder dasselbe.

Zum Glück sind Kinder dieses Alters nicht nachtragend und mit der Zeit lernen sie, miteinander auszukommen. Kleine Attacken sind für das Kind darüber hinaus ein Mittel, seine Interessen durchzusetzen, sich seiner eigenen Kraft zu vergewissern oder Aufmerksamkeit zu erreichen. Es können auch unbeholfene Versuche der Kontaktaufnahme sein. Die Bildung des eigenen Gewissens dauert viele Jahre.

Das Kind will und kann allmählich lernen, sich rechtzeitig zu bremsen. In ebenbürtigen Beziehungen zu anderen Kindern lernt es das am besten. Wenn Erwachsene sich allzu schnell einmischen, stören sie diesen Lernprozess.

Der Spracherwerb

Die Fähigkeit zum „symbolischen Spiel" beginnt wie beschrieben zwischen dem 15. und 18. Lebensmonat und leitet zum Spracherwerb über. Die geistigen Vorgänge, die dem symbolischen Spiel zugrunde liegen, lassen zum ersten Mal auf Denkoperationen schließen. Die Periode der „sensomotorischen Intelligenz" im Sinne von Piaget geht dem Ende entgegen und es beginnt die Periode des vorbegrifflichen und symbolischen Denkens.

Voraussetzungen des Sprechens

Die früheste Periode der kognitiven Entwicklung nannte Piaget die „sensomotorische Periode", weil sich die Intelligenz des Babys zunächst in seiner Wahrnehmung über die Sinne und seinen motorischen Aktivitäten zeigt. Die verschiedenen Verhaltensmuster werden von dem Kind immer wieder geübt, bis sie beherrscht werden. Angetrieben von der hierarchischen Bewegung des Wachstums erscheinen sie aufs Neue in komplizierterer Form.

In knapp zwei Jahren hat das Kind eine wahre Revolution hinter sich gebracht. Es hat vor allen Dingen eine Vorstellung von der Personen- und Objektkonstanz gewonnen, es weiß nun, dass Dinge und Menschen eine dauernde, von seiner Wahrnehmung unabhängige Existenz besitzen. Es hat auch eine einfache Vorstellung von Ursache und Wirkung entwickelt. Es hat entdeckt, dass bestimmte Aktionen zu bestimmten Resultaten führen. Beim Experimentieren mit Gegenständen hat es die Anfänge eines Raum-Zeit-Begriffs erworben. Es kann seine Spielsachen lokalisieren und weiß, dass tägliche Ereignisse eine bestimmte Reihenfolge haben.

In knapp zwei Jahren hat das Kind eine wahre Revolution hinter sich gebracht.

All diese Entdeckungen haben in ihm ein Selbstempfinden vertieft, das sich selbst als eine von anderen Menschen getrennte Person wahrnehmen kann. Es hat angefangen, geistige Bilder über eine unmittelbare sinnliche Erfahrung hinaus festzuhalten, und kann kommende Ereignisse vorwegnehmen. Das Kind beginnt, sich Dinge mithilfe von Zeichen und Symbolen vorzustellen. Es kann über Sachen und Personen kommunizieren, die nicht mehr anwesend sind.

Diese Veränderungen der Weltsicht werden durch das Konzept der „verschobenen Nachahmung“ von Piaget illustriert. Wenn ein Kind von ungefähr 20 Monaten einen anderen Menschen bei einem Verhalten beobachtet, das es selber noch nie ausgeführt hat, wird es dieses Verhalten wahrscheinlich noch am selben Tag oder einige Tage später imitieren. Damit das Kind zu solchen Nachahmungen in der Lage ist, muss es das, was es erlebt hat, in sich festhalten, „abbilden“ können. Diese Repräsentation muss im Langzeitgedächtnis gespeichert sein und auch abgerufen werden können. Das Kind verfügt bei seiner Nachahmung über zwei Versionen – einmal das, was es sich gemerkt hat, und dann die eigene reale Ausführung einer Handlung. Es muss zwischen beiden hin und her schalten können.

Verhaltensweisen von Erwachsenen werden imitiert und im Gedächtnis gespeichert.

Ein Kind dieses Alters beginnt sich selbst von „außen“ betrachten zu können (ein Erwachsener würde sagen, er versucht sich selbst objektiv zu sehen). Bis zum Alter von 18 Monaten scheinen Kinder nicht zu wissen, dass sie im Spiegel ihr eigenes Bild sehen. Später wissen sie es.

Man hat es z. B. durch das Experiment mit dem „roten Fleck“ nachgewiesen, in dem man Kindern, ohne dass sie es merkten, einen roten Fleck ins Gesicht tupfte. Wenn kleinere Kinder ihr Spiegelbild erblickten, zeigten sie auf den roten Fleck im Spiegel, nicht auf sich selbst. Sind sie etwa 20 Monate alt, so tasten sie im eigenen Gesicht nach dem roten Fleck.

Sie merken nun, dass sie auch in einer Form repräsentiert werden können, die außerhalb von ihnen selbst existiert: im Spiegel, aber auch auf Fotos, Tonband- oder Videokassetten, aber auch im Kopf von anderen Menschen.

In dieser Entwicklungsphase können Kinder beginnen, wenn sie von sich selbst sprechen persönliche Fürwörter zu gebrauchen („meins“) oder manchmal den Eigennamen. Sie beginnen nun auch zu realisieren, dass es Jungen und Mädchen gibt und sie zu einer Gruppe gehören.

Wenn das Kind zu sprechen beginnt ...

Der Spracherwerb ist ein großer Schritt in Richtung Abgrenzung und Selbstständigkeit.

Wenn kleine Kinder schließlich zu sprechen beginnen, haben sie schon eine beträchtliche Weltkenntnis erworben. Das betrifft nicht nur die Funktionsweise unbelebter Dinge und ihres eigenen Körpers, sondern auch den Hergang sozialer Interaktionen. Der Spracherwerb ist ein großer Schritt in Richtung Abgrenzung und Selbstständigkeit, dessen Bedeutung mit der des Laufenlernens zu vergleichen ist.

Andererseits kann der Spracherwerb mit seinen neuen Verständigungsmöglichkeiten Zusammengehörigkeit und Nähe ungemein stärken. Das Kind und zunächst seine Eltern verfügen nun über ein neues Medium des Austausches, durch das sie neue gemeinsame Bedeutungen hervorbringen können. Für das Kind bedeutet der Erwerb der Sprache, dass es Eingang in eine größere Kulturgemeinschaft findet.

Das eigentliche Kennzeichen der Sprache liegt darin, dass Wörter und Sätze losgelöst von inneren und äußeren Gegebenheiten verwendet werden (Piaget). Sie können in immer neuen Zusammenhängen benutzt werden. Dadurch erhält die Sprache ihre unerschöpfliche Kreativität und unermessliche Produktivität.

Kinder erwerben Sprache eigenständig im intensiven Austausch mit den Eltern, Geschwistern und anderen Bezugspersonen. Sie eignen sich die Sprache an, indem sie zuhören und das Gehörte mit Personen, Gegenständen und Vorgängen in ihrer Umwelt sowie ihren Handlungen in Beziehung bringen.

Das Sprechen des Kindes ist nicht einfach Nachahmung – es lernt nicht Wörter und Sätze auswendig. Es ist seine ganz persönliche Leistung, aus seinen sprachlichen Erfahrungen Regeln über den Aufbau der Sprache abzuleiten. Das Kind hat ein inneres Bedürfnis, Ordnung in seine Sprache zu bringen.

Piaget hat nachgewiesen, dass in den ersten Lebensjahren sich zuerst das Denken, dann erst die Sprache entwickelt. Die geistigen Einsichten des vorbegrifflichen und symbolischen Denkens sind die Voraussetzungen für das Sprachverständnis und die Entwicklung des sprachlichen Ausdrucks. Zuerst entwickelt das Kind eine innere Vorstellung, dann versteht es den sprachlichen Begriff, der die Vorstellung bezeichnet, dann wendet es schließlich den Begriff an.

Das Sprechen des Kindes entwickelt sich in seinen Beziehungen. Von Anfang an werden die notwendigen Handgriffe und Alltagsverrichtungen mit freundlichem oder zärtlichem Reden begleitet. Das Baby „antwortet" auf seine Weise. In diesem Hin und Her von Schmusen und Necken, Weinen und Trösten, Glucksen und Sprechen sind Eltern und Baby ganz aufeinander eingestellt. Das Baby lernt dabei auf lustvolle Weise.

Wie früh ein Kind zu sprechen anfängt, hängt von seiner Umgebung und von seiner Veranlagung ab.

Wenn es dann früher oder später sprechen lernt, hängt das jedoch nicht allein von seiner Umgebung ab, sondern auch von seiner Veranlagung. Neben den Erbfaktoren spielen auch das Geschlecht und die Geschwisterfolge eine Rolle. Früh sprechende Kinder zeigen oft große Freude am Reden und bekommen entsprechend ihrer Gesprächsbereitschaft viel Resonanz.

Andere Kinder sind so mit ihren Geschäften des Hantierens und Spielens beschäftigt, dass sie nicht viel reden oder fragen. Wieder andere sind dauernd auf Achse und so von ihren motorischen Übungen in Anspruch genommen, dass für viel Sprechen keine Zeit bleibt.

Ganz entscheidend für jedes Kind ist die Haltung der Eltern. Sie fördern durch eine akzeptierende Erziehungshaltung die Sprachentwicklung und spornen das Kind an, Fragen zu stellen. Ihr Interesse am kindlichen Spiel, ihre innere Bereitschaft zur Kommunikation wecken und fördern die Freude am Sprechen. Eltern, die ihr Kind unentwegt korrigieren und zum Wiederholen anhalten oder nicht zuhören können, sind Hemmnisse für eine positive Sprachentwicklung.

Das Kind braucht unendlich viele Möglichkeiten, die Sprache auszuprobieren, sie bei Alltagsbeschäftigungen und im Spiel mitzuerleben und anzuwenden. Bei den meisten Kindern hat die frühe Sprachentwicklung einen sprunghaften Charakter. Der Wortschatz wächst nicht kontinuierlich, sondern in Schüben. Gelegentlich kann es auch zu einer Pause kommen, z. B. wenn das Kind in einem anderen wichtigen Bereich wie dem freien Gehen Fortschritte macht. Untersuchungen zeigen auch, dass Mädchen in ihrer Sprachentwicklung im Durchschnitt rascher sind als Jungen.

Der kleine Sprech-Schatz

Gegen Ende des 2. Lebensjahres haben Kinder einen Wortschatz von etwa 20 sinnvollen Wörtern und beginnen Zweiwortsätze zu bilden. Sie sagen z.B. „Papa adda“, also Papa geht weg, und zeigen damit, dass sie schon Personen mit deren Handeln verbunden wahrnehmen und benennen können.

Das Kind kann nun eine Person einem Ort zuordnen und kann seine Wünsche und Absichten äußern. Wenn es sagt „Lisa tinken“ (Ich, Lisa habe Durst und möchte etwas trinken), ist das mit dem Bewusstwerden der eigenen Sinnesempfindungen verbunden. Das Kind nimmt sich als Person wahr. Jetzt kann es auch bestimmte Gegenstände bestimmten Personen zuordnen, „Schuhe Mama“ etc. Von nun an entfaltet sich ein endloses Interesse an Namen und Bezeichnungen von Gegenständen: „Das?“ oder „Das da? – Papa?“, „Ja, das ist Papas Brille“, und so fort. Das Fragealter hat begonnen.

Die meisten zweijährigen Kinder sprechen von sich, indem sie ihren Vornamen gebrauchen. Oft benutzen sie den Begriff „meins!“ schon sehr ausdrucksvoll, um darauf hinzuweisen, was ihnen gehört.

Wünsche und Absichten können nun verbal geäußert werden.

Auch wenn ein Kind noch nicht so gut spricht, kann sein Sprachverständnis schon sehr weit fortgeschritten sein. Es schaut so drein, als ob es schon alles verstünde, was man ihm erzählt. Im Bilderbuch erkennt es viele Figuren und Szenen wieder und weiß einzelne Begriffe. Es kann seine Nase, seinen Bauch, seine Händchen zeigen, wenn man es danach fragt. Es versteht auch etwas kompliziertere Aufträge wie: „Hebe den Teddy auf und lege ihn auf das Bett."

Die meisten Kinder entwickeln einen eigenen Sprechjargon, in dem einzelne Lautfolgen noch keine richtigen Wörter sind. Häufig werden Konsonanten wie „R", „S" oder „K" und „G" noch nicht deutlich ausgesprochen oder durch andere Buchstaben ersetzt, z. B. „dib" statt „gib". Meist werden solche Hürden spätestens im Vorschulalter genommen. Es ist aber wichtig, dem Kind zu helfen, wenn es von Außenstehenden nicht verstanden wird, damit es nicht enttäuscht ist über seine Sprechleistung.

Wenn ein Kind auffallend undeutlich spricht, braucht man viel Geduld. Wörter und Sätze müssen wiederholt werden („Bille?", „Ja, das ist die Brille"), damit sich das Kind alles gut einprägen kann. Das kann nur freiwillig und ohne großen Druck funktionieren. Wenn das Kind kommt, um etwas Wichtiges mitzuteilen, sollte man nicht nur mit einem „halben Ohr" zuhören und nebenher mit anderen Dingen beschäftigt sein. Kinder merken sehr genau, ob jemand ihre Mitteilung wirklich aufnimmt und es ernst damit meint.

Sprechen ist eine eigenständige Leistung des Kindes, das es in seinen Beziehungen erlernt.

Kinder, die nicht so toll sprechen, verleiten ihre Eltern oft dazu, schnell in die Bresche zu springen, sie geben die Antwort lieber schnell selbst. Sehr viel besser für das Selbstbewusstsein des Kindes ist es, ihm Zeit zu geben und mit auch für andere Personen erkennbarer Geduld und Unterstützung seine Antworten abzuwarten. Eine akzeptierende Grundhaltung ist wichtig. Man kann inhaltliche Aussagen mit dem Kind besprechen, aber muss sich mit der Korrektur seiner sprachlichen Form zurückhalten. Kinder verstehen immer weit mehr, als sie in Worten ausdrücken können.

Nicht in der Norm?

Wenn Sie Ihr Kind in all den bisher beschriebenen Verhaltensweisen nicht recht wieder erkennen, wenn ihnen sehr unbehaglich bei dem Gedanken wird, was es „angeblich" schon alles können soll, und sich Zweifel einschleichen, wenn Sie Ihr Kind erleben, gehen Sie über diese Sorgen nicht hinweg. Vieles „wächst sich aus", aber nicht alles.

Lassen Sie sich einen Termin für ein ausführliches Gespräch bei Ihrem Kinderarzt geben. Sollte es Hinweise auf Entwicklungsverzögerungen geben, dann können Sie viele Angebote der Förderung nutzen.

Mit seinem Kind eine Therapie oder Förderung zu machen ist nicht etwa nur etwas für „Doofe". Im Gegenteil, Sie beweisen dadurch Ihre Kompetenz und Verantwortung. Und Sie können durch Gespräche und zusätzliche Informationen ein Experte für die Entwicklung Ihres Kindes werden. Ein Kind, das so unterstützt wird, hat die Chance, nicht nur Defizite auszugleichen, sondern sogar besondere Fähigkeiten auszubilden.

Die 7. Vorsorgeuntersuchung sollte auch genutzt werden, wenn das Kind keine Schwierigkeiten hat.

Nicht nur bei Auffälligkeiten sollte die 7. Vorsorgeuntersuchung für das Kind genutzt werden. Jetzt kann man mit dem Arzt eine lange Entwicklungsphase besprechen. Er untersucht jetzt vor allem die Motorik, die Koordination von Grob- und Feinmotorik, das Hör- und Sehvermögen sowie die sprachliche, emotionale und soziale Entwicklung. Jetzt lassen sich auch Fragen des Ess- und Schlafverhaltens besprechen. Im Übrigen stehen zwischen der 6. und 7. Vorsorgeuntersuchung auch Auffrischungsimpfungen an und der Impfplan sollte durchgegangen werden.

Zwei Jahre alt: Eigenständig und selbstbewusst

Ab jetzt vollzieht sich die Entwicklung in kleineren Schritten und ist nicht mehr so spektakulär, wie in den ersten beiden Lebensjahren. Aus dem Baby ist ein Kleinkind geworden. An seinen Verhaltensweisen kann man erkennen, dass es beginnt sich mit Vater und Mutter zu identifizieren. Der Junge wirkt manchmal schon wie ein richtiger kleiner Kerl, der die Gesten von Papa imitiert. Das Mädchen ahmt seine Mutter nach; die Identifikation mit der Geschlechtsrolle beginnt.
Die Bewegungen sind nun sicher und koordiniert. Das Kind strahlt rundum Selbstvertrauen aus.

Was das Kind schon alles kann

Seine Körperproportionen haben sich etwas verändert, es hat sich gestreckt, der Kopf wirkt im Verhältnis zum Körper noch recht groß. Aus den O-Beinen werden die typischen X-Beine, die sich im Vorschulalter allmählich begradigen. Das Trotzen steht jetzt nicht mehr im Vordergrund. Zu artig sollte ein Zweijähriges aber auch nicht sein.

Immer in Aktion

Sein Schritt ist jetzt allerdings schon ziemlich selbstsicher und es stapft zuversichtlich und neugierig in seiner vertrauten Umwelt auf Herausforderungen zu.

Das Kind kann eine ganze Weile konzentriert spielen und muss sich nicht mehr pausenlos der Gegenwart seiner Mutter versichern. Es traut sich auch schon mal, von ihr wegzustürmen.

Laufen und Rennen sind nun kein Problem mehr. Treppen jedoch sind eine Herausforderung.

Ohne Hilfe kann es sich vom Sitzen in den Stand befördern. Es läuft und rennt gerne und probiert verschiedene Gangarten aus. Treppen sind noch eine Herausforderung, hinaufsteigen kann es fast ohne Hilfe, aber beim Hinuntergehen braucht es noch die Hand. Ruhig auf einem Stuhl sitzen fällt jetzt besonders schwer, irgendetwas ist immer in Bewegung.

Das Kind liebt jetzt Gegenstände, die sich öffnen und verschließen lassen, es versucht Flaschen und Tuben aufzudrehen. Sammeln und Aufeinanderstapeln und Bauen sind für die meisten Zweijährigen attraktiv. Ebenso alles, was mit Kritzeln, Kleckern, Schmieren (Fingerfarben) und Batzen (Knete, Sand) oder Schütten und Umfüllen zu tun hat.

Zunehmendes Habenwollen und Besitzstreben kommen oft recht temperamentvoll zum Ausdruck. Bei Essen und Anziehen will es unbedingt seine Unabhängigkeit erproben und mithelfen. Es kann eine Tasse mit beiden Händen halten und daraus trinken. Es kann mit dem Löffel essen, ohne das meiste zu verkleckern. Weil die Eltern mit dem Besteck essen, will es das unbedingt auch können. Bei jedem Hinweis darauf, was es vielleicht („Bitte noch ein Stückchen!") essen sollte, wittert es Gefahr um seine Selbstständigkeit und verweigert genau das. Es ist besser, sich nicht einzumischen, denn es muss selbst darüber bestimmen können, wie und was es isst.

Trotz oder vielmehr gerade wegen seiner Kämpfe um die Unabhängigkeit bleibt das Zweijährige besonders gern in Mutters Nähe, wenn sie z. B. im Haushalt zu tun hat. Es will mitmachen, Besteck einräumen. Tischdecken, Staubsaugen, Bügeln. Es spielt Waschen und Kochen. Wenn der Handwerker kommt, wird er aus sicherer Entfernung genau beobachtet und später mit Sicherheit auf die eine oder andere Weise nachgeahmt. Alles in Haus und Garten ist hochinteressant und wird in sein „Arbeiten" einbezogen.

Das Zweijährige möchte „mitarbeiten" und beschäftigt sich gerne in der Nähe der Mutter.

Kratzen, Beißen, Schlagen

Manchmal sind Spielkameraden willkommen, aber längst nicht immer. Die gemeinsamen Spiele sind noch von kurzer Dauer. Feindselige Affekte wie Beißen, Schlagen, Kratzen oder Herumstoßen anderer Kinder gehören in diesem Alter durchaus zu den normalen Verhaltensweisen. Dem Kind muss jetzt freundlich, aber bestimmt gezeigt werden, wo die Grenzen sind. Es braucht eine konsequente, aber nicht beschämende Reaktion auf sein Verhalten. Mit anderen zu teilen bedeutet für Kinder eine schwere Aufgabe. Doch wenn sie spüren, dass dies von ihnen erwartet wird, lernen sie es ganz bestimmt. Jetzt ist der richtige Zeitpunkt, um damit anzufangen. Wichtig ist, dass man bei allem, was man dem Kind zeigen und beibringen will, es auf keinen Fall bloßstellt, sondern ihm den Rücken stärkt.

Selbstbehauptung

Die Aufwallungen der Selbstbehauptung bringen die Stimmung des Zweijährigen noch immer unvermittelt zum Umschlagen. Wenn laufende und kletternde Kleinkinder schwungvoll ihren Untersuchungen nachgehen, geraten sie unvermeidlich mit den (schützenden) Einschränkungen ihrer Mutter in Konflikt. Solche situativen Frustrationen führen zu zornigen, oft kollerartigen Reaktionen, bei denen das Kind versucht die Mutter wegzustoßen. Es erlebt eine Zerreißprobe zwischen dem Wunsch, das frühere Einverständnis mit der Mutter zu erhalten, und dem Wunsch, auf eigene Faust, ganz ungestört zu forschen und sich über die Welt der Dinge herzumachen. Das bleibt in gewisser Weise ein unversöhnlicher Gegensatz, der als unerklärliche Frustration erlebt wird, aber ausgehalten werden muss. Die zornigen Angriffe gegen die Mutter haben immer diesen hilflosen Charakter. Die Mutter soll helfen, gießt aber durch ihre Versuche zu beruhigen noch Öl ins Feuer. Meist braucht das Kind Zeit, sich ohne mütterliche Einmischung zu sammeln.

Papa, der Dritte im Bunde

Der Vater ist der Verbündete im Kampf um die Unabhängigkeit.

Die Rolle des Vaters ist in diesen Kämpfen besonders wichtig. Er ist der „herbeigesehnte Dritte" im Bunde, der hilft, aus der Abhängigkeit von der Mutter herauszukommen. Das Kind möchte sich ihm stärker zuwenden. Jedes Kind dieses Alters braucht jetzt einen interessierten, engagierten Vater. Es erlebt die Gegenwart oder Rückkehr des Vaters als lebenswichtigen Bestandteil der Kontrolle oder des Kampfes, der mit den Ängsten um das Unabhängigwerden verbunden ist. Der Druck, den die Selbstbehauptung und die damit verbundene Irritation im Verhältnis zur Mutter erzeugen, kann schon sehr stark für das Kind sein.

Diese spannungsreichen Erlebnisse zwischen Nähe und Distanz erhöhen die Bereitschaft zu reaktiver Aggressivität und Widersetzlichkeit gegen jede Einschränkung und jeden Frustrierenden.

Das Kind arbeitet hart daran, die vielgestaltige, manchmal beängstigende Wahrnehmung, die es von der Mutter haben kann, in ein geordnetes, überdauerndes, einheitliches inneres Bild von ihr zusammenzufassen. Die Sprachentwicklung und die Fähigkeit, Begriffe zu finden, helfen in dieser Zeit, die vielgestaltigen Erlebnisweisen zu strukturieren. Das besonders konflikthafte Erleben wird in der Psychologie als „Wiederannäherungskrise" (M. Mahler) beschrieben. Einerseits will das Kind mit 2 Jahren schon von seiner Mutter getrennt, groß und allmächtig sein, andererseits wird es mit zunehmender Fähigkeit zur Realitätsprüfung seiner Abhängigkeit von ihr und seiner Angst vor Liebesverlust gewahr.

Die lustvollen Errungenschaften von Wegrennen und Hochklettern führen zu unvermeidlichen Konflikten mit der Mutter. Das „Über-Ich" beginnt Wurzeln zu schlagen, d.h. „Gut" und „Böse" und die damit verbundenen Ge- und Verbote werden verinnerlicht. Teilweise kann das Kind sich schon an verbotene Verhaltensweisen erinnern. Zusätzliche Spannung bringt die wachsende Erkenntnis, ein Mädchen oder ein Junge zu sein.

Geschlechtsunterschiede werden jetzt wahrgenommen.

Zweijährige nehmen Geschlechtsunterschiede wahr und beginnen sich mit der Geschlechterrolle zu identifizieren. Da das Verhalten stark durch Nachahmung geprägt ist, sind die Identifizierungsvorgänge recht auffällig und sie sind in der Regel geschlechtsspezifisch: Der Junge lehnt sich an das Verhalten des Vaters an, das Mädchen an das der Mutter.

Erziehung zur Sauberkeit

Die so genannte Sauberkeitserziehung beginnt um diese Zeit. Aber nur das Kind kann entscheiden, wann es so weit ist. Die Vorstellung, eine Erziehung sei besonders gut gelungen, wenn das Kind recht früh „sauber" ist, hat sich bei besser informierten Eltern erledigt. Tatsächlich beginnt das Sauberkeitstraining erst, wenn Reifezeichen wie Sprachverständnis, Imitieren, Ordnungssinn, Nachlassen des Trotzes sichtbar sind.

Ab wann soll das Kind auf den Topf?

Der Zeitpunkt, wann das Kind auf den Topf geht, hängt von ihm selbst ab.

Die Voraussetzungen dafür müssen zunächst einmal im körperlichen Bereich gegeben sein. Damit ein Kind Darm und Blase richtig kontrollieren kann, müssen die entsprechenden Schließmuskeln genügend stark und durch seinen Willen beeinflussbar sein. Das heißt, jedes Kind muss lernen, die Schließmuskeln zu entspannen, nur so kann es „Pipi" oder „Aa" machen. Dazu ist es erst zu Beginn des dritten Lebensjahres in der Lage, manche Kinder auch erst später.

Wann der richtige Zeitpunkt gekommen ist, um das Kind auf den Topf zu setzen, hängt stets von ihm selbst ab. Die Sauberkeitserziehung steht in direktem Zusammenhang mit dem Selbstständigkeitsstreben und es fühlt sich durch zu viel Druck leicht in seiner Autonomie verletzt. Es muss seinen inneren Kampf allein durchstehen und zu einer eigenständigen Entscheidung kommen. Es kann eine ganze Weile dauern, bis es sich zu dem Entschluss durchgerungen hat, aufs Töpfchen zu gehen und dann auch noch etwas „herzugeben“. Die Windel muss ihm so lange zur Verfügung stehen, wie es sie haben will. Man sollte nur in kleinen Schritten und deutlicher Absprache mit dem Kind die Windel weglassen. Nachts beginnt das „Sauberkeitstraining“ erst, wenn das Kind tagsüber ganz stabil die Sache mit dem „Geschäft“ beherrscht. Lieber nachts auf Nummer sicher gehen, als morgens ein nasses Bettchen und eine enttäuschte Mama vorfinden.

Wenn man mit dem Kind die nächsten Schritte bespricht, weiß es, was von ihm erwartet wird, doch wenn die Zeit reif ist, muss es selbst entscheiden können. Je weniger Druck beim Sauberwerden ausgeübt wird, umso selbstverständlicher wird es spätestens bis zum Ende des 4. Lebensjahres sauber sein.

Ein Lob den „Pampers“

Die „Pampers“, Inbegriff der Höschenwindel, haben sicherlich die Reinlichkeitserziehung gravierend verändert. Frühe Dressurakte zum Erwerb der Kontrolle über die Schließmuskeln sind überflüssig geworden. Das Ertragenkönnen eines Spannungsgefühls, zurückhalten und auf Anforderung hergeben können sind im Zeitalter der „Pampers“ keine besonderen Tugenden mehr. Früher wurden solche Erziehungsziele dem Kind früh andressiert und sogar eingebläut. So wurde nicht etwa Stolz, der in diesen Zusammenhang gehört, sondern Gefühle von Scham und Minderwertigkeit erzeugt. Heute werden diese Dinge, zum Wohl des Kindes, flexibler gehandhabt.

Das Thema Hergeben oder Verweigern spielt auch im Kampf um die Pampers eine Rolle. Manche Kinder weigern sich, ihre volle Windel herzugeben. Andere wollen die Windel nach getanem Geschäft sofort loswerden, um den Bezug zu ihrer vollbrachten Leistung herzustellen, sie wollen, dass sie beachtet wird. Für das Kind werden das „Pipi"- und das „Aa"-Machen interessant und wichtig. Mit Neugier und Spannung verfolgt es, was da aus seinem Körper herauskommt.

Ob Höschenwindeln, ob Stoffwindeln, das Thema ist: Hergeben oder Verweigern.

In diesem Zusammenhang entwickelt es verschiedene typische Verhaltensweisen. Es hockt z.B. da mit nach innen gerichtetem Blick, versteckt sich in Ecken oder hinter dem Sofa, wird ängstlich oder freudig erregt. Seine Ausscheidungen sind für das Kind etwas, was zu ihm gehört. Es ist stolz darauf, etwas „produzieren" zu können. Es ekelt sich nicht davor und betrachtet seine Ausscheidungen noch nicht als etwas Schmutziges. Dass ein Kind sich für die Beschaffenheit seiner Produkte interessiert, ist nichts Ungewöhnliches. Es kann schon sein, dass es mal genauer prüfen will, wie sich das anfasst.

Kleine Kinder spüren sehr genau, wie weit die „Macht" ihrer Eltern reicht – haben sie auch Zugriff auf das Körperinnere oder ist ihr Einfluss darauf gering? So erlebt das Kleinkind, wie es mit seinen Körperausscheidungen einen eigenen Willen zum Ausdruck bringen kann. Diese Erfahrungen sind eng verflochten mit seinen Autonomiebestrebungen und ein wichtiger Schritt zur Selbstständigkeit. Die erreicht ein Kind, das nicht unter Druck gesetzt wird, zu einem bestimmten Zeitpunkt sauber sein zu müssen, am besten. Wahrscheinlich schaffen es die meisten Kinder bis zum Kindergarten, wenigstens tagsüber trocken und sauber zu bleiben. Wenn nicht, hat es eben eine Windel im täglichen Gepäck. Die besten „Maßnahmen" in der Reinlichkeitserziehung sind Lob, Geduld, Respekt und im Übrigen nicht allzu viel Aufhebens um die „Geschäfte".

Interesse am eigenen Körper

Bei Mädchen und Jungen wächst nun, verstärkt durch die Sauberkeitserziehung, das Interesse am eigenen Körper. Mit der gleichen Wissbegier und unbefangen, wie es seine anderen Körperteile untersucht und ihre Namen kennen lernen will, will es das auch für seine Geschlechtsorgane.

Das Kind kennt noch keine Tabus

Es erkundet natürlich auch die Regionen, aus denen seine Ausscheidungen kommen. Es lernt jetzt seinen Körper noch besser kennen und unterzieht ganz selbstverständlich seine Genitalien einer eingehenden Untersuchung.

Sollten seine Eltern diesbezüglich allzu ausweichende und umständliche Erklärungen abgeben, wundert sich das Kind wahrscheinlich, warum dieser Teil seines Körpers ihnen so viel Kopfzerbrechen bereitet. Für das Kind ist es natürlicherweise lustvoll, seine Geschlechtsorgane spielerisch zu erkunden. Für Erwachsene jedoch ist es nicht einfach, das Kind bei seinen Spielen gewähren zu lassen.

Auch seiner Neugierde auf den Körper der Eltern sind berechtigterweise Grenzen gesetzt. Für die meisten Erwachsenen ist besonders der Genitalbereich mit Tabus und Schuld- oder Schamgefühlen oder zumindest mit großer Intimität verbunden. Der ungezwungene Umgang mit der Sexualität eines Kindes sollte nicht zu dem Missverständnis führen, dass alles ganz „offen" und „natürlich" sein muss. Dem Erkundungsbedürfnis des Kindes sind, was den Erwachsenenkörper und die Erwachsenensexualität betrifft, selbstverständlich Grenzen gesetzt.

Schamgefühle haben in der Sexualentwicklung ebenso eine Berechtigung wie Offenheit und Unbefangenheit.

Es ist schon richtig, ein Kleinkind hat noch keine Schamgefühle, es sei denn, es bekommt sie gemacht. Andererseits sind Schamgefühle – wenn sie nicht zu krampfhafter Selbstverleugnung führen – eine wichtige Möglichkeit für Kinder und Erwachsene, ihre Körper vor unangemessenen Übergriffen zu schützen, sich nicht preiszugeben und eine Intimsphäre zu wahren. Im Übrigen empfinden Kinder bald eine durchaus folgerichtige Scheu vor den nackten Körpern ihrer Eltern, die ihnen riesig und bedrängend erscheinen können. Die Aufgabe der Eltern ist es, auch hier die richtige Balance herzustellen.

Einerseits darf das Kind in seiner Unbefangenheit und Neugier nicht zurückgewiesen oder beschämt werden, andererseits muss es Grenzen zwischen intim, privat und öffentlich kennen lernen. In seiner Sexualentwicklung und Erziehung muss das Kind auch mit gesellschaftlichen Regeln und Tabus in diesem Zusammenhang konfrontiert werden.

So wie Zweijährige auf alles neugierig sind, sind sie es auch in Bezug auf die Sexualität. Sie beginnen Fragen zu stellen und sich Vorstellungen zu machen. Sexualität ist in diesem Alter noch nicht zu einer „genitalen" Sexualität fortgeschritten, wie sie Erwachsene erleben. Sie hat sich gerade erst vom beruhigenden Saugen und Lutschen der Säuglingszeit von der Mundregion auf die Bereiche der Ausscheidungsorgane erweitert bzw. verschoben.

Kinder fangen jetzt an, Fragen in Bezug auf ihre Geschlechtsorgane zu stellen.

Der kleine Unterschied

Noch sind die Ausscheidungsvorgänge und ihre Beherrschung eine spannende Angelegenheit und färben die sich entfaltende Sexualität des Kindes. In dieser Zeit realisiert es meist, dass Mädchen und Jungen verschieden „gebaut" sind. Der Geschlechtsunterschied wirft für Kinder wichtige Fragen auf. Dem kleinen Jungen mag es auf den ersten Blick so scheinen, als fehle seiner Schwester oder kleinen Freundin etwas, da sie nicht über einen deutlich sichtbaren Penis verfügt. Das kann ihm auch Sorgen machen, denn wer weiß, ob dieser dem kleinen Mädchen nicht irgendwie abhanden gekommen ist. Und wenn so etwas möglich ist, kann ihm das vielleicht auch passieren.

Eine gewisse ängstliche Besorgnis um den Erhalt ihrer körperlichen Unversehrtheit ist bei den meisten Jungen zu beobachten. Weshalb besonders uneinfühlsame Erwachsene gerne mit „Wegnehmen" oder gar – noch sadistischer – mit „Abschneiden" drohen. Kleine Mädchen können, selbst wenn sie sich schon recht befriedigend der Erforschung ihrer Vagina gewidmet haben, auf die Idee verfallen, dass ihnen so ein schmückendes Teil noch fehlt – vielleicht noch nachwachsen sollte. Die Erklärung, dass die Organe im Bauch einmal dafür da sind, ein Baby wachsen zu lassen, kann es allerdings mit ebenso großem Stolz erfüllen, wie ihn der kleine Junge auf seinen Penis empfindet. Dieser Stolz des Mädchens ist jedoch nicht so konkret an ein sichtbares Organ geknüpft, sondern verlangt von ihm die Identifikation mit der Mutter und der mütterlichen Rolle. Es muss ein Stück Körperbewusstsein über die zukünftigen Möglichkeiten seines Körpers entwickeln. Es muss einen Aufschub in seine Geschlechtsidentität hineinnehmen, die Hoffnung darauf, dass sein Körper irgendwann in der Zukunft in all seinen Potenzialen aufblühen wird.

Jungen und Mädchen lernen, ihren Geschlechtsunterschied zu akzeptieren und zu respektieren.

Mädchen und Junge, werden mithilfe der Erwachsenen verstehen lernen, dass ihre Geschlechtsteile aus guten Gründen verschieden sind und genauso vollständig und wichtig sind wie die des anderen Geschlechts.

Männlich und weiblich

Die meisten Eltern haben heute den Anspruch, ihr Kind nicht allzu sehr durch ihre Erziehung auf traditionelle Vorstellungen von „männlich" und „weiblich" festzulegen. Die ehemalige Kampfparole „Wir werden nicht als Mädchen geboren - wir werden dazu gemacht!" dürfte heute als reichlich überspitzt gelten. Ebenso überholt und lähmend ist die Auffassung, jede Äußerung von Männlichkeit, jede Geste der traditionellen Männerrolle sei der bekämpfenswerte Ausdruck eines unberechtigten männlichen Dominanzanspruchs. Vielmehr neigt man inzwischen doch eher dazu, offenkundige Unterschiede der Geschlechter zu respektieren und als besondere Möglichkeit der Perönlichkeitsentwicklung aufzufassen.

Kinder sollen sich entsprechend ihren Neigungen entwickeln können. Das tun sie jedoch nicht unbeeinflusst von den Eltern. Erst angesichts der Eltern, in der Erfahrung ihrer Geschlechtsrolle, kann das Kind so etwas wie ein Konzept von Männlichkeit und Weiblichkeit entwickeln.

Um seine ersten Erfahrungen der Geschlechtsunterschiede auseinander zu halten und eine eigene Geschlechtsidentität auszubilden, hat es noch wichtige Entwicklungsschritte vor sich, für die Vater und Mutter die wesentlichen Partner sind (s. a. König-Becker, Mein Kind von 3–6).

Mädchen und Jungen erleben die Suche nach ihrer Geschlechtsrolle unterschiedlich.

Bis jetzt haben beide, Jungen wie Mädchen damit zu tun, heftige Trennungsängste zu bewältigen. Wenn alles gut geht, sind Vertrauen und Selbstsicherheit so gefestigt, dass gegen Ende des dritten Lebensjahres Omnipotenzvorstellungen zunehmend der Freude an der aktiven Bewältigung von neuen Entwicklungsaufgaben weichen. Dies kommt auch einer besseren Kontrolle der Affekte und einem reiferen Umgang mit Stimmungsschwankungen und Wutausbrüchen zugute. Das Gefühl, ein abgegrenztes Selbst zu sein, stabilisiert sich.

Die Vorstellung, was zur Männlichkeit und was zur Weiblichkeit gehört, gewinnt in der Beziehung zu Vater und Mutter an Komplexität. Da die Mutter eine weibliche Identität und einen weiblichen Körper hat, ist das folgenreich für die Ablösung und Geschlechtsrolle des Kindes. Die innerpsychische Trennung von der Mutter und die Einbeziehung des Vaters in die Suche nach der geschlechtlichen Zugehörigkeit werden vom Jungen und vom Mädchen unterschiedlich erlebt und vollzogen.

Söhne und Töchter

Das Mädchen erlebt sich im Verlauf seiner Entwicklung kontinuierlich mit seiner Mutter verbunden, es kann sich mit ihrer Weiblichkeit identifizieren. Der Junge muss sich dagegen mehr als ein abgetrenntes und verschiedenes Wesen definieren.

Mütter verwöhnen ihre Söhne oft unbewusst weit mehr als ihre Töchter.

Möglicherweise entschädigen Mütter (ganz unbewusst) ihre Söhne für diese Anforderung an eine größere Unabhängigkeit, aber auch ihre Angst vor der Verschiedenheit durch verwöhnendes Verhalten. Beobachtungsstudien (z.B. von Ulrike Schmauch) haben gezeigt, dass Mütter ihre kleinen Söhne weit länger und genussvoller körperlich versorgen, bedienen, verwöhnen, als es die Mütter von kleinen Töchtern tun. Das äußert sich in vielen Handgriffen und Handlungen: Für den kleinen Sohn wird aufgeräumt, er wird an- und ausgezogen, lieber gewickelt als auf den Topf verwiesen, ihm wird vieles gegeben, zubereitet, eingerichtet, recht gemacht.

Sich aus dieser Umarmung zu lösen erfordert vom kleinen Jungen die viel beobachtete aggressive Energie, die er auch in anderen Zusammenhängen erprobt. Mit anderen Worten, an ihn wird eine hohe seelische „Arbeitsanforderung" gestellt, um mit der höheren Körperspannung, seinen aggressiven Affekten und feindseligen Gefühlen umzugehen. Die vielen Aktionen des Bestimmen-, Besitzen- und Beherrschenwollens gehören ebenso in diesen Zusammenhang der „forcierten Trennungsaggression" wie die raumgreifende Umsetzung von Fantasien, um sich mächtig in einem selbst geschaffenen Terrain zu fühlen.

Mädchen haben das gleiche Geschlecht wie ihre Mutter und bleiben ihr auf diese Weise verbunden. Um dennoch Autonomie und ein abgegrenztes Selbst zu entwickeln, erlernen sie in der Regel früher und stabiler, „sauber" zu werden. Mütter sind laut Beobachtungsstudien mit größerem Eifer hinterher, dass ihre Töchter bald die Anstrengung des Aufpassens verinnerlichen, dass sie früh ihre Entleerung selbst beherrschen. Sie lernen auch eher, sich selbst an- und auszuziehen, das Binden und Knöpfen von Kleidern und auch das Aufräumen. Sie werden „vernünftige", brave Mädchen. Dieses Verhalten führt über die Abgrenzung – also etwas recht früh ohne Hilfe der Mutter erledigen zu können – zur Identifizierung mit der mütterlichen Geschlechtsrolle.

Vaterrolle

Der traditionelle Vater verkörpert für das Kind abenteuerliche Ungebundenheit und lockende Freiheit.

Der Vater beginnt seine für die Individuationsentwicklung des Kindes überragende Rolle anzunehmen. Zumindest muss man bis jetzt in der weitgehend herkömmlich gestalteten Familienlandschaft und der darin üblichen Rollenverteilung davon ausgehen. Die Mutter ist – und bleibt? – die primäre und nahezu ausschließliche Bezugsperson des Kindes, der Vater ist der abends erscheinende „glänzende Ritter". Der (traditionelle) Vater verkörpert in den Augen seiner Kinder abenteuerliche Ungebundenheit und lockende Freiheit, gefahrlose Abgrenzung und furchtlose Unabhängigkeit. Der Junge wünscht sich, so wie der Papa zu sein.

Nicht mehr die Mutter braucht jetzt vorrangig seine Unabhängigkeit zu bestätigen, sondern es ist nun der Vater, von dem er sich dringend Anerkennung wünscht. Für den kleinen Jungen ist sein Vater von einer herrlichen Omnipotenz, so wie er sich das für sich selbst wünscht: groß und stark, unabhängig, von der Mutter begehrt und immer auf Abenteuer unterwegs. Eine teilweise Identifizierung des Mädchens mit seinem Vater und dessen so genannten männlichen Eigenschaften wie Unabhängigkeit und Durchsetzungsvermögen unterstützen auch sein Autonomiestreben und Selbstwertgefühl. Außerdem probiert das Mädchen immer mehr eine neue Art der sinnlichen Bezogenheit aus und wendet sich dem Vater auf

Jungen und Mädchen identifizieren sich auf ihre Weise mit der Männlichkeit des Vaters.

zärtliche und erotische Weise zu. Die liebevolle Zuwendung des Vaters, der in der Lage ist, dieses Verhalten richtig zu verstehen, erfüllt es mit Stolz und bestätigt es in seiner weiblichen Selbstachtung.

Die Entwicklungsphase der geschlechtlichen Orientierung reicht in das vierte, fünfte Lebensjahr hinein. Im dritten Lebensjahr werden dem Kind der Unterschied und die Einschränkung, die die Zugehörigkeit zu einem bestimmten Geschlecht mit sich bringt, allmählich bewusst. Bis Mädchen und Jungen sich mit den Eltern identifiziert haben, gibt es noch viele Entwicklungsschritte hin zu einer eigenen Geschlechtsidentität.

Der 3. Geburtstag steht bevor

Der dritte Geburtstag ist ein besonderes Ereignis im Leben von Kind und Eltern. Für das Kind ist es der erste Geburtstag, den es bewusst erwartet und mit einem gewissen Gefühl für seine eigene Geschichte begeht. Es weiß und sagt: „Ich bin jetzt schon drei Jahre alt!" Für die Eltern steht eine Veränderung ihrer Beziehung zum Kind bevor. Wenn bis jetzt das Gefühl überwog, alles für das körperliche und geistige Wachsen und Gedeihen ihres Babys getan zu haben, so haben sie nun das Gefühl, eine gehörige Portion „Erziehung" aufbringen zu müssen. Aus ihrem Baby ist ein selbstbewusstes Kleinkind geworden, das ausgeprägte Persönlichkeitszüge hat: Es hat sich zu einer neugierigen, zielstrebigen kleinen Person entwickelt, die brennend interessiert ist an der Welt und an den Menschen. Es ist bereit, zu lieben und zu lernen – beides mit hingebungsvoller Konzentration und lustvoller Sinnlichkeit. In seiner Arglosigkeit braucht es jetzt weiterhin die verständnisvolle Begleitung und unbedingte Liebe seiner Eltern. Es kann ihnen schon ein richtiger Partner sein, ist aber auch noch klein und anhänglich und bei Gelegenheit ängstlich, denn seine Fantasiewelt beginnt sich zu bevölkern und zu beleben.

Für das selbstbewusste Kleinkind muss nun die nötige Erziehung aufgebracht werden.

Entwicklungsschritte, die in den ersten Jahren schneller und absehbar aufeinander folgten, werden allmählich weniger spektakulär sein und in längeren Zeiträumen stattfinden. Gleichaltrige Kinder unterscheiden sich nun recht deutlich in ihrem Entwicklungstempo, ihren Ausdrucksmöglichkeiten und ihren vielfältigen Fähigkeiten. Von nun an strebt jedes Kind auf seine ganz individuelle Weise in die Welt.

Eine „gelungene" Entwicklung

Natürlich fragen sich die Eltern immer wieder, ob ihr Kind auch altersgerecht entwickelt ist. Sie möchten wissen, wie sie es fördern können und wo sie vielleicht bremsen sollten.

Über viele Jahre hinweg hat sich die französische Kindertherapeutin *Françoise Dolto* mit den Fragen und Sorgen der Eltern auseinander gesetzt. Immer wieder wollten Eltern wissen, ob ihr Kind „in der Norm" ist und was man Allgemeingültiges über eine gelungene Entwicklung sagen kann. Einige von Doltos Überlegungen können besorgten Müttern und zweifelnden Vätern einen weisen Rat bieten:

„Ein lebendiges, ein glückliches Kind, das sich in seiner Haut wohl fühlt, weil es sich so entwickeln kann, wie es ihm persönlich entspricht, ist ein flexibles, also bewegliches Kind: Man sieht es am Ausdruck seines Mundes, seines Blickes, seiner Höraufmerksamkeit und an seinen Geräuschen – alles ist lebendig, das Kind stellt sich auf die jeweilige Situation ein. Das Kind nimmt, wirft weg, bewegt Dinge, spielt, was es bei anderen sieht, und erfindet selbst Spiele. Es möchte und kann die Bedürfnisse seines Körpers alleine befriedigen, es isst, wenn es Hunger hat, wäscht sich, weil es ihm angenehm ist. Es kann sich allein beschäftigen, spielt aber lieber mit Kindern seines Alters.

Körpersprache und Lebensfreude zeigen, ob sich das Kind „richtig“ entwickelt.

Ein Kind, das sich bei all seinen Tätigkeiten in Sicherheit fühlt, hat eine wachsame, aber nicht zu ängstliche Mutter, die nicht zu viel erlaubt, aber auch nicht zu streng ist – diese Mutter ist lebendig, man hört sie auch singen und lachen und sieht sie auch mit anderen Menschen glücklich.

Durch seine Beziehungen zu anderen Menschen, zu allem, was Leben bedeutet, zu Tieren, Pflanzen, Blumen, zu den Elementen, zu den Gegenständen und durch das Sprechen über alles, was seine Aufmerksamkeit fesselt, entwickelt das Kind seine Fähigkeiten des Geistes und des Herzens sowie der Intelligenz – Fähigkeiten, die mit seinem Körperwachstum einhergehen.

Das Kind wird unter diesen Bedingungen zu einem Menschen, der nach Austausch sucht und alle Möglichkeiten des Tuns, Habens, Nehmens und Gebens, Wissens und Empfindens im täglichen Kontakt mit seiner Umwelt auszuschöpfen weiß."

Ein intensives Lebensgefühl

Nach *Winnicott* lebt das Kind im Lebensabschnitt zwischen drei und sechs Jahren äußerst intensiv. In dieser Phase wird seiner Meinung nach eine ungeheure Menge „Leben" in sehr kurzer Zeit zusammengedrängt. Es ist zweifelhaft, ob das ganze übrige Leben so lang ist wie diese drei

Jahre, in denen das Kind eine „ganze Person“ wird und sich intensiv mit anderen Menschen auseinander setzt.

Doch das Kind erfährt in dieser Zeit nicht nur positive Gefühle. Dieses Vorwärtsstürmen oder Zaudern, das Lieben und Wegstoßen, Wachsen und Werden des Kindes kann man nur verstehen, wenn man auch um seine Ängste weiß. Denn die große weite Welt und alles, was darin in Bewegung gerät, ist auch erschreckend, alles Neue verlockend und gefährlich zugleich.

Wachsen durch Krisen

Das Handeln des Kindes wird bestimmt durch seinen Mut und seine Initiative, seine Experimentierfreude und die Suche nach Selbstvertrauen. Und plötzlich bekommt es wieder Angst vor der eigenen Courage. So erlebt das Kind immer wieder Krisenmomente – ein ganz wichtiger Faktor für die Entwicklung.

Kinder leben völlig im Hier und Jetzt. Alle Erlebnisse wirken äußerst intensiv.

Der Entwicklungspsychologe *Erik H. Erikson* beschreibt in seinem berühmten „Entwicklungsmodell der Identität“ Reifung und Entwicklung als eine Folge von Krisen. Jeder Entwicklungsabschnitt bedeutet danach auch eine Krise, weil Wachstum und beginnende Bewusstheit zu einem erneuten Ungleichgewicht in den schon erworbenen Verhaltensmustern führen. Der Begriff „Krise“ bezeichnet dabei nicht eine Katastrophe, vielmehr eine Phase verstärkter Verletzlichkeit, eine erhöhte Empfänglichkeit für neue Entwicklungen oder Schwierigkeiten.

Die Frage, ob ein Kind in einer solchen Phase „stark“ oder „schwach“ ist, kann in die Irre führen, denn Empfindlichkeit, Stagnation, Beharrlichkeit oder Empfindungslosigkeit können nebeneinander bestehen. Die produktive „Krise“, die für das Kind die Frage auslöst, wer es ist, was für ein Mensch es werden könnte, hat in diesem Alter vor allem folgende Grundlagen:

Das Kind kann sich frei und kraftvoll bewegen, es legt selbst einen unbegrenzten Radius von Zielen fest, sein Sprachgefühl ist so weit vervollkommnet, dass es unzählige Dinge versteht und ununterbrochen fragen kann – und sowohl die Sprache als auch seine Bewegungen im Raum erlauben ihm, seine Fantasie auf so viele Rollen auszudehnen, dass es sich unvermeidlich selbst erschreckt über das, was es sich ausgedacht, erträumt oder geträumt hat.

Erlebt das Kind seine Krisen unter diesen Voraussetzungen, so wird es aus diesen Erfahrungen gestärkt hervorgehen und einen Schritt vorwärts in seiner Entwicklung getan haben.

Trotz und Selbstständigkeitsstreben

Auch die Beziehung zu den Eltern bleibt von diesen Krisenerlebnissen des Kindes nicht unberührt. Das Verstricktsein in Selbstständigkeitsbestrebungen, Hilflosigkeit und Bedürftigkeit führt nicht selten zu trotzigem Aufbegehren gegen elterliche Vorschriften.

Die Eltern erleben gegen ihr wohlmeinendes Begleiten eine neue Art von Trotz, die der amerikanische Kinderarzt *T. Berry Brazelton* als „Lust an der Qual" beschreibt. Das Kind stellt sich und seine Eltern auf die Probe: Wie lange halte ich es aus, mich meinen Eltern zu widersetzen und damit auf ihre wohlwollenden Gefühle zu verzichten? In dieses Gefühl des Alleinseins mischt sich der Stolz auf die eigene Unabhängigkeit.

Solche Übungen in Nichtanpassung sind wichtige Gehversuche in Richtung Selbstständigkeit und Erfahrungen eigener Stärke. Eltern und Kinder müssen hier einen Weg zwischen Trotz und Verhandlungsbereitschaft finden.

Innere Spannungen

Während das Kind die Welt erkundet, sich neue Handlungsfelder erschließt und seine Unabhängigkeit erprobt, treten immer wieder neue Spannungen auf. Es gibt alterstypische Phobien, hinter denen sich Irritationen und Verunsicherungen als übertriebene Ängste, z. B. vor Insekten, großen Tieren, Geräuschen, darstellen. Manches hat einen realen Erfahrungshintergrund, vieles hat mit den eigenen Affekten und Gefühlsregungen zu tun, die das Kind zu bezwingen versucht.

Diese Selbstbeherrschung fordert ihren Preis, und die schlimmen Gefühle schlüpfen dann in das Gewand von Ängsten, Regressionen (der Rückfall in frühkindliche Verhaltensweisen) oder Autoaggressionen (z. B. Nägelkauen). Einerseits sucht das Kind jetzt selbst nach Wegen, seine Impulse allein auf ungefährliche Weise und konstruktiv zu äußern. Andererseits helfen ihm in seiner konfliktreichen Lage Gespräche und Verständnis für sein Bemühen um Selbstbeherrschung.

Das Durchleiden von Spannungen und Ängsten gehört zur zunehmenden Unabhängigkeit.

So müssen sich die Eltern in dieser Phase der zunehmenden Selbstsuche und Selbstbehauptung des Kindes bemühen, ihm weiterhin ein verlässliches, berechenbares Umfeld zu bieten, und es gleichzeitig eigene Erfahrungen in allen Lebensbereichen machen lassen.

Sinneserfahrungen und Forschungslust

Am Beginn dieses Altersabschnitts steht der Aufbruch in eine neue Art der Vitalität. Das Kind erlebt ein ungebrochenes Initiativegefühl, das ihm erlaubt, über Irrtum und Scheitern hinaus weiter seinen Eifer und sein Richtungsgefühl zu behalten. Es weiß jetzt nicht nur, was es tun kann, es entdeckt, was es tun könnte. Und so beginnt es zielstrebig, den Geheimnissen der Welt auf die Spur zu kommen.

Neue Erfahrungen

Mit dem Gehen, Toben, Springen, Klettern werden Sinneseindrücke mit dem ganzen Körper wahrgenommen. Das Zeit- und Raumgefühl entwickelt sich. Nun fangen Kinder an, Vergleiche zu ziehen. Die Neugier auf Unterschiede, Einordnungen, Geschlechts- und Altersunterschiede ist unerschöpflich. Soziale Rollen und mögliche zukünftige Rollen werden beobachtet, spielerisch erprobt und erfasst.

Die Fantasien und Betätigungen von Drei- und Vierjährigen haben alle einen ähnlichen Charakter, den *Erik H. Erikson* als „eindringenden Modus“ beschreibt: Kraftvolle Bewegungen in der Umwelt, Vordringen in Unbekanntes, getrieben von unendlicher Neugier, Eindringen in anderer Leute Ohren und Denken durch aggressive Stimme und permanentes Fragen, körperliche „Angriffe“ auf anderer Leute Körper, sexuelle Neugier.

Das Machen und Streben sind Grundmuster der Identitätsentwicklung im frühen Vorschulalter.

Experimentieren

Lernen und Forschen, Erfahrungen mit der Welt, mit ihren Gesetzen, mit den Regeln der Menschen werden im Spiel über den Weg von Versuch und Irrtum erprobt. Mit Ausdauer wird nachgeahmt, den Dingen auf den Grund gegangen oder improvisiert. Alles muss befühlt werden, um es zu begreifen. Nichts ist der forschenden Neugier eines vierjährigen Kindes heilig. Der Unterschied zwischen Gefährlichem und Harmlosem wird erst langsam ausgelotet. Rollenspiele unterstützen diesen Erfahrungsprozess.

Ursache und Wirkung, Unterschiede, Zusammengehöriges und Getrenntes, Gesetzmäßigkeiten, all das wird in Spielerfahrungen erprobt und begriffen. Sie steigern die Wahrnehmungsfähigkeit und formen körperliche und geistige Fertigkeiten.

Das Fragealter

Stetig wachsen die Erkenntnisse über Gegenstände, ihre Beschaffenheit, ihre Zuordnung. Vorstellungen von Raum und Zeit – wie groß ist ein Land, wo beginnt es, wo ist seine Grenze und woran erkennt man sie? Wie lange ist heute, wann ist übermorgen? – beschäftigen Fünfjährige besonders intensiv. Das Ergründen von Kausalzusammenhängen – wenn das Wasser in diesen Abfluss fließt und dann in das Rohr und dann in die Wand, wo fließt es dann hin, wo kommt es wieder raus? – führt zu Dauerthemen und Lieblingsfragestellungen.

Einfühlungsvermögen

Mit dem Begreifen erweitert und verfeinert sich die Wahrnehmung der Umwelt, in der sich das Kind bislang noch als Mittelpunkt empfand. Langsam kann es objektiver werden und sich auch hin und wieder in andere hineinversetzen. Die Gefühlswelt differenziert sich, „echtes", nicht andressiertes Mitgefühl entsteht.

Dies ist die Voraussetzung, im Kindergartenalter immer besser mit anderen spielen zu können. Mit der Entfaltung der Gefühle vervielfältigen sich die Ausdrucksmöglichkeiten, die körperliche Kommunikation wird erweitert und abgelöst von der Fähigkeit, sich auch durch Worte verständlich zu machen.

Sprache – Schlüssel zur Welt

Die Leistungen, nach denen es das Kind jetzt drängt, nämlich Ordnungen und Verallgemeinerungen zu entwickeln, Dinge zu benennen, Ereignisse zu deuten, sind allesamt an Sprache gebunden.

Alle Sinnes- und Gedächtnisleistungen verweben sich miteinander in der Sprache. So wie der Sprachbeginn bei Kindern verschieden ist, kann auch die weitere Entwicklung des Sprechens eine höchst individuelle Sache sein. Die Erweiterung des Sprachschatzes, das „Baden in Sprache" geschieht meist ganz alltäglich und wie nebenbei, wenn über vieles gesprochen wird.

Doch Sprechen ist vor allem auch Dialog; man schaut sich an, hört einander zu, spricht miteinander. Nicht nur das Baby ist fasziniert von Mimik und Lippenbewegungen; auch das größere Kind sucht den Kontakt im Dialog, um sich mit seinen vielen Fragen ernst genommen zu fühlen. Es möchte zu Wort kommen, Worte für seine Erfahrungen und Gedanken finden. Manchmal erfindet es auch noch eigene Worte. Es möchte verstanden und keinesfalls durch ungeduldiges Korrigieren entmutigt werden. Bei vielen Kindern wachsen Erlebnisfähigkeit und Sprachschatz so heftig an, dass sie vor Aufregung stottern, die Worte nicht schnell genug finden. Zu Unrecht befürchten Eltern dann, dieses nicht flüssige Sprechen könne sich zum Stottern auswachsen. Häufig beobachten Eltern auch, dass Mädchen früher und geschickter mit Sprache umgehen können als gleichaltrige Jungen.

Eigeninitiative unterstützen

Die richtige Mischung aus Ermutigung, Lob und Zurückhaltung zu finden verlangt von Eltern viel Einfühlungsvermögen. Zu viel Lob, zu viel Anfeuern können auch unter Druck setzen und Eigeninitiative auf Dauer ersticken. Beim kindlichen Spiel darf auch mal etwas schief gehen. Dann muss nach neuen Lösungswegen gesucht werden. Versuch und Irrtum, Lust am Improvisieren unter halbwegs der Wirklichkeit nachgeahmten Bedingungen machen den kleinen Entdecker aus und stärken sein Selbstwertgefühl. Er manövriert sich in Sackgassen, groß angelegte Experimente scheitern (die Wasserleitung aus langen Papierrollen macht schlapp ...), mit Schwung errichtete Ursache-Wirkung-Testreihen (was passiert,

Das Kind braucht Möglichkeiten und Ermutigung, eigene Lebenserfahrungen zu machen.

wenn ...) müssen immer wieder abgebrochen werden. Macht nichts, das Kind dieses Alters läßt sich nicht so schnell entmutigen. Mit enormer Energie ringt es um Orientierung und das Begreifen von Zusammenhängen. Wie funktioniert etwas, wie gehört etwas zusammen, wovon ist es Teil, was kommt vorher, was kommt nachher, wo bin ich, wie finde ich Vertrauen in meine Fähigkeiten?

Die Welt selbst erfahren dürfen

Nur im eigentätigen Handeln, im Erproben und praktischen Nachvollziehen erfahren Kinder die Welt, fühlen sie sich ganz und begreifen die Wirklichkeit. Über das Begreifen der manchmal rauen Wirklichkeit, das Fühlen von Hitze und Kälte, spürt es auch die Bedeutung und gelangt zu Begriffen. Neben lustvollen warten auch schmerzhafte Erfahrungen und Gefahrensituationen. Nicht immer kann man beschützen und bewahren, man muss dem Kind auch zumuten, selbst Situationen und ihre Bedingungen zu erkennen. Allmählich lernt es, im Umgang mit der Wirklichkeit seine Kompetenz einzuschätzen. Es spürt jenseits der Neugier seine Grenzen und kann bewusster Maß und Übermaß voneinander unterscheiden.

Hilfe zur Selbsthilfe

Die Unterstützung, die Kinder beim Sammeln von Erfahrungen brauchen, drückt sich am wenigsten in Mitleid aus. Das Mit-Leiden und Trösten, wenn ein Mißgeschick passiert ist, darf nicht in Entmutigung umschlagen.

Hilflosigkeit, Ängstlichkeit, Unsicherheit, Zurückgezogenheit können dazu verleiten, ein Kind als „arm“ und schwach zu sehen. Eine solche mehr oder weniger ausgesprochene Botschaft an das Kind engt seine Erkundungsaktivitäten ein. Es wird in seinen Fähigkeiten und schöpferischen Kompetenzen unterschätzt und übernimmt diese Einschätzung bedauerlicherweise selbst. Was das Kind braucht, ist Hilfe zur Selbsthilfe. Es braucht Vertrauen in seine wachsenden Fähigkeiten, Situationen selbstständig zu bewältigen und Krisen und Probleme selbstbewusst anzugehen.

Spontaneität, Erkenntnis und Interesse

Es wird für Kinder in unserer Gesellschaft immer schwieriger, sich spontan Raum und Zeit anzueignen. Spielräume, in denen Natur entdeckt werden kann, in denen Toben, Lautsein, Matschen und raumgreifendes Spielen möglich ist, werden durch begrenzende Umweltbedingungen immer enger, wenn sie nicht sogar ganz wegfallen. „Möblierte“ Spielplätze sind in diesem Alter todlangweilig und keine Alternative. Denn nur das spontane Erkunden weckt in Kindern Interesse, lässt sie wichtige Erkenntnisse gewinnen.

Müßiggang ist aller Entwicklung Anfang

Selbst die spontane und unmittelbare Aneignung des eigenen Wohnumfeldes und Lebensraumes ist selten möglich, allein schon gar nicht. Wege werden nicht mehr gegangen, erlebt, erfahren, sondern gefahren. Dieser Eingriff in die Wirklichkeitsaneignung und Raumerfahrung verändert die Wahrnehmung, auch die zeitliche. Das Transportieren der Kinder von Ort zu Ort führt dazu, dass sie auch ihre freie Zeit immer weniger selbst gestalten können. Langeweile, Müßiggang, Herumstreifen und Herumlungern, Nichtstun und Tagträumen können nicht zustande kommen, werden vielleicht nicht gerne gesehen, weil eine Auffassung von „sinnvoller“ Zeiteinteilung vorherrschend ist. Viele Eltern halten Müßiggang auch bei Kindern dieses Alters schon für ein schlimmes Laster und treiben ihre Kinder beständig zu irgendwelchen Aktivitäten an. Doch auch für Kinder sind Entspannung, Alleinsein, Intimität und Zurückgezogenheit eine Quelle für neue Kraft und Kreativität. Ein ständig kontrollierender Blick raubt Individualität, das Kind kann seinen eigenen Rhythmus und Lebensstil nicht finden. Während Eltern meinen, sie könnten durch beständige Kontrolle verhindern, dass ihre Kinder ihnen entgleiten, entwinden diese sich ihrer aufdringlichen Überwachung und erproben ihre Freiheit außerhalb des so wachsamen Blickes. Dabei riskieren sie Fehler, entscheiden selbst, was sie tun oder lassen wollen, und finden für sich heraus, mit welchen Menschen sie am liebsten verkehren.

Auch kleine Kinder haben das Recht, in gewissen Bereichen ihres Erlebens und Denkens in Ruhe gelassen zu werden.

Die intellektuelle Entwicklung

Sosehr einerseits Forschen, Experimentieren und Aufbegehren Anstoß und Motor in der Entwicklung von Vorschulkindern sind, so bestimmt anderseits die Fähigkeit zur Anpassung das Wesen ihrer intellektuellen Entwicklung.

Der geniale *Jean Piaget* hat diesen Vorgang in seiner Forschung über die geistige Entwicklung des Kindes mit dem Begriff der „Adaption“ beschrieben. Zwei Prozesse laufen während dieser „Adaption“ beständig ab:

Im Verschmelzen einer neuen Vorstellung mit einer bereits vorhandenen nimmt das Kind allmählich alles in Besitz, was es um sich herum kennen lernt und erfährt: Dinge, Menschen, Ideen, Gewohnheiten, Neigungen. Es gliedert sie den eigenen Aktivitäten ein, assimiliert sie.

Diese „Assimilation“ hält der „Akkommodation“, der Anpassungsfähigkeit, die Waage, die das aktive Hinausgreifen, das Hinausgehen in die Umwelt beschreibt.

In seiner geistigen Entwicklung sucht das Kind nach einem Gleichgewicht. Es strebt danach, eine ausgewogene Koordination zwischen Assimilation und Akkommodation, also Aneignung und Anpassung, zustande zu bringen.

Während seiner Vorschuljahre muss das Kind die Lücke zwischen den sensomotorischen Aktivitäten des Babys und den geistigen „Operationen", d. h. Handlungen, des Schulkindes überbrücken. Dies geschieht ganz allmählich, Schritt für Schritt. Zunächst folgt das Kind lediglich seinen Sinneseindrücken (etwas sieht größer aus, also muss es auch größer sein) und hält sie für objektiv richtig. *Piaget* nennt diese Zeit die „präoperationale Periode" (s. Seite 243) in der kindlichen Entwicklung. Das Kind lernt in dieser Phase den Gebrauch von Symbolen wie der Sprache und der geistigen Bilder. Anstatt nach den Dingen zu greifen, kann es sie jetzt benennen und darum bitten. Statt seine Mutter zu sehen, kann es an sie denken und deshalb auch eine längere Zeitspanne ohne sie auskommen. Auch bei *Piaget* sind Phantasie- und Rollenspiele in diesem Alter besonders wichtig, weil das Kind dadurch die Aktivitäten, Rollen und Vorstellungen seiner Umwelt symbolisch aufnimmt, eben assimiliert.

Durch Nachahmung der Sprache, des Verhaltens und der Aktivitäten der Erwachsenen lernt das Kind, sich auf neue Situationen in der Welt einzustellen.

Einssein mit der Welt

Als besondere Eigenart des präoperationalen Denkens beschreibt *Piaget* die „Egozentrik" des Kindes; dieser Begriff hat jedoch nichts mit der umgangssprachlichen Bedeutung von Egoismus zu tun.

Der Egozentrik unterliegt die Annahme des Kindes, dass die Welt für es geschaffen sei. Das Gefühl des Einsseins mit der Welt führt das Kind zu der Überzeugung, dass jedermann genauso denkt wie es selbst und dass die ganze Welt seine Gefühle und Wünsche teilt. Und: Die ganze Welt ist nicht nur seinetwegen geschaffen, das Kind kann sie auch beherrschen. Es könnte, wenn es wollte, Mauern zum Einstürzen bringen, Autokolonnen dirigieren, Dinge zum Verschwinden bringen oder überhaupt erst neu erschaffen. Dieses Gefühl erfüllt das Kind mit Stolz, ist aber irgendwie auch beängstigend.

In dieser Entwicklungsphase ist das Kind noch nicht in der Lage, seine eigenen Gedankengänge zu rekonstruieren und zu verteidigen, denn dazu müsste es vom Standpunkt einer anderen Person aus denken können.

Die Fähigkeit, sich in andere hineinzuversetzen, ist erst rudimentär entwickelt. Es wird noch viele Jahre des Zusammenlebens mit anderen erfordern, bis es dem Kind wirklich möglich ist, den emotionalen oder intellektuellen Standpunkt einer anderen Person zu verstehen.

Im Denken des Kindes sind die Dinge lebendig

Vierjährige erleben und interpretieren die Welt der Natur als belebt und voller Absichten und Zwecke: Der Mond folgt dem Auto, um ihm den Weg zu zeigen. Ein Ball kann sich weigern, geworfen zu werden. Der böse Stuhl ist daran schuld, dass man sich gestoßen hat.

Schließlich, nach vielen Lernerfahrungen, erlebt das Kind einen kognitiven Konflikt und beginnt, sich zu korrigieren – es weiß mehr, als sein Gefühl ihm nahe legt. Nun sind nur noch Objekte, die sich bewegen, lebendig und folgen z. B. in ihrer Bewegung einem moralischen Zwang: Die Wolken müssen sich beeilen, denn sie bringen Regen. Schließlich sind nur noch Sachen, die sich spontan aus sich heraus bewegen, lebendig, nicht mehr Autos oder Eisenbahnen, weil sie durch eine fremde Kraft in Bewegung gesetzt werden. Erst im Schulalter werden nur noch Tiere, Menschen und Pflanzen als lebendig angesehen.

Für das vier- und fünfjährige Kind sind alle Dinge gleich real: Worte, Namen, Bilder, Träume, Gefühle, alles existiert. Namen sind identisch mit den Dingen, die sie bezeichnen. Das Kind weiß nicht, dass sie nur im Geist der Menschen existieren: Der Mond heißt schon immer Mond, weil er der Mond ist. Etwa mit der Schulreife beginnt das logische Denken, können Objekte und Begriffe, Objekte und Vorgänge unterschieden werden.

Logisches, objektives Wahrnehmen der Welt entwickelt sich erst ab dem Schulalter.

Annäherung des Denkens an die Wirklichkeit

Man kann diese Fähigkeit des Kindes, Schritt für Schritt sein Denken der Wirklichkeit anzunähern, auch als zunehmende „Differenzierungsleistung“ beschreiben. Bevor das Denken in Ursache-Wirkungs-Zusammenhängen erlernt wird, durchläuft das Kind weniger differenzierte, dennoch wichtige Entwicklungsstufen: Es erlebt sich als Mittelpunkt seiner Beziehungen, es glaubt, seine Wünsche bringen die Ereignisse hervor.

Der schrittweise Verzicht auf diese Vorstellungen geht mit Verlusterfahrungen und Ängsten einher. Das wachsende Interesse an der Welt und die vermehrten Erkenntnisse über ihre Gesetze sind noch an unmittelbare Wahrnehmung und direkte Erfahrung gebunden. Das vorbegriffliche, symbolische Denken des Kindes entwickelt sich zu einem anschaulichen Denken; Sachverhalte können zusammenhängender beobachtet, kommentiert und entsprechend ihrer Erscheinungsform beurteilt werden. Doch das Vorschulkind ist meist noch damit überfordert, auch die dahinter liegenden logischen Zusammenhänge zu erkennen, denn sein Denken hat diese Differenzierungsstufe noch nicht erreicht.

Oft verwenden die Eltern viel Mühe darauf, ihren Fünf- und Sechsjährigen die Dinge zu erklären und ihnen zu zeigen, wie alles wirklich zusammenhängt. Sie sind sehr erleichtert, wenn dann schließlich mehr und mehr „vernünftige“ Gespräche mit ihren „Großen“ möglich werden.

Selbstbewusstsein ist die Basis der Wissensbegierde

Der fortschreitende Spracherwerb, die Fähigkeit, mit Symbolen umzugehen, geben in Verbindung mit dem Fantasiespiel und den magischen Vorstellungen von der Welt diesem Alter seinen ganz besonderen Charakter. Hier beginnt der Sinn dafür, wie das eigene Ich in Beziehung zu anderen Menschen steht. Dabei zeigen sich die ersten Spuren moralischen Empfindens. Ganz neue Interessen entwickeln sich, und über den Umkreis der engsten Familie hinaus entstehen Gefühlsbindungen.

Wie viel Interesse und Motivation das Kind nun äußern kann, hängt weitgehend von seinem Selbstgefühl, seinem sich entwickelnden Selbstbewusstsein ab. Wenn das Bild von sich selbst, das es in den Augen seiner Mutter, in der Haltung seiner Familie und der Behandlung durch andere Kinder auf sich zurückgespiegelt sieht, positiv ist, erlebt es sich als „in Ordnung", als „gut". Wie es sich äußert, die Art seines Benehmens, das Selbstvertrauen, mit dem es neue Herausforderungen anpackt, sein Interesse am Lernen neuer Fertigkeiten, all das steht in Zusammenhang mit seinem Selbstbild. Seine Einstellung zu sich spiegelt sich in seinen emotionalen Reaktionen auf andere Personen.

Spielen ist Lernen

Gerade in diesen Vorschuljahren werden die Fundamente für zukünftiges Lernen gelegt, für den Fortgang der kognitiven und emotionalen Entwicklung.

Im Spielen geht der Prozess des Lernens und Begreifens weiter. Mit Kreativität und Ausdauer, getrieben von Neugier, gehen Kinder ans Werk. Die Auffassung, Spielen sei für Kinder nur ein unterhaltsamer Zeitvertreib, weil sie noch nichts Besseres können, ist natürlich falsch. Man kann es an der Intensität, der Beteiligung aller Sinne sehen, dass das Spiel für Kinder viel mehr bedeutet.

Das Kind erfährt im Spiel, wie die Welt funktioniert.

Ein wichtiger Aspekt des Spielens liegt gerade darin, dass es für das Kind mit einem gewissen „Wagnis" verbunden ist. Das Kind muss seine innere Realität, in der es alles kann („ich bin der Kapitän", „der gefährliche Pirat" usw.) mit der Kontrolle der Wirklichkeit, der realen Objekte (der Stuhl ist das Schiff auf dem Tisch und darf nicht herunterfallen) in Einklang bringen. Das Wagnis ist nicht nur die Übung der Geschicklichkeit, damit der Stuhl nicht kippt, der Turm nicht stürzt. Es ist in gewisser Weise mit jedem Spiel ein kleines Stückchen Verlust der „Omnipotenzvorstellungen", d. h. des Allmachtsgefühls, von sich selbst durch die Erfahrung der Widerständigkeit und Eigengesetzlichkeit der Gegenstände verbunden: Schon eine kipplige Konstruktion im Kinderzimmer zu beherrschen ist nicht leicht – wie wird es erst mit einem großen Piratenschiff auf dem Meer sein!

Immer wieder Neues wagen

Ein weiterer Aspekt des „Wagnisses", das auch Antrieb und Zündfunke der Entwicklung sein kann, ist das Stück Aggressivität, das nötig ist, um Altes niederzureißen, schön Gebautes zu zerstören, neu anzufangen, frei zwischen Fantasiewelt und Spielgegenständen zu hantieren.

Diese Art von Zerstörung und Neugestaltung von Spielsituationen erfordert ausreichend „Angst überspringende Trennungsaggression".

Ein etwas bombastischer Begriff, der aber gut zusammenfasst, was in dieser kleinen Spielsituation stattfindet: Um sich von etwas zu trennen, Altes loszulassen und sich auf etwas Neues einzulassen, muss Angst überwunden, übersprungen werden. Für diesen kleinen Sprung von der einen Uferseite übers kalte Wasser zur anderen Seite muss man sich ein Herz fassen – eben etwas Aggressivität aufbringen, um den Absprung zu wagen. Mit anderen Worten: Es erfordert Lust, Mut und Draufgängertum, sich an Neues heranzuwagen, es durch Bewegung zu erobern oder durch kreatives Handeln neu zu erschaffen (den Turm wieder aufzubauen, Spielgegenstände neu zu arrangieren, Bauelemente erneut zusammenzufügen usw.).

Wenn das Kind Neues erfahren will, muss es sich von Vertrautem lösen, Angst überwinden.

In einer anregungsreichen Umwelt können Kinder diese Kräfte, die ihre geistige und emotionale Entwicklung stärken, durch entsprechende Freiräume und Förderung entwickeln. Die Beherrschung grobmotorischer Körperbewegungen, Geschicklichkeit und Feinmotorik sind eng mit der geistigen Entwicklung verknüpft und von der seelischen Bereitschaft des Kindes getragen, sich auf das Leben einzulassen: loszulassen.

In den vielfachen Wiederholungen, dem hundertfachen Neubeginnen und Zerstören, dem Errichten neuer Fantasiewelten, entfaltet sich kreative Energie, wird Aggressivität in das Reifen des kindlichen Denkens und Fühlens eingebunden. Im Spielprozess, in den beides eingeht, Fantasie und Schaffung einer gegenständlichen Realität (eine Lego-Stadt mit Häusern, Straßen, Autos), differenzieren sich wie von selbst räumliches Denken, strukturierende und planende Ich-Funktionen. Und je nach individuellem Zusammenspiel, Gewichtung der Körpermotorik, der inneren psychischen Realität und der Kontrolle der äußeren Realität entwickeln sich Entwicklungstempo und charakteristische Eigenart des Kindes.

Erfahrungen mit anderen Menschen

Vier- und Fünfjährige entwickeln Sinn für Humor und beginnen, sich in andere einzufühlen. Sie passen z. B. genau auf, wie andere mit Schmerz umgehen, und zeigen Mitleid. Die Einbildungskraft, also die Fähigkeit, sich etwas bildlich lebhaft vorzustellen, ist die stärkste Quelle für ihren Humor, ihr Einfühlungsvermögen und Mitgefühl. Die Erfahrungen mit anderen Menschen werden immer wichtiger, der Kontakt zu ihnen unentbehrlich.

Die Auseinandersetzung mit anderen Menschen

Im Zusammensein mit anderen kann das Kind sich nicht nur Verhaltensweisen abschauen, sondern auch erproben, wie eigenes Verhalten ankommt. Im Spiel miteinander geht es oft auch um das Austesten von Grenzen. Manchmal wird der andere angestiftet, das zu tun, was man sich selbst noch nicht zutraut. Im Streiten und Versöhnen und in stürmischen körperlichen Attacken wird miteinander und voneinander gelernt, Gefühle auszudrücken, und zwar so, dass sie anderen nicht schaden.

Freundschaften werden geschlossen – meist noch nicht von langer Dauer, eher situativ. Das mühsame Lernen, wie man seine (Spiel-)Sachen teilt, wird ernst. Das Kind spürt, wie seine Großzügigkeit ankommt. Es ist noch nicht sicher, ob es sich lohnt zu teilen, will aber den Freund halten. Im Ringen mit sich selbst („Darf ich jetzt damit spielen? Leihst du mir dein Feuerwehrauto?“) scheinen erste Fünkchen zu uneigennützigem Denken auf, ein wichtiger Schritt in der kognitiven Entwicklung.

Wer zur Zusammenarbeit bereit ist, hat es leichter im Leben.

Ein Kind, das freiwillig ohne Ermahnung zu teilen beginnt, zeigt, dass sich sein Einfühlungsvermögen entfaltet. Bei allem, was es für sich selbst lernt und nicht anderen zuliebe, kommt es am besten vorwärts.

Im spielerischen Lernen probiert es verschiedene Strategien aus, um für sich herauszufinden, welche für seine Zwecke die besten sind. Der stärkste Ansporn ist: Ich habe es selbst gekonnt!

Es ist nicht überall wie zu Hause

Vor diesem Hintergrund wächst nun auch die Möglichkeit, sich mit anderen Menschen außerhalb der Familie zu verständigen, andere von den eigenen Wünschen und Vorstellungen zu überzeugen – oder aber (so verschieden sind also die Menschen!) auf Missverständnis und taube Ohren zu stoßen.

Die Erfahrung, dass Menschen in gleichen Situationen unterschiedlich reagieren, ist unentbehrlich, um neue Beziehungsmöglichkeiten kennen zu lernen, aber auch um sie beeinflussen zu können: etwa durch Charme und Überzeugungskraft.

Je älter Kinder werden, umso häufiger drängt sich ihnen die Einsicht auf, wie vielfältig menschliche Beziehungen und Verhaltensweisen sein können – es ist nicht überall wie zu Hause. Verbote und Normen gelten nicht überall gleich, sind abhängig von Situationen, Bedingungen, Menschen.

Das Zusammensein mit anderen wird gerade auch durch ihr Anderssein anziehend und bereichernd. Im Austausch mit ihnen relativieren sich Sichtweisen und Standards. Immer häufiger wünscht sich das größere Kind, sich unabhängig von Mutter und Vater in dieser „anderen" Welt bewegen zu können. Neue Bindungen an Kindergartenfreunde, Erzieherinnen, Nachbarn werden möglich. Die eigene Familie ist nicht mehr der Filter für alles Neue; die Erfahrungen und Handlungen werden autonomer – die Mutter erfährt gar nicht mehr alles.

Dennoch bleibt bis zum Schulalter die konstante Rückversicherung bei den Eltern überlebensnotwendig. Das Kind kann sich nur auf der Grundlage des Ausgleichs zwischen Neugier, Hinauswagen und Rückversicherung bewegen. Es braucht seine Sicherheitsbasis gerade in diesem Lebensabschnitt, um die Anstrengung der Welterfahrung mit gestütztem Selbstvertrauen auf sich zu nehmen. Jedes Kind signalisiert seinen eigenen Bedarf an Sicherheit und Autonomie.

„Wer bin ich?"

Sobald das Kind an diesem Punkt seiner Entwicklung angekommen ist, versucht es, sich selbst kennen zu lernen und in seinen sozialen Bezügen zu definieren. Es stellt seiner Familie gewissermaßen die Aufgabe, sich der Welt zu öffnen – und hilft den Eltern, ihren Blick für beide Perspektiven neu zu schärfen.

Außer den Beziehungen in der Familie möchte das Kind auch ihre Stellung im Gesamtsystem begreifen. Die Frage „Wer bin ich?" richtet sich gleichermaßen auf die Position im Geflecht innerfamiliärer Gefühls- und Alltagswelten wie auf den Standort der sozialen Beziehungen. Es möchte ein Koordinatensystem errichten, in das es die eigene Familie und sich selbst einschreiben kann. Die Relativität solcher sozialen Positionen, die das Kind durch seine Fragen und Beobachtungen darüber, „wie es die anderen machen", versucht herauszufinden, ist schwer zu erfassen. Seine kindliche Logik neigt noch zu Absolutheit. Lange kennt es nur ein archaisches Organisationsschema mit Hierarchien und Autoritäten, Herrschaft und Unterordnung, „Bestimmern", Angreifern und Besiegten. Ohne die Hilfe und das Verständnis der Erwachsenen könnten Kinder mit ihren beängstigenden Vorstellungen von der Brutalität und Radikalität sozialer Verhältnisse nicht fertig werden. Eltern müssen erklären, wer die anderen Menschen sind, woher sie kommen (Vergangenheit und Geschichte), was sie machen (Rollen und Funktionen) und was sie wollen (Zukunft).

Die verschiedenen sozialen Erfahrungen führen zur Frage nach der eigenen Identität.

Werte bieten Orientierung

Auch die eigene Lebensweise der Familie, ihr Verhalten im Alltag schafft Orientierung, drückt Prioritäten und Werte aus. Neben den direkten Antworten der Eltern spielt der Wertehorizont, der über den Alltag hinausreicht, wie z. B. Religion, ästhetische Werte, Solidarität u. Ä., eine wesentliche Rolle, um das Gefühl zu vermitteln, Teil einer realen Gemeinschaft zu sein, dazuzugehören. Dies schafft Sicherheit.

Eine stabile Lebensumgebung macht Mut, auf Unbekanntes zuzugehen.

Die Verlässlichkeit der Orientierung ist umso stärker, je authentischer Personen moralische und ethische Maßstäbe verkörpern und vorleben. Wenn in der eigenen Familie Haltungen, Werte und Grenzen erfahrbar sind, kann sich das Gefühl der Zugehörigkeit, Stärke und Einzigartigkeit mit diesen Maßstäben zu einem tragfähigen Selbstbewusstsein verbinden. In Erfahrungsräumen, die dem Kind bekannt sind, kann es sich zurechtfinden, seine individuelle Stärke erfahren, Verantwortung übernehmen und eigenständig Entscheidungen treffen. So entwickelt es Achtung vor sich selbst. Es kann sich von anderen unterscheiden und auf diese Weise andere respektieren und in ihrem Anderssein achten.

Alles braucht seine Zeit

Die Ausbildung von Selbstständigkeit und einer gefestigten Persönlichkeit erfordert Zeit und Geduld. Trotz all seiner Fortschritte darf das Kind nicht zu früh in eine Pseudoreife gedrängt werden. Im Kindergartenalter muss es immer auch noch relativ abhängig sein dürfen.

Emotionale Reife setzt familiäre Sicherheit voraus

Für seine Auffassung von Reife hält *D. W. Winnicott* den familialen Rahmen als Ausgangsbasis für unerlässlich. Er mahnt, dass gerade in Stadien des Aufbruchs die Bemühung um eine zuverlässige Umwelt keinesfalls nachlassen darf. Für ihn ist die eigene Familie eines Kindes am besten fähig und am ehesten bereit, einen solchen Anspruch zu erfüllen.

Denn der Prozess der emotionalen, geistigen und körperlichen Entwicklung schreitet ja nicht geradlinig mit Ruhe voran, sondern vollzieht sich in einem Auf und Ab, in Ungleichzeitigkeiten und einem Schwanken zwischen Abhängigkeit und Unabhängigkeit. Er wird kompliziert durch die Möglichkeit, wieder zum Trotz und zur Abhängigkeit und Regression zurückzukehren. Die Familie trägt also auf zweierlei Weise zur emotionalen Reife des Kindes bei. Einmal besteht weiterhin die Gelegenheit, in hochgradige Abhängigkeit zurückzufallen, andererseits bietet sie die Möglichkeit, sich loszureißen und doch wieder verlässliche Geborgenheit zu finden. Aus der Familie heraus kann sich das Kind die gesellschaftliche Gruppe erobern und von einer Gruppe wieder zu einer anderen überwechseln (Kindergarten, Schule). Die sich ständig erweiternden Kreise sind das Ergebnis der Reibung, an deren Anfang die elterliche und mütterliche Fürsorge steht und die stabile Familie, die als Übungsfeld für wesentliche, persönliche Reifungsschritte bereitsteht.

Erfahrungen mit der Welt „draußen“

Wer die Welt erfahren will, muss Trennungsschmerz aushalten.

Erst schützt die Familie das Kind vor der Welt. Nach und nach „sickert Welt ein“, und aus diesem allmählichen Einsickern über den sozialen Rahmen der Familie hinaus gewinnt das Kind Schritt für Schritt an Unabhängigkeit und genießt sein Getrenntsein – erkennt aber auch zunehmend seine Abhängigkeit.

Die erfolgreiche Entdeckung einer persönlichen Lösung ist abhängig von der Art der Familie, mit solchen Konflikten umzugehen, die mit Trennung verbunden sind. Die emotionale Entwicklung und die Flexibilität, sich zwischen Abhängigkeit und Unabhängigkeit bewegen zu können, vollzieht sich nicht mit Leichtigkeit. Das kleine Kind muss Widerspruchsgeist und Aggressivität aufbringen, um sich aus der Geborgenheit der mütterlichen Arme losreißen zu können und in einen größeren Kreis hineinzufinden. Der Ausbruch aus dem Nest muss dann durch eine weitere Gruppe, wie die des Kindergartens, aufgefangen werden. Die Frage des Gehaltenwerdens bearbeitet das Kind dann in seiner Beziehung zur neuen Gruppe. Sie steht für die Entfernung vom Elternhaus und ist zugleich auch Symbol für das Nest, aus dem es aufgebrochen ist. In seiner Fantasie kann das Kind sogar sein Zuhause mit Zorn und Trotz niedergerissen haben, wichtig bleibt, dass es wiederkommen kann.

Ausbrechen und Wiederkommen

Immer wieder sieht man diese beiden Tendenzen: Die erste ist die Tendenz, von Vater und Mutter wegzukommen, wobei ein Kind mit jedem Schritt mehr Gedanken- und Funktionsfreiheit gewinnt. Die andere Tendenz geht in die entgegengesetzte Richtung. Sie ist das Bedürfnis, die Beziehung zu den wirklichen Eltern (nicht zu einem Fantasiebild von ihnen) zu behalten bzw. fähig zu sein, diese Beziehung wiederzugewinnen. Diese zweite Tendenz, mit ihrem Willen zur Erhaltung der Beziehung, schützt die Weiterentwicklung des Kindes vor einer Zersplitterung der Persönlichkeit.

Der Reifungsprozess

All die abgestuften Reifungsschritte, gesichert in Bindungsfähigkeit, erlauben dem kleinen Menschen, seinem Entwicklungsstand gemäß reif zu werden und nicht zu früh zu einer ungefestigten Reife gezwungen zu sein, die seinem Alter und seiner Abhängigkeit nicht entspricht.

Ein gesundes Kind und eine angemessene Förderung vorausgesetzt, kann man sich darauf verlassen, dass es in der Reihenfolge seiner ganz persönlichen Erfahrungen inneren Entwicklungsgesetzen gehorcht. So entsteht eine Aufeinanderfolge von Wechselwirkungen zwischen seinen Eltern, Bezugspersonen und den sozialen Gruppen und Institutionen, die für das Kind bereitstehen.

Man sollte immer daran denken, dass sich kein Kind „nach Plan“ entwickelt.

In gewisser Weise sollten also Eltern das Kunststück hinbekommen, ihre Kinder gelassen, zuversichtlich und unabhängig von der Meinung anderer zu begleiten, und dennoch zu Ermutigung und kontinuierlicher Unterstützung stets bereit sein. Das ist keineswegs leicht, denn Kinder suchen ihren eigenen Weg nicht immer in der Norm, oft schwankend und ungleichzeitig, mit Fortschritten, aber auch Verzögerungen, mal abseits vom Üblichen, mal mittendrin.

Jedes Kind hat sein eigenes Entwicklungstempo.

Es gibt also neben den sozialen Erfordernissen und kulturellen Bedingungen eine natürliche Ordnung für die Möglichkeit des Erwerbs bestimmter Fähigkeiten. Die Ordnung mag dieselbe sein, das Tempo und die lebendige Ausgestaltung sind je nach Art des Kindes, seiner Mutter, seiner Familie, seiner Umgebung verschieden.

Selbstbewusste Kinder

Individualität, ein stabiles Selbstwertgefühl, eine unabhängige Persönlichkeit – das sind wesentliche Erwartungen an die Erwachsenenrolle in unserer Kultur. Das Fundament für die Selbstachtung und das Selbstbewusstsein wird in den frühen Lebensjahren gelegt.

Der Drang nach Selbstständigkeit

Infolge seiner sich entwickelnden motorischen und intellektuellen Fähigkeiten will das Kind eigene Erfahrungen machen. Hier liegt eine starke Motivation für die Trennung von den Eltern: Es will allein lernen und die Umgebung erforschen. Der Drang des Kindes nach Selbstständigkeit ist die Kraft, die seinem Reifungsprozess innewohnt.

Der Abtrennungsprozess

Zwar bleibt die Beherrschung der Schritte zur Selbstständigkeit Thema und Entwicklungsaufgabe der gesamten Kindheit, doch ein besonders intensives Ringen um Selbstbehauptung nimmt das Gefühlsleben der Drei- bis Sechsjährigen in Anspruch.

Die inneren Stürme dieses Abtrennungsprozesses von den Eltern sind oft nicht leicht in ihrer Bedeutung für das Kind zu erkennen und kommen in vielerlei Gestalt an die Oberfläche.

Wenn Unsicherheiten das Kind daran hindern, die Bindung zu lockern, kann sich die Trennungsangst in unterschiedlicher Weise zeigen, z. B. im Rückzug auf sich selbst, in der Regression zu einer frühkindlichen Entwicklungsstufe oder aber in herausforderndem Benehmen.

Trotz und Verweigerung sind Ausdruck eigener Willensbildung.

Offener, massiver Trotz kann eine Methode sein, das Bedürfnis nach Selbstständigkeit zum Ausdruck zu bringen. Auch in der Verweigerung oder indem das Kind das Gegenteil von dem tut, was seine Umgebung verlangt, lernt es, sich als selbstständiges Individuum zu begreifen, und entdeckt Möglichkeiten, auf Erwartungen zu reagieren.

Wenn es mit einer Situation nicht fertig wird, greift es vielleicht auf Verhaltensweisen seiner frühen Kindheit zurück – es regrediert – und erfährt, dass dies eine Möglichkeit ist, auf Dinge zu reagieren, die es überfordern. Bei den meisten Eltern ist diese Art der Problemlösung nicht sehr beliebt, weil sie befürchten, die Entwicklung ihres Kindes könnte stagnieren.

Bietet es aber neuen Herausforderungen die Stirn, dann gewinnt es Selbstvertrauen und erfährt zudem, wie andere Leute seine Fähigkeiten anerkennen.

Auch ein fünfjähriges Kind kann sich noch durch Fremde und durch unbekannte Situationen bedroht fühlen. Dieses Gefühl des Bedrohtseins entsteht dadurch, dass ihm bewusst ist, dass es die richtige Reaktion auf die neue Lage noch nicht kennt. Die Grenzen des eigenen Ichs sind noch unsicher, und Neues, Unbekanntes kann sie ins Wanken bringen. Doch mit jeder gelungenen Bewältigung wächst das Selbstbewusstsein des Kindes, empfindet es intensive Freude. Und so werden im Laufe der Zeit auch unsichere, schüchterne Kinder forscher.

Selbstständigkeit macht stolz.

Viele neue Fähigkeiten

Dabei scheint gerade das Vorschulkind immer wieder Hochphasen zu erleben, in denen es sich mit seinen neuen Fähigkeiten recht konfliktlos, stabil und friedlich bewegt. Dann strahlt es einen gewissen Stolz aus über das, was es schon alles kann. Es kann selbstständig handeln, selbstständig denken, seine Gedanken selbstständig formulieren, auch wenn der Zuhörer ein bisschen Geduld haben muss – es kann sich seiner Selbstständigkeit bewusst sein und sie erbittert verteidigen („Mama, fummel nicht immer an mir rum!") und sich über lange Phasen selbstständig beschäftigen.

Die Lust an der wachsenden Kompetenz, sein Individuationsdrang, seine Abgrenzungsaggressionen und die zunehmende Fähigkeit zur Selbstregulierung seiner Affekte und Gefühle sind der rote Faden durch die nächsten Jahre bis zur Schulreife.

Eltern und Kind spüren, wie erregend die Schritte in die Welt hinaus sind. Sie spüren aber auch, dass sie mit jedem Fort-Schritt auch etwas verlieren.

Selbstbehauptung und Identität

Aus der Sicht eines langen Erwachsenenlebens kann man das Gefühl haben, dass vier Jahre so gut wie gar nichts sind. Doch die Zeit, die man gemeinsam mit dem Vierjährigen gegangen ist, kommt einem besonders intensiv vor – manchmal stand sie regelrecht still, dann wieder verging sie wie im Flug. Besonders aufregend immer wieder: die Herausbildung der Selbstbehauptung und die Identitätssuche.

Eine stabile Umgebung bleibt wichtig

Die Erwachsenen meinen oft, man könne dem Kind nun schon einiges zumuten, weil es bereits gefestigt, aber dennoch flexibel sei. Doch, sagt *D. W. Winnicott*, gerade jetzt gibt es „einige besondere Züge, die uns veranlassen sollten, sorgfältig darauf zu achten, in unserem Bemühen um eine zuverlässige Umwelt nicht nachzulassen“. Im Gegenteil, in diesen aufwühlenden Zeiten der Selbstreifung und Ich-Entwicklung braucht das Kind verlässliche Begleitung und Unterstützung.

Denn trotz des Gewinns an geistiger Beweglichkeit und der großen Bereitschaft, sich zu fügen, ist der Kern seiner Selbstbehauptung fragil. Das „Selbst“ formt sich in der konfliktreichen Bewegung zwischen Abhängigkeit und Unabhängigkeit, dem Schwanken zwischen lustvoller Autonomieerfahrung und ängstlichem Festhalten oder Kaschieren von Ängsten. Natürlich möchte das Kind „groß sein“, aber es ist eben auch noch klein. Und dort, wo es klein ist, wünscht es sich, ebenso angenommen zu sein, wie in seiner Fähigkeit voranzuschreiten.

Die Ich-Entwicklung

In seinem Entwicklungs- und Reifungsprozess begibt sich jeder Mensch auf eine Reise von der Abhängigkeit in die Unabhängigkeit.

„Reife“ ist Ausdruck der persönlichen Entwicklung und Sozialisation in einer Gesellschaft. Der Mensch lernt, seine Spontaneität und seine Bedürfnisse in Einklang mit seiner sozialen Umwelt zu bringen, Identifikation und Verantwortung zu entwickeln. Die Bereiche der Persönlichkeit des Menschen, die sich unter geeigneten Bedingungen zu einer Einheit zusammenfügen, kann man als „Ich“ bezeichnen.

Vom Säugling bis zum reifen Erwachsenen erfährt der Mensch eine Linie der „Seinskontinuität“, in der er alle Interaktionen, alle seine beteiligten Erfahrungen zusammenfasst zu einer Einheit des „Ich" oder des „Selbst".

Wenn das Kind angefangen hat, seinen Intellekt zu benutzen, um das anzuschauen, zu begreifen, was andere sehen oder fühlen oder hören, wenn es also erfahren kann: „Ich bin, ich existiere, ich sammle Erfahrungen, nehme auf und gebe, außer meinem Ich gibt es ein Nicht-Ich, das in einer gemeinsamen Welt außerhalb von mir existiert", dann erfährt es sich als „Ich".

Von entscheidender Einflussnahme in diesem Integrationsprozess – in dem also all dies zu einer Gestalt wächst – ist die „hinreichend fürsorgliche Mutter" (s. Seite ??), die dazu fähig ist, den Bedürfnissen ihres Kindes gerecht zu werden. Zunächst stützt die Mutter das unreife, werdende „Ich" des Kindes:

„Jemand sieht oder begreift, dass ich existiere; ich bekomme den Beweis gespiegelt, den ich brauche, dass ich als Wesen erkannt worden bin." (*Winnicott*) Auf dieser Basis wird es eine Person, die sich allmählich ihrer selbst bewußt wird.

Das Leben ist eine Geschichte ...

Ein Kind im Vorschulalter beginnt, eine Geschichte zu haben, an die es sich erinnern kann. Eltern erzählen aus ihrer Erinnerung; es erinnert sich selbst an vieles. Manches wird zur Familienlegende zusammengetragen. Das Kind benutzt diese Geschichten über sich und seine Familie, um sich ein Bild zu machen. Es erlebt sich deutlicher als Person mit einer Gegenwart und einer Vergangenheit, die teilweise geahnt wird, teilweise im Halbvergessen versinkt, aber teilweise auch bewusst erinnert wird.

Langsam entfaltet sich aus der wachsenden Lebensgeschichte, in die mehr und mehr die Dimension der Zeit aufgenommen wird, die „Ich-Identität" des Kindes. Sein Selbstbewusstsein beginnt, sich im beständigen Aufnehmen der momentanen Erlebnisse aufzubauen, in der Verständigung mit den Menschen seiner Umgebung und dem immer deutlicheren Erinnern und Festhalten dessen, was seine eigene Geschichte und Entwicklung betrifft.

Das Kind erfährt allmählich, dass es in den Fluss der Zeit eingebettet ist.

Das wachsende Ich kann immer zusammenhängender Bezüge zwischen sich, den Menschen und den Dingen um sich herum festhalten und als Kontinuität erleben. Diese Bezüge lassen sich immer klarer in seine Lebenserfahrung integrieren.

Viele unterschiedliche Erlebnisse bekommen Sinn und Bedeutung in Bezug auf die eigene Person und formen mit Vergangenheit, Gegenwart, Zukunft der individuellen Geschichte die Ich-Identität.

Das Kind begreift seine Entwicklung

Das Kind begreift allmählich, dass es sich verändert, entwickelt, größer wird und doch das Gleiche bleibt, es selbst bleibt. Seine Entwicklung findet in der Gegenwart statt, ist von Vergangenheit erfüllt und trägt die Zukunft in sich. Die Schwierigkeiten, in diesem Stadium Veränderungen der Umwelt mit den eigenen Veränderungen in Einklang zu bringen, bestimmen den Charakter und das Tempo der Entwicklung. Das eine Kind vollzieht seinem Wesen nach eine rasante Entwicklung – das andere lässt sich Zeit.

Das Kind tritt aus seiner familialen Einfriedung heraus, und es dämmert ihm immer mehr, dass es nicht leicht ist, wieder in die alte Einfriedung

zurückzugehen. Es stellt sich auch das alte Gefühl nicht mehr so ungebrochen her, neue Arten der Einfriedung müssen gefunden werden.

Doch aus dem Schatten des elterlichen Nests zu treten erfordert neue Anpassungen an Gruppen, Institutionen, Gemeinschaftsleben – der Erwartungsdruck kann wieder Schatten werfen. *D. W. Winnicott* sagt: „Es kommt darauf an zu verstehen, dass das mit der Einfriedung sehr aufregend und sehr erschreckend ist, dass es für das Kind furchtbar ist, nicht mehr umkehren zu können, wenn es erst einmal draußen ist, und dass es das Leben immer wieder erfordert, aus Einfriedungen herauszukommen, neue Gefahren auf sich zu nehmen und neuen und aufregenden Herausforderungen zu begegnen."

Die Einfriedung kann auch zum Gemäuer werden, das überallhin seine Schatten wirft. Wenn die Zeit der magischen Herrschaft über eine subjektive, auf sich selbst bezogene Welt zu Ende geht und das ältere Kind in eine mit anderen geteilte Welt eintritt, wird es fähig, seine Mutter zu sehen, wie sie ist. Zu dem Zeitpunkt seiner beginnenden Unabhängigkeit erkennt es auch die Folgen seiner Abhängigkeit und schleppt sie manchmal schwer hinter sich her.

Eltern im Zwiespalt

Elternsein bedeutet nicht nur Glück. Ambivalente, d. h. zwiespältige Gefühle und Gedanken begleiten die Beziehung zwischen Mutter bzw. Eltern und Kind von Anfang an. Immer wieder empfinden die Eltern auch Wut oder Zorn gegenüber ihrem Kind. Sich dieser gegensätzlichen Empfindungen bewusst zu werden, ihnen standzuhalten und sie immer wieder zu überdenken ist die Herausforderung, der sich Eltern stellen müssen. Die Fähigkeit, ihre Ambivalenz aufzufangen und auszugleichen, ist eine Voraussetzung, wenn die Eltern-Kind-Beziehung für alle Beteiligten glücken soll.

Nicht nur Liebe ...

Schon während der Schwangerschaft kann die Einstellung zum Kind selten ganz eindeutig erlebt werden. Selbst geplante und herbeigesehnte Kinder lassen die Eltern ungewohnte oder nicht mehr gewohnte, widersprüchliche Gefühle erleben. Nicht nur Liebe, Zuneigung und Glück gehören zum Gefühlsalltag der Eltern-Kind-Beziehung, sondern auch Unbehagen, Zorn, Wut und gelegentlich sogar Hass.

Das Einbeziehen und Überdenken der ambivalenten Gefühlserlebnisse setzt voraus, sie zu erkennen und sich ihre Dynamik im Zusammenspiel der Affekte und Gefühle klar zu machen.

Ambivalenz kann zunächst auch ganz konkrete gegenwärtige Gründe haben. Etwa dann, wenn die Mutter vor der Schwangerschaft erst noch eine Ausbildung abschließen wollte oder in einer unklaren, schwierigen Lebenslage ungewollt schwanger wurde. Die ungelöste und ausgebliebene Entscheidung begleitet die ersten Jahre. Man erlebt, dass sich nichts mehr rückgängig machen lässt, auch wenn jetzt alles falsch zu sein scheint. Das Kind ist da und stellt von Anfang an die zentrale Frage: „Liebt ihr mich wirklich so, wie ich bin?“

Wunschbilder und Realität

Die meisten Eltern geraten an irgendeinem Punkt mit ihren Wunschbildern in Konflikt; es fällt ihnen schwer, das Kind mit diesem Aussehen, mit seiner Aggressivität oder Schüchternheit als eigenständiges Wesen, so wie es eben da ist, liebevoll anzunehmen.

Manchmal ist ein Kind ganz anders, als man es sich erträumt hat …

Ein geliebtes Wunschbild der Realität anzupassen und abzulassen von erträumten Idealen stellt oft genug eine hohe Anforderung an die Bereitschaft dar, sich weiterzuentwickeln. *D. W. Winnicott* meint dazu gänzlich unsentimental: „Leute, die reif genug sind, zu heiraten und Kinder zu haben, sollten zufrieden sein mit dem, was sie haben, und sich damit abfinden, wenn sie nicht mit sich zufrieden sind.“

Doch was verdrängt wird und nicht gefühlt werden darf, ist deshalb noch nicht aus der Welt. Angst vor negativen Gefühlen einem Kind gegenüber kann zu verschiedensten Abwehrmechanismen führen. So ist es möglich, dass eine anhaltend überbehütende Mutter oder der permanent besorgte Vater auf diesem Weg ihre unbewussten Aggressionen in Schach hält. Oder aber es finden sich immer neue Gründe für ablehnende Gefühle, schließlich ist das Kind nicht brav, mutig, schnell, ruhig genug usw.

Die schmerzhafte Einsicht, dass man ein Kind nicht nur lieben kann, dass starke Gefühlsschwankungen, unterschwellige Wut oder Enttäuschung im Erziehungsprozess motivierend mitwirken können, ist für viele Erwachsene ein unerträglicher Tabubruch.

Mit einem lachenden und einem weinenden Auge ...

Im Vorschulalter erreicht das Thema „Ambivalenz“ in den Gefühlsspannungen von Mutter und Kind insofern einen Höhepunkt, als beide zwischen dem Gefühl „zu besitzen“ und wachsender Unabhängigkeit hin- und hergerissen sind. Das Kind muss, und will auch, seinen Alleineigentümeranspruch aufgeben, die Mutter möchte endlich aus der bedingungslosen Verfügbarkeit entkommen. Wie aber kann sie verfügbar und berechenbar bleiben und dennoch erleichtert die Unabhängigkeit des Kindes von ihr unterstützen und genießen, ohne dem Kind etwas Wesentliches vorzuenthalten, nämlich das Gefühl, dass sie wirklich erreichbar ist und bleibt?

Sie muss selbst beide Aspekte verkörpern und sich an diesem Widerspruch weiterentwickeln, sie muss Schmerz und Zuversicht empfinden können.

Das ist leicht gesagt, aber die meisten Mütter erleben die wachsende Selbstständigkeit ihrer Sprösslinge mit einem lachenden und einem weinenden Auge. Einerseits wollen sie, dass ihr Kind groß wird und immer häufiger auch mal das Nest verlässt und sich in die Welt aufmacht. Andererseits fühlen sie sich traurig und leer, wenn sie ihr Kind nicht mehr in der Nähe haben.

Mütter freuen sich über die Selbstständigkeit ihrer Kinder, verspüren aber auch Wehmut.

„Hänschen klein, ging allein ...“

Genau wie im Lied vom „Hänschen klein“ fällt es Müttern schwer, ihre Kinder in eine größere Unabhängigkeit zu entlassen. Die Pädagogen *Schnack* und *Neutzling* fragen in diesem Zusammenhang, ob der Kummer über die Trennung von ihrem kleinen Liebling besonders die Jungen bremst. Sie meinen, Hänschens Geschichte sei von großer Tragweite für den kleinen Jungen und habe weit reichende Folgen für ihn. Hänschen kann nicht unbeschwert in die Welt hinausgehen, weil er durch die Gefühle der Mutter zurückgerufen und festgehalten wird: Stock und Hut, Mut, alles nützt ihm nichts – die Liebe der Mutter ist stärker.

Als Bübchen hat er Glück gehabt, dass er noch bei der Mutter bleiben durfte. Aber was wird später: Wird jeder Weg in die Welt hinaus wieder irgendwie zu seiner Mutter führen? (Selbstverständlich können sich nicht nur kleine Hänschen, sondern auch kleine Mädchen mit Stock und Hut und guten Mutes davonmachen wollen.)

Doch die grundlegende Frage bleibt: Ist die Loslösung von den Söhnen besonders schwierig für die Mütter? Mütter fürchten den Verlust. Das Getrenntsein tut ihnen weh, vielleicht sind sie besorgt und unsicher, ob ihr Kind ohne sie allein zurechtkommt. Dass das Kind in seiner Abwesenheit nicht gleichzeitig mütterlich versorgt werden kann, bereitet ein vages Schuldgefühl; eher unbewusst bereitet der Verlust der Abhängigkeit des Kindes Sorgen.

Das Kind spürt, wie seine Mutter unter dem drohenden Verlust leidet. Es wird unsicher und versucht, seiner Mutter entgegenzukommen. Erleichtert kann das Kind sein, wenn die Mutter ihm beides vermittelt – dass sie einmal froh ist, es los zu sein, und dann auch glücklich, ihr Kind wiederzubekommen.

Schwierig wird es, wenn die Mutter auf ein sensibles Kind ängstlich und mitleidig reagiert, gleichzeitig aber seine Sensibilität schätzt.

Ambivalente Gefühle des Kindes

Auch das Kind erlebt ambivalente Gefühle für seine Eltern, zunächst besonders für seine Mutter. Doch in unserer Vorstellung passen ablehnende oder gar Hassgefühle nicht zum idealen Mutter-Kind-Bild; für jeden ist diese Gedankenverbindung eine heikle Sache. Doch Mütter sind eben auch Vertreterinnen einer manchmal unbarmherzig fordernden Welt und müssen das Kind mit dieser Realität vertraut machen. Und oft genug reagiert diese Welt – und mit ihr die Mutter – feindselig auf Spontaneität und impulsive Triebhaftigkeit. Da entstehen auch Zorn und Hass, selbst wenn kein Zweifel daran besteht, dass Kind und Mutter sich lieben und diese Liebe sogar die wichtigen Elemente der Idealisierung enthält.

Auch die Mutter-Kind-Beziehung verändert sich im Laufe der Zeit.

Die Fähigkeit, die eigene Umgebung mehr und mehr realistisch zu sehen, macht den Umgang mit ambivalenten Gefühlen nicht leichter. Das Kind erkennt und spürt irgendwann, dass die Mutter, die sich vorübergehend ganz der Aufgabe hingegeben hatte, ihr kleines Kind zu versorgen, ein Mensch mit eigenen Interessen ist. Die hingebungsvolle Fürsorge, die zu Beginn seines Lebens die Grundvoraussetzung für die Schritte ins Leben war und eine vollständige Abhängigkeit bedeutete, hat ihre Grenzen.

Nach *D. W. Winnicott* entwickelt das Kind, das diese völlige Abhängigkeit begreift, so etwas wie Furcht vor der „frühzeitlichen Mutter“, die über magische Kräfte verfügt, im Guten wie im Bösen. „Wie schwer tun wir uns alle mit der Vorstellung, dass diese allmächtige, frühzeitliche Instanz unsere eigene Mutter war, jemand, den wir inzwischen als einen zwar liebenswerten, aber keineswegs vollkommenen oder rundum verlässlichen Menschen kennen gelernt haben. Wie unsicher und gefährlich ist das alles!“

Diese widersprüchlichen Gefühle, Hass und Furcht vor der Mutter und die Liebe zu ihr, müssen in der Mutter-Kind-Beziehung verbunden werden und umfassen in dieser Vielfalt und Fülle das Wesen und die Grundlage des menschlichen Gefühlsspektrums.

Es lauert Angst

Die Ambivalenz-Konflikte und die Spannung zwischen „Schon-Großsein" und „Noch-Kleinsein" stellen in dieser Reifungsphase große Anforderungen an die Veränderungsfähigkeit des Kindes. Die ständig wachsende Komplexität der Umwelterfahrungen muss in Einklang gebracht werden mit seiner eigenen Entwicklung. Dabei schwankt das Kind immer wieder zwischen Mut und Angst.

Die Welt macht Angst

Auf ihre eigene, charakteristische Weise suchen Kinder nach neuen Erfahrungen, und mit unterschiedlicher Intensität erleben sie ihren Aufbruch aus dem elterlichen Schutzwall. Das eine Kind ist eher zupackend, das andere muss langsam sein oder abwartend und beobachtend.

Jedes Kind hat seinen eigenen Rhythmus, und in jeder Eigenart lässt sich ein wichtiges Grundmotiv dieses Alters erkennen:

„Wir wissen, dass wir darauf warten können, dass Kinder bei jedem Schritt, der sie ... von dem Zuhause entfernt, mit jedem Schritt auf ein Beheimatetsein in der großen, weiten Welt Angst zeigen." (*Winnicott*)

Jetzt, in der Zeit wachsender intellektueller Fähigkeiten und eines blühenden Phantasielebens, taucht also die Frage der Angst in immer neuen Varianten und Verkleidungen auf. Die Welt ist nicht mehr heil, dem kleinen Ich steht die große Außenwelt mit den anderen Menschen gegenüber, die oft viel abverlangen. Vor allem gelingt es noch nicht so gut, Fantasie und inneres Erleben und Wirklichkeit zu trennen. Konflikthafte Erfahrungen, allerlei Wahrnehmungen vermischen sich mit inneren Bildern, Träumen und der großen Vorstellungskraft in diesem Alter. Der Autonomiegewinn hat seinen Preis. Um so nötiger braucht das Kind jetzt sein „Urvertrauen", die Gewissheit, dass Vater und Mutter erreichbar bleiben - auch *innerlich* erreichbar sind - für seine Schrecken und Nöte.

Ängste ernst nehmen

Häufig werden über dem Wunsch nach wachsender Selbstständigkeit Signale der Hilflosigkeit übersehen oder missverstanden. Das „coole“ oder aggressive Kind wird als stark und selbstständig eingestuft, und ohne seine Gefühlslandschaft zu begreifen, wird es in eine Selbstständigkeit hineingelobt oder gezwungen, der es noch gar nicht gewachsen ist. Diese Ungerührtheit und die Abwertung von Hilflosigkeit elterlicherseits findet sich dann in der seelisch-geistigen Entwicklung des auf diese Weise unsicher gebundenen Kindes wieder.

Eltern müssen die Ängste ihrer Kinder begleiten und ernst nehmen. Falsche Erklärungen, Verharmlosung oder gar Entwertung und Zurechtweisung führen das Kind in die Irre.

Ängste haben viele Ursachen

Nicht immer ist Angst angebracht und sollte dann in ihrem Schrecken zusammen mit dem Kind entlarvt werden. Ängste können auch ein Mittel sein, Aufmerksamkeit zu erlangen. Sie drücken nicht immer eine Unsicherheit aus, sondern manchmal auch den heftigen Wunsch nach ungeteilter Beachtung. Auch dann ist Verständnis angesagt, nicht übertriebene Besorgtheit.

Eltern sollten Verständnis zeigen für die Ängste ihrer Kinder.

Doch Angst ist eben auch ein zentrales Lebenssignal. Je differenzierter die Wahrnehmungs- und Denkmöglichkeiten werden, umso plastischer lassen sich unsichere Situationen und Schrecken ausmalen. Handlungen, die eigene Fähigkeiten übersteigen, können mehr und mehr eingeschätzt werden und bremsen das vorsichtige Kind, machen es vielleicht ängstlich.

Richtig ist in diesem Zusammenhang aber auch, dass elterliche Angstanfälligkeit Kinder anstecken kann. Je klarer die Eltern ein Gefühl von Sicherheit und Kraft weitergeben können, desto weniger müssen sich die Kinder ängstigen.

Doch genau an diesem Punkt treten häufig die eigenen unerledigten Konflikte aus der Kindheit auf den Plan. Diese „Altlasten“ verquicken sich mit dem, was das Kind durchzustehen hat. Den Eltern sollte aber immer klar sein, dass es bei aller Einfühlung und angemessenen Steuerung letztlich das konflikthafte Streben nach Autonomie ist, das sie unterstützen sollten.

Beängstigende Träume

Sicherlich werden bedrängende, aggressive Impulse allmählich bewusster und steigen nachts als Ungeheuer und Dämonen in den Träumen auf. Gerade im vierten, fünften Lebensjahr stören Träume aggressiven Inhalts das noch instabile Schlafmuster des Kindes. Muss das Kind unbekannte Situationen bewältigen oder steht es auf andere Weise unter Stress, so drängen nachts Ängste an die Oberfläche. Dann braucht es möglicherweise längere Zeit, bis es wieder gelernt hat, sich selbst zu beruhigen bzw. ohne tröstende Nähe der Eltern wieder einzuschlafen.

Regression – wieder klein sein

In der Fähigkeit, Angst zu bewältigen, spielt die Rückkehr zu früheren Verhaltensweisen eine hilfreiche Rolle.

Das Kind sucht selbst nach Wegen, um mit seinen Entwicklungsaufgaben und Ängsten fertig zu werden. Es greift zum Beispiel auf schon erprobte, sichere Verhaltensweisen früherer Entwicklungsstufen zurück, es „regrediert“. Dies kann sich darin ausdrücken, dass es wieder verstärkt Nähe und Schutz der Eltern sucht, am „Rockzipfel hängt“ oder nachts im Elternbett Unterschlupf sucht.

Das Kuscheltier gibt Sicherheit

„Regression ist eine sinnvolle psychische Fähigkeit, sich selbst zu stabilisieren, weil sie ein Bindeglied zwischen der Gegenwart und den Erlebnissen des Kindes im Säuglingsalter darstellt, z. B. Schutz und Verfügbarkeit der Mutter.“ *D. W. Winnicott* hat in diesem Zusammenhang einen wichtigen Gegenstand jeder Kinderentwicklung beschrieben, das „Übergangsobjekt“ (s. auch Seite 251).

Diese Tröster in Form von Kuscheltieren, Schnullern, Schmusedecken u. a. m. verbinden das Kind mit der äußeren, mit anderen geteilten Realität. Das „Übergangsobjekt“ ist sowohl Teil des Kindes als auch Teil der Mutter, und es kann Angst überbrücken. Es ist wie ein Medium, ein sinnlich fassbares Ding, das dazu dient, die frühere, harmonische Einheit mit

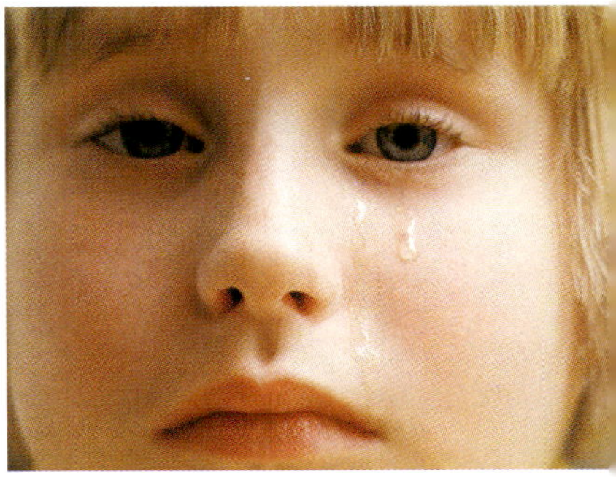

der Mutter darzustellen und „wieder"-herzustellen. Die Mutter, die im „Übergangsobjekt" dargestellt wird, ist die Mutter vor der Trennung, gegen die das Kind noch nicht um seine Unabhängigkeit kämpfen muss.

Manche Kinder können ihre Tröster und kleinen Helfer tagsüber gar nicht gebrauchen, andere nehmen sie überallhin mit. Beim fünfjährigen Kind können schon viele andere Dinge diese Funktion übernehmen. Verschiedenste Gegenstände und Spielsachen können dann das Erleben bereichern und das Gefühl der Getrenntheit im Verwandlungsprozess zur Selbstständigkeit stützen.

Frühkindliche Verhaltensweisen

Die Regression ist ein Weg, sich selbst zu beruhigen, und bleibt dem flexiblen Kind erhalten wie eine Art innere Psychotherapie. Sie ist deshalb wirksam, weil die Mutter verfügbar und lebendig ist.

Ein paar Schritte zurück, um Kraft zu schöpfen und Anlauf zu nehmen zu einem neuen Fortschritt, ist eine weitere Möglichkeit, die in der Regression liegt. Während einer solchen Phase kann es dann z. B. passieren, dass ein Kind wieder in die Hose macht, wo es doch schon so schön „sauber" war. Man kann ihm behilflich sein, wenn man diese Klippe ohne großen Druck und ohne kritische Kommentare schamfrei umschifft. Auf keinen Fall darf man ein großes Problem daraus machen.

Auch die Mutter kennt in ihren Gefühlen infantile Momente, wenn sie Ärger empfindet über das „treulose" Kind, das sie über Stunden zu vergessen scheint. Sie muss diese kindlichen Gefühle des Verlassenwerdens überwinden und mit ihrem Kind wieder einen guten Kontakt herstellen.

Ein ständiges Schwanken auf dem Weg zur Eigenständigkeit

Will man das immer wieder neu auftretende Schwanken des Kindes in den Krisen der Entwicklungsphasen des Vorschulalters richtig verstehen, seinen Wunsch, groß zu werden und doch wieder ganz klein zu sein, sein großes Bedürfnis nach „narzisstischer" Bestätigung und Ermutigung gerade in der Zeit der ersten wirklichen Trennungen, so muss man noch einmal die Gegensätze der frühen Mutter-Kind-Beziehung vor Augen haben.

Immer wieder ist das Kind hin- und hergerissen zwischen Großsein und Kleinsein.

Es war die Phase eines selbstverständlichen Behagens, gefolgt und vermischt mit Erfahrungen von erstem Versagen, Hilflosigkeit, Abhängigkeit, Ohnmacht, Verlassenheit und schwer zu bewältigender aggressiver Impulse – all das gehört auch in die Beziehung des Babys und Kleinkindes zu seiner Mutter.

Das Bedürfnis nach einem harmonischen Eins-Sein und der massive Wunsch, sich zu trennen und selbstständig zu werden, stürzen das Vorschulkind in heftige Konflikte. Die Wunschvorstellung der Wiederaufgabe der schon gewonnenen Identität zugunsten einer symbolischen „Wiederverschmelzung" spielt eine große Rolle in seinen Phantasien. Die wesentliche Aufgabe des heranwachsenden Kindes besteht darin, mit diesem Regressionsbedürfnis auf eine schon überwundene Stufe zurechtzukommen, es zu integrieren. Es muss also lernen, auch die Erfahrungen des Kleinseins, der eigenen Ohnmacht, Abhängigkeit, Wertlosigkeit, Unterlegenheit auszuhalten und auszugleichen. Nur auf diesem Weg kann es sich ein gesundes Selbstbewusstsein erwerben und erhalten.

Der kleine Narziss

Narzissmus bezeichnet das Hochgefühl des Kleinkindes, für das die ganze Welt aus nichts als ihm selbst beziehungsweise einer harmonischen Symbiose besteht. Dieses Gefühl stellt den Kern der späteren Selbstachtung dar. Es ist ein Aufleuchten des verlorenen Glanzes des glücklichen Zustandes, als es selbst noch nicht in Frage gestellt war.

Ohne Selbstliebe keine Liebe für andere

Dieses „Aufleuchten", die Sehnsucht nach Verschmelzung, findet man in jeder Liebesbeziehung wieder. Und jede Liebe gründet in Selbstliebe.

Wer sich selbst liebt, erwartet auch, dass ihn andere lieben. Er öffnet sich anderen Menschen und macht sich ihnen liebenswert. Die Überzeugung aber, Liebe zu verdienen, bedarf der „narzisstischen Besetzung" der eigenen Person. In diesem Sinne ist Narzissmus die Voraussetzung der Liebe, in der im Idealfall ein Ich und ein Du im Wir verschmelzen.

Narzisstisch ist nicht egoistisch

Narzissmus ist die Voraussetzung für ein gesundes Selbstbewusstsein.

In der Alltagssprache ist das Wort „narzisstisch“ eher negativ gefärbt. Es wird im Sinne von „selbstverliebt“ oder „ständig mit sich selbst beschäftigt“ verwendet. Narzissmus ist dann ein Charakterzug, ein Zustand oder gar eine Krankheit. Diese negative emotionale Wertung erfasst jedoch nicht, was man über die notwendige Entwicklungsphase des kindlichen Narzissmus weiß und was letztlich ein Leben lang zu einem gesunden Selbstbewusstsein gehört. Narzissmus gehört zum Großwerden.

Häufig wird Narzissmus in Zusammenhang mit Egoismus gebracht. Egoistische oder gar rücksichtslose Menschen sind das Gegenteil dessen, was sich Eltern von ihren Kindern wünschen: Sie teilen, verzichten, geben nicht.

Aber wie und wann können Kinder diese Eigenschaften lernen?

Ist es so, wie die Psychologin *Alice Miller* schreibt, dass ein Kind, das lange genug egoistisch, habgierig, asozial sein durfte, selbst spontan Freude am Teilen und Geben bekommt? Letztlich, so meint sie, kann man Altruismus nicht erziehen, das Kind muss ihn aus sich heraus als echtes Gefühl entwickeln können, genauso wie den Respekt für andere. Wenn eine Mutter sich selbst und ihr Kind vom ersten Tag an respektiert, braucht sie dies dem Kind nicht „beizubringen“, es wird sich gar nicht anders verhalten können.

Nur ohne moralisierende Bewertung kann man den eigentlichen Sinn der „Selbstliebe“ erkennen: dass man andere Menschen nur dann lieben kann, wenn man sich selbst, so wie man ist, lieben kann, also – im Idealfall – von Anfang an die Möglichkeit hatte, seine wahren Gefühle zu erfahren und zu leben.

Eigene Gefühle leben lernen

Erlebnisfähigkeit und Lebendigkeit stehen in engem Zusammenhang zu der Entwicklung, die der kindliche Narzissmus nehmen konnte. Das Kind kann den freien Zugang zu seinen Gefühlen nur dann entwickeln, wenn eine Person da ist, die es mit diesen Gefühlen annimmt, versteht und begleitet. Das vom Kind aus gesehene narzisstische Bedürfnis nach Verständnis, nach Echo, Teilnahme, Achtung muss sich auch auf solche Gefühle wie Angst, Eifersucht, Neid, Zorn, Verlassenheit, Ohnmacht beziehen.

Es ist gewissermaßen ein Urbedürfnis des Kindes, als Zentrum, als Urheber der eigenen Aktivitäten gesehen, beachtet und ernst genommen zu werden. Ein Bedürfnis also, dessen Beachtung und Erfüllung zur Bildung eines gesunden Selbstgefühls unerlässlich ist. Die inneren Empfindungen des Kindes sind der Mittelpunkt seines Selbstgefühls und die Grundlage der Identitätsentwicklung. Schritte in die Selbstständigkeit gelingen dem Kind am besten in einer Atmosphäre der Achtung und Toleranz.

Alice Miller, die sich besonders mit Problemen des gestörten Narzissmus befasst hat, beschreibt narzisstisch bedürftige Menschen als solche, die von ihren Eltern nicht das bekommen haben, wonach sie dann ein ganzes Leben lang suchen: ein Wesen, das ganz auf sie eingeht, sie ganz versteht und ernst nimmt, das sie bewundert und ihnen folgt – dazu soll dann unter Umständen wieder das eigene Kind dienen.

Der Wunsch nach Verschmelzung

Den Zustand der Verschmelzung (wieder) zu erleben, scheint ein elementares Bedürfnis des Menschen zu sein. Aus psychologischer Sicht lässt es sich als ein Bedürfnis nach Wiederherstellung beschreiben.

Jeden Menschen begleiten ein Leben lang wie ein Modell von Liebe die allerfrühesten Erfahrungen der symbiotischen Einheit mit der Mutter. Diese in der Psychologie als „Primärzustand" oder „primäre Liebe" oder auch „primärer Narzissmus" beschriebene frühe Gefühlswelt könnte – vorausgesetzt, sie wird nicht grob gestört – als Zustand von Harmonie, Behagen, Spannungsfreiheit, frageloser Sicherheit und Geborgenheit beschrieben werden. Doch Entwicklung bedeutet für das Kind, dieses Paradies, die unerschöpfliche Quelle des Nährens, Gebens, Wärmens, Sorgens, zu verlassen.

Mit zunehmender Wahrnehmung und Urteilsfähigkeit, mit neuen Bedürfnissen und Interessen stößt das Kind auf eine nicht nur freundliche Realität, auf eine Außenwelt, die nicht immer seinen Wünschen gehorcht, sondern auch nachhaltig frustriert. Diese Erfahrungen mit der Realität sind zwar einerseits ein enormer Anreiz zur Entwicklung seiner Persönlichkeit, andererseits vorwiegend Ursache von Unlusterlebnissen. Diese Seite der Abhängigkeit von der Mutter und den Dingen der Außenwelt kann quälende Gefühle von Ohnmacht, Angst und Wut hervorrufen.

Lob stärkt die Persönlichkeit.

Das Selbstgefühl des Kindes stärken

Eltern helfen ihrem Kind bei der Aufgabe, die Gefühle von Ohnmacht und Abhängigkeit auszugleichen, durch konstantes Loben und Ermutigen. Normalerweise erfassen Eltern sehr genau ihre Aufgabe in dieser Erziehungsphase und sind bemüht, bei ihren Kindern die Scham des Versagens und den Zwang der Realität auszugleichen, indem sie immer wieder betonen, wie groß, wie lieb, wie klug sie seien. Ihnen ist klar, dass sie dabei die Realität entstellen, Größenfantasien fördern, um das Selbstgefühl des Kindes zu stärken, um ihm Selbstbewusstsein und damit Selbstständigkeit zu ermöglichen.

Indem Eltern ihrem Kind sagen, wie großartig es ist – es also zunächst in seinem Narzissmus unterstützen –, helfen sie ihm, Lust an sich selbst zu finden und sich innerlich frei zu machen von frühkindlichen Pflegemustern und Pflegepersonen. Die gegenseitige Idealisierung – denn auch die Eltern „spielen" ihrem Kind vor, sie fühlten sich sicher und großartig und besäßen Macht und Größe, Allwissenheit, Tugend, Einmaligkeit – dient laut dem Psychoanalytiker Heinz Kohut dazu, „Systeme der Vollkommenheit" zu entwerfen. Diese Idealisierung der Eltern und der eigenen Person zu einem „großartigen Selbst" ist ein wichtiger Austausch in der Beziehung, um den Reifungsschritt des Kindes bezüglich der Realitätswahrnehmung zu unterstützen: So können Schritt für Schritt die eigene Person (Selbst) und die Bezugspersonen (Objekte) als getrennte Einheiten gesehen werden. Die frühere Vermischung (Verschmelzung) wird abgelöst durch die Entdeckung der eigenen, abgegrenzten Identität.

Ohne Selbstvertrauen keine Ablösung von den Eltern

Hatte das Kind die Chance der Idealisierung, kann es sich der Realität annähern. Mit der Fähigkeit der Vorausschau im Denken („Jetzt bin ich zwar noch klein, aber bald bin ich so groß wie ...") gewinnt es eine realistischere Selbsteinschätzung und die Fähigkeit, seine Mitmenschen zu beurteilen.

Nicht über Bemängelung und Entwertung, sondern durch die Chance der idealisierten Vorstellungen können eigene Fehler und Schwächen ebenso wie Enttäuschungen an den Beziehungspersonen in ihrer Realität erkannt und ohne bedrohliche Erschütterungen angenommen werden. Mit der Bildung eines solchen Selbstbewusstseins wird die Ablösung von den Eltern erreicht.

Das Kind braucht das Gefühl, rundum angenommen und geschützt zu werden.

Idealerweise stellt die Entwicklung eines kontinuierlichen Selbstbewusstseins das Zusammenspiel der dunklen Erinnerungsspuren an die frühe, narzisstische Harmonie, die Erfahrungen des realen Erfolges, dem Lob des Über-Ich (den verinnerlichten Ansprüchen der Eltern) und der erfolgten Übernahme (Identifikation) mit den idealisierten Aspekten der Eltern dar. Diese Art „Urselbstvertrauen" könnte anders gesprochen die Gewissheit widerspiegeln: „Bei allen meinen augenblicklichen Mängeln bin ich im Grunde doch gut und in Ordnung!" (*Erikson*)

Für das Wachstum der Autonomie ist dieses gut entwickelte „Urselbstvertrauen" unerlässlich. Eine übermäßige Beherrschung und Kontrolle durch die Eltern kann dagegen die Selbstachtung und das Gefühl des freien Willens empfindlich stören.

Das Kind niemals bloßstellen

Diese Entfremdung von sich selbst kann sich als Gefühl, bloßgestellt zu werden, als Scham und Zweifel an sich selbst äußern. Beschämen bedeutet, dem Kind das gesteigerte Gefühl zu vermitteln, klein zu sein. *Erik H. Erikson* sagt: „Das Kind wird sich unvermittelt bewusst, angesehen zu werden. Es ist sichtbar und noch gar nicht bereit, sichtbar zu sein. Es möchte sich nicht zeigen und präsentieren, sondern es möchte sein Gesicht verbergen oder in den Boden versinken. Beschämen als erzieherische Methode ist grausam."

Eltern, die ihrem Kind den Rücken stärken - die richtige Führung vorausgesetzt -, können sich darauf verlassen, dass es in der Reihenfolge seiner persönlichen Erfahrungen inneren Entwicklungsgesetzen gehorcht, Gesetzen, die eine Aufeinanderfolge von Möglichkeiten für eine angemessene Wechselwirkung mit den Personen schafft, die für es sorgen und auf es reagieren, ebenso wie die Institutionen, die das Kind besucht.

Vertrauen und Selbstbeherrschung

Bevor das Kind sich den Umweltanforderungen stellen kann, muss es lernen, seine widersprüchlichen Impulse und Gefühle zu erkennen und zu kanalisieren. Es muß lernen, sich zu beherrschen. Dazu braucht es Eltern, die Geduld und Vertrauen haben und selbst gelassen mit ihren eigenen Gefühlen umgehen und ihr Kind schließlich auch loslassen können.

Im Wirrwarr der Gefühle

Die inneren seelischen und geistigen Veränderungen, die zu den infantilen Gefühlen führen, wie Ängste, Aggressivität usw., äußern sich immer wieder in Anfällen maßloser Wut, in panischem Schreien, in Trotz oder Machtgebaren der Kinder. Diese primitiven, chaotischen Gefühlswelten werden vor allen Dingen auch durch die Erfahrungen humanisiert, dass die Eltern nicht Gleiches mit Gleichem vergelten.

Schuldgefühle entstehen

Im Vorschulalter hat das Kind allmählich die Fähigkeit erworben, ein Gefühl der Verantwortung zu empfinden. Es hat die verschiedenen zärtlichen und destruktiven Impulse zu einer tragfähigen Gefühlswelt in sich vereint. Damit ist in ihm die Möglichkeit zum Empfinden von Schuldgefühlen entstanden, die mit der Vorstellung von Zerstörung zusammenhängen - dort, wo ja eigentlich Liebe im Spiel ist. In der Beziehung zur Mutter werden die ersten Schuldgefühle und Wiedergutmachungswünsche sichtbar.

Die Fähigkeit, Schuldgefühle empfinden zu können, ist deshalb ganz wesentlich, weil aus ihr ein allgemeines Gefühl der Verantwortung und Wiedergutmachung erwachsen kann, aus dem der Drang zum Teilhaben an einer Gemeinschaft und zum Beitragleisten entsteht.

Das Kind möchte nun wirklich mitarbeiten, lebendige Erfahrungen mit sozialen Techniken verknüpfen und sucht in seiner Umgebung nach Gelegenheiten, Fertigkeiten zu erlernen, die seinen Bedürfnissen entgegenkommen und mit denen es anderen entgegenkommen und nahe kommen kann.

Loslassen

Es ist nun ganz wichtig, dass die Eltern die Eigenart des Kindes anerkennen, es sich entsprechend seinen Vorstellungen entwickeln lassen.

Die Eltern müssen sich nun auch von ihrem Kind abgrenzen. Eine gewisse narzisstische Abgrenzung und Selbstbezogenheit der Erziehungsperson hilft dem Kind, sich auch eigenen Dingen zuzuwenden. Nur wer sich selbst ernst nimmt, sich achtet und seine Fähigkeiten respektiert, kann auch andere achten und respektieren. Die Eltern sollten sich hüten, ihre „narzisstischen Projektionen“, so der Psychoanalytiker Horst-Eberhard Richter, auf das Kind zu übertragen. Diese Eltern kontrollieren und regeln das kindliche Leben, mischen sich grenzenlos ein, als handle das Kind immer nur stellvertretend für sie, als entscheide es über ihr Glück

bzw. ihre Schuld. Diese Kinder haben keine Chance, ihr Leben selbst zu gestalten. Und auch die Eltern werden nicht ihre persönliche Entfaltung finden.

Das Kind braucht Freiheit

Es ist keine Selbstverständlichkeit, all das, was das Kind jetzt braucht, Sicherheit und Freiheit, Anleitung und Ermutigung, in der angemessenen, den Reifungsschritten zuträglichen Dosierung zu gewähren. Es gibt Zeiten, da wächst Unsicherheit, da muss immer neu überlegt werden, bis man sich zu einer Haltung durchgerungen hat. Dies gilt besonders jetzt, da das Kind beginnt, auch gegen die Sicherheit und Kontrolle der Eltern zu kämpfen, und sich allein auf den Weg machen möchte. Um seine Fantasie leben zu können, seine vitale, beste Seite zu leben, braucht es Freiheit. Das spüren die Eltern, und auch das Kind spürt und will es. Aber es fürchtet sich und die Welt. Wie kann es Selbstvertrauen finden, auch ohne den Schutz der Eltern vor unerwarteten Geschehnissen? Und wie schützt es sich selbst vor den Auswirkungen seiner eigenen Impulse?

Seine Sicherheitsgrundlage sind die zuverlässige Präsenz und Berechenbarkeit seiner Eltern, seiner Familie. Eltern, denen an der Entwicklung ihres Kindes liegt, nehmen es auch in seiner Rebellion an, rechnen mit seinem Anrennen gegen Kontrolle und Sicherheit, ohne sie aufzugeben.

Sie wissen, dass mit Spontaneität neue, starke Gefühle durchlebt werden müssen, Regeln auf ihre Tragfähigkeit untersucht und überschritten werden.

Zum Tun anspornen

Loslösen und Vertrauen auf die eigene Entscheidungsfähigkeit haben die Bindung und Geborgenheit zur Voraussetzung, die schon in den ersten drei Jahren gesättigt wurde und die nun elastischer wird, sodass sich der Forscherdrang in eigenen Aktivitäten ungehindert äußern kann. Zu dieser Grunderfahrung gehört auch der Stolz auf das eigene Können.

Um seine Selbstständigkeit zu erreichen, muss das Kind ausreichend Gelegenheit haben, frei zu entscheiden.

Magische Welten – Fantastische Träume

Das Kind dieses Alters lebt auf ganz besondere Weise. Es schweift zwischen Fantasie und Realität, Wunsch und Wirklichkeit, Gedanken und Träumen hin und her, es hat zu vielen Welten Zutritt und ist doch ganz von dieser Welt. Sein Reich ist das Spiel, in dem das Unmögliche möglich wird und das Irreale ganz real ist.

Im Reich der Hexen, Helden und wilden Kerle

Erwachsene haben mühsam genug gelernt, sich nicht allzu sehr im Reich der Fantasien und Träume zu tummeln, und sind oft schneller, als es zuträglich ist, versucht, ihre Kinder auf den Boden der Tatsachen zurückzuholen. Zweifellos sollen Kinder lernen, zwischen innerer und äußerer Welt zu unterscheiden, nur gilt auch hier: Alles zu seiner Zeit. Lernten Eltern, mehr Verständnis für die magisch-mythische Sichtweise eines vier- oder fünfjährigen Kindes aufzubringen, gelänge ihnen ein tieferes und oft überraschendes Verstehen.

Die innere Welt

Die kindliche Entwicklung vollzieht sich in Beziehungen. Für die Ausbildung einer Identität sind Orientierung und Halt in einer berechenbaren Umwelt notwendig. Doch ebenso spielt sich in Korrespondenz dazu im Inneren des Kindes – dem Bereich seiner kleinen Persönlichkeit, den wir Seele, Herz, Geist nennen – seine Entwicklung ab. Diese innere Wirklichkeit spiegelt sich in Fantasien, in Symbolen ebenso wie in Märchen, Mythen und Geschichten.

Symbole und Fantasien als Vermittler

Wie bei jedem Bilderbuch, jeder Geschichte verlangt auch das Aussuchen von Märchen und Erzählstoff aus der Mythologie von den Eltern das ausreichende Empfinden für die Aufnahme- und Verarbeitungsreife ihres Kindes. Je sicherer das Kind sich in seiner Welt aufgehoben fühlt, desto freier kann es sich den Abenteuern seiner Fantasie überlassen und daran wachsen.

Geschichten von Gut und Böse gehören weltweit zur Erzähltradition.

Viele Eltern schrecken vor der radikalen Darstellung des Bösen, den drastischen Bildern der Märchen zurück. Könnte vielleicht eine Vorstellung wie die von der alten, hässlichen Frau als schauerliche Hexe gar nicht aufkommen, wenn die Märchen nicht diese Bilder erzeugen würden?

Überall in der Welt werden Märchen, Mythen, Grusel- und Schauergeschichten erzählt, die offenkundig alle gemeinsam von etwas handeln, was jeden Menschen berührt, etwas, das in allen steckt, ob Kind, ob Erwachsener. Sie umkreisen in vielfältigen Variationen etwas, das wahr, aber unannehmbar und erschreckend ist, oder etwas, das ideal und unerreichbar ist.

In allen Mythen, traditionellen Märchen und Sagen verdichten sich diese unannehmbaren, idealen und existentiellen Aspekte des Menschen und finden zu einer allgemein akzeptierten, kunstvollen Form. Im Kern geht es meist um Liebe, Hass und Furcht und den steinigen Weg, diese Gefühle ins Leben zu integrieren.

Böses, Aggressives, hässliche Gefühle, die auch eine Seite der menschlichen Natur sind, anzunehmen und mit Liebe zu verbinden, ist die schwierigste Aufgabe, die Menschen in allen Kulturen bewältigen müssen.

Gut und böse: klar getrennt

Die extreme Sichtweise der Kindheit, gut – böse, schwarz – weiß, freundlich – feindlich, muss mit der Zeit aufgegeben werden. Zunächst wird das Böse gehasst und das Gute rundum akzeptiert. Das kleine Kind bezieht noch Erleichterung aus der Vorstellung der guten und bösen Extreme. Erwachsene müssen lernen, auf solche Schwarz-Weiß-Schemata zu verzichten, denn in einem entwickelteren Stadium menschlicher Reife können entgegengesetzte Impulse – Zerstörung und Liebe – ertragen werden.

Die Eltern sollten sich bemühen, die Fantasiewelt ihres Kindes zu verstehen.

Doch zunächst braucht das Kind noch seine ganze Zauberwelt, um auf einer verlässlichen, emotionalen Basis Selbstvertrauen und Selbstwertgefühl zu erlangen. Zu früher Realismus oder gar Unverständnis der Eltern für die inneren Bilder ihres Kindes rauben ihm eine wichtige Möglichkeit, in seine Fantasiewelt abzutauchen, um sich dort mit seinen Gefühls- und Triebregungen zu konfrontieren und seine innere Wirklichkeit zu bearbeiten. In seiner Fantasie soll das Kind alle Gefühle ausleben.

Fantasiespiele, magische Bilder, übertriebene Geschichten, Lügenmärchen sind kreative Mittel zur Bewältigung innerer Konflikte und Darstellungen noch nicht ganz erfaßter Erlebnisse. Sie benennen Triebhaftes, Unfassbares, Beängstigendes in symbolischer Weise. Mit solchen Symbolen kann sich das Kind beschäftigen und seine Gefühle darin binden. Es ist dann den Erfahrungen nicht einfach ausgeliefert, sondern findet seinen eigenen Weg, damit fertig zu werden.

Fantasiewelten

Mit Beginn des vierten Lebensjahres steht die Vorstellungskraft des Kindes in voller Blüte. Es nimmt seine Umwelt und die anderen Menschen auf neue Weise wahr. Es beobachtet genau und malt sich dann ganze Geschichten aus, in denen es alles erleben kann und den Umgang mit seinen Erfahrungen und Beobachtungen übt. Jetzt kann es Menschen in Gedanken wie Symbole behandeln und sich imaginäre Gestalten ausdenken. Erwachsene müssen Verständnis und Achtung für diese störanfälligen und kostbaren Fantasiewelten haben, und oft fühlen sich Kinder auch zu verletzbar, um Erwachsene daran teilhaben zu lassen.

Imaginäre Freunde

Häufig erfinden sich Kinder dieses Alters imaginäre Freunde, Brüder u. Ä. Diese Freunde und Helfer können zaubern, kämpfen, beschützen und vereinen überhaupt alle traumhaften, aber auch bösen Fähigkeiten in sich. Sie verfügen über viele Möglichkeiten, die sich der kleine Regisseur sehnlichst wünscht. Sie helfen ihm, Ohnmacht und Kleinsein zu überbrücken. Auch im Geheimen kann so ein Alter Ego den Rücken gegen uneinfühlsame Geschwister oder Eltern stärken.

In der emotionalen Entwicklung erfüllen solche imaginären Freunde einen wichtigen Zweck. Das Kind kann durch sie entdecken, wie es selbst sein möchte. Es bestimmt über sie, obwohl sie groß und mächtig sind, und lenkt sie nach seinen Wünschen. Ihnen gegenüber kann es ohne Gefahr böse oder gut sein. Es kann ihnen gegenüber in die Rolle von Kindern schlüpfen, die es vielleicht in der Wirklichkeit einschüchtern. Es kann sich ohne Risiko in ein anderes Kind verwandeln. Auf dem Weg über solche imaginären Gestalten denkt es sich auch in seine Mutter und seinen Vater hinein. Es probiert aus, wie es ist, Mann und Frau zu sein, und spielt mit verschiedenen Seiten seiner Persönlichkeit. Für das drei- bis sechsjährige Kind ist dies ein ganz wichtiges Mittel, um seine Identität auszuloten und zu finden.

Das Kind als absoluter Herrscher

In der Verbindung von Spiel und Fantasie wird allerdings auch ein wichtiger Unterschied zwischen beiden Formen verarbeitet. In seiner Fantasie kann das Kind ein absoluter Herrscher sein, dessen Macht keine Grenzen kennt. Bei der Umsetzung im Spiel muss es sich damit auseinandersetzen, dass der Macht und Freiheit allesvermögender Helden Grenzen gesetzt sind. Spätestens, wenn die anderen nicht mehr mitspielen.

Dennoch, das magische Denken in seinem Spiel dient der Bemächtigung der Umwelt und hilft, Bedrängnisse von innen und außen auszugleichen. Hier können feindselige und zornige Impulse z. B. in einem Kampfspiel ausagiert werden. Oder das Kind kann sich grandiose Wünsche erfüllen, in der Vorstellung, es sei Zauberin, Königin oder Superman. Indem alle Indianer, Piraten, Angreifer unter Kontrolle gebracht werden, schafft es sich einen Ausgleich dafür, dass es selbst weitgehend der Kontrolle der Erwachsenen unterworfen ist.

Action- und Fantasyspiele

Besonders Jungen spielen mit Action- oder Fantasyfiguren die Macht- und Ohnmachterfahrungen ihres Alltags durch. Im Spiel mit bestimmten Figuren, die geeignet sind, etwa Gegensätze von Gut und Böse, Härte und Schwäche zu symbolisieren, finden sie ein Medium der spielerischen Auseinandersetzung mit ungelösten, kritischen Ereignissen und unbewältigten Alltagserfahrungen. An und mit den Figuren erprobt vor allem das männliche Kind, was es sich (noch) nicht traut oder wo es in der Realität (noch) nicht standhält. Fantasiefiguren, so klischeehaft und stereotyp sie sein mögen, helfen, Gewalterfahrungen, Gefühle von Rache und Vergeltung zu wiederholen. Zerstörung kann ungeschehen gemacht werden. Aggression dient hier nicht der Vernichtung, sondern der Selbstbehauptung und Autonomie.

Warum spielen Jungen aggressiver als Mädchen?

Warum sind Wut, Aggressivität, Vorstellungen von Härte und Kampf sosehr in Jungenspiele eingebunden und ganz offenkundig bei Mädchen nicht annähernd in diesem Ausmaß?

Alle Eltern erleben es: Jungen und Mädchen spielen unterschiedlich.

Im Vorgriff auf die Frage der geschlechtsspezifischen Entwicklung (s. Seite 322 f.) läßt sich feststellen, dass der Junge dieser Altersphase mehr Aggressivität aufbringen muss, um zu Selbstständigkeit und Unabhängigkeit von der Mutter zu gelangen. Er muss in seinem Ablösungsprozess noch einen Schritt weitergehen: Als Vertreter des männlichen Geschlechts kann er sein „neues", getrenntes „Selbst" nicht durch Identifikation mit der Mutter definieren. Er muss die Trennung von ihr radikaler vollziehen, sich stärker nach außen wenden und sich auf neue, ganz fremde Vorbilder einlassen. Seine „Männlichkeit", „ein Junge zu sein", hat so gesehen viel mit Ablehnung seiner einstmals so innigen Verbundenheit und damit möglicherweise mehr mit Schmerz und Wut zu tun. Das Mädchen kann dagegen kontinuierlicher auf seine Verbundenheit und weibliche Identifizierung mit der Mutter zurückgreifen.

Ideal „Barbiepuppe"

Entsprechend dieser Annahme symbolisieren z. B. die von den Mädchen dieses Alters hoch geschätzten Barbiepuppen nicht Kampf, sondern Kontinuität und Überhöhung auf dem Weg der Suche nach einem Ideal. Das „Ideal" Barbiepuppe ist als solches stark übertrieben, überzeichnet, gereinigt vom Alltäglichen wie die meisten Ideale. Es drückt auch weniger den Wunsch nach einer bestimmten körperlichen Ausstattung aus, so wie der Junge ja in Wahrheit auch nicht wie Batman aussehen möchte, sondern eine durch Übertreibung verdeutlichte Darstellung von Weiblichkeit. Die fetischartige Übertreibung der Figur und das Spiel, das darin besteht, sie durch immer neues An- und Verkleiden noch idealer, noch perfekter zu gestalten, dient der lustvollen Wiederholung der Illusion von etwas Herrlichem, in dem jenseits der Wirklichkeit das Ideal weiblicher Vollkommenheit und Schönheit aufscheint.

Diese Idealisierung weicht irgendwann dem Wunsch, sich in konkreten Beziehungen in der Umwelt zu spiegeln, etwa in der Fürsorge und Pflege eines Tieres.

Mädchen und Jungen lernen auf ihre Weise, langsam auf die magischen Mächte zu verzichten, und suchen und finden reifere Formen, um ihre Wünsche, Gefühle, Aggressionen und ihr Autonomiestreben auszudrücken. Und sie werden auch lernen, sofern Fantasien, Übertreibungen, Tagträume, Zorn und Chaos zugelassen werden, ihre polare Denkweise und Beurteilung aufzugeben, um sich und andere mit ihren schönen und hässlichen, guten und bösen Anteilen zu akzeptieren.

Aus der Fantasiewelt in die Realität

Bis zum Alter von vier Jahren ist das Fantasiespiel am weitesten von der Realität entfernt und das Wirklichkeitsbild am stärksten „verzerrt". In den folgenden drei Jahren verlieren symbolische Spiele langsam an Wichtigkeit, und das Kind möchte sich neu und besser an die Realität anpassen. Wirklichkeit wird dann auch im Spiel klarer reproduziert.

Die Entwicklung des Spiels

Jean Piaget hat das kindliche Spiel in allen Altersstufen beobachtet und genau beschrieben. In der „präoperationalen Phase" (s. Seite 199) dieses Alters schreitet das Kind mit der Entwicklung seines Denkens zu reiferen Formen des Fantasiespiels voran. Die egozentrische Position des Kindes, in der es sich als Mittelpunkt einer Welt empfindet, die ganz seine Gefühle und Wünsche teilt, ausgestattet mit einer magischen Allmacht, bekommt allmählich Risse und Löcher, durch die die Realität eintritt. Doch erst mit etwa sieben Jahren ist das Denken und Erleben der Realität angepaßt. Nun kann das Kind über konkrete, materiell existierende Objekte und Menschen objektiv nachdenken. Es ist dann frei vom Druck der unmittelbaren Wahrnehmung und direkten Erfahrung und kann z. B. in seinem Denken räumlich und zeitlich vorwärts und rückwärts streifen.

Das magische Denken der frühen Jahre

Piaget zeigt uns, dass das Fantasieren des Kindes nicht nur seine Art ist, Erfahrungen psychisch zu verarbeiten, sondern dass es seinem Entwicklungsstand im Denken und der Weltaneignung entspricht. Das jüngere, wie er es nennt, „präoperationale Kind" kann sich vieles nur vor dem

Hintergrund seiner magischen Denkmöglichkeiten erklären. Die Welt ist nur seinetwegen geschaffen, es kann sie auch beherrschen, zumindest in den Ausschnitten, die es kennt und spielt. Sonne und Mond müssen ihm folgen, wenn es läuft; oder es regnet, wenn es in die Hände klatscht. Es hofft, durch ein Lied könne die Sonne wieder scheinen. Es glaubt, der Mond lebe und bewache seinen Schlaf, die Sonne folge ihm, um ihm den Weg zu zeigen, die Wolken zögen mit einem bestimmten Ziel, der Wind sei lebendig, weil er bläst, und zwar mutwillig direkt ins Gesicht, das Auto sei lebendig, weil es ja fährt.

Das Vorschulkind erlebt sich als Mittelpunkt der Welt.

Von der Realität ihrer Träume sind Vierjährige fest überzeugt und glauben, es seien die Menschen, von denen sie träumen, die ihre Träume verursachen. Der Traum, meinen sie, komme von draußen, von der Nacht.

Noch werden die Dinge und Vorgänge nicht in einen logischen Zusammenhang gebracht, sondern in einen gedanklichen. Etwas hat deshalb einen Zusammenhang, weil es zur selben Zeit im gleichen Raum auftritt. Objekte sind das, wozu sie gerade erklärt werden, die Legosteine sind Pistolen und realer als der Wunsch der Mutter nach einer abstrakten Ordnung.

Entzauberung der Welt

Mühsam, mit großer Anstrengung, sich seinen Umweltbedingungen anzupassen, oft intuitiv, ertastet sich das Kind den Weg zu logischerem Denken und damit aber auch Stück für Stück zur Entzauberung seiner Welt. Es wird dann begreifen, dass der Wolf im Märchen zwar existiert, aber nur im Märchen, dass Träume wie Filme sind, die im Kopf gedreht werden, und die Gestalten, die es nachts bedrohen, nur Gedanken sind. Aber ganz sicher ist das alles noch lange nicht, auch wenn die Erwachsenen etwas anderes behaupten.

Helden als Vorbilder

Sicherlich kann man auch Helden und Heldinnen, Fantasiegestalten und ihre Anziehungskraft nutzen, um dem Kind in seiner Entwicklung weiterzuhelfen. Die Geschichten müssen nicht nur im Kopf stattfinden, denn alles, was ein Kind wirklich tut, hilft ihm, in der Realität stark zu werden.

Eine vorbildliche Heldin, ein tapferer Held, die tüchtig und geschickt sind, können erstrebenswerte Vorbilder sein, denen man nacheifert, wenn sie sich etwa wie die Goldmarie vorbildlich oder wie Robin Hood solidarisch verhalten. Die meisten Kinder sind dafür offen, sich je nach ihren Möglichkeiten und ihrer individuellen Art entsprechend der Eigenschaften positiver Helden und Heldinnen, die sie bewundern, zu entwickeln.

Kinder und Eltern brauchen Märchen

Die besondere Beziehung zur Welt der Bilder, die noch ungeklärte Trennung zwischen Realität, erdachter Welt, Wirklichkeit und Traum lassen das Kind der magischen Stufe sich selbst als ganzheitlich und im Zentrum lebend erfahren. Die Vorbilder, die es hat, ergeben den Stoff für immer neue, eigene Bilder aus seinem Denk- und Vorstellungsvermögen. Noch ist die Beziehung zum Intuitiven, Mythischen, Unsichtbaren lebendig, und das Kind schöpft daraus Sicherheit, Trost und Kraft und kämpft darum, sich diesen Schatz zu bewahren.

Bilder erklären die Welt

Das Kind braucht in diesem Prozess der Suche nach Wahrheit, der Wandlung und Veränderung Bilder. Es braucht solche Bilder, die ihm die Trennung von Gut und Böse, Arm und Reich ermöglichen, die ihm erlauben, Ideale wie Tapferkeit, Ehrlichkeit, Schönheit, Mut bildhaft nachzuvollziehen. Man könnte sagen, die kindliche Seele braucht Geschichten, in denen „Lebenskraft", „das Wasser des Lebens" wirkt wie in den Märchen, Mythen und Sagen.

In den Bildern des Märchens erlebt das Kind Glaube, Liebe, Hoffnung. Auch der Dümmste und von der Natur Benachteiligte kann noch etwas Rechtes werden, wenn er sich nur treu, wahrhaftig und tapfer verhält, wozu ihn meistens unverbrüchliche Liebe befähigt. Im Märchen lassen sich Prozesse der Verdammung, Verzauberung, Verwandlung, Überwindung und Berufung nachempfinden. Die verfluchte Prinzessin, der verwunschene Prinz können aus ihrer Verbannung, ihrer Froschgestalt, ihrer Bärenhaut erlöst werden, wenn sie die Liebe einer menschlichen Seele erlangen. Die Gestalten des Märchens müssen, um Höheres zu erreichen, Entbehrungen und Prüfungen durchstehen, aber sie können auch in scheinbar ausweglosen Lagen auf Helfer hoffen. Das Böse darf untergehen, Schrecken und Bedrohung werden ein für alle Mal vernichtet. Das Leben und das Gute siegen.

Allerdings, wenn man ein Verbot missachtet und einer Anordnung nicht gehorcht, hat das Folgen. Rotkäppchen und die Geißlein unterschätzen die Gefahr, der Wolf als Symbol des Bösen schleicht sich ein und bringt alles durcheinander – aber danach ist die Welt auch wieder in Ordnung. Weder die Großmutter noch die Geiß sind nachtragend, die Sache ist vorbei, alle sind fröhlich, feiern und singen erleichtert zusammen, etwas ist überstanden und dadurch besser als vorher.

Das Märchen vermittelt eine klar strukturierte, „gerechte" Welt.

Im Märchen dürfen die das Glück gewinnen, die bescheiden bleiben, sich erst einmal in ihre Lage fügen, aber dann um so unbeirrbarer sich verschiedenen Prüfungen und Niederlagen aussetzen und sich vor ihren Aufgaben nicht drücken. Die aufgeblasenen, selbstherrlichen Stiefschwestern, hinter deren herausgeputzter Fassade ein dürres, liebesunfähiges Ich verborgen ist, erwartet ein Pechregen.

„Ewige" Wahrheiten

Das Märchen kann zur Integration der Abgründe der inneren Welt und der Anforderungen der realen Welt beitragen. In der Kindheit muss der

Mensch lernen, diese Aspekte zu überbrücken. Normalerweise besitzen Erwachsene ein Gespür dafür, wie Märchen auf diesem Weg behilflich sind, wie sie die Themen der kindlichen Fantasie aufgreifen. Das Märchen enthüllt beiden – Eltern und Kind – Wahrheiten über die Menschen und über ihr eigenes Ich.

Tiefe emotionale Konflikte, Gefühle von Todesangst, Einsamkeit und Absonderung, die Kinder oft nur indirekt über Ängstlichkeit ausdrücken können, werden ebenso aufgegriffen wie die Wünsche nach Liebe und die Hoffnung auf Glück.

Das Märchen lehrt auch, dass man das ewige Leben nicht suchen muss, wenn man eine dauerhafte, liebevolle Beziehung gefunden hat.

Das Märchen, sagt Bruno Bettelheim in seinem berühmt gewordenen Buch „Kinder brauchen Märchen", ist eine einzigartige Kunstform. Aber eben eine Kunstform, die das Kind ganz erfassen kann. Seine psychologische Wirkung auf das Kind könnte es gar nicht ausüben, wenn es nicht eine Kunstform wäre. Der Sinn des Märchens verändert sich für das Kind je nach Alter und je nach gesellschaftlicher Situation, in der es lebt.

Heute sind die familiären Bedingungen nicht mehr so verbindlich und fest gefügt wie zu Zeiten früherer Generationen oder gar, als die Märchen entstanden sind. Das ändert nichts an ihrer Aktualität, denn ihre Themen sind weniger historisch gebunden als vielmehr „menschlich".

Der Held bietet Identifikationsmöglichkeit

Wie tröstlich, sich mit einem Helden identifizieren zu können, der ganz allein in die Welt hinausziehen muss und der, obwohl er nicht wissen kann, was ihn erwartet, einen sicheren Platz in dieser Welt findet, weil er mit tiefem inneren Vertrauen seinen Weg geht! Der Held ist einfachen Dingen näher als die meisten Erwachsenen, genauso wie das Kind, und er erfährt durch die Berührung mit ihnen, mit dem Baum, dem Tier, der Natur, Hilfe. Doch nur wenn sie in die Welt hinausziehen, können Heldin und Held Abenteuer erleben und finden andere Menschen, mit denen man vergnügt bis an sein Ende leben kann.

In welchem Alter ist welches Märchen geeignet?

Das Lieblingsmärchen sollte immer wieder vorgelesen werden.

Die Frage, wann welches Märchen gerade „passt", entscheidet ein Kind mit seiner Reaktion darauf selbst, denn es zeigt, was ihm wichtig wird und was es lieber nicht hören möchte. Oft haben Kinder ein Lieblingsmärchen, das sie immer wieder möglichst wörtlich genau so und nicht anders hören möchten, da es eine gerade brennende Frage behandelt. In der wortwörtlichen Wiederholung finden sie Bestätigung und Beruhigung.

Mythen und Sagen sind bedrohlich

Zwischen Mythos, Sagen und Märchen besteht ein wichtiger Unterschied, den man bei der Auswahl bedenken sollte. Das Märchen erzählt einfacher und näher am inneren Erleben und begleitet das Geschehen Schritt für Schritt, ohne dass seine Helden dem kleinen Zuhörer Unterlegenheitsgefühle aufnötigen. Mythen und Sagen sind oft zu bedrohlich.

Gerade das drei- bis sechsjährige Kind braucht positive, symbolische Lösungen. Das Märchen bietet der Fantasie Stoff, der zu erkennen gibt, worum es bei dem Kampf um Selbstverwirklichung geht, und zugleich bürgt es für einen guten Ausgang. Es beantwortet die Fragen „Wie ist die Welt? Wie soll ich darin leben? Wie kann ich selbst sein?" nicht definitiv. Es legt vielmehr Lösungen nahe, aber überlässt es der Fantasie des Kindes, was es auf sich selbst beziehen will. Der Art und Weise, wie das Kind der magischen Altersstufe denkt und die Welt erlebt, widerspricht das Märchen nicht, deshalb kann es so überzeugend und wichtig werden. In dieser Zeit verfügt das Kind über eine rasch anwachsende Sammlung ungeordneter, noch nicht vollständig eingepasster Eindrücke aus der Realität und von der Einbildungskraft beherrschter Elemente. Die Fantasie füllt die großen Lücken im Verständnis aus. Innere Spannungen und Konflikte führen dazu, dass Verzerrungen und Missdeutungen die Wahrnehmung beeinflussen. Die Dinge können sich so verwickeln, dass die Verquickung von Wirklichkeitsausschnitten und Fantasie Verwirrung stiftet. Das Fortschreiten der Märchenerzählung und seine Wiederholungen zeigen, wie aus Verwicklungen und Fantastereien Klarheit erwachsen kann und alles wieder seinen geordneten Gang geht.

Kinder unterscheiden zwischen Märchen- und realer Welt

Manche Eltern befürchten, ihre Kinder könnten diesen Fantasievorstellungen nicht gewachsen sein und würden von Märchen dazu gebracht, an Zauberei, Hexen und übernatürliche Kräfte zu glauben. Sie meinen, der kindliche Geist könnte von all den Märchenfantasien überfüttert werden. Doch zur Bewältigung des Lebens gehört beides, eine reiche Fantasie und ein klarer Kopf. Die Komplexität des Menschen zerfällt nicht in diese beiden Teile, wenn es ausreichend Gelegenheit gab, beide zu entwickeln.

Mit fünf oder sechs Jahren glaubt kein Kind mehr, dass Märchen der äußeren Realität entsprechen. Das Kind stellt sich vor, eine Königstochter zu sein, und malt sich alles aus – und trotzdem weiß es, dass es keine ist. Seine Fantasie kann frei schweifen von realen Dingen zu magischen Welten. Und je abwechslungsreicher diese Vorstellungen sind, desto weniger muss die Fantasie in wenigen Wachträumen steckenbleiben, deren Ängste und Wünsche um wenige kleine Anliegen kreisen müssen. Gerade mit Hilfe der Märchen und daran angelehnten Spielen kann das Kind auch die destruktivsten Monster, die angstbesessensten Ungeheuer seiner Fantasie beim Namen nennen und bändigen. Die Drachen werden überwunden.

Märchen symbolisieren, dass sich der Mensch immer weiter entwickeln muss.

Kinder müssen immer neue Entwicklungsstufen meistern, um zu einer reiferen Stufe ihrer Persönlichkeit zu gelangen. Die Befürchtung, der Übergang könnte nicht gelingen oder der nächste Schritt könnte zu viele Verluste mit sich bringen, findet im Thema der Wiedergeburt in vielen Märchen seinen Ausdruck. Das Rotkäppchen, die Geißlein springen aus dem Bauch des Wolfes heraus und sind lebendiger und fröhlicher als vorher. Sie haben eine innere Wandlung durchgemacht. Das Kind spürt intuitiv, dass es nicht wirklich um Tot oder Lebendig ging, sondern dass der Aufenthalt im Bauch des Wolfes einen bestimmten Zweck hatte und hier erzählt wird, dass Wandlungen möglich sind.

„Moderne“ Märchen

Die Gestalten eines Aschenputtel, einer alten Geiß, eines armen Holzhackers oder eines tapferen Schneiderleins halten manche Eltern für antiquiert und nicht mehr zeitgemäß. Doch im Grunde liegen den Helden

in den modernen Märchen dieselben Persönlichkeitsstrukturen zugrunde wie den alten Märchenhelden, z. B. Däumling oder Schneewittchen u. a.

Disneys Arielle oder der König der Löwen erzählen ebenso in vereinfachten Gegensätzen von unverbrüchlicher Liebe, den Prüfungen des Großwerdens und den Hoffnungen auf ein eigenes Königreich. Auch der kleine König der Löwen kann nicht gleich König sein, sondern übersteht Wirrnisse, Todesängste, findet treue Helfer, muss sich von seiner heilen Kinderwelt und von seinem Vater verabschieden, und alles findet nicht in einer der Wirklichkeit nachgebildeten Welt statt. Die Dramaturgie allerdings ist sehr realistisch kalkuliert und den Erfordernissen der Medienwelt unterworfen.

Beide Märchenformen, das hat das moderne Märchen vom traditionellen Märchen gelernt, verfahren nach dem gleichen Prinzip, das sie Kindern so lieb und anziehend macht:

Sie helfen mit einfachen, eindringlichen Bildern vielschichtige Gefühle zu entwirren, sodass sie nicht mehr ein großes Durcheinander bilden, sondern einzeln ihren Platz bekommen. Da sind abgrundtief böse Gestalten und solche von selbstloser Güte. Ein Tier ist entweder ein gefährlicher Feind oder bester Freund und Helfer. Jede Gestalt kann durch ihre Eindimensionalität in Handlung und Reaktion leicht begriffen werden.

So manche Frustration, die mit dem Selbstständigwerden und mit der Aufgabe des Allmachtsgefühls verbunden ist, stößt das Kind in größere Zweifel, Enttäuschung und Niedergeschlagenheit. Doch wenn es Möglichkeiten hat, sich in seinen Gedanken und Träumen einen Ausweg zu suchen, kann es auch auf zukünftige Lösungen hoffen. Fantasiegebilde sind zwar irreal, aber die Zuversicht, die sie geben, ist real.

Märchen spiegeln die innere Welt des Kindes wider

Bruno Bettelheim sagt: „Das Märchen flößt dem Kind die Hoffnung ein, dass es eines Tages die Herrschaft in seinem Reich antreten wird. Und da das Märchen genau jene Art von Triumph verheißt, die das Kind ersehnt, ist das Kind bereit, auch alles andere zu glauben; dass man von zu Hause fortgehen muss, um sein Königreich zu finden; dass man es nicht sofort gewinnen kann, sondern Risiken eingehen und Prüfungen bestehen muss; dass man dazu nicht alleine imstande ist, sondern Helfer braucht, und dass man, um sich deren Unterstützung zu sichern, einige ihrer Forderungen erfüllen muss. Versprechen, Wünsche, Rache und herrliches Leben, alle Märchenbilder finden mehr als viele andere Geschichten ein Echo in der inneren Welt des Kindes."

Märchen verbinden die Generationen miteinander.

Diese Beschreibung zeigt wie in einem konzentrierten Spiegelbild das Kind auf seinem Weg zu einer reifen, unabhängigen, gemeinschaftsfähigen Persönlichkeit. Auf diesem Weg kann ihm vieles zur Unterstützung dienen. Der Fantasie der Eltern, Spiele und Geschichten zu finden, sind keine Grenzen gesetzt. Märchen sind sicherlich nur ein Teil dessen, was im Kinderleben eine Rolle spielt. Aber sie sind ein ganz besonderer Teil, nicht nur, weil sie uns so viel über das Innenleben der kindlichen Seele mitteilen, sondern weil sie Gestern und Heute verbinden, die Kindheit der Eltern und Großeltern mit der Kindheit heute.

Übergänge: Fantasie, Spiel, Kreativität

D. W. Winnicott, der die kindliche Seele so tief erforscht hat, schreibt dem Spielen eine weit reichende Bedeutung zu. Er sagt sogar: „Auf der Grundlage des Spielens baut die gesamte menschliche Erfahrungswelt auf."

Ist das nicht übertrieben? Was geschieht überhaupt im Spiel? Ist Spiel nicht nur Zeitvertreib, die Beschäftigung der Kinder, die noch nichts „Richtiges" zu tun haben?

Das Spiel – ein „Übergangsbereich"

Im Spiel ist das Kind weder vollkommen in sich gekehrt (introvertiert), noch lässt es sich so auf andere ein, dass es gänzlich außer sich (extrovertiert) ist. „Hier wird das Leben im Bereich der Übergangsphänomene, also in der aufregenden Verflechtung von subjektiven und objektiven Beobachtungen erfahren. Es ist ein Bereich, der zwischen der inneren Realität des Einzelmenschen und der objektiven Realität außerhalb des Individuums angesiedelt ist." (*Winnicott*)

Was ist mit diesem „Übergangsbereich" gemeint, in dem sich die Erfahrung des Spielens mit der seelischen Entwicklung so eng und so bedeutungsvoll verknüpft?

In dem Zusammenhang von Spiel und Kreativität wird in der psychologischen Literatur die Bedeutung des „Übergangsobjektes" für das Kind beschrieben (s. auch Seite 226).

Das Übergangsobjekt

Dieser kostbare Besitz kann ein Schmusetuch, ein Kuscheltier, ein Schnuller, ein spezielles Kissen, ein Nuckellappen und vieles andere mehr sein – immer ist es ein wichtiger Begleiter und zuverlässiger Tröster, der Schutz und Beruhigung spendet. Das Übergangsobjekt dient als Brücke zwischen der körperlichen Nähe zur Mutter und dem Getrenntsein. Es hat die magische Kraft, den idealen Zustand des Ungetrenntseins wie eine Illusion darzustellen und die beruhigenden Funktionen zu übernehmen – das Kind kann einschlafen fern von der Mutter.

Kuscheltier oder Schmusedecke sollte man dem Kind nicht wegnehmen.

Das Übergangsobjekt führt zur Kultur

Die ursprünglichen Übergangsobjekte, die illusionär die Gegenwart der Mutter sicherten, werden allmählich abgelöst, sie verlieren an Bedeutung. Wenn das Kind fünf Jahre alt ist, braucht es dieses Ding vielleicht immer noch oder nur noch nachts, aber vieles kann inzwischen an seine Stelle treten wie verschiedene Spielsachen, Spiele, Geschichten, Rituale, Bücher. Malsachen und andere Dinge bereichern sein Erleben. Unzählige Übergangsphänomene breiten sich über diesem illusionären Zwischenbereich aus und beginnen, das zu formen, was wir als „Kultur" bezeichnen.

„Hier entfalten sich Kreativität und Spiel, die später zu solchen kulturellen Phänomenen wie bildende Kunst, Theater, Literatur, Musik und auch Religion führen. Dies ist die Sphäre, wo der Mensch ausruhen darf von der lebenslangen Aufgabe, innere und äußere Realität getrennt und doch in wechselseitiger Beziehung zu halten." (*Winnicott*)

Die Bedeutung des Spiels

Das Kind bezieht beim Spielen Objekte und Erlebnisse aus der Umwelt mit ein und bringt sie mit Vorstellungen aus seiner persönlichen Welt zusammen. In selbst gewählten Spielszenen verweben sich Bruchstücke von Träumen, inneren Bildern und der Realität, in der es lebt. Vertieft ins Spiel - ein Zustand gleichzeitiger Nähe und Zurückgezogenheit -, bedient es sich mal lebhaft intensiv, mal still versunken der verschiedenen Erfahrungselemente von Traum, Gefühl und Wirklichkeit.

Spielen setzt Vertrauen voraus und ist selbst dann, wenn Angst eine Rolle spielt, etwas grundsätzlich Befriedigendes für das Kind. Der Körper ist intensiv beteiligt und ständig in Bewegung durch das Hantieren mit Gegenständen. Manchmal entsteht heftige Erregung, weil Spielen einerseits lustvoll, andererseits mit Risiko und Wagnis verbunden ist. Dieses Risiko entsteht dadurch, dass Geschicklichkeit notwendig ist, um eigene Vorstellungen in der Realität umzusetzen.

Im Spiel passt das Kind seine innere Welt den äußeren Gegebenheiten an.

Das Vorschulalter ist die richtige Zeit, um eine haltbare Brücke zwischen Innenwelt und Außenwelt zu errichten. Im Spiel, im Fantasieren während des Spiels baut sich das Kind diese Brücke, über die es von der symbolischen Bedeutung der Dinge zu einer aktiven Erforschung ihrer realen Eigenschaften und Funktionen gelangt.

Erwachsene, die mit Kindern zusammen sind, wissen um die Bedeutung des Spiels. Sie versorgen Kinder mit Spielsachen und Spielmaterial und sorgen auch dafür, dass sie mit anderen Kindern spielen können. Im Spiel beginnen Kinder zu begreifen, was man mit Gegenständen machen kann und was nicht, wie man mit ihnen umgeht und wie besser nicht.

Das Spiel führt in die Realität

Beim Bauen wird nach eigenen Vorstellungen verfahren, aber es müssen auch die Gesetze der Schwerkraft, des Gleichgewichts und der Statik berücksichtigt werden. Die Zerstörung des Bauwerks ist nicht einfach destruktives Verhalten. Das Kind lernt dabei vielmehr über viele Wiederholungen, auf den Wunsch, total zu beherrschen, zu verzichten. Es muss einen Kompromiß finden zwischen Beherrschungsansprüchen und den harten Tatsachen der Realität, es erkennt die Grenzen an, die seinem Bauen durch das Spielmaterial gesetzt sind.

Verschiedene Spieltypen

Jeder Spieltyp erfüllt eine wichtige Funktion.

Piaget unterscheidet für die „präoperationale Phase“ (s. Seiten 199 und 243) des drei- bis sechsjährigen Kindes verschiedene Spieltypen. In den Handlungen des einen Spieltyps versucht das Kind, individuelle Fähigkeiten und Fertigkeiten frei zu gebrauchen, seine Handlungen zu wiederholen aus Freude oder um sich und anderen ein Schauspiel zu bieten. Es entfaltet in diesem Spiel sein Ich ohne Beschränkung und Anpassung an die Realität. In einem weiteren Spieltyp reproduziert es Aussehen und Tun der anderen Menschen oder stellt durch seine Spielsachen sein eigenes Leben dar. In der Weiterentwicklung dieses Spiels findet man die Übertragung ganzer Szenen und komplizierte schauspielerische Episoden, die über längere Zeit immer wieder aufgeführt werden. Hier treten auch wieder die „imaginären Freunde“ (s. Seite 240 f.) auf, die als wohlwollende Zuhörer oder als Spiegel und Darsteller für das Ich dienen.

Im „kompensatorischen Spiel“ werden unangenehme Dinge und Ereignisse ausgearbeitet, durch Spielszenen ins Symbolhafte übertragen und verlebendigt, wodurch sie das Bedrückende zum Teil verlieren und erträglicher werden. Mit zunehmendem Alter werden die symbolischen Spiele geordneter, sprachliche Fortschritte und kognitive Reifung ermöglichen diese größere Annäherung an die Realität. Das Kind erkennt, dass Ereignisse einander in Zeit und Raum folgen, seine Fantasiespiele werden genauer und zusammenhängender und stellen zunehmend die Wirklichkeit dar. Alles soll getreu nachgeahmt sein, die Burgen, das Haus, die Stadt, die Küche usw. Das Parallelspiel, bei dem Kinder nebeneinanderher spielen, ohne wirklichen Dialog, wird zunehmend sozial. Jetzt werden verschiedene Rollen unter bewusster Einbeziehung des Partners übernommen.

Über viele solche Erfahrungen entwickelt sich allmählich die Bereitschaft, innere Ansprüche zurückzunehmen und sich danach zu richten, was in der Welt machbar ist. Das Spiel, auch das Zusammenspiel mit anderen Kindern, setzt Grenzen, aber im Spielenlassen der Fantasie können auch Bedrängnisse ausgeglichen werden.

Im Kriegsspiel mit seinen aggressiven Größenfantasien lassen sich Wut und Zorn ausagieren und grandiose Wünsche erfüllen. Vorübergehend können die Großen kontrolliert werden, die sonst alles kontrollieren.

Neben der Lust und Erleichterung, die solche und andere Spiele bringen, bedeutet Spielen in der Gruppe nicht nur Spaß und Vergnügen, sondern auch Selbstkontrolle, denn wenn die anderen weiter mitspielen sollen, muss man sich an Verhaltensregeln halten und den Beitrag der anderen Mitspieler respektieren. Immer neues Verhandeln und die gemeinsame Suche nach Kompromissen, Sich-Einigen, ist ein wichtiger Bestandteil von Spielen.

Was Spiele zum Ausdruck bringen

Die Gedanken und Gefühle, die Kinder im Spiel zum Ausdruck bringen, sind oft gar nicht bewusst und könnten überwältigen, gäbe es keine Gelegenheit, sie auszuagieren.

Denn das Spiel, in dem Erwachsene so gern die „heile Kinderwelt" sehen möchten, wird ja gerade auch dazu genützt, komplexe psychische Schwierigkeiten und Anforderungen aus der Vergangenheit und der Gegenwart so lange zu beleben und zu bearbeiten, bis sie gemeistert sind. Das, was im Kopf des Kindes vorgeht und seine Seele in Aufruhr bringt, bestimmt über weite Strecken auch sein Spiel. Oft ist es wie eine Geheimsprache, die die Erwachsenen nicht verstehen, die sie aber dennoch respektieren müssen.

Ein in seine Beschäftigung vertieftes Kind sollte nicht einfach unterbrochen werden, weil es etwas „Wichtigeres" gibt. Die meisten Eltern lassen ihre Kinder auch gewähren, ohne sich bedenkenlos einzumischen.

Die Art und Weise, wie das Kind spielt, sich in seiner Spielstruktur hin- und herbewegt, verlangt Eltern manchmal mehr Geduld ab, als sie aufbringen können. Manchmal sind die Eltern sogar völlig unzufrieden mit dem Spiel ihres Kindes. Dann wollen sie zeigen, „wie man richtig spielt"; sie korrigieren und verlangen, dass Spielzeug seinem Zweck entsprechend benützt wird. Doch im Bereich der Spiele und Fantasien sollten Eltern sich mit ihren Bemühungen um Anpassung und mit Lern- und Disziplinansprüchen zurückhalten, denn ihre innere Einstellung wirkt sich folgenreich auf die Kreativität des Spiels, die kindlichen Interessen und die Erweiterung seiner Möglichkeiten aus.

So finden Kinder, wenn man sie sich selbst überlässt, oft Lösungen für Dinge, die sie beschäftigen. Spielend lernen sie dabei, sich und die Welt besser zu verstehen. Eindrücke und Problemstellungen aus der Vergangenheit können in symbolischer Form wieder belebt und verarbeitet werden ebenso wie alltägliche und unmittelbare Belange und Ereignisse, Beobachtungen, Unverständliches und Erwünschtes und Ersehntes. Die vielen Wiederholungen der immer gleichen Spiele sind einerseits der Weg des Begreifens, andererseits das wiederholte Vergnügen am Spiel selbst.

Die Zeit vergeht sehr schnell

Dies sollten Eltern bedenken, wenn alltägliches Chaos keine Distanz mehr zwischen ihnen und den Kindern zuzulassen scheint:

Nie mehr später wird die Wohnung ein Schloss sein, Vater und Mutter König und Königin, und keine Prinzessin wird mit so viel Charme und Fantasie sein Elternpaar umwerben, kein Ritter sie so mit Leib und Seele bewachen und beschützen wollen wie jetzt. Bald sind sie ausgeflogen und werden ihre Eltern nicht mehr ins Spiel bitten, nicht mehr mit ihnen durch ihr Reich schreiten, um dann wieder im nächsten Moment in die Welt der Tatsachen zu stürzen und einer Sache genauestens auf den Grund zu gehen. Jetzt hat sich der tapfere Drachentöter in einen unnachgiebigen Forscher verwandelt – wie viel Freude, einen Vorgang begriffen zu haben!

Natürlich – ein bisschen Unordnung macht das alles schon.

Wenn Eltern das Spiel nicht nur respektieren und tolerieren, sondern sich auch persönlich für diese reiche Welt ihres Kindes und seine Art, sich darin zu bewegen, interessieren, werden dessen Spielerfahrungen eine solide Basis bilden, auf der es seine Beziehung zu ihnen und dann auch zur Welt draußen aufbauen kann.

Kinderthemen, Kinderfragen

Kinder möchten begreifen, in welcher Welt sie leben und schaffen sich im Spiel eine durchsichtige Welt, die sie verstehen können. In dem Maße, wie sich ihr Intellekt entwickelt, wollen sie die Welt aber auch rational begreifen: Sie suchen und brauchen „Welterklärungen". Das Fragealter beginnt An den vielen Warum-Fragen wird deutlich, wie undurchschaubar, geheimnisvoll, oft verwirrend die Welt ist, wie oft das Kind an die Grenzen seiner Auffassungsmöglichkeiten gerät.

Warum, wieso, weswegen?

Ein Kind zwischen drei und sechs Jahren hat vermutlich mehr als jemals wieder in seinem Leben elterliche Forderungen zu erfüllen: „Hör auf damit!", „Fass das nicht an!", „Geh weg von der Straße!", „Wasch dir die Hände!", „Räum deine Sachen weg!", „Sei nicht so laut!", „Beeile dich!" usw.

Es muss richtig sprechen lernen, einen Zeitplan einhalten, seinen Körper pflegen und beherrschen lernen, Tischmanieren lernen und so fort. Sein tägliches Leben organisiert sich vor allem auch um die Anstrengung, sich an die Gegebenheiten des Alltags anzupassen, die für das Kind oft überhaupt nicht einsichtig sind.

Spiele, Rollenspiele und kontinuierliches Sprechen über große und kleine Ereignisse mildern diesen Anpassungsdruck und spornen die intellektuelle Entwicklung an. Das Kind will zunehmend wissen, warum es das alles machen soll, welche Auswirkungen Handlungen haben, wie die Zusammenhänge seiner Welt sind.

Die Welt will durchschaut werden

Auch wenn es manchmal nervt: Die Eltern sollten geduldig alle Fragen beantworten.

Die Welt ist ungeheuer groß. Täglich entdeckt das Kind, dass sich hinter dem Horizont, den es gerade erfasst hat, wieder ein neuer auftut; hinter jedem Hügel ist noch ein Hügel, hinter jedem Berg noch ein Berg, die Welt wächst und hört gar nicht mehr auf. All diese Neuigkeiten, Wunder und Ereignisse wollen verstanden und in Besitz genommen werden. Das gelingt am besten, wenn immer wieder „Stoff" geboten wird, die Dinge zur Sprache zu bringen und zu durchdringen.

Lebendige und interessierte Eltern können selbst wieder mit auf Entdeckungsreise gehen und für neuen „Stoff" sorgen. Wer weiß schon alles über Eskimos, Indianer, Ritter, verschiedene Drachenarten, den Nordpol, die Weltmeere, das Leben der Wale und die Bauweise von Piratenschiffen. Da gibt es viel gemeinsam mit dem Kind nachzulesen und in Erfahrung zu bringen oder über die eigenen Erfahrungen zu berichten. Dem Informationshunger und seiner Nahrung sind keine Grenzen gesetzt, solange sie im Bereich des kindlichen Interesses und seiner Neugier bleiben.

Im Kontakt und Dialog mit den anderen, im Fragen und Antworten, in Beziehungen, in denen es sich vergleichen kann, im Erforschen von Gleichheit und Unterschied wird die Welt ein bisschen durchsichtiger und in ihren unendlich vielen Teilwelten erfassbarer. Sich widersprechende und zusammengehörige Aspekte von Realität müssen verknüpft, Grenzen benannt, zwischen Fantasie und Wirklichkeit muss unterschieden werden. Positive Gefühle, Freude und Glück wollen geteilt und mitgeteilt werden, denn mitgeteilte Freude ist doppelte Freude, (mit-)geteiltes Leid ist halbes Leid. Für die meisten Eltern ist es eine Herausforderung und Bereicherung, ihren Kindern die Vielfalt des Lebens zu erklären.

Kinder lieben Geschichten

Kinder lieben Geschichten und immer wieder dieselben Geschichten, die ihnen die Eltern z. B. aus ihrer eigenen Kindheit erzählen. Im Erzählen, Fragen und Antworten verbindet sich das eigene Leben mit dem der anderen. In vielen Familien fehlen leider die Zeit und das gemeinsame Ritual, um individuelle Erfahrungen aus dem eigenen Leben zu erzählen. Es fehlen die Freude und das Gefühl der Verantwortung, von den eigenen Ideen, Hoffnungen, Träumen, von der eigenen Arbeit und den eigenen Interessen etwas auszudrücken, erkennbar zu verkörpern und an die Kinder weiterzugeben.

Gesprächsbereitschaft

Ein Gedanken- und Gefühlsaustausch setzt auch zwischen Eltern und Kindern die Fähigkeit des Zuhörens im Dialog, die Bereitschaft, gleichberechtigt zu sprechen, voraus. Im Gespräch mit einem Kind müssen Erwachsene in der Lage sein, auch einmal von ihrer Überlegenheitsposition abzusehen, um zu verstehen, was es sagen will, was es wirklich wissen will. Die Bereitschaft zum Gespräch erfordert gleichberechtigte Positionen und ist nicht monologisches Sprechen als Belehrung oder Anordnung.

Zuhören und Aufmerksamkeit geben dem Kind das Gefühl, in seinen Regungen ernst genommen zu werden. Es braucht immer wieder Situationen, in denen die Eltern es zu Wort kommen lassen, es erzählen lassen und ihm die Gewißheit geben, dass es ihnen wichtig ist zu hören, was es empfindet. Die Entscheidung darüber, was es mitteilen und was es lieber für sich behalten möchte, sollte beim Kind bleiben. Wie ein Kind entscheidet und im Gespräch reagiert, ist eine wichtige Botschaft, die es gilt anzunehmen, denn jeder überlegene Kommentar entmutigt und hilft nicht dabei, Worte für die eigenen Vorstellungen zu finden.

Fantasiegeschichten – Lügengeschichten?

Eltern von Kindern dieses Alters werden neben den endlosen Fragen mit wundersamen Blüten des Fantasielebens konfrontiert und befürchten manchmal, es könnte sich um Lügengeschichten handeln. Dem am rationalen Denken orientierten Erwachsenen fällt es schwer, die unwahren Erklärungen oder Geschichten des Kindes zu verstehen und zu tolerieren und sich in sein Erleben einzufühlen. Er hat dringend das Gefühl, sein Kind zur Wahrheit erziehen zu müssen. Doch oft sind „Lügen" nur etwas abenteuerlich errichtete Brücken über Wissens- und Verständnislücken.

Durch missverstandene Worte oder Zusammenhänge entstehen im Kind oft völlig andere Bilder, als der Erwachsene zu vermitteln beabsichtigte. Es ist daher auch wichtig, den Stoff zu kennen, mit dem das Kind durch Medien, Bücher, andere Leute gefüttert wird. Man muss mit dem Kind im Austausch darüber bleiben, was es beschäftigt.

Durch aufklärende Gespräche kann das Kind allmählich aus seiner magischen Sichtweise der Welt herausfinden.

Gibt es in diesem Alter einen Unterschied zwischen Wunschdenken und Lügen? Kann sich z. B. ein vierjähriges Kind aus einer Situation „herauslügen" wollen? Sicherlich muss man dem Kind den Unterschied zwischen Wunschdenken und bewusster Irreführung verdeutlichen. Vor allem aber muss man Druck von ihm nehmen, um es nicht in die Enge zu treiben. Man sollte ihm auch zeigen, dass es weitaus bessere und befriedigendere Wege gibt, als sich um eine Schwierigkeit herumzumogeln. Doch bis zum Alter von sechs, sieben Jahren kann von einem gezielten Lügen nicht die Rede sein.

Was nicht heißt, dass man bei allem Respekt für die Geschichten aus dem Reich des Wunschdenkens das Kind nicht auch auf den Boden der Tatsachen zurückholen darf und ihm helfen sollte, sich über seine Grenzen innerhalb der realen Welt klarzuwerden.

Kindliche Sexualvorstellungen

In dieser Phase der Entwicklung ranken sich viele Geschichten und Fantasien um Sexualvorstellungen und Fragen der Geschlechtszugehörigkeit. Diese Vorstellungen erzeugen Bilder, die sich zu wundersamen Gespinsten verweben können. Das Kind fragt immer wieder nach der genitalen Ausstattung beider Geschlechter, nach dem „Kinderkriegen“ und nach „Mann und Frau“ u. Ä. Lange Monologe und rationalistische Erklärungen des Erwachsenen sind für die Gefühle des Kindes unannehmbar.

Von der Sexualität ihrer Eltern wollen Kinder, je älter sie werden, gar nicht so viel Genaues wissen, meist sogar gar nichts. Gerade weil sie jetzt vielleicht mit Leidenschaft um den Vater werben oder das Objekt ihrer Begierde und Heiratswünsche die Mutter ist. Denn die Kinder dieser Altersstufe sind nun auch dabei, mit Lust und Leidenschaft ihre Sexualität zu entdecken. Vater und Mutter werden auf der Suche nach der eigenen Geschlechtsidentität vorübergehend zu interessanten Liebesobjekten.

Nach und nach erkennt das Kind, was es bedeutet, weiblich oder männlich zu sein, und kommt seiner Geschlechtsidentität in Spielen und Selbsterprobungen auf die Spur. Intensive Liebes- und Eifersuchtsgefühle den Eltern gegenüber, die Fantasien, Träume und Wünsche darüber sind mit entsprechenden Zweifeln und Fragen verbunden. Viele Phänomene, wie Rückzugsverhalten, regressives Quengeln, Verstimmungen, nächtliche Angstträume, weisen auf das Bedürfnis hin, sich darüber auszutauschen.

Über Gefühle sprechen

Es ist ganz wichtig, dass das Kind lernt, seine Gefühle zu erkennen und auszudrücken.

Das Kind kann sich auch vor seinen eigenen aggressiven Gedanken und vagabundierenden Gefühlen fürchten und braucht Ansprache und Unterstützung. Gerade weil es sich nun stärker seiner Abhängigkeit bewusst wird, die es zunehmend ärgert und bremst, hat es heftige Konflikte durchzustehen. Hier helfen besonders der kontinuierliche Dialog und das Verständnis der Eltern, die aufmerksam zuhören, wenn das Kind von sich, seinen Erlebnissen, seinen Befürchtungen, Freuden und Ängsten erzählt.

Das Kind kann im Gespräch begreifen, dass Gefühle nicht grenzenlos sein müssen, dass es natürlich ist, sich aufzuregen, Ängste zu haben, sich Sorgen zu machen – dass man aber auch scheinbar noch so übermächtige und unheimliche Dinge in den Griff bekommen und im Laufe der Zeit über belastende Gefühle hinwegkommen kann.

In diesem Alter kann man mit Kindern auch darüber sprechen, was hinter ihren Empfindungen und Ängsten steckt. Mit Hilfe des Verständnisses der Eltern erkennen und verstehen Kinder nun etwas mehr von sich selbst und lernen, sich in ungewohnten und furchteinflößenden Situationen zurechtzufinden – eine unentbehrliche Voraussetzung, um sich zu lösen und Neues zu wagen.

Doch all dies soll nicht bedeuten, dass man immer und unter allen Umständen lange reden und erklären soll. Manchmal sind kurze, humorvolle und anschauliche Lösungen die kindgemäßeren: Man kann auch mal ohne viele Worte nachschauen, ob nicht doch ein Räuber hinter dem Schrank sitzt, und vorsichtshalber das Holzschwert bereitlegen.

Malende Kinder

Zeichnen und Malen bieten dem Kind in gleicher Weise wie das Spielen besondere Erfahrungen. Wer den konzentrierten und selbstvergessenen Gesichtsausdruck malender Kinder beobachten kann, erahnt, wie wichtig ihr Tun für sie ist. Jedes Kind ist kreativ und begierig, etwas zu schaffen, sichtbare „Spuren" zu hinterlassen. Dazu muss es in seinem Alltag Freiräume vorfinden.

Ausdruck innerer Realität

Auch die Fähigkeit zu gestalten, kreativ zu sein, gehört in jenen Zwischenbereich der „Übergangsphänomene" (s. Seite 251). Ganz allgemein umschrieben, versucht hier das gestaltende und malende Kind, in seinen kreativen Aktionen unbewusst das wiederzufinden, was am Anfang seine innere Realität gewesen ist: einen idealen Zustand, in dem es eine Harmonie zwischen seinen Bedürfnissen und seiner Umgebung erlebte, eine fast ideale Übereinstimmung mit sich und der Welt.

In seinen Zeichnungen schafft das Kind auf jeder Stufe der Entwicklung seiner intellektuellen, wahrnehmenden und motorischen Fähigkeiten einen echten Kompromiss zwischen dem, was es erzählen möchte und seinen Möglichkeiten. Die Kinderzeichnung ist also ein Bild, das eine sehr komplexe Schreibweise darstellt, in der das Kind eine Geschichte erzählt, und zwar unabhängig von Sprache.

Die Entwicklung des Malens

Fasziniert erkennt das Kind, dass es bleibende Spuren hinterlassen kann.

Bei fast allen Kindern fängt es gleich an:
Die ersten Kritzel, Spuren, Linien entstehen noch unter Einsatz des ganzen Körpers. Schon Ein- und Zweijährige genießen die Bewegungen beider Arme und die sichtbare Spur, die diese Bewegung hinterläßt. Die ersten Spuren auf dem Teller, auf dem Tisch, auf dem Boden sind zufällige Folge einer Gebärde und der Händchen, die immer in Bewegung sind: Brei, Marmelade, Spinat ergeben Kleckse, Muster, Linien – patsch – ein neues Muster. Das Kind beginnt sich für das, was es da ganz offensichtlich produziert hat, zu interessieren. Es möchte diesen Vorgang wiederholen und noch mehr solche dauerhafte Spuren, die man anschauen kann, machen. Das Hinterlassen einer Spur ist das erste Produkt, das eine bleibende, von ihm verursachte, aber losgelöste Wirklichkeit, „etwas von ihm", darstellt.

Zwischen vier und neun Jahren entwickelt sich die Kinderzeichnung in ungefähr vergleichbaren Phasen. Mit strikten Abstufungen, Reihenfolgen und Normen sollte man bei der Interpretation von Kinderzeichnungen sehr zurückhaltend sein. Das Kritzeln geschieht noch ohne Intention, ohne Absicht einer Darstellung. Erste Absichten sind fast immer eine Interpretation im Nachhinein.

Zunächst hat das Kind am Produzieren einer Form Freude, dann daran, eine Analogie zwischen dieser Form und einem Gegenstand oder einer vorausgegangenen Zeichnung zu finden, schließlich daran, all das nach Wunsch reproduzieren zu können.

Die grafischen Schemata, die das Kind entwickelt und über die es nach und nach verfügt, benutzt es nun auch, um die äußere Wirklichkeit zu „bezeichnen" oder von sich mittels der Gegenstände seiner Welt zu erzählen. Von den äußeren Erscheinungen hält das Kind nur so viel fest, wie für das Erkennen des Gegenstandes wichtig ist. Es will nicht den Gegenstand getreu abbilden, sondern er ist eher ein mehr oder weniger identifizierbares Kürzel in der Abbildung dessen, was das Kind weiß, was es sagen möchte, wofür es einen Ausdruck sucht. Das Kind bildet einen Vorrat an Formen heraus, die über eine Folge von Zeichnungen als Vokabular erhalten bleiben, sich dann weiterentwickeln und differenzieren.

Malen – Symbol der eigenen Entwicklung

Das Kind eignet sich gestaltend und malend seine Entwicklung an.

Die Erscheinungsformen der bildhaften Darstellung, die sich von Kind zu Kind ähneln und zudem in einer bestimmten Reihenfolge auftreten, interpretiert *Helen Bachmann* als einen Nachhol- und Stabilisierungsprozess. Es handelt sich um eine geistige Verarbeitung früherer Erfahrungen. Damit ist gemeint, dass zu dem Zeitpunkt, da die schöpferische Entwicklung beginnt, das Kind noch einmal symbolisch den Weg seiner Ablösungs- und Selbstständigkeitsentwicklung geht und die Stationen dieses Weges darstellt. Es beginnt mit dem Zeichnen etwas, das es auch im Spiel tut, es beschäftigt sich mit den Schritten dieses Individuationsweges und erfährt im Abbilden und Gestalten eine Stabilisierung seiner selbst.

Mit vier Jahren ist das Kind ja schon recht selbstständig und hat meist die Gewissheit, die Mutter nicht zu verlieren. Es kann sich getrost zeitweilig entfernen und auch der Mutter dieses Sich-Entfernen gestatten. Es trägt ihr Bild verlässlich in sich. Zu diesem Zeitpunkt, wenn die erste entscheidende Phase auf dem Weg der Selbstfindung und damit auch zu einer reiferen Beziehungsfähigkeit geschafft ist, entwickelt das Kind in Ergänzung und Zusammenhang mit seinem Fantasiespiel die Fähigkeit, bildnerisch zu gestalten. Jetzt trägt es aktiv selbst dazu bei, seine Persönlichkeit auszubilden. Auch indem es malt und gestaltet, formt es sich selbst.

Die Entwicklung zeigt sich zunächst im Kritzeln, endlosen Kreisen, spiraligen Drehen, Schwingen, Schlängeln, Hacken, in rhythmischen Bewegungen usw. Das Kind schöpft dabei auch aus ganz frühen Körper- und Sinneserfahrungen. Das Kritzeln ist nacherlebte Bewegung; endlose Zickzackbewegungen werden langsam verdichtet zu Knäueln, bekommen ein Zentrum, von dem aus langsam Spiralen und Koordinaten in die Umgebung vordringen.

Nach der Errungenschaft des bewussten Bemühens um Formen kann das Kind in seiner Zeichnung einen Kreis schließen und einen Mittelpunkt setzen. Aus den Darstellungsformen Vier- und Fünfjähriger erwachsen Fühler, Strahlen, Taster: Die Formen tasten sich vor in einen Raum. Dann erhalten sie auch Begrenzungen, Verankerungen mit heftigen, raumgreifenden Strichen, Farbfeldern, betonten Farbzentren. Ein der Vortast-Erfahrung zugänglicher Raum wird definiert – es sind die Erfahrungen, die das Kind früher krabbelnd in seine Umgebung hinein erfuhr, über das Zeichnen wiederbelebt. Auf dem Hintergrund dieser körperlichen Krabbelerfahrung von einst kann es Zeichen finden und sich mit seinen Empfindungen symbolisch darstellen.

Die ersten menschlichen Figuren, noch undifferenziert, tauchen auf, „schlüpfen aus", bekommen Kontur und nach und nach alles, was sie brauchen, um sich selbstständig in die Welt hinauszubewegen: Hände, um zu fassen, Beine und Füße, um zu stehen und zu gehen, Köpfe mit Augen, Nase, Mund, Zähnen, Haaren sowie Körper. Die ersten Glieder sind noch wenig tragfähig, die Ausrichtung in der Vertikalen, der aufrechte Stand, noch nicht (gleich) gefunden, Menschen und Dinge hängen zwischen Himmel und Erde oder rotieren im Raum. Dann gibt es ein Oben und Unten, und die Dinge und Figuren finden langsam einen Platz auf dem Boden. Die Fähigkeit, stehende Figuren zu malen, mit allerlei Hilfsmitteln, Gittern, Leitern, verstrebten Linien, entspricht dem Autonomiegefühl des jüngeren Kindes, sich selbst aufrecht und sicher bewegen zu können.

Bald werden auch die Geschlechtsmerkmale in die Darstellungen einbezogen, der Nabel wird als Kristallisationspunkt der eigenen Mitte angebracht.

Das Kind malt seine Sicht der Dinge

Die magischen Praktiken und Fantasien, die auch sonst zum Spiel des Vorschulkindes gehören, begleiten seine Malereien. Es passt die Objekte seiner Gestaltwelt den inneren Bedürfnissen an. Es malt, wie die Dinge gerade in sein Erleben passen, und kann dabei vollkommen seinen Impulsen folgen. Das Kind, das malt, befindet sich mitten im Geschehen, es ist mit dem Verlauf des Darstellens identifiziert, nicht mit dem Endprodukt: Der Sonnenhimmel kann zugemalt und schwarz werden, das böse Tierungeheuer kann durchbohrt und ausgelöscht werden. Auf dem Papier kann alles angerichtet werden, bis die Grenzen der eigenen Darstellungsfähigkeit erreicht sind.

Die Illusion von Beherrschung und Allmacht lässt sich beim Zeichnen nur schwer aufrechterhalten. Auf dem Papier ringt das Kind mit seinen Fähigkeiten und den Gesetzen der bildlichen Darstellung. Es wird im

Kinderbilder können nicht „richtig" oder „falsch" sein.

Hier mal ein Kind seine Familie.

Malen auch um Illusionen ärmer. Selbst wenn das Bild gelingt, erlebt es deutlich die Differenz zwischen Absicht und Resultat. Doch meistens lassen sich Kinder nicht entmutigen, die pure Lust am Malen, Kneten, Formen, Schneiden, Kleben ist stärker. Noch lange sind sie stolz auf die Produkte, die sie hervorgebracht haben, zeigen können und für die sie Anerkennung finden.

Einwände oder gar Korrekturen, wie man etwas „richtig" zeichnet, sind entmutigend und unsensibel. Das Kind beginnt selbst, mehr und mehr Realität in seine Zeichnungen zu bringen, es zeigt, dass es lernt, zwischen innerer und äußerer Wirklichkeit zu unterscheiden und zugunsten neuer Realitätserfahrungen (dargestellt im Versuch, „korrekt" abzubilden) aus der Befangenheit des magischen Erlebens aufzutauchen. Dennoch kann das Kind aus einem klareren Realitätserleben heraus, das es mit der Entwicklung seiner Zeichenfähigkeit absichert, in Kontakt mit dem Magischen, mit seiner Phantasiewelt, bleiben.

Wenn das Kind gelernt hat, sich zeichnend und malend auf seine innere Welt und die Entwicklung, die dort ihre Spuren und Bilder hinterlassen hat, einzulassen, hat es auch erfahren, wie das Malen und Gestalten ihm helfen können, sein inneres Gleichgewicht zu bewahren.

Natürlich lieben Kinder schöne, bunte Sachen, sie mögen die Farben und Bilder aufgrund ihrer ästhetischen Qualitäten und verschenken gerne diese kleinen, farbigen Zettelchen, die sie bemalt, beklebt und geschmückt haben. Sie mögen auch die detailgetreuen Bilder und Figuren aus den Bilderbüchern. Aber das Schöne, Bunte, Lustige ist, wie ausgeführt, lange nicht das Einzige, was sie an Bildern fasziniert und sie zum Malen bewegt.

Kreativität unterliegt keiner Norm

Die Entwicklung der Kreativität und eines freien, schöpferischen Ausdrucks der Kinder bestimmt sehr wesentlich ihre weitere Lebensgestaltung und Lebensbewältigung. Sie wirkt in andere Bereiche des Aufbaus von Selbstsicherheit, Selbstbestimmung und aktiver Teilnahme am Leben hinein. Doch immer wieder muss man bei solchen allgemeinen Darstellungen bedenken, dass es Kinder gibt, die sich in einigen Bereichen ihrer Entwicklung nicht an Normen und Allgemeingültiges halten. Es gibt auch Kinder, die wenig oder gar nicht malen, sehr spät damit anfangen oder sich in ihren Versuchen nicht der Reizüberflutung durch ihre Umwelt erwehren können und rasch zu Stereotypen greifen, die sie in ihrer eigenen Aussage behindern.

Es gibt Kinder, die ganz eigene Wege und Mittel finden, um ihre Persönlichkeit darzustellen und ihre Kreativität zu entfalten – auch dort, wo Stift und Papier nicht zur Verfügung stehen oder das Kind sie meidet. Und auch diese individuellen Lösungen sollte man tolerieren und unterstützen.

KINDER BRAUCHEN KINDER

Das dreijährige Kind wird zunehmend selbständig, es drängt in die Welt. Es will seine Umwelt erforschen und den Geheimnissen der Welt auf die Spur kommen. Und es ist voller Kontaktfreude und neugierig auf seine Mitmenschen. Es braucht und findet Freunde und macht mit ihnen ganz neue Erfahrungen.

Eine innige Beziehung wird sich verändern und in der bisherigen Form zu Ende gehen.

Reif für den Kindergarten

Ein nächster Schritt in die Welt ist der Eintritt in den Kindergarten. Ein Riesenschritt in eine neue Welt, ein Auftakt zu hohen Anpassungsleistungen, erfreulichen und irritierenden Erfahrungen, die in ein verändertes inneres Gleichgewicht führen werden. Ein wesentlicher Einschnitt im Leben von Eltern und Kind.

Allein in einer neuen Welt

Bis jetzt gab es die Geborgenheit in der eigenen Familie als Rückendeckung bei der Eroberung neuer Welten. Nun lernt das Kind ein eigenes, von der Familie unabhängiges, soziales Bezugssystem kennen. Da sind neue Kinder, mit denen man nicht mehr nur kurze Zeit verbringen wird, sondern mehrere Jahre. In dieser Gruppe wird das Kind zusammen mit den anderen spielen, toben, balgen, streiten, Freundschaften schließen, kämpfen, sich verbünden, konkurrieren – das alles, ohne dass Vater und Mutter dabei sind, schützen, helfen, vermitteln, filtern, ausgleichen können.

Im Kindergarten gelten andere Normen und Regeln, und andere Erwachsene haben das Sagen. Auch die Eltern sind verunsichert. Sie müssen lernen, ihr Kind anderen Einflüssen und Menschen zu überlassen, ohne zu sehr ihrem Bedürfnis nach Kontrolle nachzugeben, ohne sich allzusehr einmischen zu wollen, denn ihr Kind braucht diese unabhängige Erfahrung.

In der Regel sind Drei- und Vierjährige so weit, sich aus der Einfriedung der Familie in eine neue Gruppe zu begeben. Der Kindergarten als eine spezialisierte Umwelt bietet als neue, erweiterte Einfriedung, wenn er seinem Auftrag gerecht wird, genau das, was ein Kind im Vorschulalter braucht.

Es braucht neue Beziehungen, vor allem zu Gleichaltrigen, es braucht Erfahrungsräume, in denen es ohne Eltern kreativ sein und seine Fähigkeiten erweitern kann, es braucht Platz, um sich mit anderen Kindern bewegen und austoben zu können.

Der „richtige" Kindergarten

Der richtige Kindergarten liegt in der Nähe der Wohnung, ist am besten zu Fuß erreichbar, auf einem vertrauten Weg im eigenen Stadtteil, mit Freunden in der näheren Umgebung.

Der Kindergarten muss mit Bedacht ausgewählt werden.

Je stärker im Kindergarten die Eigeninitiative zu freiem Tun und Denken herausgefordert wird, in einem verlässlichen Rahmen, mit nachvollziehbaren Regeln, um so besser können sich alle Fähigkeiten des Kindes entfalten. Die Persönlichkeit der Erzieherinnen als neue, einflussreiche Bezugspersonen ist sicherlich von großer Wichtigkeit. Ob sie liebevoll und geduldig auf ihre Schützlinge reagieren können und dennoch auch eine professionelle, reflektierende Haltung zu ihrer Arbeit einnehmen, wie sie stillen oder aktiven Kindern helfen, sich in die Gruppe zu integrieren, ob man als Mutter/Vater einen „guten Draht" bekommt, all das ist von weit reichender Wirkung für ein gelungenes Kindergartenleben.

Damit der Eintritt in den Kindergarten gut gelingt, muss nicht nur das Kind die nötige Reife haben. Auch die Eltern müssen bereit sein, das Kind loszulassen.

Die Eingewöhnung

Ein Kind, das auf den Kindergarten gut vorbereitet wurde, das sich auf diese neue Erfahrung freut, wird sich rasch einleben. Wichtig ist, dem Kind diesen neuen Lebensabschnitt als Erweiterung seiner Möglichkeiten, als Bereicherung nahezubringen und gleichzeitig die Stabilität der familiären Beziehung zu garantieren.

Die ersten Tage

Kinder, die auf die anstehende Veränderung vorbereitet sind, haben es leichter und kommen besser zurecht. Sie sollten der Einrichtung schon einige Besuche abgestattet haben, die Räumlichkeiten und die Erzieherinnen kennen und in den ersten Tagen darauf vertrauen können, dass eine speziell ihnen gewidmete Gesprächsbereitschaft vorhanden ist. Eine geduldige Begleitung durch ein Elternteil, eine Annäherung ohne Hast und Druck ermöglichen es dem Kind, die Situation zu erfassen. Häufig lohnt es sich, in den ersten Tagen dabeizubleiben, um sich dann schrittweise für eine überschaubare Zeit zu trennen.

Die Suche nach Orientierung

Kinder, die einen neuen Raum betreten, suchen nach Orientierung und Festigkeit. Sie verharren an einer Stelle, spielen lange mit einem bestimmten Gegenstand, suchen nach Einfachheit und Reduktion der Eindrücke. Diese langsame Suche nach Halt darf nun nicht missdeutet werden. Oft versucht man, solche sensiblen Kinder wegzulocken, neue Spiele werden angeboten, um sie zu „aktivieren". Doch das verwirrte Kind greift nach neuen Vereinfachungen, um sich vor der Vielfalt der Eindrücke zu schützen. Aber manche Kinder brauchen eben länger, um aus sich herauszugehen und zum Gruppengeschehen ihren Beitrag zu leisten, als andere, die mit viel Schwung und Aktivität ihre Gefühle äußern oder auch beiseite drängen können. In allen Fällen spürt man auch die Bemühung, mit den Trennungsgefühlen fertig zu werden.

Verabschieden

Lange, unklare Abschiedsszenen wirken belastend und verunsichernd, das Kind kann sich nicht richtig lösen, innerlich nicht richtig ankommen und ist nicht frei, sich auf neue Erfahrungen einzulassen. Es spürt die mütterlichen Sorgen und Spannungen und möchte dann wirklich nicht allein in der Fremde sein. Es ist leichter für das Kind, wenn die Mutter sich freuen kann, es in diese neue Welt zu führen, dann aber verlässlich rechtzeitig wiederkommt und sich wieder auf ihr Kind freut.

Oft klappt das Verabschieden nach einigen Tagen kurz und schmerzlos, wenn das Kind zu seiner neuen Umgebung Vertrauen gefasst hat. Manchmal trösten kleine Rituale, oder das Kind bringt sich etwas von zu Hause mit, was eine besondere Bedeutung für es hat.

Viele Kinder kommen zunächst gut zurecht, gehen wochenlang gerne in den Kindergarten, doch dann gibt es Schwierigkeiten und heftige Trennungsszenen. Das Kind muss nun die erlebten Veränderungen erst einmal verarbeiten. Manche sind rascher und unempfindlicher, andere langsamer, manche stürzen sich bereitwillig in alles Neue, andere denken gar nicht daran, ihre Schutzwälle so eilig zu verlassen.

Verlustängste

Es kommt darauf an zu verstehen, dass dieses Abkoppeln und der Verzicht auf das konkrete Gehaltenwerden und die reale Anwesenheit immer noch erschreckend sein können, wie ein Schritt ins Bodenlose, in einen Raum ohne Halt und Orientierung. Dieses aufregende Gefühl kann sich wie ein Schatten über den Aufbruch und den Wunsch zur Selbstständigkeit legen. Der regressive Rückfall ins Kleinsein hilft, wieder Energien zu sammeln, um die neue Situation zu bewältigen.

Es ist völlig normal, wenn das Kind zunächst Angst und Unsicherheit empfindet.

Noch nach Jahren schleppen viele Kinder kleine Gegenstände in der Tasche herum, die den Gang von zu Hause erleichtern und das Gefühl des Fremdseins mildern. Wenn es doch hart wird, können sie immer noch Daumen lutschen oder Nägel kauen.

Dort, wo Ungewohntes, Fremdes im Spiel ist, kann man auf die Angst warten. Für einige Eltern ist das geradezu ein Tabuthema: Angst ist etwas für Ängstliche, oder etwas ist schief gelaufen. Oder überbesorgte Mütter flößen Angst ein. Eltern sehen die Angst ihrer Kinder wie einen an sie gerichteten Vorwurf. Aber Angst und Zuversicht, Aggression und Friedfertigkeit, Zorn und Freude, Wildheit und Sanftmut gehören zusammen und liegen bereit, um gefühlt und durchlebt zu werden. Diese Erfahrungen gehören in das Spektrum menschlicher emotionaler Entwicklung, und auch in einer reifen und reichen Gefühlswelt haben Angst und Furcht einen Platz.

Je tiefer sich das Kind in die neue Welt der Gruppe hineinbegibt, je mehr es sich auf ungewohnte Erfahrungen einlässt, je mehr Unterschiede zwischen Kindergarten und Elternhaus erkannt werden, desto autonomer kann es werden. Gleichzeitig ist jetzt die Sicherheitsbasis zu Hause und die Rückversicherung bei den Eltern besonders wichtig, um die Balance zwischen Neugier und Verunsicherung zu halten. Neue Erwartungen können anspornen, aber ungewohnte Aufgaben, ein unsicherer Platz in der Kindergruppe können auch erschrecken, ängstigen, überfordern.

Hier ist das liebevolle Einfühlungsvermögen der Eltern gefragt.

Trennen tut weh - auch der Mutter

Nicht nur Kinder leiden unter der Trennung. Nicht selten sind Mütter deprimiert und haben ein vages Schuldgefühl, wenn sie sich vom Kindergarten auf den Nachhauseweg machen und ihr Kind zurücklassen. Sie machen sich über irgend etwas Sorgen. Manche Mütter beschreiben diese Bedrückung als ein Gefühl von Verlust, als würde etwas Wesentliches verlorengehen.

Das Kind fehlt

Für den Zustand der gegenseitigen Abhängigkeit ist noch kein tragfähiger Ersatz gefunden. Man kann zwar die Vorteile der neuen Freiheit sehen, aber der gefühlsmäßige Verzicht ist noch nicht möglich. Die Fähigkeit, bis jetzt seine Aufmerksamkeit ganz dem Kind zuzuwenden, steht in enger Beziehung zu der Niedergeschlagenheit und ständigen Beschäftigung mit unbestimmten Ängsten, sobald diese Aufmerksamkeit nicht mehr voll und ganz gebraucht wird. Den meisten Frauen fällt es schwer, sich von dem beständigen Grenzgang zwischen Anteilnahme und Besorgnis zu lösen.

Die Lebhaftigkeit des Kindes im Haus, seine Stimme, die Geräusche, selbst Geschrei aus dem Kinderzimmer waren bisher auch ein beruhigendes Zeichen, dass alles in Ordnung ist. Die Leere des Hauses kann mit der inneren Leere korrespondieren, selbst wenn es sehr viel zu tun gibt oder neue Aufgaben warten.

Mütter zwischen den Welten

Viele Mütter kehren in ihren Beruf zurück, sobald das Kind im Kindergarten ist.

Die vielen Aufforderungen an Mütter, ihre Kinder loszulassen, sie nicht zum Lebensinhalt zu machen, endlich eigenen Interessen, endlich einem Beruf nachzugehen, sich unabhängig vom Kind zu erfüllen, sind vielleicht gut gemeint, nehmen unser gesellschaftliches Dilemma aber nicht zur Kenntnis. Und zwar die Arbeitsteilung zwischen Männern und Frauen, in der die Frau auf die biologische Reproduktion festgelegt ist. Die Folgen lassen sich je nach gesellschaftlicher Situation verändern, der prinzipielle Unterschied zwischen den Geschlechtern ist nicht aus der Welt zu schaffen. Und so leben Mütter mit dem Konflikt zwischen häuslicher Sphäre, Mutter-Kind-Welt, und der öffentlichen, kulturellen, beruflichen Sphäre.

Selbstverwirklichung der Mutter und die Wirkung aufs Kind

Selbstverwirklichung darf nicht auf Kosten des Kindes gehen.

Selbstverwirklichung ist eine kulturelle Aufgabe, die aber nicht um jeden Preis und ohne Verantwortung für andere das höchste Ziel ist. Die Frage, was zur Verwirklichung drängt, was verwirklicht werden kann, stellt sich in jeder Lebensphase neu.

Für sich selbst und „für" und „mit" einem kleinen Kind zu leben erfordert einen extrem hohen Einsatz von der Mutter. Nach der Phase der Säuglings- und Kleinkindversorgung brauchen die meisten Frauen eine Stärkung ihres Selbstwertgefühls. Die libidinöse Besetzung der eigenen Person, durch die Pflege des Inneren und Äußeren, trägt viel dazu bei, wieder mehr zu sich selbst zu finden, sich zu stabilisieren, sich auch einmal einer Verpflichtung oder Erpressung zu verweigern. Andere zu lieben und selbst geliebt zu werden, bedarf auch der Selbstliebe. Wer sich selbst liebt, erwartet normalerweise auch, dass andere ihn lieben. Er öffnet sich ihnen und macht sich für sie liebenswert.

Dass eine Mutter ihr Eigenleben ebenso genießen kann wie die tägliche Wiedervereinigung mit ihrem Kindergartenkind, ermöglicht beiden, die Freude über die Freiheiten des Getrenntseins zu erleben. Die mit dem Bedürfnis nach Weiterentwicklung, Eigenleben und Befreiung beschäftigte Mutter erscheint ihrem Kind aber oft auch unerreichbar, sie wird Anlass aggressiver Gefühle und Kränkungen. Die Spannung der Mutter, ihre veränderte Anspruchshaltung, lässt sich für das Kind nicht ohne weiteres greifen vielleicht fühlt es sich dadurch unzulänglich und hilflos. Die Ambivalenz und Wut gegenüber der um mehr Autonomie kämpfenden Mutter äußert sich in „zerdehnter Wut" (*U. Schmauch*), im Nörgeln und Jammern.

Kleine Töchter haben in der Regel mehr mit dem Ideal emanzipierter Weiblichkeit und ihrer Identifikation mit der versorgenden Mutter zu kämpfen und äußern ihre Enttäuschung, Unzufriedenheit und Feindseligkeit in dieser Form des Jammerns und Quengelns. Oft weisen Kinder dadurch auf einen nicht befriedigend gelösten Zustand hin. Mütter, die allen gerecht werden wollen, verzetteln sich zwischen verschiedenen Interessen, überrollen die Kinder mit Hektik und einem vollbepackten Alltag und sind weder eindeutig ansprechbar noch klar in ihrer Abwendung. Kinder können das Gefühl bekommen, gar nicht mehr mit ihren Anliegen zur Mutter durchzudringen, und geraten darüber erneut in einen abhängigen Zustand. Mehr Entschiedenheit und Eindeutigkeit liegen aber oft quer zur Eigendynamik der Spannung zwischen Ideal und Realität.

In dieser Situation kann die Fähigkeit, auch einmal etwas auf später zu verschieben und die Zeit gelegentlich für eine Weile still stehen zu lassen, eine große Erleichterung bringen. Jenseits aller Ansprüche und Forderungen gibt es die Sehnsucht nach einem friedlichen, zärtlichen, ungestörten Zusammensein. Das Vergnügen, das eine Mutter an ihrem Kind haben kann, die Zeit, die sie sich für dieses Vergnügen gerne nimmt, ist genauso groß wie das Vergnügen des Kindes an seiner Mutter.

Alltag in der Gruppe

Im Kindergarten ist Alltag eingekehrt. Das Kind lässt sich willig jeden Morgen in seine Gruppe bringen, wird freudig von den anderen begrüßt und von seiner Begleitung aufmunternd verabschiedet. Im Kindergarten ist dann alles anders als zu Hause. Das einzelne Kind steht nicht wie in der Familie im Mittelpunkt, es muss lernen, sich in wechselnden sozialen Bezügen zu bewegen, sich einzuordnen und zu teilen.

Ein Gruppengefühl entsteht

Das Kind muss seinen Platz in der Gruppe finden. Da sind die anderen Kinder der Gruppe, oft viele, die voreinander stehen, sich einbringen, sich Aufmerksamkeit verschaffen, Freundschaften schließen wollen. Manche schließen sich aus oder werden ausgeschlossen. Eine schwierige Situation. Doch Kinder suchen nach Spielpartnern, passen sich wechselnden Bedingungen an und drängen nach der Erfahrung, wie es ist, mit anderen in Kontakt zu kommen. Körperkontakte jeglicher Art werden ausprobiert, Konflikte und Lösungen erprobt. Jedes Kind braucht seine Zeit, um seinen Platz innerhalb einer Gruppe zu finden und seinen Beitrag zu leisten. Dann entwickelt sich ein Gruppengefühl – die anderen werden „meine Gruppe“, „wir“.

Das Spiel in der Gruppe macht Spaß.

Mit jeweiligen Vorlieben finden sich die Kinder zu losen Spielgruppen zusammen, die sich rasch verändern können. In der Frage, wen sie mögen und wer ihnen gerade liegt, sind Kindergartenkinder noch recht tolerant. Beides gehört zu den Erfahrungen dieser Zeit: von anderen geliebt zu werden, aber auch in die Außenseiterposition zu geraten. Hin und wieder sind Integrationshilfen nötig, und ein Kind muss Rückenstärkung bekommen, ein anderes muss in seinem Aufruhr aufgefangen werden.

Das Wechselspiel der Zuneigung und Abneigung, wer mit wem kann, wie das eigene Kind im Auf und Ab der Beliebtheitsskala platziert ist, lässt auch Eltern, besonders die häufig damit konfrontierten Mütter, nicht kalt. Sie identifizieren sich mit ihren Kindern, leiden mit ihnen oder möchten selbst ein wenig nachhelfen im Beziehungsreigen. Dann gibt es die besonders ehrgeizigen Mütter, die ihr Kind nur im Vergleich mit anderen sehen können, die Spielkameraden wieder nur im Vergleich zum eigenen Kind, und die nur ganz bestimmte Kontakte für angemessen halten und zulassen.

Kinder dieses Alters suchen sich ihre Spielkameraden selbst aus und entscheiden nicht nach sozialer Herkunft, Schönheit, T-Shirt-Marke, Sauberkeit oder besonders entwickelten Fähigkeiten. Sie suchen und finden, was gerade zu ihnen passt, manchmal einfach nach Tageslaune und Spielstand.

Austausch unter den Eltern

Für Eltern können aus gegenseitigen Besuchen neue, ungewohnte Kontakte entstehen, und nicht nur ihre Söhne und Töchter erleben, dass es in anderen Familien anders zugeht. Der Austausch unter den Eltern kann locker und freundlich sein und das gute Gefühl vermitteln, dass das Kind in einer verlässlichen, spannungsfreien Gemeinschaft gut aufgehoben ist. Gesprächsbereitschaft und ein vertrauensvoller Umgang zwischen den

Oft entwickeln sich auch unter den Kindergarteneltern neue Freundschaften.

Eltern kann auch einmal entlasten, Dialogbereitschaft kann konstruktive Auseinandersetzungen und das Relativieren der eigenen Position ermöglichen.

Als Vater und Mutter tendieren viele Erwachsene dazu, nur auf die Interessen ihres eigenen Kindes zu achten, bzw. sich nur für das eigene Kind zu interessieren. Die Sichtweise anderer Eltern oder der Betreuer eröffnet aber neue Aspekte. Besonders die Betreuer und Erzieher machen wichtige Erfahrungen in ihrem eigenen täglichen Umgang mit den Kindern und können neue Sichtweisen auf die Kinder eröffnen.

Eltern sollten sich engagieren

Fast in allen Kindergärten ist das Engagement der Eltern nicht nur willkommen, viele können auf die inhaltliche und materielle Mitarbeit gar nicht verzichten.

Für das Kind ist es wichtig zu erleben, dass sein neuer Platz nicht völlig abgetrennt von Zuhause existiert, sondern dass sich seine Eltern engagieren und Kontakt zu den Erzieherinnen halten.

Missverständnisse stellen sich besonders schnell da ein, wo Gefühle in der Zusammenarbeit eine wichtige Rolle spielen, so wie das bei der Arbeit mit Kindern der Fall ist. Manchmal befürchten die Erzieherinnen,

Eltern könnten sich zu sehr in ihre Arbeit einmischen, und gehen unbewusst in Verteidigungs- und Abwehrposition. Oft sehen Eltern über viele Tage hinweg nur kleine Ausschnitte des Kindergartenalltags, die Kleinen erzählen sowieso nichts zu Hause, und so drängt sich den Müttern und Vätern manchmal ein falsches Bild der Ereignisse auf. Manchmal fühlen sich Eltern missverstanden in ihrem Erziehungsverhalten und können sich mit ihren Sorgen und Anliegen nicht einbringen. Solche belastenden Unstimmigkeiten bekommen Kinder zu spüren. Deshalb sind eine kurze Verständigung, ein paar Worte zwischendurch und ein offenes Ohr füreinander so wichtig. In größeren Abständen sollten Gesprächstermine eingeplant werden. Oft ist es erstaunlich, welche positive Wirkung von einem offenen Gespräch ausgeht.

Durch die Bereitschaft zum kontinuierlichen Dialog können Kindergarten und Familie sich so zum Wohl des Kindes ergänzen.

Modell Montessori: Kinder sind anders

Die pädagogischen Ideen der italienischen Kinderärztin und Pädagogin *Maria Montessori* sind im Bereich der Kindergarten- und Vorschulpädagogik von großer Aktualität und eine wichtige Ergänzung der Konzepte kindlicher Entwicklung. Sie helfen aber auch im Erziehungsalltag, Kinder besser zu verstehen und auf sie einzugehen. *Maria Montessori* hatte eine unnachahmliche Fähigkeit, Kinder zu beobachten, ihr Verhalten – auch mit dem Herzen – zu verstehen und Schlüsse daraus zu ziehen.

Das Kind steht im Mittelpunkt

Montessoris Modell geht von einer radikalen Kindzentriertheit aus und beruht auf langfristigen Beobachtungen kindlichen Lernens, auf der Förderung von Eigenaktivität, Selbstständigkeit und dem Respekt vor der Persönlichkeit des Kindes.

„Das Kind ist ein wichtiges menschliches Wesen in sich selbst ... es ist nicht nur ein notwendiger Übergang, um ein Erwachsener zu werden; wir dürfen das Kind und den Erwachsenen nicht nur wie eine Aufeinanderfolge von Phasen im individuellen Leben betrachten, wir müssen dagegen zwei verschiedene Lebensformen sehen, die gleichzeitig da sind und aufeinander Einfluss haben. Das Kind und der Erwachsene sind zwei verschiedene Teile der Menschheit, die aufeinander wirken und bei gegenseitiger Hilfe in Harmonie sein sollten. Es ist also nicht nur so, dass der Erwachsene dem Kind helfen muss, sondern das Kind muss auch dem Erwachsenen helfen." (*Montessori*)

Das Kind wird zu Selbstbestimmung und Gemeinschaftsgefühl erzogen.

Selbstbestimmung ist das Ziel all dieser Erziehungsbemühungen, und nur aufgrund einer festgefügten Persönlichkeit kann der Mensch über sich verfügen, „Herr seiner selbst" sein. Doch die Freiheit des Kindes hat als Grenze die Gemeinschaft, sie findet in Bindung und Beziehung statt. Selbstständigkeit und Selbstbeherrschung kann ein Kind nur über den Weg der Freigabe seiner kindlichen Selbstständigkeitsbemühungen lernen, indem an die Stelle der „Fremdleitung" zunehmend indirekte Hilfe und „Selbstleitung" treten. Um sich selbst leiten zu können, bedarf es haltgebender Orientierungshilfen. ***Montessori*** geht davon aus, dass das Kind über Fähigkeiten verfügt, sich selbst von innen heraus aufzubauen.

Hilf mir, es selbst zu tun

Kinder lernen gerne. Dazu bedarf es jedoch einer liebevollen Atmosphäre, einer „vorbereiteten Umgebung", die Anregungen bereithält und ihnen die Möglichkeit zu Tätigkeiten gibt, in denen sie sich entfalten können.

Der „absorbierende Geist" des Kindes vermag ein komplexes und gleichzeitiges Erfassen seiner Umgebung. Der Kindergarten und später die Schule müssen daher so beschaffen sein, dass sie ihm diese stimulierende Umgebung bieten.

„Hilf mir, es selbst zu tun", kennzeichnet dieses Konzept von Selbsttätigkeit, Selbsterprobung und Selbstinstruktion. Dem aktiv handelnden Kind muss eine Umgebung entsprechen, die darauf angelegt ist, seine Selbstständigkeit zu ermöglichen, denn sie ist die Voraussetzung dafür, dass sich das Kind spontan entfalten kann. Diese vorbereitete Umgebung ist ihm angepasst, ist geordnet und überschaubar. Für eine solche Umgebung hat *Montessori* eine Fülle von Materialien und Übungen entwickelt, um die in der kindlichen Entwicklung auftretenden Phasen besonderer Empfänglichkeit für bestimmte Lernschritte optimal zu fördern. Jedes Kind kann sich aussuchen, welches Material, welche Übung seinen Bedürfnissen gerade am meisten entspricht. Die Materialien sind frei zugänglich für alle Kinder. Jedes Material lässt aber nur ein ganz bestimmtes Vorgehen zu, dessen Regeln genau erlernt und eingehalten werden müssen.

Sensibilität für Ordnung

Am effizientesten lernen Kinder nach Montessoris Theorie während der „sensiblen Phasen", den Phasen erhöhter Empfänglichkeit für die Ausbildung bestimmter Funktionen. Umgebung und Material sind dabei nicht direktes Spiegelbild der Erwachsenenwelt im Kleinen, sondern sie sind geeignet, besonders exemplarische Erfahrungen zu machen, die als Schlüssel zur Welt dienen können. Ein wesentlicher Faktor, um sich zu orientieren, ist die Sensibilität für Ordnung. Dieser Sinn macht die Umwelt erst zu einem Ganzen, dessen Teile in einem Abhängigkeitsverhältnis zueinander stehen. In einer so erkannten Umwelt kann das Kind sich orientieren und seine nötige Anpassung leisten.

Sinnesmaterialien und Übungen des praktischen Lebens geben den Kindern Gelegenheit, in vielen Wiederholungen und großer Konzentration „zu arbeiten".

Konzentrationsfähigkeit

Die Konzentration der Aufmerksamkeit ist ein wesentlicher Entwicklungsschritt des Kindes auf seinem Weg zur Selbstständigkeit. Erst wenn es seine Aufmerksamkeit an einen gewählten Gegenstand binden und sich ganz auf die Wiederholung von Übungen konzentrieren kann, ist es „frei". Vorher, sagt ***Montessori***, springt sein Geist wie ein Ball von einem Gegenstand zum anderen. Die Ordnung der kindlichen Persönlichkeit führt so gesehen über die Entwicklung der Bindungsfähigkeit.

Montessoris Grundidee wird hier besonders deutlich: Freiheit, Diszipliniertheit und Geordnetheit sind Folge der kindlichen Konzentrationsfähigkeit, jenes Vorgangs also, in dem das Kind sich an die Realitäten dieser Welt zu binden lernt. „Seine Entwicklung, seine Selbstgestaltung, ist nichts anderes als eine immer genauere Bestimmung, eine fortschreitende Konzentration: So tritt nach und nach aus dem ursprünglichen Chaos seine charakteristische innere Gestalt hervor." (*Montessori*)

Bestimmte Materialien fesseln und fördern die Konzentration des Kindes.

Diese Konzentrationsfähigkeit eines Kindes auf einen Gegenstand seiner Beschäftigung war ein Schlüsselerlebnis für *Montessori*. Sie nannte dies „Polarisation der Aufmerksamkeit". Hier schien für sie das Wesen der Entwicklungsfähigkeit des Kindes zu liegen. Sie strebte in ihren Materialien, in der Frage der richtigen Haltung und Umgebung die Schaffung der günstigsten Vorbedingungen für die Konzentrationsfähigkeit an.

Gegenstände, die die kindliche Aufmerksamkeit zu fesseln vermögen, sind bei *Montessori* selten Spielsachen im üblichen Sinn, sondern Objekte, die bestimmte Materialeigenschaften repräsentieren und damit die Sinne des Kindes ansprechen. Auf anderem Weg als im Fantasiespiel ermöglichen die Eigenschaften der Gegenstände, wie Farbe, Form, Maße, Klang, Oberfläche usw., die Fähigkeit zur Differenzierung der Wahrnehmung auszubilden und zur Klarheit in der Unterscheidung der Dinge seiner Umgebung und deren Erforschung zu führen.

Ordnung

Um seine Umwelt kennen zu lernen und zu erobern, bedarf das Kind einer Ordnung. Diese Ordnung macht einen Teil seines Lebens aus, und es verteidigt sie, wo es nur kann. Es liebt die Dinge seiner Umgebung immer am gleichen Platz zu sehen und ist selbst bemüht, diese Ordnung immer wieder herzustellen. Die Störung dieser Ordnung seiner Dinge wird von Erwachsenen oft verkannt. Sie begreifen nicht, worüber das Kind verzweifelt ist, und halten es für hartnäckig, widerspenstig, uneinsichtig, ohne zu merken, dass sie es hier in seinem „geistigen Besitz" angreifen.

Gedächtnis der Bewegung

Eine weitere wertvolle Beobachtung ist das „Gedächtnis der Bewegung" beim kleineren Kind – es behält zwar oft die Worte nicht, aber bestimmte Bewegungen und Gesten prägen sich ihm ein.

Das Kind lernt beim praktischen Tun.

Es ist so einfach, sagt *Montessori*, einem Kind die Handlungen des täglichen Lebens in langsamen, ruhigen Bewegungen vorzumachen, bis es diese Vorgänge allein beherrscht und glücklich und zufrieden dabei ist, auch deshalb, weil es damit unabhängig vom Erwachsenen wird. Doch es genügt dem Kind nicht, nur zu beobachten oder zu hören, es muss sich spontan bewegen können. Es führt oft eine bestimmte Bewegung viele Male hintereinander aus, um die Ordnung der Bewegung und die Haltung des Körpers koordinieren zu können.

Gerade die Jahre zwischen drei und sechs sind in diesem Sinn eine entscheidende Phase. *Montessori* charakterisiert sie als die Zeit der Realisierung und Perfektionierung. Wenn das Kind bewusst seine Umgebung erobert, tritt es in eine Zeit des Aufbaus seines Bewusstseins ein. Es entwickelt die Neigung, bereits gemachte Errungenschaften, z. B. in der Bewegung, in der Sprache, im Zusammenhang mit der Differenzierung der Sinne zu vervollkommnen und anzureichern. Der Verstand übernimmt Stück für Stück die Leitung der Hand.

Kinder lernen voneinander

Nun beginnt auch die Sensibilität für soziales Zusammenleben. Gemeinsame Erfahrungen lassen in den Kindern ein Gruppengefühl entstehen. Das Bewusstsein von Zusammengehörigkeit entsteht langsam, zeichnet sich aber zunehmend aus durch die Haltung, in der das Kind „in der Liebe, der Verteidigung und der Achtung der Werte der Gruppe den Sinn der eigenen Aktivität erblickt". Der Zusammenhalt der Kindergruppe ist noch nicht von innen heraus bewusst organisiert und wird durch ein gefühlsmäßiges Verwobensein zusammengehalten, aus dem heraus die Identifikation mit ihr entstehen kann.

Soziale Fähigkeiten erwerben Kinder im Umgang miteinander.

Die Trennung der Kinder in Altersgruppen hält *Montessori* für künstlich und einen unklugen Weg. Sie beschreibt, wie Kinder in den Gruppen voneinander lernen, denn sie sind sich untereinander näher im Begreifen; das Fünfjährige erklärt dem Dreijährigen Dinge, die ihm ein Erwachsener nicht beibringen kann – so groß ist der Unterschied zwischen den Kindern noch nicht. Die Jüngeren gehen zu den Großen, um sich inspirieren zu lassen, die Größeren lernen, auf die Kleinen einzugehen. Im Umgang mit dem bereit stehenden Material kann jeder auf Altes zurückgreifen oder Neues hinzunehmen.

Wetteifern, das Unterlegene oder Kleinere, Unreifere herabwürdigen, Konkurrenz, Missgunst und Leistungsbezogenheit verachtet *Montessori* als asozial und niederdrückend.

Ungestörte Entwicklung in einer ruhigen Umgebung

Wer wünscht sich nicht das ordnende Maß der Dinge, das die Kinder anspricht und ihre Energien fesselt, wenn es im Kindergarten wieder einmal drunter und drüber geht und niemand und nichts die Kinder erreicht? Und brauchen Kinder nicht gerade heute, wo die Flut und Unsicherheit der Dinge bei weitem das Fassungsvermögen der Sinne überschreitet und jeglichen Sinn verloren hat, geordnete Reize, Vereinfachung der Gegenstände auf das Wesentliche? Nicht neue Reize, noch mehr Anregungen, noch mehr Gegenstände, sondern Nachvollzug der Ordnung, Wiederholung des Gleichen bis zu einer inneren Befriedigung.

Es ist nicht unsere Aufgabe, sagt *Montessori*, dem Kind schnelles und zielbewusstes Arbeiten beizubringen. Ein Kind, das sich in der richtigen Umgebung ungestört entwickeln kann, kommt ganz von selbst und zu seiner Zeit dazu, zielbewusst zu arbeiten. Lässt man dem Kind freie Wahl, kann es in seiner Beschäftigung ein inneres Bedürfnis äußern und befriedigen. Allein das Kind weiß, was seiner Entwicklung Not tut, und eine aufgedrängte Beschäftigung stört seine Entwicklung und sein Gleichgewicht.

Eine wertvolle Bereicherung

Dieser Entwurf einer überschaubaren, geordneten Welt, in die man das Kind nur liebevoll führen muss, um seine seelische und geistige Entwicklung auf den richtigen Weg zu bringen, hat etwas Verlockendes und ist vermutlich ein Grund für den Erfolg der *Montessori*-Pädagogik. Allerdings muss man diese Erfordernisse in Beziehung zu den psychologischen Erkenntissen setzen, was *Maria Montessori* nicht getan hat. Denn erst muss der Säugling, das kleine Kind, in der stabilen Bindung an seine erste Bezugsperson eine innere Welt aufbauen und seine eigene Beziehung zu ihr entwickeln. Erst wenn dieser Prozess der Bindung und Beziehung verlässlich verlief, ist es dem Kind möglich, Konzentration auf Objekte und Bindung an Gegenstände zu lernen.

Wenn wir also die *Montessori*-Pädagogik auf der Basis einer stabilen Mutter-Kind-Beziehung und als Ergänzung der Fantasiewelt einsetzen, wird sie eine wertvolle Bereicherung für die Entwicklung jedes Kindes.

Waldorferziehung – eine schützende Hülle?

Je größer und unpersönlicher Schulen und Kindergärten werden, desto eher scheint für das eigene Kind eine Erziehung, die die dem Kind innewohnenden Fähigkeiten erkennen und fördern hilft, wünschenswert zu sein. Kindern, die einen Waldorfkindergarten oder eine Steiner-Schule besuchen, soll nicht nur Wissen und Können vermittelt werden, sondern auch ein stützender Lebensgehalt und ein Sinnhorizont für das Leben.

Seit der Gründung der ersten „Waldorf-Schule" 1919 durch den Zigarettenfabrikanten der Waldorf-Astoria-Werke nach den Ideen des Anthroposophen *Rudolf Steiner* (1861–1925) hat dieses Erziehungskonzept viele Eltern bewegt und angesprochen. Die Kinder werden abseits von öffentlichen und staatlichen Einrichtungen nach Steiners Auffassung angeleitet und unterrichtet.

Die anthroposophische Lehre Rudolf Steiners

Zunächst muss festgehalten werden, dass die Waldorfpädagogik auf der anthroposophischen Lehre *Rudolf Steiners*, einer aus vielen, teilweise widersprüchlichen Quellen gespeisten Weltanschauung beruht. Diese Lehre umfasst Steiners Erkenntnisse über die Zusammenhänge verschiedener geistiger und anthroposophischer Lebenswelten. Steiners Welt- und Menschenbild ist einem intuitiven Sinnverstehen (Imagination ist „geistiges Schauen") verpflichtet, das viele Momente verschiedener Denktraditionen einbezieht: Mythenbilder der Antike, romantische Naturphilosophie, Ansätze der Naturforschung Goethes u. v. m.

Steiner betrachtet den Prozess der Entwicklung als schrittweise Entfaltung des sichtbaren und der „drei übersinnlichen Leiber". So wie das Kind vor der Geburt von der leiblichen Hülle seiner Mutter umgeben war, soll es bis zur Zeit des Zahnwechsels von einer „Ätherhülle" und „Astralhülle" umgeben sein. Während des Zahnwechsels entlässt die Ätherhülle den Ätherleib. In diesem Zusammenhang spricht *Steiner* von vier Geburtsformen des Menschen. Aus der zeitweisen Vorherrschaft der Wirksamkeit der verschiedenen „Leiber" ergibt sich der epochenmäßige

Verlauf der menschlichen Entwicklung in Sieben-Jahres-Rhythmen. Jedes „Jahrsiebt" verlangt eine andere pädagogische Herangehensweise.

Im ersten Lebensjahrsiebt, den ersten sieben Jahren, findet nach diesem Konzept die Ausformung und Strukturierung der Organe und des Gehirns statt. Das Kind ist als Sinnenwesen in diesem Alter ganz besonders empfänglich und lernt durch Nachahmung. Die Steiner-Pädagogik bemüht sich deshalb, in der Umgebung des Kindes all das auszuschließen, was sie für nicht nachahmenswert hält. Ein schwieriges Unterfangen in einer Welt, die sich gerade durch Unübersichtlichkeit auszeichnet. Hier scheiden sich die Geister, ob Halt und Orientierung durch Ausschluss zu finden ist oder nicht besser durch das Kennenlernen von möglichst vielen Aspekten von Realität.

Eine schützende Hülle

Im Miterleben der Wechsel der Jahreszeiten, in der rhythmisch geordneten Tages- und Wochengestaltung, im Zuordnen und Wiederholen von Reimen, Spielen, Märchenlesen finden Kinder im Waldorfkindergarten innere Sicherheit und Ruhe.

Der Kindergarten soll eine „schützende Hülle" für die Kinder und für die pädagogischen Ziele sein. Die Eltern eines Waldorfkindergartenkindes müssen sich darauf einstellen, dass es Veränderungen und Anpassungsforderungen geben wird. Viele Dinge, die zum normalen Alltagsleben einer westeuropäischen Familie gehören, werden im Rahmen einer Waldorferziehung sehr kritisch gesehen (Fernsehen, Kassettenrekorder, Dinge und Spielzeug aus Kunststoffen u. v. m.). Es gibt genaue Vorstellungen darüber, was die kindliche Phantasie anregt, welche Räume, welche Farben, Materialien und Stoffe ihm gut tun. Und es gibt auch klare Richtlinien darüber, was absolut schädlich ist, welches Essen, welche Kleider, welcher Stuhl, welche Spielsachen und Bücher.

Die Waldorfpädagogik gibt klare Strukturen, Rhythmen, Regeln vor.

Allseitige Geborgenheit, Schutz vor der lauten, ungeordneten Außenwelt, vor chaotischen Erwachsenen, vor „ärmlichen Erlebnissen" mit „falschen Sachen" sollen einem Kind durch eine Waldorferziehung zuteil werden. Störende Einflüsse von der „Menschwerdung" des Kindes fern zu halten und es dennoch einer natürlichen Umgebung zuzuführen, in der die

„gute Natur“ natürlich miterzieht, ist heutzutage sicherlich unvergleichlich schwieriger als zu Steiners Zeiten.

Im Kindergarten soll das kreative Spiel nur mit natürlichen Materialien stattfinden, im Wechsel mit Ruhe und Andacht, im Kreis mit rhythmischem Singen, mit Wasserfarbenmalen, Bienenwachskneten, Brotbacken, Puppenspielen, Musizieren u. v. m.

Das Kind entwickelt sich laut *Steiner* aus einem endogenen Prinzip heraus, wie eine Pflanze, phasenweise, ein Entwicklungsschritt baut auf dem anderen auf. Das Kind ist auch „wie eine Wachstafel“, auf der jeder Eindruck, der von außen kommt, eingedrückt bleibt, ein „Mehlsack“, in den man eindrücken kann, was man will. Deshalb ist allseitiger Schutz so wichtig. In diesem Formungsprozess tritt das Kind durch Nachahmung und Vorbild in Kontakt mit seiner Umgebung.

Manches bleibt außen vor

Doch die eigene psychische, emotionale Entwicklung des Kindes, seine seelischen Konflikte im Selbstständigwerden, seine Ängste und Leidenschaften in der Beziehung zu Vater und Mutter, triebhafte und aggressive Impulse, Neid und Kampf, Konflikte und Widerstand werden in dieser Erziehung oft nicht ausreichend thematisiert, bestimmen aber gleichwohl in entscheidender Weise das Wesen des Kindes.

Wer möchte sein Kind nicht gerne vor einer Welt schützen, die heillos den Gesetzen von Macht und Markt folgt, unberechenbar, unmenschlich kalt, lärmend chaotisch und destruktiv sein kann! Wer möchte ihm nicht gerne eine Welt bewahren, in der es sich frei, aber beschützt, gemäß seinen eigenen Gesetzen und den heilenden Kräften einer intakten Natur entfalten kann? Allerdings wird es mit dieser Welt immer wieder konfrontiert werden. Daher ist es Aufgabe der Waldorf-Eltern, eine Verbindung zu schaffen zwischen der „heilen“ Waldorfwelt und dem „wirklichen Leben“. Für viele Eltern stellen die Ideen der Waldorfpädagogik einfach eine Inspiration und Bereicherung für ihr „normales“ Leben mit Kindern dar.

GRENZEN SETZEN
UND
WACHSEN LASSEN

Erziehung war wohl selten so schwierig wie heutzutage. Feste Normen, verbindliche Regeln gibt es kaum mehr. Autorität ist nicht gefragt. Doch auch antiautoritäre Erziehung hat sich nicht bewährt. Konsequentes Verhalten der Eltern ist selten geworden, Laisser-faire oft die Regel. Doch Kinder brauchen eine bewusste Erziehung.

Erziehungsideale

In jeder Gesellschaft, jeder Kultur konfrontieren Eltern ihren Nachwuchs mit Vorstellungen, Regeln, Werten, Einstellungen, die diesen in das gesellschaftliche System „einfädeln" sollen – sie zu Mitgliedern einer Gemeinschaft sozialisieren. Die Inhalte dieser Werte, Erziehungsziele und gesellschaftlichen Anforderungen unterscheiden sich von Gesellschaft zu Gesellschaft, von Generation zu Generation erheblich. Sie unterscheiden sich von Familie zu Familie. Und sogar zwischen Vater und Mutter kann es über die Frage des Erziehungsstils zu Differenzen kommen.

Woran orientiert sich Erziehung?

Was tut man, wenn man erzieht, und worauf bezieht man sich? Ist man einfach Vorbild, erzieht man nach Gefühl oder am besten nach festen Prinzipien? Hört man auf Fachleute, oder folgt man besser der eigenen Intuition? Woher nehmen wir unsere Werte und Ziele, wo sind sie unsere eigenen, die unserer Eltern, die der Gesellschaft? Oder sollten wir all diese Überlegungen bleiben lassen, da das Kind aus sich heraus wächst, nach seinem eigenen Plan? Sollten wir uns auf die Rolle eines Gärtners beschränken, der hegt und pflegt und auf gutes Wetter hofft? Ist vielleicht die „gesunde Mischung" aus allem das Richtige?

Und außerdem: Wer erzieht, bringt die eigene Erziehung als Gepäck mit. Nur, davon sind die meisten Erwachsenen überzeugt, so wie das war, was sie da mitschleppen, soll Erziehung nicht mehr sein.

Ein für unsere Gesellschaft und die letzten Generationen neues Phänomen ist eine gewisse Wahlfreiheit zwischen verschiedenen Erziehungsprinzipien. Zwischen den beiden Polen einer auf Anpassung, Unterordnung und autoritären Traditionen orientierten Erziehung und einer antiautoritären, situations- und lustbezogenen Nicht-Erziehung existiert eine Vielfalt denkbarer Variationen.

Im Alltag verläuft Erziehung nie geradlinig. Erziehungsstile, -typen, -haltungen mischen sich. Ein Dilemma scheint zu sein, dass mehr denn je feste Prinzipien, klare Orientierungen, haltbare Zielvorstellungen nicht einfach greifbar sind. Alle Eltern möchten ihre Kinder möglichst gut für das Leben ausrüsten.

Doch das Ringen um eine Position im Druck des Alltags wird oft als aufreibender Balanceakt erlebt. Im täglichen Fluss schneller Entscheidungen, Reaktionen, improvisierter Handlungen werden Ideale schnell beiseite gedrängt, und Eltern brauchen Festigkeit, um eigene Überzeugungen und Haltungen zu bewahren.

Wieviel Erziehung tut Not?

Wann müssen Kinder Grenzen erfahren? Wann müssen Erwachsene eigene Ansprüche einfordern, wann Regeln vermitteln? Wo erstickt zuviel Zuwendung Eigenständigkeit? Immer wird es zwischen Eltern und Kindern Situationen geben, die nicht zu den erwünschten Grundprinzipien passen. Nicht immer wird die erzieherische Atmosphäre den Grundtugenden Liebe, Vertrauen, Geduld, Hoffnung, Zeit sowie Heiterkeit und Humor verpflichtet bleiben.

Auch Erziehung unterliegt starken Modeerscheinungen.

Der Wandel dessen, was als wertvolle Verhaltensnormen von den Kindern zu erfüllen sei, mit welchen Mitteln und Zielen sie gelenkt werden, orientiert sich letztlich jenseits persönlicher Vorlieben immer an der Gemeinschaft, der die Einzelnen angehören. Umgebung und Erziehung müssen nicht nur die Selbstentfaltung und Freiheit des Individuums ermöglichen, sondern auch die Bildung einer Gemeinschaft. Die Erziehungsaufgabe umfasst eine doppelte Zielsetzung: die Freiheit der individuellen Entwicklung in Einklang zu bringen mit den Erfordernissen der Gemeinschaft.

Erziehungsziel: Mündigkeit

Doch gesellschaftliche Erziehungsziele sind nie ganz objektiv zwingend, ganz rational und völlig allgemein gültig. Gerade deshalb wird man „anders als durch Denken und zwar durch unbeirrbares und insistentes Denken“ gar nicht zu so etwas gelangen wie der Bestimmung dessen, was zu tun richtig ist (*Adorno*). Aus diesem Grunde müssen auch die Eltern ständig bemüht sein, ihre Erziehung zu überdenken.

Mündigkeit setzt selbstständiges, unabhängiges Denken voraus. Eines der höchsten Erziehungsziele unserer Gesellschaft ist die Mündigkeit: Aus Kindern sollen mündige Menschen werden. Die Art und Weise, wie eine demokratische Gesellschaft funktioniert, beruht auch auf der Fähigkeit und dem Mut ihrer Mitglieder, sich aus eigenem Willen selbstständig ihres Verstandes zu bedienen. Man könnte sagen, der Weg zu diesen hochbewerteten Ich-Leistungen, das selbstständige Denken, die mündige Handlungsfähigkeit, das moralische Bewußtsein, ist das Ziel, und Eltern können Kinder ein Stück auf diesem Weg begleiten.

Ihr Schlüsselproblem in der Erziehung zur moralischen Mündigkeit verdichtet sich immer neu in der Frage, wie aus triebhaftem, instinkthaftem, affektgeladenem Verhalten selbstverantwortliches Handeln werden kann. Im Erziehungsziel Mündigkeit verbinden sich unterschiedliche Kompetenzen, deren Erwerb bewusst bereits in diesem Altersabschnitt beginnt. Sacheinsicht und Sachkompetenz erwirbt sich das Kind im forschenden und fragenden Umgang mit den Dingen, Sozialeinsicht und Sozialkompetenz formen sich z. B. im Spiel mit den Kindergartenfreunden. Dreijährige beginnen sich einzufühlen und finden es falsch, andere zu schlagen oder anzurempeln, weil es wehtut; sie möchten teilen, weil der andere sonst traurig ist.

Die Erziehung zu sozialem und moralischem Handeln wird heute oftmals vernachlässigt.

Zwar kann ein fünfjähriges Kind noch nicht objektiv Werte vertreten, aber es kann schon das damit zusammenhängende Verhalten erkennen und vertreten: Ob man respektvoll und höflich anderen Menschen begegnet oder ohne Rücksicht dazwischenplatzt und -krakeelt – diesen Unterschied erkennt auch schon ein Fünfjähriger gut. Ob man die Dinge seiner Umgebung mit Sorgfalt behandelt oder uneinfühlsam und zerstörerisch, begreift ein Kind über die Identifikation mit der Haltung seiner Eltern. Die Einsicht in Werte beginnt hier. Die Integration der Werteinsicht in das Selbstwertgefühl führt dann zu Selbstbestimmung und moralischer Mündigkeit im Erwachsenenalter. „Jemand hat Charakter“ ist ein etwas altertümlicher Ausdruck für eine Person, die sich selbst moralisch zu bestimmen vermag.

Zwischen Freiheit und Disziplin

Freiheit und Disziplin, Freiheit und Selbstbeherrschung sind die Pole, zwischen denen dieser Lernprozess abläuft. *Maria Montessori*, die italienische Pädagogin, beschreibt es so: „Achtung führt zur disziplinierten Liebe, die die Wirklichkeit erkennen und anerkennen möchte. Sie umfasst Gehorsam und aktiven Frieden im Sinne von Gerechtigkeit und verpflichtender Bindung. Aktive Disziplin ermöglicht die sukzessive Entwicklung aller Persönlichkeitsbereiche zu einer funktionellen Einheit, erfahrbar als Gewissen, dem „Ort“ verpflichtender Bindung und verantwortlichen Handelns.“

Im Ablösungsprozess des Vorschulkindes wird die Auseinandersetzung mit der elterlichen Autorität zum Schnittpunkt der Autonomieentwicklung. Die Art, wie es zu einem selbstbewussten Kind werden kann, hängt davon ab, wie die Begegnungen mit der elterlichen Autorität verlaufen. Die Festigkeit seines Ich, seiner Ich-Bindung, gelingt in dem Maße, wie seine Eltern Erwachsene geworden sind, d. h. wie sie selbst das Moment der Autorität in dem Prozess der Mündigwerdung verarbeitet haben.

Für das vierjährige Kind sind die Eltern noch unumstößlich König und Königin seiner Welt; ihre Stärke und Überlegenheit wird auch in Trotz- und Machtspielen nicht grundlegend angezweifelt. Doch nur in dem Maße, wie selbstbewusste Eltern in ihre Kinder Vertrauen setzen, wie sie bemerken, dass sich seine Fähigkeiten entwickeln, und sie den dem Kind eigenen Rhythmus anerkennen, können auch ihre Kinder Selbstbewusstsein zeigen. In dieser verzwickten Bewegung zwischen Intimität und Autonomiestreben hat das Kind einen Anspruch auf die Autorität selbstbewusster Personen.

Eltern brauchen positive Autorität

Das Erziehungsverständnis vieler Menschen geht davon aus, sie selbst seien reife Persönlichkeiten, die aufgrund ihrer vielfältigen Lebenserfahrung wüssten, was für das Kind richtig oder falsch ist. Doch Selbsterkenntnis ist auch in der Erziehung ein guter Ratgeber und oft der erste Schritt zur Besserung. Nur wer die Grenzen seines unmittelbaren Erfahrungs- und Bewusstseinshorizonts überschreitet und offen ist für neue Erfahrungen und Einsichten, gelangt zu Lebens- und Erfahrungsreife.

Autorität im Sinne von Reife ist Grundlage jeder Erziehung.

Dieses scheint der Kern jeder Erziehungshaltung zu sein, die in der Lage ist, dem Kind das nötige Vertrauen in seine eigenen Kräfte und Fähigkeiten zu vermitteln. Gehalten in der Festigkeit einer Beziehung, in der Autorität auch Verstehen, Achtung, Wärme, Anteilnahme, Konsequenz, Offenheit bedeutet, kann im Kind die Überzeugung heranreifen, dass es in keinem absoluten Abhängigkeitsverhältnis zu den Erwachsenen steht. Es kann auf seine alters- und rollenspezifische Entwicklung und Wandlung vertrauen.

Und es kann auf die authentische, positive Autorität der Bezugspersonen vertrauen, wenn diese ihre Ausstrahlung und situative Macht mit Sensibilität, Großzügigkeit, Gelassenheit, Entscheidungskraft und Selbstkritik zu verbinden wissen. Dann wird elterliche Autorität nicht missachten, nicht manipulieren, nicht unterdrücken, sondern das Kind in seinem persönlichen Wachstum achten und so gut wie möglich unterstützen.

Kindheit heute – Werte und Normen

Die Eltern von heute haben gegenüber der Großelterngeneration einen deutlichen Wertewandel durchgemacht. Selbsterkenntnis, Selbstkritik und Vorbildlichkeit sind in ihrer Auffassung von Erziehung grundlegende Prinzipien. Und sie leben ein respektvolles Miteinander mit ihren Kindern: Eltern, die jetzt und später von ihren Kindern Achtung, Wärme, Anteilnahme, einfühlsames Verstehen, Echtheit und Offenheit wünschen, lehren das, indem sie selbst so leben.

Werte vorleben

Die Normen, die Eltern setzen, sind für das Kind zunächst auch Grenzsetzungen, an denen es sich reibt, die seinen Widerstand herausfordern oder einfach uneinsehbar und unverständlich sind. Die Zwänge des Alltags stören nicht selten sein Spiel- und Erfahrungsbedürfnis. Eltern, die kein starres, normiertes Verhalten an den Tag legen, geben Raum für eigene Vorstellungen und Überzeugungen des Kindes. Es musss sich der Unterstützung der Eltern auch sicher sein, wenn es Dinge tut, die den elterlichen Vorstellungen von Richtig und Falsch zuwiderlaufen.

Verunsicherte Eltern

Doch viele Eltern sind sich immer weniger sicher, wie ihre Ideale und Ziele nur annähernd erreichbar werden. Kindheit wird einerseits immer professioneller „gemacht", über Konsum hergestellt, von Medien bedient und modelliert, doch gleichzeitig verschwindet sie immer mehr in einer auf Erwachsenenwelt getrimmten Kindheit und in einem auf Jugendlichkeit, ja Kindlichkeit getrimmten Erwachsenenbild.

Um Klarheit in ihren Erziehungsaufgaben zu gewinnen, greifen Eltern auf einen ständig wachsenden Erziehungsmarkt zurück, auf dem in verwirrender Vielfalt Pädagogik- und Psychomodelle feilgeboten werden. Sie erwarten von dieser Seite Mittel und Techniken, um sinnorientiert und möglichst sicher und effizient erziehen zu können. Man möchte sein erzieherisches Handeln in den Griff bekommen und glaubt, der Weg zu glücklichen Kindern führe über möglichst originell gestaltete Handlungs- und Erlebnismodelle. Doch das Wesen des jeweiligen Kindes, seine individuellen Bedürfnisse und Entwicklungspotenziale und seine konkrete Umwelt bleiben dabei unberücksichtigt.

Kindheit ist heute „pädagogische Kindheit". Immer mehr Erwachsene filtern ihr Handeln und Verhalten gegenüber den Kindern durch das, was sie als richtige Ansicht von Erziehung zu haben meinen. Sie handeln nicht aufgrund dessen, was sie selbst erfahren haben und darum selbstständig einfühlend beurteilen können, nicht als Person, die sie sind, auf die Person hin, die das Kind ist. Das Kind ist zum schwierigen Behandlungsobjekt geworden.

„Zukunftskindheit" – „Konsumkindheit"

Die „Idee" von Kindheit zielt heute prinzipiell schon im Kindergartenalter auf ein an Schulfertigkeiten ausgerichtetes Lernen ab – zwar spielerisch, aber doch vorgebahnt. Nie wird ganz in der Gegenwart gelebt, immer auf ein Morgen hin, auf etwas, was dann gilt, aber jetzt noch nichts bedeutet. Kindheit ist „Zukunftskindheit" (*v. Hentig*).

Und sie ist „Stadtkindheit", eine Verbrauchs- und Kaufkindheit. Ihr fehlen oft ganz elementare Erfahrungen: ein offenes Feuer machen, ein Loch in die Erde graben, auf einem Ast schaukeln, Wasser stauen, ein Tier be-

Kinder brauchen Naturerfahrungen.

obachten; das Entstehen und Vergehen von Natur, die Gewinnung und Verarbeitung von Material zu brauchbaren, notwendigen Dingen usw.

Die Folge, wenn für das Kind so wichtige, die Entwicklung prägende Erfahrungen mit sinngebenden, die Kräfte herausfordernden Tätigkeiten fehlen: Das Kind kann sich Bewährung oder Risiko nur einbilden oder aber ertrotzen durch Zerstörung und mutwilligen Verstoß gegen Regeln.

Machen ethische Grundlagen noch einen Sinn?

Trotz und gerade wegen dieser widrigen Realität bemühen sich viele Eltern um eine „richtige Kindheit" für und mit ihren Kindern, in der sie ihre persönlichen Entwürfe und Ideale von Leben unterbringen. Jeder, der Kinder hat, möchte, gerade wenn sich die Welt so schwierig darstellt, etwas von seinen Wertvorstellungen aufrecht erhalten und weitergeben.

Was bedeuten heute ethische Grundlagen und moralische Traditionen, von denen man einmal annehmen konnte, dass ihnen ein zeitüberdauerndes Wissen darüber zugrunde liegt, wie Leben menschengerecht gestaltet werden kann? Verleihen solche Grundregeln ethischen Verhaltens wie Respekt, Ehrlichkeit, Fairness, Verantwortungsbewußtsein, Anteilnahme, Großzügigkeit, Freundschaft, Friedfertigkeit und die Fähigkeit, an etwas zu glauben, unseren Kindern Wurzeln und Flügel? *(W. Dosick)*

Vielleicht sollte man, wenn einen angesichts solcher Ideale Zweifel befallen, hinzufügen: „Es kommt darauf an, das Hoffen zu lernen." *(E. Bloch)*

Wer lehrt „Hoffen“, und auf was kann man hoffen? Denn wofür, wenn nicht im Hoffen auf eine glückliche Zukunft, kann man getrost die Anstrengung des Wachsens und Erwachsenwerdens auf sich nehmen?

Moralische Erziehung

Jedes Kind sucht nach moralischen Wertvorstellungen, will „gut“ sein.

Aus der Entwicklungspsychologie weiß man, dass Kinder schon sehr früh zu mitfühlenden Beziehungen und moralischen Erfahrungen fähig sind. Man kann davon ausgehen, dass diese Bereitschaft nicht stark gesellschaftlichen Veränderungen unterworfen ist. *Winnicott* bezeichnet sie als eine Art Grundfähigkeit des Kindes, sich moralisch erziehen zu lassen. Deshalb sollten Eltern nicht nur Puppen, Teddybären und Spielsachen „herumliegen lassen“, sondern auch moralische Maßstäbe. Etwas, das herumliegt, nicht etwa in einer Schublade verstaut ist, sondern greifbar, kann aufgegriffen und benutzt werden, auch zwischendurch wieder weggelegt und später mit anderen Dingen zusammen wieder benutzt werden. Diese moralischen Dinge sind so wichtig, weil das Kind in seinem Inneren noch eine recht rohe und grimmige Moral hat. Der Moralkodex der Erwachsenen muss vermenschlichen, was im Kind bereitliegt. *Winnicott* spricht in diesem Zusammenhang jedoch eher davon abzuwarten, Entwicklungen durch Liebe zu pflegen und auf das „Einpflanzen“ von Wertvorstellungen zu verzichten. Er gibt solchen Eltern den Vorzug, „die warten und die Ideen und Einstellungen bereithalten, die das Kind jeweils benützen kann, wenn es wieder an einer neuen Entwicklungsstufe der Integration und der Fähigkeit zur objektiven Betrachtung angekommen ist.“ Er will damit sagen, dass Erziehung sich nicht über den individuellen Rhythmus des kindlichen Reifungsprozesses hinwegsetzen darf. Denn Erziehung bedeutet immer auch Sanktionen und das Einpflanzen von elterlichen und gesellschaftlichen Wertvorstellungen, ohne Einbeziehung des inneren Wachstums des Kindes.

Ein Kind soll mit sechs Jahren „schulreif“ im Sinne eines bestimmten Schulsystems sein. Doch Erziehung in Form des Lehrens bestimmter Gegenstände und Systeme muss warten, bis der Grad persönlicher Integration – ein Ich-bin-Gefühl – bei dem Kind erreicht ist, der diese Konzepte bedeutungsvoll und aufnehmbar macht. Ebenso ist es mit Werten und moralischen Grundsätzen, sie müssen auf den Beginn der Moralität im natürlichen Entwicklungsprozess warten.

Dass dem Kind ein Moralkodex zur Verfügung stehen muss, steht ganz außer Zweifel, denn es kann sich keinen von innen heraus erschaffen. Aber das Kind ist bereit, einen Glauben zu entwickeln, einen Glauben an die Werte und Ideale seines Elternhauses, einer Gruppe, Religion usw. Deshalb ist die Bereitstellung der Bedingungen wichtig, die Vertrauen und die Vorstellung von Recht und Unrecht aus dem Wirken der inneren Prozesse des einzelnen Kindes ermöglichen.

Religion

Im Hinblick auf Religion und die Idee von einem Gott spüren die meisten Eltern, wie empfänglich und bereit Kinder dieses Alters sind, sich mit solchen Fragen zu beschäftigen, bzw. die Fragen, die sie bewegen und beunruhigen, in einen solchen Zusammenhang zu bringen. Kinder haben die Fähigkeit, so *Winnicott*, sich einen „Gott" zu schaffen. „Gott" im Sinne eines Ortes, wohin man das tun kann, was einem selbst heilig ist und was verderben könnte, wenn man es zusammen mit all dem Hass und der Destruktivität in sich behielte, die da in einem auch noch zu finden sind.

Für das Gute, für das, was mit moralischen Werten verbunden ist, einen Ort, einen Namen, ein Konzept zu (er-)finden, z. B. von „Gott" zu sprechen, ist von großer Bedeutung für die kreativen Versuche des Kindes, eine sittliche Persönlichkeit zu werden.

Wenn das Kind weder von innen noch von außen völlig determiniert ist, gesteht man ihm eine gewisse Wahlfreiheit in seinen Wachstumsschritten zu. *Maria Montessori* möchte das Kind freigeben, damit es seine schöpferische Aufgabe, eine Persönlichkeit zu bilden, selbst lösen kann. Denn, wie sie sagt, die motivierende und intelligente Strebekraft, die das Kind mit den Dingen seiner Umgebung verbindet, ist Liebe.

Liebe und Verantwortung

Liebe baut Beziehungen auf und lässt Bindungen eingehen. Zunächst ist die Mutter, der Erwachsene, der erste Gegenstand dieser Liebe. Das Kind, das aktiv ist, sich versenkt in ein Spiel, das beobachtet, ist nie gleichgültig, sondern tut dies mit Liebe.

Die Fähigkeit, ein Gefühl der Verantwortung zu empfinden, beruht auf einem wichtigen Entwicklungsschritt, der darauf aufbaut, Schuldgefühle zu empfinden. *Winnicott* zeigt uns, wie sehr gegensätzliche, heftige Gefühle vom Kind in seiner frühen Mutterbeziehung durchlebt und integriert werden müssen. Impulse und Fantasien von grimmiger Rache, primitivem Hass, hässlicher Wut und Zerstörung gehören ebenso in die Beziehung des Kindes zur Welt wie die Liebe. Schrittweise lernt das Kind, all diese Gesichtspunkte zu vereinen – mit sich und seinen Beziehungen in Einklang zu bringen. Aus dieser Phase rührt die Fähigkeit zu Schuldgefühlen oder Schuldbewusstsein. Es ist ein Gefühl von Schuld, weil es mit der Vorstellung von Zerstörung in einem Bereich zusammenwirkt, in dem auch Liebe im Spiel ist, verbunden mit Angst und Schuldgefühlen, die es zu einem aktiv liebenden, zu einem verantwortungsbewussten, einer Moral verpflichtenden Menschen macht.

Liebe ist die Wurzel der Freiheit des Kindes. Sie verbindet, bindet sich und lässt Verantwortung möglich werden.

Auf diesem Weg des Humanisierens seiner Emotionen, auf dem so Widersprüchliches erlebt wird, braucht das wandernde Kind, um den aufrechten Gang zu üben, freundliche, ausdauernde Begleiter, die ihm beistehen und ihm Halt geben bei der Überwindung der infantilen Impulse und Fantasien, Körperfunktionen und triebbedingten Erregungen, die ihm Orientierung geben in der Bemühung, sein Denken zu entwickeln.

Die besten Begleiter sind wohl die, denen die bunte Palette menschlicher Gefühle und Affekte nicht fremd ist, die damit in Verantwortung und Bindung umgehen, die noch an Werte glauben und die Anstrengung des selbstständigen und kreativen Denkens und Handelns nicht scheuen.

Humor und Gelassenheit

Bei all den dramatischen Ereignissen, die das Kind auf seinem Wanderweg ereilen, bei aller Gewichtigkeit des Mündigwerdens, bewährt sich eine erzieherische Atmosphäre des Humors und der Heiterkeit. Sie verhilft den Eltern – aus der Einsicht heraus, dass es in dieser Welt nichts Vollkommenes und Endgültiges gibt –, nicht ebenso dramatisch, distanzlos und aufgeregt zu reagieren wie das Kind. Gelassenheit und Zuversicht können sich mit Humor verbinden, wenn man weiß, dass Fehler, Schwächen, Mängel und Ungereimtheiten zu einem selbst wie überhaupt zur menschlichen Existenz gehören.

Humorvolle Eltern müssen nicht immer „das Beste“ aus ihrem Kind herausholen.

Wer selbst Leid, Kummer, Verzweiflung erfahren und durchlebt hat, wird zu Humor und Geduld in der Lage sein und dann auch mit Milde und Nachsicht die Entwicklung seines Kindes abwarten können. Das Kind darf auf seinen Entdeckungsreisen und Wanderungen Zeit verlieren. Es kann sich Zeit lassen mit seinen vielen Fragen wozu, warum, wohin. Der Erwachsene kann sich Zeit nehmen, das Kind an dem Sinn solcher Fragen und Antworten teilnehmen zu lassen.

Alle sieben Kardinaltugenden wird man brauchen, wenn das Kind mit Siebenmeilenstiefeln immer wieder zwischen dem dunklen Land, wo Zorn, Neid, Wut, Rachedurst, Hass, Trägheit, Unmäßigkeit angesiedelt sind, und der Heimat der Tugenden Glaube, Liebe, Hoffnung, Besonnenheit, Weisheit, Gerechtigkeit und Tapferkeit hin- und herpendelt.

Aggressionen – ein zweischneidiges Schwert

Die Erwachsenen, die sich dem Kind anschließen, werden ihm zeigen müssen, wie es die Regungen aus den dunklen Regionen seiner Seele beherrschen lernt, ihnen nicht machtlos ausgeliefert ist und wie es wachsam im Umgang mit ihnen wird. Eltern und Kind müssen gemeinsam lernen, Gefühle nicht einfach zu unterdrücken, sondern Formen und Rituale zu finden, in denen sich mit ihnen leben lässt. Das gilt besonders auch für aggressive Gefühle und zerstörerische Impulse.

Woher stammt Aggression?

Die Auffassungen darüber, in welchem Maße Menschen fähig sind, ihr Aggressionspotenzial zu bändigen, ob es sich eher um eine von außen angefachte Reaktion handelt oder um die wahre menschliche Natur, gehen weit auseinander.

Eine Ansicht geht davon aus, dass Menschen ein zu allem fähiges Aggressionspotenzial mitbringen, das nur durch eine eher unwahrscheinliche und äußerst fragile Leistung, Kultur oder Zivilisation genannt, in Schranken gehalten wird. Nach dieser Vorstellung einer sehr äußerlichen Zivilisierung ist der dünne Lack von Moral und Tugend schnell ab, wenn sich eine Gelegenheit bietet. Zutage tritt ungezügelt der Urmensch. Es gibt in Geschichte und Gegenwart der Menschen genug Beispiele, in denen sie sich genau in dieser Weise als barbarische Wesen zeigen. Die Frage, wie der Rückfall in die Barbarei, in die hasserfüllte, primitive physische Gewalt, auf jeder Stufe der Zivilisation möglich ist, umfasst sicherlich mehr als nur das Problem, wie man mit seinen Aggressionen umgeht.

Andererseits ist in diesem Zusammenhang Erziehung dringend gefragt. Es nützt gar nichts, sich über die Angriffslust von Kindern zu beklagen, sich über kriegerische Spiele zu mokieren, wenn dem nicht ein differenzierter Sinn, eine deutliche Unterscheidung zwischen „Aggression" und „Barbarei" zugrunde liegt. Mit „lieber Gewaltfreiheit" scheint man der Sache nicht beizukommen, das merkt man schon im Kinderzimmer.

Durch Erziehung muss angeborene Aggressivität in Bahnen gelenkt werden.

Zivilisiertheit und Unmenschlichkeit, Aggression und Friedfertigkeit scheinen auf ewig in einer komplexen Spannung miteinander verbunden zu sein. Darum ist das Zusammenleben der Menschen so schwierig.

Das Zusammenleben der Menschen erfordert Versagung, verlangt von den Menschen, dass sie ihre Triebe höheren Zielen unterordnen, dass sie fähig werden, mit der Unlust-Spannung, die das Verzichten bereitet, fertig zu werden, dass sie ihre Impulse kontrollieren und konstruktiv einsetzen lernen

Sich der Aggression stellen

Im Vorschulalter werden die Wurzeln zur Sozialanpassung gelegt, die seelische Entwicklung sucht nach Orientierung und ist anpassungsbereit für eine moralische Grundausstattung.

Es kommt darauf an, in diesem Alter die Aggressionen sich entfalten zu lassen und gleichzeitig Möglichkeiten ihrer Verarbeitung bereitzustellen, zu zeigen oder auch einzufordern. Genau das ist eine der schwierigsten Anforderungen an Eltern und Erzieherinnen. Wahrscheinlich sind diejenigen Kinder, bei denen recht früh Sublimierung gelingt, also Rituale, Spiele, Verhaltensweisen die Angriffslust binden und umlenken, gegen zerstörerische Aggressionen auch später einigermaßen immun.

Impulse steuern lernen

In der Psychologie des Kindes liegt der Frage, wie es mit seinen verschiedenen Impulsen fertig wird, die Fähigkeit zur Regulierung seiner Ambivalenz zugrunde. Im günstigen Fall wird es lernen, dass innere Konflikte und widersprüchliche Impulse der Normalzustand in uns sind. Dann wird es lernen, diese Impulse zu lenken und zu beherrschen und die dazugehörigen Schuld- und Angstgefühle zu ertragen.

„Wenn es aber weniger günstig verläuft, wird es Impulsen ausgesetzt sein, die es nur unzureichend oder überhaupt nicht unter Kontrolle hat; das Kind wird folglich unter der akuten Angst leiden, die Personen, die es liebt, zu verlieren und auch vor der Vergeltung Angst haben, die, wie es glaubt, unvermeidlich über es hereinbrechen wird.

Jeder Mensch muss mit guten und schlechten Gefühlen umgehen lernen.

Auf diesem Weg lauert eine Gefahr, die Gefahr nämlich, dass das Kind zu einer Reihe von Manövern Zuflucht nimmt, die alle mehr Schwierigkeiten erzeugen als lösen. Zum Beispiel führt Angst vor der Strafe, die das Kind infolge seiner feindlichen Handlungen und infolge seiner feindlichen Absichten erwartet – für ein Kind ist es nie leicht, das eine klar vom anderen zu unterscheiden –, häufig noch zu aggressiverem Verhalten. Sehr oft stellen wir fest, dass ein Kind nach der Devise handelt, Angriff sei die beste Verteidigung. Ebenso können Schuldgefühle zu einem zwanghaften Verlangen nach Liebesbeweisen und -versicherungen und, wenn diese Forderungen nicht erfüllt werden, zu weiterem Hass und folglich zu weiteren Schuldgefühlen führen.

In diesen Teufelskreis gerät das Kind, wenn seine Fähigkeit, Liebe und Hass zu regulieren, schlecht entwickelt sind.“ *(Bowlby)*

Feindselige Gefühle äußern

Der Forscher und Kinderanalytiker *John Bowlby* sagt weiter, nichts helfe einem Kind mehr, als wenn es feindselige und eifersüchtige Gefühle offen, direkt und spontan äußern kann. Dazu gehört die Fähigkeit seiner Eltern, gleichmütig solche Ausbrüche zu dulden. Damit zeigt man Kindern, dass man keine Angst vor Hass hat, sondern dass man zuversichtlich ist, dass solche Gefühle kontrolliert werden können.

In dieser toleranten Atmosphäre kann Selbstbeherrschung gedeihen.

Werden die Ausbrüche heftiger, fällt es oft schwer, die Schuldgefühle des Kindes nicht auszunutzen, es nicht zu beschämen. Aus dem Gefühl, die Herrschaft über sich verloren zu haben, ebenso wie aus der übermäßigen Beherrschung durch die Eltern, entsteht Scham. Andererseits wird man jedem Kind auch Schamgefühl zumuten müssen, dort wo es seine Beherrschung verloren hat. Selbstbeherrschung und Kontrolle der aggressiven Gefühle ohne Verlust der Selbstachtung sind die Voraussetzung zur Entwicklung des freien Willens.

Kultivierung von Aggression im Spiel

Die Kultivierung von Aggressionen, nicht ihre Verdrängung und Tabuisierung muss Erziehungsperspektive für Kinder sein. Dafür brauchen sie Anleitung, Vorbilder, Regeln und Rituale. Bis zum Grundschulalter muss Angriffslust auch körperlich ausgetragen werden, und Achtung vor der körperlichen Unversehrtheit des anderen ist die Grenze solcher Kämpfe. Kinder greifen einander an, spielen Angreifer und Verteidiger, Verfolger und Verfolgte, Sieg und Niederlage. Sie erproben ihre Kräfte beim Toben und Balgen oder kämpfen spielerisch in Gruppen miteinander.

Kämpferische Spiele gehören zur Entwicklung.

Eine gewisse Konfliktbereitschaft ist auch unentbehrlicher Wegbegleiter, wenn eigene Bedürfnisse eingebracht und die eigene Stärke ausgetestet werden soll. Aggressivität ist auch Triebfeder und Bedingung, um auf jemanden zuzugehen, Kontakt aufzunehmen, den eigenen Körper und den anderen zu entdecken. In Konflikten lernen Kinder, was vernünftige Mittel zur Selbstbehauptung sind und wann eigene Wünsche besser zurückgestellt werden. Gesteigerte Aggressivität bei kleineren Kindern deutet fast immer auf Angst hin; solche Kinder schlagen nicht, um weh zu tun, sondern um ihre Angst loszuwerden.

Klare Rollen

Im Spiel können Kinder all ihre grimmigen Gefühle von Wut, Rache und Vergeltung durchleben und Zerstörung wieder gutmachen. Aggressionen dienen dann der Selbstbehauptung und moralischen Sicherheit, nicht der Zerstörung. In ihren spielerischen Auseinandersetzungen bedienen sich

Kinder gerne klischeehafter Rollen oder stereotyper Medien z. B. in Form von Figuren. In diesem Alter sind solche einseitigen Gestaltungen und Inszenierungen erleichternd, um Unterschiede zu erfassen. Es gibt Stark und Schwach, Gut und Böse, Mächtig und Ohnmächtig. Differenzierungen würden hier nicht ausdrücken, wonach das Kind sucht, denn manchmal fühlt es sich selbst so: winzig in einer riesigen Welt, ohnmächtig gegen mächtige Erwachsene, schwach gegen die starken Großen.

Jungen – Mädchen

Im Umgang mit Aggressionen gibt es geschlechtsspezifische Akzente (s. auch Seite 242). Im Jungenspiel dominiert äußere Bewegung, oft rau und gekennzeichnet durch einen auf Überlegenheit zielenden Wettbewerb. Magie und Fantasie spielen bei Konfliktlösungen eine größere Rolle, Gefühle werden heruntergespielt. Mädchen benutzen Actionfiguren so gut wie nie, spielen kooperativer, zeigen eher Betroffenheit und Unsicherheit und lösen ihre Konflikte realistischer, weniger durch Motorik und Lautstärke. Neben der traditionellen Geschlechterrollenerziehung zeigt sich hier, dass Mädchen ihre Ablösungskonflikte anders bearbeiten und symbolisieren als Jungen.

Waffen geben Jungen ein Gefühl der Macht.

F. Dolto zeigt noch einen anderen Gesichtspunkt des aggressiven Spiels, der friedfertige Eltern verunsichert. Kinder, vor allem eben Jungs, benutzen Pistolen, Schießgewehre, Waffen, Kanonen im Spiel. Sie spielen „Alle Leute töten“, „Angreifer vernichten“, „Jetzt bist du tot!“ usw. Kinder brauchen diese eingebildeten Vorstellungen, sagt ***Dolto***, weil sie ihnen ermöglichen, die oft bedrückende Abhängigkeit von den Eltern abzuschütteln. Sie stellen sich vor, in einer ganz anderen Welt selbst die Erwachsenen zu sein. Wenn man Kindern keine Spielzeugwaffen schenkt, basteln sie sich welche. Sie brauchen diese Fantasien, in denen sie das Leben und den Tod beherrschen.

Es gehört zur Existenz des Menschen, dass er es fertigbringen muss, die Geheimnisse des Lebens in seine Vorstellungswelt einzubeziehen, sie zu „zähmen“ *(Dolto)*. Dank des Fantasiespiels erträgt das Kind die Realität, die Einschränkungen der Freiheit durch soziale Regeln, durch Leid und schließlich auch den Tod. Die Fantasiewelt dient dazu, sich vor der Tragik der Welt zu schützen, sie aber auch anzunehmen. Symbole, Kreativität und Fantasie, Spiele und Rituale können Aggressionen in konstruktive Bahnen lenken und helfen, in der Realität Halt zu finden.

Streitkultur –mit festen Grenzen

Das Äußern von Angriffslust, das Austragen eines Konfliktes erfolgt nicht immer spielerisch als ein von Kind und Eltern kontrolliertes Ritual – oft genug gehen allen Beteiligten die Gefühle durch. Im Zanken und Streiten verwickeln sich eigene Gefühle, gesetzte Grenzen und angedrohte Folgen zu einem unguten Geflecht von Fußangeln und Fallen, und meist endet alles in einem ernüchternden Auftauchen aus der Szene.

Machtkämpfe

In einigen aktuellen Ratgebern zur Kindererziehung wird ein erschreckendes Bild von der Lage im Kinderzimmer gezeichnet. Der Elternberater *Rudolf Dreikurs* meint gar, „dass sich in Wirklichkeit die ganze heranwachsende Generation im Krieg mit den Erwachsenen befindet.“ Bei Machtkämpfen geht es immer neu um das Aushandeln, das Erkämpfen von Grenzen und Rechten innerhalb eines umstrittenen Terrains. Die Kernfrage lautet meist: Wer gewinnt? Machtgebaren und -anspruch auf der Kinderseite, Ohnmacht und Ratlosigkeit auf der Elternseite. Woran Kinder am brennendsten interessiert zu sein scheinen, ist der Kampf. Das Kinderzimmer, ein tückisches Schlachtfeld? Da braucht es Schlachtpläne und Taktiken. In etlichen Ratgebern werden Kampfszenen nachgestellt, variiert, praktikable Lösungen entworfen, Konferenzen abgehalten, Verhaltensrezepturen entwickelt, die am Ende zu sicheren Eltern und glücklichen Kindern führen sollen. Viele Eltern lesen Ratgeber, entdecken sich, das Verhalten ihrer Kinder, ihre Fehler wieder und bekommen ein schlechtes Gewissen. Doch eine Veränderung des Erziehungsstils durch hilfreiche Ratschläge scheint nicht so einfach antrainierbar zu sein – es rutscht einem alles wieder aus der Hand, wenn man als ganze Person mit allen Gefühlen, Affekten und Widersprüchen verwickelt ist. Warum ist das so?

Sich selbst hinterfragen

Sicherlich, in der Bewältigung von Alltagssituationen, wenn es darum geht, störendes Verhalten zu überwinden, ist es Unsinn, jedes Mal nach

Eltern müssen sich ihre eigene Unzulänglichkeit bewusst machen.

dem „Warum" zu fragen und alles verstehen zu wollen. Aber auf längere Sicht und im Interesse von Selbsterkenntnis wird man sich von dem „Warum" und dem „Verstehen" des Erziehungsprozesses nicht befreien können. Es geht nicht darum, die „Warum-Fragen" an das Kind zu richten, sondern an sich selbst. Denn es ist, wie *Winnicott* es formuliert: „Jede Beschäftigung mit menschlichen Angelegenheiten kann an der Oberfläche bleiben oder aber in die Tiefe gehen. Wenn wir an der Oberfläche bleiben, sparen wir uns eine Menge Unannehmlichkeiten, bringen uns aber um tiefere Einsichten."

Die Fähigkeit, im Erziehungsprozess auf der Grundlage von Selbsterkenntnis und Einsicht in das Wesen der Kindheit standzuhalten, erfordert Mündigkeit vom Erwachsenen. Dabei kommt es für den Erziehenden darauf an, sich nicht entmündigen zu lassen, vielmehr seine Erfahrungen ernst zu nehmen, auch an eigenem Alltagswissen anzuknüpfen, Verantwortung für die eigene Geschichte zu übernehmen, sich seiner Stärken bewusst zu werden. Nur eine solche Persönlichkeit kann überzeugend Grenzen setzen, die sich ihrer Vorzüge und Unvollkommenheiten bewusst ist, sich selbst akzeptiert und sich angenommen fühlt. Dann kann man Kinder mit all ihren Persönlichkeitsanteilen, den leisen und den lauten, den fordernden wie den gebenden, den ängstlichen wie den selbstsicheren, den nachdenklichen wie den impulsiven, annehmen, sie fördern, sie unterstützen und Hilfestellung leisten – aber eben auch Grenzen setzen. *(Rogge)*

Generationsgrenzen wahren

Wie Eltern Grenzen setzen, wie sie es vorleben, hängt zusammen mit der Haltung, in der sich ihre Persönlichkeit, ihre Werte und Normen konkretisieren. Das impliziert, dass man sich als „erwachsen" in der Beziehung zum Kind akzeptiert und nicht nach Gleichheit, Komplizität und Kumpanei sucht. Das Bild der Partnerschaft in der Erziehung suggeriert Gleichheit und Gleichberechtigung. Eine solche Ausgangslage existiert zwischen Eltern und ihrem kleinen Kind nicht.

Das Kind hat ein Recht auf kompetente und einfühlsame Autorität, die in der Lage ist, Generationsgrenzen zu wahren. Es will wissen, „wo es langgeht", und die Erwachsenen trauen sich aus falsch verstandenem Demokratieanspruch nicht, Wege vorzugeben. Das „Wozu" verschwimmt immer mehr in einer Welt, in der alles möglich scheint, in der sich Werte nicht mehr aus einem übersichtlichen kulturellen Gesamtzusammenhang ergeben und als lebensnotwendig erfahren werden. Die Unsicherheit über verbindliche Werte ist die eine Sache. Viele Eltern haben sich aber auch nur unzureichend mit ihrer eigenen Lebens- und Familiengeschichte, geschweige denn mit äußeren Einflüssen, auseinandergesetzt.

Der Einfluss der „Umwelt"

Eine Erziehungs- und Streitkultur lässt sich gar nicht so einfach als privater Erziehungsakt aufrichten. Denn gleichzeitig ist „Umwelt" ja überall, drängt sich wie nie zuvor über Medien und alle nur denkbaren Arten des Konsums in jede Ritze des privaten Zusammenlebens.

Sinnvolle Normen und Grenzen sind für alle einsichtig.

Die Grenzen der Intim- und Privatsphäre einer Familie umgeben ihr inneres Leben und schützen die intimen Vorgänge und Handlungen jeder Art vor den Einblicken der Außenstehenden. Doch schützende Außenhaut und vermittelnder Übergang zur Öffentlichkeit werden durchschnitten und durchkreuzt von einem unaufhaltsamen Zwang, alles zu veröffentlichen. Im Grunde kann jedes nur denkbare Detail von persönlicher Intimität, jedes nur vorstellbare Bild von Gewalt und Grauen ohne zeitliche und räumliche Filter über die modernen Medien in die Privatsphäre einer Familie, in die Sinne der Kinder eindringen. Damit wird der ehemalige Entscheidungs- und Verantwortungsvorrang der Eltern unterlaufen. Auch die Gewalttätigkeit einer ausgetüftelten Aufforderung an Kinder zum Konsum setzt alles daran, die Autorität der Eltern aus den Angeln zu heben. Konsumvorrang setzt sich an die Stelle des Leitungsvorranges der Eltern.

Erziehung ist Beziehung

Um im Geflecht all dieser Einflüsse eine stabile und wertvermittelnde Beziehung zum Kind aufzubauen und zu bewahren, bedarf es keiner populären Erziehungsmoden, sondern zu allererst einer echten, einfühlsamen Beziehung zum Kind. Dann wird auch bei Konflikten der Dialog nicht abreißen, sondern eine konstruktive Streitkultur entstehen.

Diese Beziehung erfordert zunächst, der eigenen Situation auf den Grund zu gehen, sich der Komplexität der Eltern-Kind-Bindung zu stellen. In einem solchen lebendigen Geschehen gibt es keine perfekten Lösungen, keine totale Kontrolle. Es gibt keine willkürlichen Verbote, sondern Normen, deren Einhaltung allen einsichtig ist und die sich am Wohl des anderen orientieren. Es herrscht Konsequenz, aber keine Willkür. In dieser verlässlichen Atmosphäre wird das Kind automatisch die vorgelebten Werte und Handlungsmuster der Eltern übernehmen.

Grenzen setzen

Eltern und Kind sind keine gleichberechtigten Partner.

Freiheit erfahren in sicheren Grenzen. Dies könnte ein hilfreicher Grundsatz einer verlässlichen Erziehungshaltung sein. Dieses Konzept wird auch von dem Pädagogen *Jan-Uwe Rogge* vertreten. Zunächst macht er einfach Mut zur Gelassenheit: „Es ist zwar schlimm, dass ich momentan permanent Schwierigkeiten mit dem Kind habe, aber ich lerne, irgendwann damit umzugehen. Ich denke, ich finde eine Lösung. Ich lass mir Zeit." Bei einem Konflikt rät er, die Perspektive des Kindes einzunehmen: „Wozu handelt das Kind so, wie es handelt? Was hat es davon, so zu handeln?" Man könnte ergänzend fragen, welche Botschaft steckt in seinem Verhalten? Was spüre ich, wenn es sich so sonderbar verhält? Oft ist die eigene Empfindung, z. B. der Kränkung und Ohnmacht, genau das Ge-

fühl, aus dem heraus das Kind seinen Aufstand inszeniert: Ihr respektiert meine Gefühle nicht – das kränkt mich so –, ich fühle mich machtlos und winzig.

In Rogges Konzept wünschen Kinder klare Grenzen, weil sie darüber das Gefühl der sozialen Zugehörigkeit, Verlässlichkeit, der Stärke und Einzigartigkeit erfahren. Grenzen haben hier unterstützende, schützende und Leben erhaltende Funktion. In ihrem Wunsch nach Halt machen Kinder so lange auf sich aufmerksam, bis Eltern endlich ihrer Erziehungsaufgabe nachkommen. Grenzen setzen funktioniert auch in diesem Konzept nur auf der Basis einer intensiven Beziehung mit Personen, die ethische und moralische Maßstäbe verkörpern und sie vorleben.

Auch Eltern rasten aus

Das Erleben normativer Verlässlichkeit bedarf besonders sorgfältiger Grenzsetzungen im Vorschulalter. Die Kinder sind in diesem Alter unerfahrener und in ihrer großen Offenheit und ihrem bedingungslosen Vertrauen Erwachsenen gegenüber verletzlicher, gerade wenn diese überzogen oder heftig reagieren. *T. B. Brazelton* schreibt in diesem Kontext, dass man in dieser Zeit seinem Kind gegenüber nicht immer nur Liebe empfinden kann. Aber man kann die Tiefe und Stärke der Konflikte bestaunen, die es durchmacht.

Die Beobachtung dieses Kampfes ruft bei den meisten Eltern dunkle Erinnerungen an eigene ungelöste Konflikte wach, sodass sie nicht immer liebevoll und distanziert reagieren können. Das erklärt die Heftigkeit und Irrationalität vieler Reaktionen.

Was soll man von Eltern halten, die ihren Kindern Gleiches mit Gleichem vergelten? Viele von uns werden sich von Zeit zu Zeit an ihrem Kind abreagieren, und das Schamgefühl darüber bringt uns außer Fassung. „Ich bin überzeugt, dass die Wutausbrüche der Eltern einem sinnvollen Zweck dienen. Den inneren Kämpfen des Kindes wird wenigstens für eine Zeit lang Einhalt geboten durch die Grenzen, die ihm die Eltern setzen, wenn sie sein Benehmen nicht länger ertragen können. Wenn ein Kind in dieser Entwicklungsphase nur freundliche Gelassenheit spürt, muss es allein herausfinden, wo seine Grenzen liegen.“ *(Brazelton)*

Richtig reagieren

Ein provozierendes, ungezogenes Kind ist ein Kind, das darauf wartet, dass seine ängstliche Unsicherheit ein Ende findet. Es hat den Anschein, als wollte es durch sein Benehmen Zurechtweisung herausfordern. Es spürt, dass es seinen Antrieb noch nicht allein beherrschen kann, und sucht bei seinen Eltern eine Antwort auf sein Problem.

Von liebevollen Eltern gesetzte, deutliche Grenzen geben dem Kind mehr Freiheit, sich selbst zu erforschen.

Verständnisvolle Zurechtweisung durch einen Erwachsenen schafft Erleichterung und das Gefühl, dass jemand aufpasst. Wer um Strafe nicht herumkommt, sollte sie zeitlich so begrenzen, dass sich die Kluft zwischen Eltern und Kind rasch wieder schließen kann. Nichts belastet ein kleines Kind so sehr wie Liebesentzug für längere Zeit. Im Trösten muss die Hoffnung vermittelt werden, dass es die nötige Selbstkontrolle erlernen kann.

Rogge empfiehlt, im Streiten und Grenzensetzen mit jüngeren Kindern einige Grundsätze zu beachten:

Der Kontakt sollte klar und nicht so wortreich sein. Man sollte sich den Kindern zuwenden, sie anfassen, ansehen. Das vermittelt ihnen das Gefühl des Angenommenseins. Grenzen müssen sich an der konkreten Gegenwart des Kindes orientieren – was für andere Kinder gilt, muss nicht für das eigene Kind gelten. Manchmal braucht es noch mehr Hilfestellung und Unterstützung, ohne dass dies Einengung bedeutet.

Sehr rationale Konfliktlösungen überfordern das Kind in seiner magisch-mythischen Weltsicht und übersehen, dass es die Wirklichkeit anders wahrnimmt. Man kann aber eben diese magische Sichtweise aufgreifen, um Konflikte zu lösen. Selbstverständlich ohne das animistische Denken etwa durch Schreckensbilder auszunutzen.

Kraftausdrücke

Kraftausdrücke und Schimpfwörter sind beliebte Munition im Zank, nicht nur bei Kindern. Kinder fasziniert das Unmoralische und Anarchische, sie testen die Wirkung von Worten. Aber Kraftausdrücke können Grenzen zur Entwertung und Erniedrigung überschreiten, sie können die Beziehung zwischen Eltern und Kindern nachhaltig attackieren und verletzen. Ignorieren, Überhören kann beim Kindergartenkind, das die Wirkung von Kraftausdrücken spielerisch ausprobiert, eine angemessene Reaktion sein. Ansonsten sollte man verbalen Attacken energisch entgegentreten.

Rituale geben Halt

Rituale (s. Seite 332 f.), die sich Eltern, aber auch Kinder schaffen, helfen bei der Kultivierung des alltäglichen Umgangs miteinander. Sie können konflikthafte und unsichere Situationen begreiflich machen und helfen, sie auf anschauliche Weise zu bewältigen. Eltern können Rituale benützen, um in Konfliktsituationen Gefühle aufzufangen, die Übersicht zu behalten; sie können sich am Ablauf eines Rituals wie an einem Geländer festhalten.

Bei Vorschulkindern können Rituale des Alltags spielerisch gestaltet sein und Elemente des Magisch-Mythischen enthalten, um durch spannungsreiche Situationen mit Zauberkräften hindurchzugehen: Man hat schon Piraten auf Drachen zum allabendlichen Zähneputzen reiten sehen und Prinzen haben ihre Siebenmeilenstiefel vor der Kinderzimmertür abgestellt.

Gefühlssprache – Verstandessprache

Sosehr sich der Erwachsene in seiner Erziehung auch bemüht, er wird nie mehr wirklich die Perspektive eines Vierjährigen einnehmen können. Auch wenn er sich noch so sehr hineinversetzt – alles bleibt normal dimensioniert. Im kindlichen Erleben wirken der Kopf, die Gestalt eines normalen Erwachsenen riesig, der Eindruck seiner Kraft und Stimme umwerfend. Nur wenn man das Ausgeliefertsein eines Kindes – etwa im Streit – an den Erwachsenen in Betracht zieht, wird man annähernd das richtige Gespür für die Eindringlichkeit der Dinge, der Gesichter, der Gesten und Vorgänge aus seiner Perspektive bekommen. Dieses Ausgeliefertsein besteht ja nicht nur darin, dass Zeitbegriffe und zeitliche Dimensionen, in denen Erwachsene denken, dem Kind noch kaum zugänglich sind. Der Gefühlssprache kann es gut folgen, aber die Verstandessprache der Erwachsenen geht bis in die Pubertät über seinen Kopf hinweg.

Immer daran denken: Das Kind erlebt den Erwachsenen als übermächtig.

Familie – ein Beziehungsgeflecht

Die Familie ist für das Kind Heimat und Hort. Hier hat es seinen festen Platz, hier lernt es soziale Regeln und Umgangsformen. Und hier bildet es seine männliche bzw. weibliche Identität heraus.

Vater, Mutter, Kind

Wir leben in einer Zeit, in der die Familie einen tief greifenden Wandel erfahren hat und neue Familienkonstellationen und Formen des Zusammenlebens allgemein akzeptiert und möglich sind. Nicht nur die Zusammensetzung der „Kernfamilie“ hat sich verändert, auch die Formen der Beziehung in ihrem Inneren haben sich verändert. Dies hat bedeutende Auswirkungen auf das Kind.

Verschiedene Familienkonstellationen

Viele Eltern ziehen ihre Kinder auf, ohne verheiratet zu sein oder unter einem Dach zu wohnen. Viele leben zusammen, auch in größeren Gemeinschaften, ohne verwandt zu sein, viele entscheiden sich dafür, allein mit ihren Kindern zu leben. Ehe und Familie als einzig akzeptierte Form des Zusammenlebens haben keine Allgemeingültigkeit mehr. Scheinbar kann heute jeder selbst entscheiden, wie er sein Leben gestalten und seine Kinder großziehen will. Eine wesentliche Veränderung erfährt die Familie durch die Weigerung der Frauen, weiterhin eine untergeordnete Rolle zu spielen, sowie ihre Forderung nach Gleichberechtigung und Gegenseitigkeit.

Die Kernfamilie als Prototyp

Jedes Kind hat einen Vater und eine Mutter, ein Paar hat das Kind gezeugt.

Am wichtigsten: Verlässliche Bezugspersonen von Anfang an.

Es ist diesem Kind zu wünschen, dass es von Anfang an verlässliche mütterliche und väterliche Bezugspersonen hat, die seinen Weg begleiten. Der neugeborene Mensch ist zu Beginn seines Lebens über einen langen Zeitraum auf den Schutz einer mütterlichen Pflegeperson und der Erwachsenen angewiesen. Er braucht die kontinuierliche Fürsorge und liebevolle Zuwendung in stabilen Beziehungen, um ein „normaler

Mensch" zu werden. Als Nesthocker benötigt er eine besondere Art von Pflege, um seine bereitliegende Menschlichkeit zu realisieren.

Trotz aller Abweichungen und Veränderungen kann man die Kernfamilie als Grundbaustein betrachten, die zwischen unserer Gesellschaft und dem einzelnen eingepasst ist und die für die Vermittlung zwischen beiden über besondere Qualitäten verfügt. Meist suchen Elternteile, die in unvollständigen Konstellationen leben, ergänzende oder komplettierende Beziehungen für sich und ihre Kinder. Die Kernfamilie ist der prototypische Durchgangsraum, in dem das noch ungeformte Kind sich entfalten kann und durch tief greifende Prozesse sozialisiert wird. Sie bildet eine Art Umschlagstelle für die geltenden Werte und Normen, die in diesem kleinsten sozialen Raum aufgehoben und in einer Weise erfahrbar gemacht werden, dass Kinder sie verinnerlichen und mit ihnen leben können. Die Auffassung des Wünschenswerten, die Grundverhaltensregeln, die dazu befähigen, sich in einer Kultur richtig oder falsch zu verhalten, ja sich richtig oder falsch zu fühlen, werden grundlegend in diesen Beziehungen vermittelt. Die Familie muss es dem Kind ermöglichen, eine Situation, in die es gestellt ist und in der es zum Handeln aufgefordert ist, richtig zu erkennen und entsprechend zu handeln. Dazu bedarf es tief verwurzelter und intensiv miteinander verbundener, sich gegenseitig steuernder Verhaltensmuster und innerer Orientierungen, gleich einer Landkarte, die das Verhalten regeln.

Das alles muss gelehrt und gelernt werden.

Sozialisation

Man verwendet für diesen Prozess der Vermittlung und Aufnahme die Begriffe Sozialisation und Internalisierung, spricht von Imitation und Identifikation. Gemeint sind mit allen Begriffen die Einflüsse der Erziehungsbeziehung, die vom Kind so übernommen werden, dass es die Verhaltensmuster schließlich irgendwann beherrscht.

Die Identifikationen und Imitationen finden im engen Beziehungsgeflecht der Vater-Mutter-Kind-Gruppe statt. Diese Gruppe ist charakterisiert durch den Altersunterschied, der die Nicht-Gleichheit der Mitglieder festlegt – sie gehören unterschiedlichen Generationen an. Die ältere, die Elterngeneration, hat grundsätzliche Pflichten gegenüber den Kindern. Trotz ihrer Überlegenheit steht sie in einem doppelten Abhängigkeitsverhältnis zu ihnen: Sie ist durch Pflege und Erziehung unwiderruflich an sie gebunden, und ihr soziales Ansehen hängt erheblich vom Gelingen ihrer Bemühungen um die Kinder ab.

Rollenverteilung auf der Familienbühne

In der Familie stehen nicht nur zwei Generationen in einem wechselseitigen Abhängigkeitsverhältnis, sondern auch zwei Autoritätsrollen verschiedenen Charakters. Traditionell und auch weiterhin vorherrschend spielt die Mutter die autoritätstragende Rolle innerhalb der Familie, während der Vater die autoritätstragende Rolle im Bereich des Übergangs von Privatsphäre und Außen-Welt repräsentiert. Innerhalb des Familienkerns steht der Vater meist eher am Rande.

Von Generation zu Generation weitergegeben

Diese Rollen werden im Rahmen der mehr oder weniger bewussten geschlechtsspezifischen Sozialisation an die nächste Generation weitergegeben. Die Tochterrolle orientiert sich vorwiegend an der Mutterrolle und übernimmt dabei den Autoritätsanspruch für den inneren Bereich der Kernfamilie. Die Sohnrolle orientiert sich an der Vaterrolle und übernimmt den umfassenden Autoritätsanspruch. Die Rollenverteilung wird zur grundlegenden Orientierungshilfe für das heranwachsende Kind. Es orientiert seine Persönlichkeit sowohl an den Erwartungen der anderen Familienmitglieder im Hinblick auf die ihm zugedachte Rolle als auch an den anderen Rollen selbst.

Seine Persönlichkeit ist in gewissem Sinn auch eine Art Spiegelbild derjenigen Beziehungen, die es selbst erlebt hat, so wie sie sich ihm darboten. Die Strukturen dieser Beziehungen werden in der Tiefe der Persönlichkeit niedergelegt, organisiert und als ordnende Elemente verinnerlicht. Die Organisation kann nur in einem Zusammenspiel von individuellen Anlagen und engen sozialen Bindungen stattfinden. Die Übernahme des sozialen Systems seiner Familie als Rollensystem durch das Kind bedeutet die Übernahme des gelebten Beziehungsgeflechts Vater-Mutter-Kinder. Das „Wir“ wird nicht erlebt, das „Wir“ wird gelebt und unmittelbar übernommen.

Die traditionelle Rollenverteilung bestimmt nach wie vor das Grundmuster der Familie.

Die traditionelle Rolle des Vaters im Beziehungsgeflecht der Familie ist dadurch gekennzeichnet, dass er in gewissem Sinn für das soziale und kulturelle System, in das die Familie eingebettet ist, steht. Die Mutter erfüllt ihre Rolle eher im innerfamilialen Bereich, der ja auch für das kleine Kind der unmittelbare Erfahrungsbereich ist. Das Kind kann unmittelbar beobachten und erleben, was diese Mutterrolle enthält, zudem richten sich viele Aktivitäten auf das Kind. Es selbst ist strukturierendes Element dieser Rolle.

Die Vaterrolle

Die Funktionen des Vaters sind dagegen dem Kind in der Regel nicht unmittelbar zugänglich. Dennoch prägen sie die Erfahrung, die es mit ihm machen kann. Er verlässt jeden Tag die häusliche Sphäre und kommt von einer zunächst noch unbekannten Welt draußen zurück. Wenn er sich dem Kind widmet, dann oft in einer Weise, die beide von der Mutter weg in neue Bereiche führt. Wenn der Vater trotz partieller Abwesenheit ver-

fügbar bleibt, stellen seine Abwesenheit und die Wichtigkeit seiner Außenwelt für das Kind einen Anreiz dar, sich die Rolle des Vaters auszumalen. Diese Verbindung mit den Fantasien und Wunschträumen sind eine Möglichkeit, im Vater den Repräsentanten von Kräften zu sehen, die aus der mütterlichen Sphäre hinausführen und die enge Bindung zu ihr überwinden helfen. Das Bedürfnis des Kindes nach einem Gegenpol zur engen, mütterlichen, weiblichen Sphäre fällt mit der allgemeinen gesellschaftlichen Vorstellung von der männlichen Rolle zusammen.

Väter verkörpern für das Kind die Außenwelt.

Die außerhäuslichen wirtschaftlichen und politischen Interessen und Aktivitäten des öffentlichen Bereichs werden in erster Linie mit Männern in Verbindung gebracht. In diesem Bereich werden die Positionen weniger durch gewachsene Bindungen definiert, sondern durch Systeme von Leistung und Zuschreibung.

Männer haben keine Verpflichtungen, die gefühlsmäßig so zwingend, scheinbar unvermeidlich und natürlich nah wären wie die Beziehung einer Frau zu ihrem kleinen Kind. Männer haben in ihren Tätigkeiten eher die Freiheit, weit gespannte Verbindungen herzustellen und damit zu formen, was man Gesellschaft und Kultur nennt, also umfassendere Systeme von Ordnung, Bedeutung und Verpflichtung. In solche Systeme wächst man nicht von selbst hinein, zum „richtigen“ Mann wird der Junge erst, indem er bestimmte Leistungen erbringt. Männer entwickeln Systeme von Normen und Idealen, die ihre Beziehungen untereinander regeln, Kriterien für Leistungen, Hierarchien und Institutionen, in denen sie als Individuen miteinander wetteifern.

Die Zugehörigkeit zur öffentlichen Sphäre beruht auf der Distanzierung vom häuslichen Mutter-Kind-Bereich. Diese Distanzierung erlaubt es den Männern, eine eher abstrakte Autorität aufzubauen. Indem sie bestimmte Arten der intimen Vertrautheit meiden, können sie ein Image und eine Aura von Autorität und Würde ausbilden.

Frau-Sein

Frau-Sein scheint eher gebunden an naturhafte Bedingtheit, an sexuelle oder biologische Funktionen, ist eher etwas Gegebenes. Mütter insbesondere sind in die Anforderungen unmittelbarer Interaktion eingebettet.

Frauen, die beide Rollen übernehmen, etwa allein erziehende, berufstätige Mütter, müssen in einem wahren Kraftakt immer wieder die Hinwendung zu der einen oder anderen Sphäre schaffen: die Kinder betreuen, füttern, säubern, kochen, Gefühle in größter Nähe austauschen und dann aus der Erfahrung von Vertrautheit und Nähe heraustreten in ein öffentliches und kontrolliertes Erscheinungsbild.

Mädchen orientieren sich an der Lebensweise der Mutter.

Der Weg, auf dem Mädchen weibliche Verhaltensweisen erwerben, scheint leicht und natürlich - sie treten in die Fußstapfen ihrer Mütter. Soweit ein Mädchen eine Mutter hat, die es lieben und an die es sich halten kann, hat es die Möglichkeit, selbst eine „kleine Mutter" zu werden. Ohne weiteres nachvollziehbar stellt die Familie dem Mädchen die meisten Möglichkeiten und wichtigen Beziehungen vor Augen, die sein ganzes Leben bestimmen können.

Die Rollenverteilung von Vater und Mutter fließt in ihre innerfamiliäre Interaktion und in die Beziehung zu ihren Kindern ein, wird vorgelebt, prägt die geschlechtsspezifischen Identifikationen der Kinder. Das, was die weibliche und männliche Geschlechterrolle beinhalten, schlägt sich in den Bildern nieder, die sie sich von Vater und Mutter machen. Die unterschiedliche Beziehung, die Sohn und Tochter zu Vater und Mutter haben, geht in ihr Selbstbild und in die Geschlechtsidentität ein.

Ablösung und Geschlechtsrolle

Die Ablösung von der Mutter und die Hinwendung zum stärker außen stehenden Vater hat für Mädchen und Jungen einen deutlich verschiedenen Stellenwert. Der Junge muss sich selbst als männliches Wesen definieren, indem er sich mit dem Vater identifiziert. Das Mädchen fühlt sich trotz seiner Loslösung von der Mutter ihr weiterhin in der Gleichheit des Geschlechts verbunden und ist nicht gezwungen, seine frühe, enge Beziehung zu ihr so radikal zu verändern.

Männliche Identität – weibliche Identität

Die Mutter ist kein geschlechtsneutrales Objekt, sie hat eine weibliche Identität und einen weiblichen Körper. Da das Kind beginnt, sich durch seinen Körper gegenüber der Mutter geschlechtlich zu definieren, hat das Folgen für seine Geschlechtsidentität: Die innerpsychische Trennung von der Mutter und die Einbeziehung des Vaters in die Suche nach der geschlechtlichen Zugehörigkeit werden vom Jungen und vom Mädchen unterschiedlich erlebt und vollzogen.

Für den Jungen bedeutet sie einen radikaleren Bruch als für das Mädchen. Es ist nichts wie bei Mutter. Was bisher die Basis seines Selbstwertgefühls war, gilt so nicht mehr. Aber er kann sich mit dem Vater identifizieren, er gehört zum selben Geschlecht wie er. Die Betonung und Überstilisierung seiner körperlichen Merkmale ersetzen ihm etwas von der verlorenen Teilhabe an der Mutter. Manchmal muss er das absichern, indem er alles Weibliche verächtlich macht. Der anatomische Mehrbesitz des Jungen, sein „kleiner Unterschied“, kann in der Fantasie zum „Phallus“ werden, weil er auch gesellschaftlich Ausdruck von Potenz und Machtvollkommenheit ist. Da das männliche Kind schließlich am eigenen Körper den Beweis für seinen Wert trägt, hat es eine Versicherung seiner neuen Identität bei sich selbst.

Dem Mädchen fehlt zwar diese handgreifliche, deutlich konturierte Versicherung am eigenen Leib, aber offenbar versucht es, den Unterschied auszugleichen, indem es stärker seine kreative Fantasie aktiviert und symbolisiert. Es erlebt sich im Verlauf seines Heranwachsens kontinuierlicher mit anderen verbunden. Seine Selbsterfahrung ist durch flexiblere und durchlässigere Ich-Grenzen bestimmt.

Der Junge definiert sich dagegen mehr als ein abgetrenntes und verschiedenes Wesen und entwickelt ausgeprägtere Ich-Grenzen: So ist das grundlegende weibliche Selbstgefühl durch Weltverbundenheit, das grundlegende männliche Selbstgefühl durch Separatheit bestimmt. Diese unterschiedliche Selbstbestimmung bleibt latent bestehen.

Sexualität

In den ersten Lebensjahren war die geistige und emotionale Entwicklung des Kindes von vielfältigen und widersprüchlichen Wünschen und von Fantasien beherrscht, die ganz um es selbst kreisten. Mit dem vierten Lebensjahr beginnt es, seine Welt zu ordnen. Dazu gehört auch die rechtzeitige und ernsthafte Beschäftigung mit der Sexualität und ihrem Bedeutungssystem.

Das drei- und vierjährige Kind macht sich nun daran, auch seine Sexualität und Geschlechtsidentität zu entdecken. In seiner Beziehung zu den Eltern spielt eine erotische, triebhafte Komponente eine große Rolle. Exhibitionismus und Schaulust sind jetzt mehr oder weniger ausgeprägt und bedürfen der narzisstischen Bestätigung: Nackt umherflitzen, prustend kichernd sich präsentieren, ziemlich aufgeregt herumhopsen – die Eltern lachen mit und freuen sich, wie wohlgestaltet und fröhlich ihr Kind ist.

Bewunderung des eigenen Körpers

Die Erwachsenen werden in dieser Zeit besonders begehrt, gebraucht und herbeigesehnt, um die kleinen Selbstdarsteller zu bewundern: „Schau, das bin ich; schau, wozu ich schon fähig bin.“ Die vom Kind verlangte Bewunderung für seinen Körper, seine körperliche Tapferkeit und Geschicklichkeit trägt jetzt wesentlich zu seinem Selbstwertgefühl und zur Konsolidierung seiner Geschlechtsidentität bei.

Das Kind ist sich zwar schon seit dem zweiten Lebensjahr anatomischer Unterschiede zwischen den Geschlechtern bewusst, aber erst jetzt wird dieses Anderssein aufgrund zunehmender genitaler Spannungen interessant für das eigene, narzisstische Selbstgefühl. Die früheren Lusterfahrungen des Aufnehmens, Genießens, Zugreifens, des Produzierens, Kontrollierens und Kämpfens erfahren eine Erweiterung und richten sich auf ein neues Ziel: den eigenen Körper.

Der Körper ist Quelle und Zentrum seines Erlebens. Sichzeigen und Gesehenwerden sind genauso lustvoll wie die Inbesitznahme des eigenen Körpers und das Erlebnis seiner Ausdrucksfähigkeit und die sich ausdehnende Unabhängigkeit. Dieses Inbesitznehmen ist angewiesen auf die Bestätigung durch Vater und Mutter.

Vorschulkinder auf Identitätssuche

Die ursprüngliche sexuelle Orientierung der Kinder ist weder männlich noch weiblich, sondern wird als geschlechtsübergreifend erlebt. Der Unterschied und die Einschränkung, die die Zugehörigkeit zu einem bestimmten Geschlecht mit sich bringt, wird über Widersprüchlichkeiten und Ungereimtheiten erst langsam wirklich bewusst. Dabei können die Eltern durch angemessenes Verhalten dem Kind helfen, eine klare Geschlechteridentität zu entwickeln.

Männliche Identitätssuche

Der Junge muss sich von der Mutter distanzieren.

Der Junge muss einen sehr deutlichen Entwicklungsschritt in der Beziehung zu seiner Mutter schaffen, um seine männliche Identität zu festigen. Die Identifizierung mit dem Vater, die Gewissheit, „gleich" mit ihm zu sein, bedeutet eine schmerzhaftere De-Identifizierung mit der Mutter, die bislang Bedürfnisbefriedigung und Sicherheit gewährt hat. Meist ist in der Distanzierung ein defensives Moment, ein Hang zur Verachtung dessen, was früher so nah war, zu beobachten. Verächtliche Herabsetzung des Weiblichen scheint eine Art Hilfsmittel zu werden, um innerlich nicht mehr so sehr in seine Einflusssphäre zu geraten. Die Identifikation mit dem Vater muss erreicht und gesichert werden, indem sie gegen die weibliche Sphäre gesetzt wird.

Eine Gefahr liegt in dem allzu forschen Hineinschieben des Jungen in nur männliche Identifizierungsmöglichkeiten: „Wenn z. B. die Mutter in unserer Gesellschaft den Knaben von sich weg und in das, was noch bei vielen als „männlich" verstanden wird, hineinstößt, erleben wir oft, dass sie damit für ihn eine wichtige Identifikationslinie traumatisch unterbricht. Dadurch kann sie den untergründigen Hass des Knaben auf seine Mutter – und später auf alle Frauen – noch verstärken, der in der frühen Abhängigkeit von der allmächtigen Mutter, mit der sich immer Gefühle der Enttäuschung und Hilflosigkeit verbinden, seine Wurzeln hat." *(M. Mitscherlich-Nielsen)*

Es ist deshalb notwendig, dass Mütter die Suche ihres Sohnes nach einer sicheren Geschlechtsidentität als Interaktion zwischen sich und ihrem Sohn begreifen: Können sie sich freuen, wenn er sie nachahmt, oder haben sie Angst, er könnte kein richtiger Junge werden? Fürchten sie sich andererseits vor der erwachenden Männlichkeit („peng, peng!"), angesichts derer so richtig deutlich werden kann, dass das Söhnchen kein Teil ihrer selbst darstellt, sondern im Begriff ist, ein eigenständiges Wesen zu werden?

Einerseits ist es wichtig, sich über jungenhafte und männliche Eigenschaften und Fähigkeiten des kleinen Jungen zu freuen und die Identifizierung mit dem Vater zu erleichtern. Andererseits braucht dies die Förderung einer weiter bestehenden Identifizierungsbereitschaft mit mütterlich-weiblichen Tätigkeiten nicht auszuschließen.

Doch in die Symbiose zur Mutter darf der Junge nicht mehr zurückkehren.

Eine schwierige Aufgabe. „Ein Ausweg wäre es, die Mutter zu heiraten. Schließlich ist sie eine Frau, und er ist ein Junge. Wenn er nur nicht so klein wäre! Außerdem ist sie schon verheiratet. Egal, trotzig gibt er seiner Mutter Widerworte, eben nicht nur, um seine Autonomie gegen die mächtige Mutter zu behaupten, sondern auch, um zu erproben, ob er als Partner bestehen könnte. Als Sandkastenrocker ist er auch ein moderner Ritter, der sich darin übt, die zu beschützen, die ihm am liebsten ist – um sie zwischendurch voll aggressiver Lust totzuschießen." *(Schnack/Neutzling)*

Für viele Mütter ist es schwer, das Wachstum und die Selbstständigkeit des Sohnes unzweifelhaft zu wünschen und ihn aus der Abhängigkeit zu entlassen. Sie wünschen sich vielleicht „... abwechselnd einen kleinen Kuschelliebling und einen großen Jungen, mit dem Ergebnis, dass letztendlich keiner der beiden richtig ist.“ *(Schnack/Neutzling)*

Dem kann abgeholfen werden, der Vater ist in Sicht: „Licht aus, Spot an – der Retter kommt. Sobald er die Bühne betritt, wird er mit tosendem Beifall begrüßt. Dass er überhaupt erschienen ist, wird ihm hoch angerechnet. Was er tut, jeder Blick, jede Geste, jedes Wort, scheint von großer Bedeutung zu sein, denn es braucht offenbar nur sehr wenig Vater, um seiner so heilsamen Wirkung teilhaftig zu werden.“ *(Schnack/Neutzling)*

Der „Vaterhunger“

Jetzt also ist für den Jungen die Erreichbarkeit des Vaters, hauptsächlich auch in seiner Vorbildfunktion für Identifizierungs- und Internalisierungsprozesse, von großer Bedeutung. Der „Vaterhunger“ ist bei drei- bis sechsjährigen Jungen besonders heftig. Es ist oftmals tragisch zu beobachten, schreibt der Psychoanalytiker W. Mertens, was Söhne alles unternehmen, um sich der väterlichen Liebe zu vergewissern. Der Wochenend-Vater lässt den Identifizierungshunger des kleinen Jungen oft ungestillt. Eine Identifizierung mit männlichen Tätigkeiten und Berufsrollen ist wegen der Außerhäusigkeit des Vaters meist nicht mehr möglich. Die Art

Söhne brauchen Väter; sie bieten das notwendige Identifikationsmodell.

der vom familiären Bereich völlig abgegrenzten und verschiedenen Berufstätigkeit bringt Väter häufig zu einer relativ distanzierten Haltung gegenüber ihren Söhnen. Sie beschäftigen sich nur gelegentlich mit ihnen.

Der Wunschtraum vieler Jungen, mit dem Vater Abenteuer in der Natur zu erleben, bleibt meist unerfüllt. Oft identifizieren sich Söhne ersatzweise mit künstlichen Heldenfiguren aus den Medien, fernab ihrer eigenen, sinnlichen Erfahrungen. Die Unerreichbarkeit und Künstlichkeit von Superman-Fantasien setzt Männlichkeit mit Unpersönlichkeit, Dominanz und aggressiver Rivalität gleich.

Zur Mutter sollte also im Idealfall ein starker und liebevoller Partner in Aktion treten: „Der kleine Junge wirbt aktiv und ausdauernd um Beifall, Anerkennung und Bestätigung des Vaters; dadurch knüpft er tief reichende, beständige libidinöse Bande. Wir haben guten Grund zu behaupten, dass die Zeichen der Anerkennung und Bestätigung vom Sohn in den ersten Lebensjahren empfangen werden, allein durch das allgemeine, nicht unbedingt verbalisierte Verhalten und die teilnahmsvolle Gegenwart des Vaters. Sie flößen dem Jungen ein bestimmtes Maß an Selbstbeherrschung und Selbstbehauptung ein, gleichermaßen aus Gleichheit oder gemeinsamer Männlichkeit gewonnen. Die Welt draußen wird nicht nur handhabbar und besiegbar, sondern auch, bei allen Anzeichen des Bedrohlichen und Verwirrenden, unendlich anziehend." *(W. Mertens)*

Der Weg zur Annahme der männlichen Geschlechtsrolle, die Identifizierung mit dem einfühlenden Vater, hilft dem Jungen auch, seine aggressiven und sexuellen Triebimpulse besser kontrollieren zu können, ohne seine fürsorglichen und verantwortungsbereiten Anteile aufgeben zu müssen.

Weibliche Identität

Auch das Mädchen identifiziert sich nicht nur mit seiner Mutter und deren weiblichen Zügen, sondern auch mit den so genannten männlichen Eigenschaften seines Vaters und anderen Männern seiner Umgebung und übernimmt männliche Eigenschaften.

Töchter werben um ihren Vater.

Außerdem probiert es immer mehr eine neue Art der sinnlichen Bezogenheit aus und wendet sich dem Vater auf zärtliche und erotische Weise

zu. Die liebevolle Zuwendung des Vaters, der in der Lage ist, dieses Verhalten richtig zu verstehen, erfüllen es mit Stolz und bestärken es in seiner weiblichen Selbstachtung.

Ein probeweises oder auch heftiges Rivalisieren mit der Mutter kommt ins Spiel und damit auch Schuldgefühle. Da es die Liebe der Mutter doch bewahren möchte, ist die ängstliche Tendenz des Mädchens, moralische Ge- und Verbote zu verinnerlichen und ein unnachgiebigeres Gewissen zu entwickeln, vielfach zu beobachten. In diesem Zusammenhang kann man auch die größere Strenge der Mütter ihren Töchtern gegenüber interpretieren, die vielleicht ihre Töchter instinktiv schützen wollen, indem sie z. B. die sexuelle Neugierde und flirtendes und kokettes Sichzeigen bei Töchtern sehr viel stärker einzuschränken versuchen als bei Söhnen.

Die liebevolle und bejahende, aber auch die Generationengrenzen wahrende Haltung der Eltern setzt bei jedem Elternteil eine positive Bewältigung der eigenen Kindheit voraus. Die erlebte Erziehungssituation bietet auch für die Eltern eine Chance zur Ausreifung ihrer Persönlichkeit durch das aktive Miterleben der eigenen Entwicklungsphasen und ihre erneute Integration, gewissermaßen ein „zweites Ablegen“ kindlichen Verhaltens.

Ödipus – das Drama der frühen Jahre

Sobald die ersten Entwicklungsphasen abgeschlossen sind und Mädchen und Junge sich mit den Eltern identifiziert haben, beginnen sie auch schon, an einer Strategie zu arbeiten, wie sie deren Platz einnehmen und selbst Vater oder Mutter werden könnten. Eine besondere Liebe zum gegengeschlechtlichen Elternteil bildet sich heraus.

Liebe und Konflikte

Kulturell wird zwar die zärtliche Bindung aller Familienmitglieder aneinander postuliert und unterstellt, aber bei näherer Betrachtung der unbewussten Regionen der menschlichen Seele stellt sich bald heraus, dass alle in der frühen Kindheit leidenschaftliche Gefühle und sogar Dramen durchlebt haben.

Im Drehbuch des Lebens scheint es bei der Darstellung der Kultivierung von Jungen und Mädchen zu beziehungsfähigen Männern und Frauen eine fest stehende Dramaturgie zu geben: Der Junge liebt seine Mutter mit einer besitzergreifenden, erotischen und tiefen Liebe und gerät deshalb in einen Gefühlskonflikt mit seinem Vater. Mädchen lieben ihren Vater mit der gleichen hingebungsvollen Liebe und entwickeln deshalb auch feindselige Gefühle gegen ihre Mutter. Beide müssen schließlich lernen, auf diese Liebe zu verzichten, um die ihnen zukommende Position des Kindes im familiären Dreieck einzunehmen.

Der „Ödipus-Komplex“

Jedes Kind zwischen drei und sechs trägt diese Konflikte im Verhältnis zu seinen Eltern mehr oder weniger stark in seiner Seele aus. Diese, in der Psychologie als „Ödipus-Komplex“ bezeichnete erste frühkindliche Dynamik der sexuellen Entwicklung stellt eine Art Generalprobe für die spätere Beziehung zum anderen Geschlecht dar, bevor man reif genug ist, konkrete Erfahrungen mit Liebe und Aggressivität zu machen. Mit der Pubertät ist das Inzesttabu dann so tief verinnerlicht, dass sich intensive Triebregungen auf Partner außerhalb der Familie richten.

Die Entwicklung der frühkindlichen Sexualität wird im Ödipus-Mythos symbolisiert.

„Für alle Kinder gilt das Gebot: Du darfst dir die Objekte deiner Liebe und deines Hasses nur außerhalb der vier Wände deines Heimes suchen!

Es zwingt sie, den Schutzraum ihrer Familie zu verlassen und in die weite Welt hinauszugehen.“ *(S. V. Finzi)*

Jeder Mythos macht tiefe Inhalte der Seele bewusst: hoch fliegende Wünsche, unterdrückte Triebe, Schuldgefühle, Angst vor Bestrafung, Gewissensbisse, aber auch überstandene Prüfungen, neue Möglichkeiten, Perspektiven und Ziele. Mythen können zum besseren Verständnis menschlicher Regungen und Abgründe führen, da sie die Struktur ihrer Beziehung zur Welt enthüllen. Durch die Darstellung der inneren Realität des Menschen erweitert sich auch die Kenntnis der Welt, in der er lebt.

Der Inhalt der „ödipalen“ Dreierbeziehung wird mit Hilfe des Mythos vom „König Ödipus“ aus einer antiken Tragödie veranschaulicht.

Reduziert auf seinen wesentlichen Kern ist das Thema des Mythos von Ödipus, Königssohn von Theben, seine Liebe zur Mutter (von der er nicht wissen kann, dass sie seine Mutter ist) und die unwissentliche Tötung seines Vaters. In diesem uralten Drama scheint etwas „Ewiges“ der unbewussten Leidenschaften und ihr Einfluss auf Träume und Gefühle symbolisiert zu werden.

Egal, ob wir uns als Erwachsene an die infantile Leidenschaft erinnern oder nicht, für uns als Kind war es ein intensiver Traum, der keine Aussicht auf Realisierung hatte. „Er ist ein Tagtraum der Liebe, der für alle Kinder in Enttäuschung und Verzicht enden muss. Dieses Ende liegt im Aufgeben der widersprüchlichen, der unmöglichen Wünsche und normalerweise auch in der Lösung der Konflikte, die er hervorrief.“ *(W. Mertens)*

Die Dreieckskonstellation

Das Kind entdeckt, dass Vater und Mutter eine eigene Beziehung haben.

Das, was mit ödipalem Erleben gemeint ist, kann idealtypisch anhand der so genannten „Triade“ (Dreieckskonstellation) beschrieben werden. In der vollständigen „Triade“ haben Vater, Mutter und Kind ausgewogene Beziehungen, die von gegenseitiger Achtung und innerer Beteiligung getragen sind. Das Kind nimmt innerhalb dieser Beziehung Vater und Mutter als Paar wahr, das eine eigenständige Beziehung hat, die es richtigerweise mit dem Geschlechts- und Generationsunterschied in Verbindung bringt.

Das veränderte Gleichgewicht in der Familienstruktur, in der die Mutter nun, wie schon der Vater, als „äußeres Objekt" außerhalb der kindlichen Kontrolle wahrgenommen wird, schafft neue Perspektiven. Die Mutter ist nun eine Person mit eigenen Interessen, sie hat Begierden, die nicht nur auf das Kind bezogen sind, sondern auch auf den Vater. Dass Vater und Mutter eine eigenständige, auch körperliche Beziehung miteinander haben, in der das Kind nicht im Mittelpunkt steht, stellt eine erhebliche Herausforderung dar. Fragen und Zweifel tauchen auf: Wie weit fühlt es sich ausgeschlossen, bedroht, wütend, niedergeschlagen, hasserfüllt, neidisch usw.? Kann es sich, auch wenn es ausgeschlossen ist, wertvoll fühlen, und braucht es so nicht sich selbst oder das Elternpaar zu entwerten?

Für den Jungen und das Mädchen ist es keine leichte Sache, sich von einer Mutter zu distanzieren, die es in den zurückliegenden Jahren genährt, umsorgt, gepflegt, gewaschen, gepudert hat. Sie soll nun als Frau eines männlichen Partners wahrgenommen und akzeptiert werden.

Doch jetzt, mit wachsender Unabhängigkeit von ihr, wird sie wieder Objekt der Liebe des Kindes: Der kleine Junge begehrt sie und möchte ihr einziger Partner sein. Das kleine Mädchen begehrt ihren Mann und möchte sein wie sie.

Identifizierungsangebote

Die Spannung dieser aufregenden Szene kommt ins Gleichgewicht, wenn rivalisierende und identifizierende Strebungen gleichermaßen erlebt werden dürfen. Ein Mädchen, könnte man sagen, braucht einen Vater, dem es seine Liebe schenken darf, und eine Mutter, die diese kindliche Liebesstrebung in der richtigen Weise versteht, akzeptiert und mit einer Portion Humor fördert. Die darin eingeschlossene Botschaft der Mutter an die Tochter könnte etwa lauten: Dein Körper, der wie meiner weiblich ist, ist gut und wertvoll. Du darfst mit diesem Körper eine von mir unabhängige Lust und Sexualität haben.

Voraussetzung ist, dass die Mutter ihre Weiblichkeit positiv besetzen kann. Ein Anteil nehmender Vater kann sowohl die Entwicklung des weiblichen Selbstbewusstseins fördern als auch die Verinnerlichung väterlicher Eigenschaften anbieten. D. h. das Mädchen kann auch seinen Vater nachahmen, „in seine Fußstapfen treten", und sich dabei nicht notwendigerweise gegen die Mutter, gegen Weiblichkeit, richten.

Die Identifizierungsangebote, die der Vater seinem Sohn bietet und die Grenzen, die er mit einfühlsamer Autorität setzt, helfen diesem, Gefühle

des Ausgeschlossenseins und der Rivalität zu überwinden. Die Grenzen, die eine Anteil nehmende Mutter setzt, zeigen ihrem Sohn, dass ihr Glück nicht nur an ihn gebunden ist, und bremsen sein imperatives Verlangen nach Bedürfnisbefriedigung allein durch sie. Die Grenzen, die die Eltern als Paar verdeutlichen, sollten zeigen, dass einem Kind nicht alles möglich und zugänglich ist, was den Erwachsenen zusteht. Im übrigen gibt es ein Versprechen, das in die Zukunft weist: „Wenn du groß bist, kannst du auch wie Vater oder Mutter werden und ihren Platz einnehmen."

Zu ergänzen bleibt, dass die Einschränkungen des familiären Beziehungsgeflechts auf Vater-Mutter-Kind ein idealtypisches Bild ist, um eine Entwicklungsdynamik herauszuarbeiten und zu veranschaulichen. In der Wirklichkeit haben selbstverständlich Geschwister, Großeltern, Freunde, Partner und andere Bezugspersonen ebenfalls einen Einfluss auf die sich entwickelnde (Geschlechts-) Identität.

ALLTAG

Das Leben der Familie findet in ihrem Alltag statt, im Rhythmus der Zeit. Immer gleiche Abläufe bestimmen das Tagesgeschehen, die Folge der Wochen, Monate, Jahreszeiten – fortwährende Veränderungen erfolgen durch das Heranwachsen der Kinder: Die Zeit vergeht.

Geliebte und bekämpfte Rituale

Im Alltag der Familie gliedert sich dieser Fluss der Zeit in lange und kurze Abschnitte, in dichte Zeit und in Zeit, die sich unendlich dehnt, in Erinnerung und Vorfreude, Gegenwart, Vergangenheit und Zukunft. Die Rituale einer Familie, die charakteristischen Formen ihres Verhaltens und Handelns zeigen am deutlichsten ihren Stil, das Klima, in dem sie den Rhythmus des Alltags lebt und gestaltet.

Familienklima

Das Kind wird während seines Wachstums von dem Dauereinfluss des Familienklimas ebenso geprägt wie von den bewussten Erziehungsabsichten. Mit Familienstil bzw. Familienklima ist all das gemeint, was sich in der Familie abspielt, was in ihr als Verhalten und Ausstattung üblich ist. Das umfasst Dinge wie die Art der Bewegungen, die Gestik, die Mimik, die Art, Lautstärke und die Häufigkeit des Lachens oder Lächelns, die Art und Lautstärke des Sprechens, den Geräuschpegel in der Wohnung überhaupt, die Weite oder Enge der Räume, die Geruchsverhältnisse, die Möbelausstattung und schließlich die familientypischen Sitten und Gebräuche.

Das Kind wird geprägt durch die Atmosphäre in der Familie.

Rituale schaffen Sicherheit

Jede Familie greift in ihrer Interaktion auf eigene Arten des Umgangs, festgelegte Verhaltensweisen und Muster zurück, die durch Regelmäßigkeit und Gleichheit des Ablaufs gekennzeichnet sind: die Rituale des Familienlebens. Solche Rituale sind für jeden Einzelnen und das Zusammenleben von großer Bedeutung. Es gibt Sonntags- und Feiertagsrituale, Geburtstagsrituale, Strafrituale, Vorlese-, Essens-, Schlaf-, Baderituale, Rituale während der Krankheit und der Erholung, beim Trennen und Wiedersehen, bei Spiel und Erholung, Rituale des Bittens und Dankens,

Reiserituale u. v. m. Gerade drei- bis sechsjährigen Kindern bieten Rituale eine Verlässlichkeit und Strukturierung in ihrem Leben. Sie halten oft geradezu pedantisch an ihnen fest.

Alle diese Rituale, traditionelle wie spontane, weisen ähnliche Merkmale auf: Zur gleichen Zeit oder in der gleichen Situation erfolgt der gleiche Vorgang. Die Personen benehmen sich untereinander gleich oder behandeln die gleichen Gegenstände in genau der gleichen Weise, so wie es das Ritual vorschreibt – „wie es immer war“. Alle Beteiligten können sich darauf verlassen, dass sie Ablauf und Inhalt kennen.

Trotz oder gerade wegen der Formalisierung und der Erwartung, die sich mit dem Ritual verknüpft, ist es meist mit starken Gefühlen aufgeladen. Es verbindet die Beteiligten untereinander in einer Zeremonie, einer kleinen, aber wesentlichen Form der Regulierung persönlicher Beziehungen.

Man gibt sich einen Kuss, bevor man sich trennt, man badet vor dem Sonntagsfrühstück, man liest vor dem Einschlafen, man beginnt den Tag mit einer gemeinsamen Tasse Tee usw.

Die Befriedigung liegt darin, es immer so zu machen und nicht anders. Das schafft einerseits Orientierung in einem geregelten Ablauf und hat somit einen funktionalen Sinn. Es verleiht darüber hinaus den Alltagssituationen im Beachten und Bewahren von Formen Würde. Man lässt die Dinge nicht einfach laufen, sondern hält sich an eine Form und bleibt damit in Beziehung – wenn man sich ansieht, anfasst beim Gute-Nacht-Sagen, läuft man nicht einfach auseinander.

Gemeinsame Feste

Es gibt Rituale aus der eigenen Kindheit, die man gerne weitergeben möchte, an die man sich mit Dankbarkeit erinnert, andere, die man als hohl und lästig empfindet und denen man sich doch unterwirft, falls man sie nicht ganz über Bord wirft.

Feste sind Höhepunkte und strukturieren den Lauf der Zeit.

Doch gerade die größeren Familienrituale, die Art, wie gemeinsam Feste gefeiert werden, wie Geburtstage, Weihnachten, Ostern, das Jahresende begangen werden, sind für Kinder und ihr Bild vom Jahreslauf besonders einprägsam und oft mit hohen Erwartungen herbeigesehnt.

Die Zeit, bis ein Jahr vergangen ist, dehnt sich unendlich lang. An den glänzenden Stationen von Festen und besonderen Feiertagen formt sich die Vorstellung von zeitlichem Abstand, Warten, Zukunft.

Aber auch die Bedeutung und Besonderheit der eigenen Familie wird erfahrbar und anschaulich, denn mit einem gemeinsamen Fest, das mit Freude, Sorgfalt, Anteilnahme und auch Selbstbesinnung gefeiert wird, tritt man aus der eigenen Bedeutungslosigkeit in der Kette glanzloser Tage heraus; die Zeit wird in diesem besonderen Licht angehalten. Wenn es einer Familie gelingt, Rituale nicht wie leere Hülsen abzuspulen oder vollzustopfen, können sie Gefäße sein, in denen man gemeinsame Lebenserfahrung aufbewahrt. Sie bewahren Geschichte und Familiengeschichte vor dem Vergessen, sie verbinden Heute mit Gestern, gestalten und erleichtern Übergänge.

Nahrung – Ernährung – Esskultur

Wir leben in einer Gesellschaft, die nicht am Mangel, sondern am Überfluss leidet. Das trifft besonders auf die Lebensmittelberge zu, von denen wir uns bedienen. Auch hier geben Rituale Auskunft darüber, wie man Ernährung zum gemeinsamen Essen gestalten kann, wie familiale Esskultur inhaltsreich und „sättigend" inszeniert werden kann.

Gesunde Ernährung

Diskussionen über Vor- und Nachteile moderner Ernährung sind heute Allgemeingut, und in jedem halbwegs verantwortungsbewussten Kindergarten achten Eltern und Erzieherinnen auf gesunde Ernährung.

Essen ist Gesundheitsvorsorge, Nahrung ist Lebensbasis.

Die Entscheidung einer Familie für eine bestimmte Ernährungsweise oder gegen bestimmte Lebensmittel hilft, im Überfluss des Angebots einen persönlichen Standpunkt zu gewinnen, eine individuelle Wahl zu treffen, der unüberschaubaren Fülle ein eigenes Profil abzuringen.

Welche Nährstoffe das Kind täglich braucht, steht auf jeder Cornflakes-Packung; wir sind bestens aufgeklärt über die Folgen, die einzelne Nährstoffe für die physische und psychische Gesundheit unserer Kinder haben. Wir wissen, wie wichtig eine ausgewogene Kost für das Gedeihen unserer Kinder ist, und versuchen, auch unseren Kindern das Wissen um eine „gesunde Ernährung" zu vermitteln.

Doch Nährwerttabellen und gesunde Ernährung sind nicht alles.

Gemeinsame Mahlzeiten

Für Kinder und Erwachsene verbinden sich Essen und Trinken mit sinnlichem Genuss und mit Gemeinsamkeit. Das schöne Essen steht im Mittelpunkt jeder Familienfeier, beim gemeinsamen Essen treffen sich die Familienangehörigen, die tagsüber eigene Wege gehen. Viele geliebte Erinnerungen verbinden sich mit dem Duft besonderer Gewürze, Speisen und Gerichte. Auch kleine Kinder mögen, was ihren Sinnen schmeichelt. Das kann sich allerdings sehr von dem unterscheiden, was den Großen gefällt. Da ist oft Fantasie, noch öfter Geduld angesagt. Außerdem: Der Körper ist darauf eingerichtet, dass er nicht jeden Tag alles in einem aus-

Erst die Esskultur stillt den emotionalen Hunger.

gewogenen Verhältnis erhält. Wenn die Bilanz über einen längeren Zeitraum stimmt, erspart das unnötigen, magenverstimmenden Zwang. So manche absonderliche oder einseitige Essgewohnheit wird unbewusst ausgeglichen, indem etwa bei Freunden oder im Kindergarten alles oder anderes gegessen wird.

Kinder lieben gemeinsame Mahlzeiten und eine heimelige Atmosphäre am Esstisch. Ihre Bedürfnisse, ihren Hunger bis zum gemeinsamen Essen aufzuschieben, müssen sie jedoch erst langsam lernen. Oft peinigt der Hunger schon vorher, und „nur noch eine halbe Stunde" bis zum Essen kann ewig sein. Auch bei Tisch länger auszuharren – vorausgesetzt, am Tisch findet etwas Angenehmes statt –, wird langsam bei entsprechendem Wohlwollen erlernt. Die Angst vieler Eltern, ihre Kinder würden vielleicht niemals zivilisiert essen lernen, wenn sie nicht beizeiten gezähmt werden, ist unbegründet. Irgendwann werden sie, je nach Vorbildern und wenn man sie in ihrer Entwicklung ohne Dressur voranschreiten lässt, auch „anständig" essen und genießen können.

Das Genießenkönnen verbindet sich mit der häuslichen Tischgemeinschaft, wenn Mahlzeiten als Ort der Emotionalität und Kommunikation stattfinden. Hier am Esstisch erfahren Kinder Geborgenheit, erleben sie die sozialen Rollen der Familienmitglieder und lernen Kulturtechniken wie Rücksichtnahme, Hilfestellungen, Manieren, Zuhören, Gespräche Führen, Pünktlichkeit und den Vorteil von gegenseitiger Höflichkeit. Tra-

ditionell gehörte es zur mütterlichsten Gabe, die Kinder und die Familie um ihre dampfenden Schüsseln zu versammeln und mit liebevoll zubereiteten Essen zu versorgen. Auch wenn „frau“ sich nicht mehr mit diesen Seiten von Mütterlichkeit identifizieren mag, muss solchen Aspekten liebevoller Zuwendung keine absolute Absage erteilt werden.

Für eine Familie zu kochen bedeutet auch, emotional mit ihr in einer gefühlsintensiven Sprache zu kommunizieren, Intimität herzustellen. Alle können spüren, dass eine Mahlzeit ein Symbol von Verbundenheit sein kann, das auch die Seele sättigt und stärkt; sie als mütterliche Aufopferung zu zelebrieren wird allen Beteiligten auf die Dauer lästig.

Dennoch gehören zu den eindrücklichsten Erinnerungen aus der Kindheit oft solche mütterlichen Gesten (es können aber auch die freundlichen Hände eines fürsorglichen Vaters sein!), die versorgen, die etwas reichen, etwas verteilen. Davon zehren Kinder oft ein Leben lang.

Schlafen: Zur Ruhe kommen

Viele Drei- bis Sechsjährige haben noch Schlafprobleme. Abends ins Bett gehen, sich von den Eltern trennen fällt oft nicht leicht. Einschlafen ist schwierig, wenn aufregende Erlebnisse noch nicht verarbeitet sind. Und viele Kinder leiden in diesem Alter an Albträumen, wachen nachts immer wieder auf, kommen ins Elternbett.

Ruhige Zeiten

Kinder müssen den Umgang mit der Zeit erst lernen. Sie müssen ihn im Rhythmus des Familienalltags erfahren. Wenn es in der Familie keinen Rahmen gibt, innerhalb dessen es sowohl regelmäßige zeitliche Abfolgen gibt als auch eigene Zeit zum Trödeln, Tagträumen, Abschalten bleibt, kann das Kind keine innere Uhr ausbilden. Selbstbestimmte Zeit des Müßiggangs, der Ruhe, des versunkenen Spielens ohne äußere Kontrolle der Erwachsenen gibt dem Kind Sicherheit und Vertrautheit, um sich zu finden, die Quellen seiner Kreativität neu aufzufüllen. Ein Kind, das ständig angetrieben wird: „Hast du nichts zu tun?“ „Hol dir Spielzeug!“, passt sich vielleicht an, kann aber seinen individuellen Rhythmus nicht finden.

Einschlafen fällt oft schwer

In den Zeiten des Übergangs, z. B. vom Wachsein zum Schlaf, fällt es dem Kind besonders schwer, sich innerlich umzustellen. Jetzt braucht es seine Fantasie und Gedanken, die darin geübt sind, sich mit sich selbst zu beschäftigen, um langsam zur Ruhe zu kommen.

Die meisten Eltern wünschen sich jetzt am dringendsten, dass sich das Kind endlich trennt und rasch einschläft. Aber Kinder sind keine Automaten, die man durch ein kleines Ritual ausschalten kann. Ein abendliches Einschlafritual ist in jedem Fall notwendig, aber Schlafen ist keine Sache des guten Willens. Oft verbergen sich hinter dem weiteren Rumgezappel Konflikte, Ängste, Sorgen, die im Kind rumoren und ihm das ruhige Hinübergleiten in den Schlaf, das Loslassen der Eltern erschweren. Jetzt sind Eltern als geduldige Begleiter besonders gefragt. Wenn die Spannung steigt, weil der Fernsehfilm davonläuft, wird das Entspannen im Loslassen für das aufgedrehte oder geplagte Kind noch schwerer.

Die Angst vor dem Alleinsein ist abends besonders groß.

Die oft als kindlicher Machthunger interpretierte Bitte: „Ich hab noch Hunger – ich hab noch Durst" ist oft nichts anderes als der Wunsch, nur ja in der Nähe zu bleiben. Wegen ihrer Ängste kämpfen Kinder oft einen heroischen Kampf gegen ihre Müdigkeit. Jetzt werden ritualisierte Sicherheitsstrategien benötigt, um sich fallenzulassen. Die dunkle Nacht macht gerade den Kindergartenkindern mit ihrer besonders lebhaften Fantasie viel Angst. Sie brauchen jetzt wieder Geborgenheit, Kontakt und viel Klarheit. Es gibt Phasen, in denen man jeden Abend neu auf die elterliche Hilfe zur Beruhigung oder Bewältigung negativer Gefühle angewiesen ist und deren sichere Präsenz und Zuwendung in verlässlichen Regeln und Ritualen dringend erforderlich ist. Aber auch das ist keine Durchschlafgarantie.

Das Elternbett lockt ...

Kinder, die zunächst problemlos im eigenen Bett schlafen, kommen plötzlich nachts, so schnell sie die Beine tragen, ins Elternbett gerannt. Übermächtigen Ängsten ausgeliefert, schlüpft das Kindergartenkind ins Bett von Mama und Papa. Es braucht dann Verständnis für seine Nöte und die Gespenster der Nacht, und Erwachsene, die es nicht seinen beängstigenden Fantasievorstellungen preisgeben.

Die Kinderpsychologin *Jirina Prekop* schreibt: „... und dann sollte der Vater sein Kind ganz dicht zu sich nehmen, sodass alle Gliedmaßen gut versteckt sind und kein Gespenst herankommen kann. Wenn das Kind tatsächlich so große Angst hat, wird es Nähe und Enge gerne ertragen."

Dieselbe Autorin beschreibt weiter eine Szene, die vielleicht nicht zum Nachahmen, aber zum Nachdenken anregen kann. In ärmeren Kulturkreisen gibt es das Problem der Schlafstörungen und Einschlafdramen nicht. In beengten Wohnverhältnissen etwa schlafen buchstäblich alle unter einer Decke, und es schadet niemandem. Denn der Begriff „unter einer Decke" ist nicht nur eine Ortsangabe, sondern auch ein sozialer Begriff: „Unter einer Decke ereignen sich viele wichtige Prozesse der Toleranz, des Durchhaltens, der Anpassung und der Verzeihung. Du hast noch so heftig am Abend mit deinem Bruder streiten können, und jetzt bist du froh, dass er dir einen Teil des Kissens überläßt. Als du im Bett mit dem Rücken zur Mutter liegst, merkst du, wie sie das Federbett um deinen Körper abdichtet und du lässt dich weich in ihren warmen Schoß fallen ... In armen Familien hatte man nur ein Bett, und nur in diesem Bett war es nachts warm, wenn im Winter der Ofen aus war. Die Not setzte natürliche Grenzen, in die sich die Menschen zu fügen hatten ... zugleich bildeten diese Grenzen auch die Umrandung des Nestes. Sie waren stabil, unveränderbar, man konnte sich auf sie verlassen."

Sicherlich, ein fernes Bild. Weit entfernt von der Realität gut beheizbarer und mit Scharen von Kuscheltieren bevölkerter, komfortabler Kinderzimmer, in denen je ein wohlbehütetes, gut versorgtes Kind ganz für sich ein sicheres Nest hat. Und doch – wie viel Abgrenzung liegt darin, wie viel Distanz müssen wir unseren Kindern zumuten!

Konflikte um Autonomie und Unabhängigkeit sind deshalb nach Meinung vieler Kinderpsychologen der tiefere Grund für Schlafprobleme. Es gibt geradezu ein Tabu, Kinder im Elternbett schlafen zu lassen. Das Ziel der Eigenständigkeit wird sehr hoch bewertet und besorgt verteidigt. Der Professor für kindliche Entwicklung *T. B. Brazelton* sagt: „Ich denke, dass Schlafprobleme ein Hinweis darauf sind, dass das Kind eine Stressphase durchmacht, in der es nicht das Gefühl bekommen sollte, von den Eltern im Stich gelassen zu werden." Aber: „Wird ein Kind, das das Bett seiner Eltern teilt, später Schwierigkeiten haben, sich von ihnen zu lösen? Dass ein Kind lernt, alleine zu schlafen, gehört zumindest in unserer Gesellschaft zur Entfaltung von Eigenständigkeit dazu.“

Vielleicht kann man ja die Bedürfnisse des Kindes und der Eltern im Auge behalten, ohne das Ziel der Eigenständigkeit aus den Augen zu verlieren. Für das drei- bis sechsjährige Kind jedenfalls steht der Wunsch nach Geborgenheit und Sicherheit noch an oberster Stelle.

Körperpflege, Kleiden und Verkleiden

Anfangs, und später immer wieder mal, wischen elterliche Hände das Kind sauber, pflegen seinen Körper, kleiden ihn, und das Kind ist zufrieden. Selbst Kindergartenkinder machen manchmal lange keine Anstalten, sich selbstständig zu waschen und anzuziehen. Doch auch Körperpflege gehört zum Großwerden.

Körperpflege soll Spaß machen

Wird das Waschen in das morgendliche und abendliche Ritual eingebaut, kann das Kind lernen, dass diese Dinge am Anfang und am Ende des

Tages dazugehören. Es ist tröstlich, abends den Tag „abzuwaschen" und morgens die Nacht „wegzuwischen". Ein Bad kann vergnüglich sein, wenn es nicht nur darum geht, die Spuren der Erkundungszüge durch die Welt zu bekämpfen, sondern wenn die Wanne zum Wasserspielplatz werden darf. Gewaschene Kinderhände, saubere Münder und blanke Nasen sind bei aller gesundheitlichen Sorge doch eher eine Frage des ästhetischen Empfindens von Erwachsenen. Aus Gründen der Hygiene ist es keineswegs vonnöten, ein Kind blank zu wienern. Die Furcht vor Bakterien und bösen Keimen ist oft nur vorgeschoben, wenn Vorschulkinder porentief reingewaschen werden. Allzu besorgte Übergriffe nehmen aber gründlich die Lust am Körper und am Reinigungszeremoniell.

Reinlichkeit ist wichtig, muss aber nicht übertrieben werden.

Mütterliche Fürsorge

Das tägliche Händewaschen ohne elterliche Aufforderung, die „Überwachung" des eigenen Körpers nach Sauberkeits- und Hygienevorschriften wird dem Vorschulkind noch nicht gelingen, einzelne selbstständige Aktionen dieser Art bedürfen der elterlichen Begleitung und Hilfe. Erst langsam wird die Instandhaltung des eigenen Körpers auch eigene Sache und löst sich aus dem Bereich der mütterlichen Fürsorge.

Die berühmte Kinderanalytikerin Anna Freud erwähnt hier einen interessanten Aspekt des Verhältnisses der Kinder zu ihrem eigenen Körper: „Normale Kinder beachten keine (dieser) Vorsichten. Sie essen mit schmutzigen Händen, überessen sich, freuen sich an grünen Äpfeln ... trotzen der Kälte und Nässe, solange die Mutter sie nicht davon abhält ... Sie benehmen sich, als wäre die Instandhaltung ihres Körpers nicht ihre Angelegenheit, sondern ausschließlich die der Mutter, und beharren bei dieser Einstellung, die offenbar ein wichtiges Element der Mutter-Kind-Beziehung ist. Bei mutterlosen, verwaisten Heimkindern ist der Sachverhalt ein völlig anderer. Weit entfernt davon, die Freiheit von ängstlicher, mütterlicher Fürsorge zu genießen, geben mutterlose Kinder in ganz erstaunlicher Weise auf ihren Körper acht. Das der mütterlichen Fürsorge beraubte Kind übernimmt die Rolle der pflegenden Mutter sich selbst gegenüber."

Das Kind, das eine Mutter hat, liebt ihre Fürsorge und Nähe in den kleinen Rangeleien um das An- und Ausziehen, das Waschen und Zähneputzen.

Jede Mutter, die um selbstständig gebundene Schnürsenkel, hochgezogene Reißverschlüsse und gewaschene Hände kämpft, ahnt, in nicht ferner Zeit wird das Kind all diese mütterlichen Handgriffe an seinem Leib weit von sich weisen.

Kleidung: praktisch und individuell

In der Zukunft werden sich ganz andere Konflikte um das körperliche Wohlbefinden ranken. Bei der sich zuspitzenden Frage: „Sind die Zähne auch geputzt?“ wird man zur Not nicht mehr selbst zur Bürste greifen können – das Schulkind verbittet sich solche Grenzverletzungen. Die Frage der „coolen Klamotten“ ist dann auch nicht mehr durch Überredungskünste und ein paar rasche Handgriffe zu lösen.

Für Kindergartenkinder sind Kleidermarken und schicke Schnitte noch ziemlich egal. Im Sandkasten und in Matschlöchern, auf Bäumen und unter Büschen wollen sie sich gut bewegen können. Mütter, die um gute Schuhe und teure Hosen bangen, hemmen die Bewegungsfreiheit und Spiellust ihrer Kinder und damit deren Selbstwertgefühl. Denn hebt es auch das Selbstwertgefühl mancher Eltern, so ein proper verpacktes Kerlchen auf die Welt loszulassen, so kann doch das Kerlchen den Klamotten in dieser Hinsicht noch wenig abgewinnen. Die nämlich sollten jede Bewegung mitmachen, nicht einschnüren und einengen und bei Hitzestau auch leicht abstreifbar sein – zu viele Knöpfe, Gürtel, Schnallen sind hinderlich beim Selbstan- und -ausziehen. Bei kleinen Mädchen gerät die Bewegungsfreiheit manchmal in Konflikt mit dem schönen Kleid, den Ketten und Haarbändern und anderem schmückendem Drunter und Drüber. Sie müssen abwägen und für sich das Passende finden. Kinder im Vorschulalter haben oft einen etwas skurrilen Geschmack und halten ziemlich schräge Kombinationen für todschick. Da verweben sich Fantasie, Momente von Rollenspiel und Imitation miteinander zu einem absonderlichen Outfit.

Man sollte als Mutter diese wunderbare Zeit lieben, in der das Kind noch so erfinderisch und frei ist und nicht den heftigen Anpassungsdruck spürt, ordentlich, adrett, geschmackvoll, auf der Höhe der Mode sich der Menschheit zu präsentieren.

Eine eigene Maskerade

Die ‚Masken", die das Kind jetzt noch wählt, veranschaulichen seine Fantasie, stellen sein Innenleben dar, sie verbergen nicht. Der Spielplatzcowboy mit dem Batman-Umhang, dem Baseballsweatshirt findet all diese Aspekte für sich „geil" und will sie symbolisch am Leib tragen, um sie sich einzuverleiben. Die Kindergartenfee spielt mit selbstgewählten Gesichtspunkten von Sich-Schmücken, Rüschenrockmädchen mit Rockerjacke und Wanderstiefeln – diese köstlichen Ensembles illustrieren ihren Weg zu sich selbst.

Das Kind sollte sich nach seinem Geschmack anziehen dürfen.

Ein Junge muss auch mal die Stöckelschuhe der Mutter ausprobieren und sich mal schminken dürfen. Töchter latschen gern mit Vaters großen Schuhen durch die Wohnung. Kinder wollen spüren, wie sich das anfühlt, Mann oder Frau zu sein, und greifen nach Accessoires der Inszenierung von Männlich und Weiblich. Sie wollen ausprobieren. Oder sie wollen kennenlernen, wie es ist, einen Menschen aus einer anderen Zeit oder einer anderen Kultur nachzuempfinden.

Allzu großer Konformitätsdruck und ängstlich verfochtene Wohlanständigkeit oder narzisstische Repräsentationswünsche können ein Kind, das auf Identitätssuche ist, als Visitenkarte missbrauchen und sein Selbstbewusstsein beschädigen. Natürlich, Kinder sind immer auch Prestigeobjekte, die man am liebsten so vorführt, wie man selbst gerne gesehen werden möchte, und Kinder registrieren sehr genau die Reaktionen ihrer Umgebung. Und sie wissen bald: Kleider machen Leute.

Drinnen und draußen: Platz für Kinder

Kinder brauchen Platz; sie brauchen Freiräume, in denen sie tollen und sich kindgerecht bewegen können, in denen sie ihre Fantasien und Kräfte ausleben können – ohne Rücksicht auf gute Möbel, schimpfende Nachbarn, ohne Angst vor Autos. Doch diese Möglichkeiten bestehen heute leider nur noch viel zu selten. Hier gilt es, Ausgleich zu schaffen durch bewusste Gestaltung von „Kinderräumen", durch Ausflüge in die Natur, durch die Schaffung von „Inseln" im Stadtleben.

Der Familienraum

In der Ausformung des Weitebewusstseins, der erfahrbaren Welt des Kindes, spielt der Familienraum eine wichtige Rolle. Nicht von ungefähr stehen die Größe und Weite der Räume, die man zur Verfügung hat, sehr oft in Zusammenhang mit der Stellung, die eine Person in der gesellschaftlichen Hierarchie hat – der König bewohnt das Schloss mit hohen, weiten Sälen und einem Park drumherum. Umgekehrt wurde immer wieder in der Geschichte der menschlichen Kulturen versucht, das Bewusstsein für die Position in der gesellschaftlichen Stufenleiter mit Hilfe der Raumgestaltung so zu beeinflussen und zu formen, dass man sich seiner Kleinheit, Mittelmäßigkeit oder „Größe" bewusst wurde.

Die Chance, sich im weiten oder engen Raum angemessen bewegen zu können, wird in der Familie mitgeliefert. Die Fähigkeit zum richtigen Benehmen in den verschiedenen Situationen und unter verschiedenen Umständen wächst wahrscheinlich mit der größeren Weite der frühen Erziehungserfahrung im familialen Raum. Dieses Raumgefühl bezieht sich nicht nur auf den konkreten Wohnraum, sondern auch auf die der Familie zur Verfügung stehenden Außenräume, Umgebung, Garten, Straße, Kommunikationsmittel, Auto etc. Ebenso gehört dazu die emotionale Offenheit des Menschen, die durch Kontakte und Beziehungen von näher und fern stehenden Personen bestimmt wird.

„Raum" ist auch das Symbol für die Gesamtmöglichkeiten der Bewegung und Entfaltung des Kindes in seinem Zuhause. So kann die Raumbilanz bei einem Kind aus verwandtschaftlich, nachbarschaftlich, solidarisch orientiertem Milieu trotz enger Wohnverhältnisse sehr günstig aussehen.

Zu enge Wohnungen

Zu klein sind Wohnungen vor allem deshalb, weil sie heute oft der eingegrenzte Haupterfahrungsraum sein müssen. Nur noch wenige haben das Glück, direkt von der Wohnung ins Freie, in den Hof, in den Garten, auf eine ungefährliche Straße gehen zu können. Die Straßen und oft auch die Gehsteige gehören den Autos. Freie Rasenflächen und Parks sind selten nebenan; Feld, Wald und Wiese noch seltener mit den eigenen Füßen zu erreichen.

Für Kinder im Vorschulalter gilt, dass sie sehr häufig bis ins Schulalter hinein die Wohnungs- oder Grundstücksgrenze nie allein überschritten haben. Ihr Körper, ihre eigene Bewegungsfähigkeit sind für Ortsveränderungen immer entbehrlicher. Die Orte, die Wege und die Zeit, um dorthin zu gelangen, können nicht aus eigener Erfahrung kennengelernt werden: Kinder werden chauffiert, gebracht, abgeholt, Nachmittage werden vom Stundenrhythmus einzelner Freizeit- und Sportveranstaltungen aufgeteilt.

Welche kleine Freundin wohnt schon um die Ecke, nah genug für einen spontanen Besuch, um eine Spielrunde einzulegen – so etwas muss organisiert und geplant werden.

Das Kinderzimmer

Zu eng sind Wohnungen immer, um Kindern Welterfahrung zu ermöglichen.

Oft versuchen Eltern, den Mangel an Bewegungs- und Erkundungsmöglichkeiten durch perfekt ausgestattete Kinderzimmer wettzumachen. Sie haben recht damit, denn vieles muss in den Kinderzimmern ersatzweise stattfinden und ausgeglichen werden. Tatsächlich können sie auch wunderbare Spiel- und Erfahrungsinseln sein, eigener Raum und Intimsphäre. Darüber hinaus wird oft die ganze Wohnung Spiel- und Experimentierfläche, auch Ausflüge auf den Dachboden oder in den Keller können abenteuerlich sein.

Die Welt erkunden

Doch spontane Kontakte, unmittelbare Raumaneignung in ungestalteter Umgebung, in der man ziellos herumstreifen kann, Überraschungen erlebt, Bewegungsgefühl und Geschicklichkeit erprobt, mal Regeln einhaltend, mal überschreitend, das alles sind im Kinderleben inzwischen seltene Kostbarkeiten.

Eine Autofahrt kann aufregend sein und bietet eigene Perspektiven, aber zur Wirklichkeits- und Raumaneignung kleiner Kinder trägt sie nur wenig bei.

Wege, die nicht gegangen werden, werden auch nicht erlebt.

Wer Räume durchquert, Mauern überklettert, Pfade entlangrennt, Bachläufe durchwatet, Böschungen runterrutscht, in Wiesen hineinläuft, Straßen entlangrollert, Hinterhöfe durchstöbert, nimmt Sinneseindrücke mit dem ganzen Körper wahr, lernt sich und seine Umwelt über alle Sinne kennen, bei Sonne, Wind und Wetter.

Der Sinnenhunger ist in diesen lernbegeisterten Jahren besonders groß. Dort, wo es alles gibt, was Kinder emotional satt macht, z.B. am Strand, kann man an der Selbstvergessenheit des Spiels beobachten, was das bedeutet: weicher Sandboden, kühl oder heiß, feucht oder trocken, in den tiefe Kuhlen gebaggert werden können, geformt und gematscht werden kann, wo sich Steine und Muscheln finden und Wasser für den ganzen Körper, Sonnenwärme ungehindertes Bewegen zwischen den Elementen erlaubt.

Aber auch für Kinder ist das Leben kein Ferienparadies, und außerdem haben sie die Fähigkeit, die ödesten Ecken, verwildertsten Hecken, Betonnischen und Asphaltstrecken in belebte Räume zu verwandeln

Wo allerdings Autos im Spiel sind, hört der Spaß buchstäblich auf der Stelle auf. Deutsche Kinder haben weltweit das größte Risiko, bei einem Verkehrsunfall verletzt zu werden.

Erfinderisch sein

Es stimmt, Kindheit ist heute „Stadtkindheit“ (s. Seite 295), eine Kauf- und Verbraucherkindheit, eine Spielplatzkindheit, eine Verkehrsteilnehmerkindheit. *(v. Hentig)*

Aber fehlt es wirklich an elementaren Erfahrungen, wenn wir mit Kindern zusammen erfinderisch sind?

Auch auf der nächsten Grünanlage kann man vielleicht Löcher buddeln und ein offenes Feuerchen machen, auf einem Ast schaukeln, sogar Wasser stauen, Stöcke finden u.v.m. Aber die Einschränkungen sind unübersehbar. Auch Vorschulkinder haben schon eine Menge Unverdauliches über Umweltschäden gehört und fürchten sich vor einer Bedrohung, einem „Schmutz", den sie doch gar nicht sehen und spüren.

Sehr genau spüren sie dagegen, dass diese eingegrenzten Terrains, in denen sie kindgerecht spielen sollen, sie um etwas betrügen. Auch die abgegrenzten Zonen von Wohnen, Einkaufen, Arbeiten, Freizeit sind ein „Als ob", denn im richtigen Leben gehören all diese Dinge zusammen. Es liegt an den Eltern, solche ganzheitlichen Erfahrungen bei Ausflügen in die Natur, durch die Gestaltung von Gärtchen, Balkonbepflanzungen, Wohnungseinrichtungen und auch der Tagesgestaltung immer wieder zu ermöglichen.

Kinderkultur

Kultur umfasst alles, worüber bisher gesprochen wurde. Wie wir unsere Kinder erziehen, welche Werte wir vermitteln, wie wir zusammen sprechen, spielen, essen, uns kleiden, fortbewegen, Freizeit leben, unsere Wohnungen gestalten, welches Spielzeug, welche Bücher wir bevorzugen. Doch Kultur ist auch Kreativität, Toleranz, Weitblick - dies sollten wir unseren Kindern vermitteln.

Die eigene Kultur

Einerseits scheint das „Kulturelle" immer etwas Selbstverständliches zu sein - wir sind Deutsche oder Italiener, stammen vom Land oder sind Großstädter. Andererseits liegen in diesen sehr allgemeinen Wertbezügen persönliche Wahlmöglichkeiten, die der spezifischen Familienkultur einverleibt werden, die das Niveau erweitern, verfeinern, offen für andere kulturelle Einflüsse machen (man singt zusammen französische Kinderlieder, kocht ein italienisches Gericht, trommelt auf afrikanischen Rhythmusinstrumenten, verbringt die Ferien in einem schwedischen Holzhaus, schaut polnische Bilderbücher an, besucht das jüdische Museum). Alle diese Einflüsse verdeutlichen den eigenen kulturellen Standort und relativieren ihn gleichzeitig – die eigene Kulturauffassung ist eine von vielen.

Kinder sind „Kulturschaffende" par excellence.

Die eigene Kultur als bedingt ansehen zu können ist auch deshalb so wichtig, weil sie zunächst einmal für das Kind einfach da ist. Sie ist „eben da", wird aufgenommen und wirkt. Die Umgebung und die Eltern vermitteln und bewirken die kulturelle Formung des Kindes.

Kreativität schafft Kultur

Meistens möchten wir unseren Kindern helfen, ihre Kreativität zu bewahren und weiter auszubilden. Wir möchten ihnen die wertvollen, die schönen, die traditionsreichen Dinge, die Menschen geschaffen haben, zeigen, sie aber auch für aufregende, neue Seiten von Kulturproduktionen aufgeschlossen machen.

Im Vorschulalter sind Kinder noch frei und unbelastet von der Abrichtung auf Vernunft. Für sie ist die kreative Haltung zur Welt noch ganz unmittelbar körperlich und ohne große Probleme umzusetzen:

„Wie wäre es, wenn jetzt gleich alles prächtiger und herrlicher wäre, und ich wäre der König?" – Gesagt, getan, sind wir also König und Königin, basteln eine Krone, der Sessel ist der Thron und hier ist unser Königreich ..."

Die Freiheit, die in der Kreativität liegt und immer neue kulturelle Muster webt, ist dem Kind noch spontan zugänglich – es kann die Gestaltbarkeit der Welt am eigenen Leib spüren. Es nimmt meist, was es an kulturellen Schätzen geboten bekommt und heben darf, begierig auf, und seine Experimentierfreudigkeit entzündet sich an vielem. Es kann ausprobieren, was sein Malen, Trommeln, Theaterspielen, Kuchenbacken bewirkt. Es kann seine Wahrnehmung erweitern beim Kassettenhören, beim Durchblättern eines Bilderbuches, beim Spurenmachen im Schnee, beim Beobachten eines fallenden Herbstblattes, beim Anschauen von Bildern im Museum, beim Befühlen jeglichen Materials. Die Möglichkeiten sind unendlich vielfältig. Ausdrucksweise und Variationsbreite von Tanzen, Kneten, Basteln, Singen, Malen, Hören, Schauen, Tun nehmen zu, wenn nur ausreichend Anregung und Kontakt vorhanden sind.

Kultur ganzheitlich erleben

Für Kinder ist die listige Wechselwirkung von sinnlichem Genuss und Erkenntnis in kulturellen Sachen ganz selbstverständlich: Eine Geschichte kann schön spannend und gruselig sein, und hinterher weiß man auch ein bisschen mehr darüber, wie es in der Welt zugeht. Im aufregenden Theaterspiel kann zum guten Ende der Kleinste mit seiner Fantasie das Böse besiegt haben. Oder auch: Das glänzende Spielzeug aus dem Werbefilm entpuppt sich als kaltes, ödes Plastikteil.

Ästhetische Bildung kann auch Erziehung zur Kritikfähigkeit werden, Selbstbestimmung kann im kreativen Tun geübt werden.

Kinder erleben Kultur noch als etwas Umfassendes, Ganzheitliches. Von getrennten Sparten wie Musik, Malerei, Tanz, Theater wollen sie nichts wissen. Spontan und spielerisch verbinden Kindergartenkinder von sich aus Bilder, Farben, Klänge, Kostüme, Bewegung, Rhythmen. Ausgangspunkt sind Alltagserfahrungen genauso wie besondere kulturelle Erfahrungen oder Anleitungen. Der Motor ist Spaß, die intensive Empfindung und Freude darüber, sich ausdrücken zu können, die Materialien und Mittel handzuhaben und zu beherrschen.

Das kreative Verhalten ist noch ganz auf das wachsende Selbst und den eigenen Körper bezogen, die ersten Malspuren und Gesten, die Beschäftigung mit Materialien, besonders aber die Selbstdarstellung in Rollen, das Sichproduzieren, Bespiegeln, Fratzenschneiden vor dem Spiegel, alles schafft eine Welt für sich, die im Übergangsbereich zwischen Ich und Außenwelt liegt. Von dieser spontanen Kreativität der Kinder sollte sich auch das oftmals institutionalisierte Kulturschaffen der Erwachsenen immer wieder inspirieren lassen.

Ist das nicht ein idyllisches Bild von Familien und ihrer Kulturteilhabe?

Doch wo singt, tanzt, töpfert, spielt man in den Familien, wo steht ein gemeinsamer Museumsbesuch auf dem Sonntagsprogramm? Ist das alles nicht eine weltfremde Sicht?

Die Gegenwelt: Medienkindheit

Wie steht es mit dem „Verschwinden von Kindheit" *(Neil Postman)*, in der jede eigene Produktivität durch Kaufen und Konsum ersetzt wird und Kinder von Medien umstellt sind? Realität wird inszeniert, und mit multimedialem Glitzer und Zauber werden die Kinder von der eigenen Realitätserfahrung abgelenkt.

Der Knopfdruck ersetzt jedes selbstständige Tun. Spielstop: Fernsehzeit!

„Kinder brauchen Fernsehen", „Kinder können fernsehen" – in der Tat, das Fernsehen braucht Zuschauer, auch Kinder. Aber was brauchen die Kinder?

Brauchen Kinder Fernsehen und Computer?

Sowohl in der Frage des richtigen Fernsehens als auch des richtigen Umgangs mit den anderen Medien liegt die Antwort darin, die richtige Balance zu finden.

Kinder müssen den Umgang mit den neuen Medien lernen und üben, denn sie sollen in Zukunft flexibel über sie verfügen können, ohne süchtige Anhängsel zu werden. Von sich aus, ohne die abwägende und regu-

lierende Distanz der Erwachsenen, drängen Kinder zu den immer verfügbaren, elektronischen Geräten und Spielen, die ihrem wachen Geist immer neues Futter geben und sie mit Geräuschen und schnellen, faszinierenden Bildern locken. Die Beschäftigung damit macht scheinbar unabhängig vom Anpassungsdruck an eine Situation oder einen Spielpartner. Der Knopf ist schnell gedrückt, und schon ist man mittendrin in einer bunten Welt, die nichts als aufgesperrte Augen und Ohren abzuverlangen scheint.

Elektronische Medien gehören zur heutigen Welt; daher müssen Kinder lernen, sinnvoll mit ihnen umzugehen.

Der Umgang mit dem Gameboy, mit elektronischen Spielgeräten, mit dem Computer muss mit Hilfe der Eltern erlernt werden – einem Vorschulkind hier freie Bahn zu lassen, ist im Moment vielleicht bequem, auf Dauer aber mit Sicherheit schädlich und verantwortungslos.

Wenn Kinder mündige Teilnehmer und kompetente Partner innerhalb der sich rasant entwickelnden Kommunikationstechnologie werden sollen, gehört Medienerziehung auch in die Familie. Hier kann über Gefahren und Möglichkeiten gesprochen werden, die vergnügliche und die informative Seite kennengelernt werden und der sinnvolle Umgang mit den Medien, integriert in das menschliche Miteinander, erprobt werden.

Was also brauchen Kinder?

Sie brauchen Eltern und andere Erwachsene, die selbst bewusst mit den Medien und den anderen Verlockungen der Postmoderne umgehen können, sie sinnvoll als Informationsquellen nutzen und daher nicht pauschal verdammen, aber nicht von ihnen als Freizeitbeschäftigung abhängig werden.

Und vor allem brauchen Kinder uns Erwachsene als interessierte und begeisterte Zuschauer ihrer eigenen Aktivitäten, die bereit sind, sich in „Mitmacher“ zu verwandeln und mit den Kindern gemeinsam die eigene Kreativität zu leben.

Das siebte Jahr – ein Übergangsjahr

Im Laufe des sechsten Lebensjahres taucht für das Kind und die Eltern ein neues Ziel auf, um das sich bald sehr viel drehen wird: die Schule.

Abschied und Ausblick

Viele Kinder und auch Eltern können es gar nicht erwarten, bis die Schulzeit beginnt. Für andere ist die Angelegenheit noch ein Buch mit sieben Siegeln, und sie denken gar nicht daran, sich schon darauf einzustellen.

Voller Vorfreude

Etwa ein halbes Jahr vor der Einschulung, zur Zeit der Anmeldung in der Schule und dem Schnuppertag, herrscht große Aufregung in der Familie. Es ist gut, das Kind auf das, was auf es zukommen wird, vorzubereiten und es in seiner Vorfreude zu unterstützen. Die meisten Schulen gestalten diesen Tag des Kennenlernens auch recht nett und helfen den kleinen Schulanwärtern, ein erstes positives Bild von der Schule zu gewinnen.

Etwas geht unweigerlich zu Ende. Etwas Neues zeichnet sich ab.

Es wird nun spürbar, dass die letzten Monate vor dem Schuleintritt eine Übergangszeit sind. Früher sagte man „Jetzt beginnt der Ernst des Lebens". Tatsächlich bekommen nun die Gesichter der Sechsjährigen etwas Ernsthaftes, sie scheinen körperlich und geistig aus der Gruppe der Kindergartenkinder herauszuwachsen. Die erste Zahnlücke lacht einen an. Mit dem ausgefallenen Zahn bekommt auch das Bild der rundum harmonischen Kindlichkeit eine Lücke.

Das Kind lieber noch zurückstellen?

Manchmal glauben die Eltern, dass ihr Kind bessere Startchancen hat, wenn sie es ein Jahr später zur Schule schicken. Doch diese Überlegung ist nicht grundsätzlich richtig. Im sechsten und siebten Lebensjahr sind Kinder besonders aufnahmefähig, sie wünschen sich neue, auch intellektuelle Erfahrungen, sind wissbegierig und möchten lernen. Außerdem wird der Unterrichtsstoff heutzutage in der ersten Klasse meist recht spielerisch vermittelt.

Dennoch kann es manchmal wichtig und richtig sein, einem Kind noch ein zusätzliches Jahr Zeit zu lassen und es etwas später als seine Altersgenossen in die Schule zu schicken. Doch diese Entscheidung wird in der Regel schon beizeiten in Absprache mit den Erzieherinnen aus dem Kindergarten getroffen; oft können Einschulungstests u. Ä., durchgeführt von Fachleuten, eine Entscheidungshilfe geben.

Eine Zurückstellung hat dann einen Sinn, wenn das Kind in dieser Zeit zu Hause und gegebenenfalls auch von Fachkräften oder in einer Vorklasse in seinen möglichen Schwächen erkannt und in seiner Entwicklung gezielt gefördert wird.

Bevor man ein Kind in eine sogenannte Vorklasse gibt, sollte man sich genau erkundigen und anschauen, worum es sich dabei handelt. Nur dann kann man erkennen, ob in dieser Form der Vorschule die besonderen Defizite des einzelnen Kindes aufgeholt werden können.

Sollten sich bei einem Kind grundlegende Wahrnehmungsstörungen oder Bewegungsauffälligkeiten zeigen, sollte unbedingt eine Beratungs- und Informationsstelle aufgesucht werden. Auch der Kinderarzt kann meist weiterhelfen und das Kind z. B. an eine Ergotherapeutin überweisen.

Kriterien der Schulreife

Der Schulbeginn ist für das Kind ein aufregendes und äußerst stressiges Ereignis. Die meisten Eltern möchten ihrem Kind einen guten Start sichern und es vorbereiten, damit es die bestmöglichen Chancen hat.

Es gibt bestimmte grundlegende Fähigkeiten, die ein Kind sich aneignen muss, um auf die Schule vorbereitet zu sein und von seiner Zeit dort zu profitieren.

Der folgende Katalog von Fähigkeiten kann als Orientierung dienen für das, was heute bei der Einschulung vorausgesetzt wird.

Soziales und emotionales Verhalten

- Das Kind kann Kontakt zu anderen Kindern aufnehmen, es wird akzeptiert und reagiert auf Schwierigkeiten nicht aggressiv. Es fühlt sich auch angesprochen, wenn der Lehrer zur ganzen Klasse spricht.
- Es kann teilen und abgeben. Es fühlt sich wohl, wenn es in einer kleinen Gruppe von Freunden spielt.
- Es hat Verständnis für eine gewissen Ordnung und Eingliederung und kann momentane Wunschregungen zurückstellen.
- Es kann sich anleiten lassen und folgt Anweisungen und Beschäftigungsangeboten.

Körperliche Entwicklung

Anhaltspunkte können sein:

- Das Kind kann einen Ball fangen und werfen.
- Es kann mit der Schere schneiden.
- Es kommt mit Knöpfen und Reißverschlüssen zurecht.
- Es kann zweibeinig und auf einem Bein hopsen.
- Es ist fähig, mit der Hand über den Kopf zum Ohr zu fassen.
- Es ist nicht übermäßig unruhig oder apathisch.
- Es muss einige Zeit stillsitzen und zuhören können und die Spannung dabei nicht sofort in Bewegung umsetzen.
- Seine Aufmerksamkeit muss sich eine Viertelstunde auf dasselbe Thema richten können.

Intellektuelle Fähigkeiten

- Das Kind ist zu analytischer Wahrnehmung fähig, es kann Einzelheiten in einer Gesamtheit erkennen.
- Es kann über ein Ereignis einigermaßen zusammenhängend sprechen und seine Gedanken verständlich formulieren.
- Es genießt Geschichten und hört zu, ohne zu viel herumzuzappeln, und kann sie in eigenen Worten wiedergeben.
- Es erkennt Farben und weiß ihre Namen.
- Es kann sich in seiner gewohnten Umwelt orientieren, weiß vielleicht schon seine Adresse und Telefonnummer und hat ein Zeitgefühl.
- Es kennt Spiele mit ihren Spielregeln.
- Es hat den Wunsch zu lesen und zu zählen und hat eine Vorstellung von Mengen.

Über diese Orientierungspunkte hinaus zeigt sich die Schulbereitschaft, indem sich das Kind auf die Schule freuen kann und hingehen möchte. Es ist wissbegierig, möchte schreiben und lesen lernen und freut sich auf andere Schulkinder.

Der Schulbeginn: ein Einschnitt im Leben des Kindes

Mit der Schule beginnt für Kind und Eltern ein Lebensabschnitt mit vielen Veränderungen, ein neuer Auftakt, der weitere Anpassungsleistungen an ein soziales Bezugssystem außerhalb der Familie erfordert. Die Eltern müssen es jetzt erneut schaffen, ihr Kind noch ein Stück weiter loszulassen und anderen Menschen und Einflüssen anzuvertrauen, die sie nicht in allem kontrollieren können. Sie trennen sich von ihrem Kind in der Gewissheit, dass es diese unabhängige Erfahrung braucht.

Die besten Begleiter auf diesem Weg sind Menschen, die die Begabungen und Fähigkeiten des Kindes erkennen, schätzen, aber nicht über- oder unterschätzen, und differenziert auf die Möglichkeiten des Kindes eingehen können.

Eltern, die in den vergangenen Jahren die Selbstständigkeit ihres Kindes gefördert haben, verlässliche Partner und verständnisvolle Autoritäten waren, haben ihr Kind gut auf die kommenden Jahre vorbereitet.

Anhang

Wichtige Begriffe

Adaption: Anpassung der Empfindlichkeit der Sinne an einen Reiz. Hier: Begriff von J. Piaget, siehe Kapitel „Spontaneität, Erkenntnis und Interesse".
Affekte: Umgrenzter, oft plötzlich entstehender und kurz andauernder Gefühlsausbruch, z. B. Wut, Angst, Freude, verbunden mit körperlichen Begleiterscheinungen wie Erröten, Weinen etc.
Aggression: Ein Verhalten mit der Absicht, ein Lebewesen oder eine Sache zu beschädigen oder zu zerstören.
Aggressivität: Tendenz zu Verhaltensweisen, die darauf abzielen, andere zu schädigen, zu demütigen, zu zwingen, zu vernichten u.s.w. Aber Aggressivität muß sich nicht zerstörerisch motorisch äußern; in jeder Verhaltensweise steckt auch ein Stück Aggressivität (z. B. Ironie, Spott, Verweigerung, Angriffslust, Tatendrang).
Ambivalenz: Das gleichzeitige Auftreten entgegengesetzter Gefühle, z. B. das Empfinden von Liebe und Haß in der Beziehung zu derselben Person. Siehe Kapitel „Selbstbewußte Kinder".
Akkommodation: Anpassung der Vorstellung an die Umwelt.
Assimilation: Hier als Begriff von J. Piaget verwendet: Anpassung der Umweltgegebenheiten in die vorhandenen Denkschemata.
Autoaggression: Gegen sich selbst gerichtete Aggression.
Empathie: Emotionale Einfühlung in eine andere Person.
Ethik: „Sittenlehre", sittliche Forderungen an das menschliche Verhalten. Voraussetzung ist stets die Freiheit und sittliche Verantwortlichkeit des Individuums in seiner jeweiligen Situation in Beziehung auf Gut und Böse. Die Ethik versucht ihre Forderungen an den Menschen zu begründen.
Fötus: Bezeichnung für die Leibesfrucht in der Gebärmutter für die Zeit nach dem 2. Schwangerschaftsmonat.
Idealisierung: Psychischer Vorgang, bei dem eine Person eine andere Person als vollkommen betrachtet.
Identifizierung: Übernahme der Motive und Eigenschaften eines anderen in die eigene Person. Psychologischer Vorgang, durch den Aspekte, Eigenschaften, Attribute des anderen aufgenommen werden und eine Verwandlung nach dem Vorbild stattfindet.
Identität: Unverwechselbarkeit und Einmaligkeit einer Person, die von ihr selbst als kontinuierlich durch alle persönlichen Veränderungen hindurch erlebt wird.
Imitation: Nachahmung, Nachbildung, genaue Wiederholung.
Impuls: Anstoß, Anregung, innerer Antrieb oder Regung.
Integration: Vervollständigung, Herstellung einer Einheit aus verschiedenen Einzelheiten; Einfügen von Einzelheiten in eine Gesamtheit.
Interaktion: Personen treten in eine Wechselbeziehung, indem sie aufeinander ansprechen (reagieren).
Internalisierung: Verinnerlichung von Normen, Werten, Meinungen in der individuellen Entwicklung.
Intrauterin: Innerhalb der Gebärmutter.
Kognitiv: Entwicklung all der Funktionen beim Kind, die zum Wahrnehmen eines Gegenstandes oder zum Wissen über ihn beitragen; Prozesse der Wahrnehmung, Vorstellung, Denken, Erinnern.
Kommunikation: Austausch von Mitteilungen und Informationen; zwischenmenschlicher Austausch, z. B. sprachlich, mimisch oder über andere Zeichen und Symbole.
Kreativität: Schöpferisches Denken und Produzieren; Fähigkeit zum Hervorbringen origineller Problemlösungen, Einfallsreichtum, Intuition, Flexibilität usw. S.a. Kapitel „Übergänge: Phantasie, Spiel, Kreativität".
Modus: Art und Weise des Geschehens oder Seins; Verfahrensweise.
Motorik, motorisch: Bewegungsabläufe, die von den motorischen Zentren des Gehirns gesteuert werden.

Informationen über PEKiP-Gruppen in ganz Deutschland bekommen Sie unter folgender Adresse: PEKiP e.V., Geschäftsstelle Heltorfer Straße 71 47269 Duisburg www.pekip.de

Narzissmus: Psychoanalytischer Ausdruck für die Liebe, die man dem Bild von sich selbst entgegenbringt, in Anlehnung an die griechische Sagengestalt Narziß. (Primärer) Narzißmus bezeichnet die Lusterfahrung des Kleinkindes bei bestimmten körperlichen Gefühlen, z. B. Sättigung, Wärme.
Objektpermanenz (Objektkonstanz): Eine geistige Errungenschaft in den ersten zwei Lebensjahren; das Baby lernt, dass Objekte und Menschen unabhängig von seiner Wahrnehmung existieren. Der Begriff stammt aus dem Werk Piagets.
Phobie: übertriebene Scheu, krankhafte Angst, Abneigung, irrationale Furcht vor bestimmten Situationen, Gefahren, Krankheiten, Objekten usw.
Präoperationale Periode: Phase der frühkindlichen Entwicklung nach J. Piaget, in der das Denken noch nicht logischen Schritten folgt, sondern von unmittelbaren Erscheinungen und eigenen Wahrnehmungen ausgeht. Siehe Kapitel „Spontaneität, Erkenntnis und Interesse".
Präverbal: Vor der Fähigkeit, Gedanken, Gefühle, Vorstellungen u. Ä. in Worten auszudrücken und damit ins Bewußtsein zu bringen.
Regression: Psychischer Vorgang, bei dem das Kind zu Etappen seiner Entwicklung zurückkehrt, die es bereits überschritten hatte; ein Zurück zu Ausdrucksformen und Verhaltensweisen, die vor der bereits erreichten Stufe liegen.
Sozialisation: Begriff für den Prozeß der Vermittlung und Einübung der Werte, Normen und Techniken einer Gesellschaft, mit dem Ziel des Erlernens spezifischer Rollen Verhaltensweisen; erfolgt wesentlich in den ersten Lebensjahren durch die Erziehung in der Familie.
Symbiose: In der Biologie ist damit das Zusammenleben unterschiedlicher Organismen zum gegenseitigen Nutzen gemeint. Die Psychologie hat diesen Begriff auf die Beziehung von Mutter und Kind übertragen.
Trauma, traumatisch: Ereignis im Leben einer Person, das so intensiv auf sie einwirkt, dass sie nicht in der Lage ist, angemessen zu reagieren. Die Erschütterung kann dauerhafte Schäden im Aufbau des Seelenlebens hervorrufen.
Übergangsobjekt: Von Winnicott eingeführter Ausdruck zur Bezeichnung eines Gegenstandes, der für das Kind eine wichtige Bedeutung hat. Der Gebrauch und die Zuflucht zu solchen Dingen (Kuscheltier) ist ein normales Phänomen, das dem Kind ermöglicht, den Übergang von der ersten Beziehung zur Mutter hin zur Welt und ihren vielfältigen Objekten zu schaffen. Siehe Kapitel „Regression – wieder klein sein" und „Übergänge: Phantasie, Spiel, Kreativität".

Wichtige Persönlichkeiten

Adorno, Theodor W.

Professor für Philosophie und Soziologie (1903–1969). Begründer der „Frankfurter Schule" und wichtigster Vertreter einer kritischen Philosophie im Nachkriegsdeutschland; Kritik an der Vermassung der Menschen durch die Medienindustrie; zahlreiche Vorträge, Veröffentlichungen u. a.: „Die autoritäre Persönlichkeit", „Negative Dialektik", „Erziehung zur Mündigkeit".

Bachmann, Helen

Kunsttherapeutin, leitete in Zürich ein Malatelier, in dem sie über lange Jahre hinweg Kinder und ihre bildlichen Darstellungen beobachtete; sie sieht in der schöpferischen Gestaltung der Kinder den Ausdruck des Selbstfindungsprozesses. Bachmann bezieht sich auf psychoanalytische Theorien der Loslösungs- und Individuationsprozesse und entwickelte ein Konzept der Phasen in der Kinderzeichnung.

Bettelheim, Bruno

International bekannter Kinderpsychologe, Professor für Erziehungswissenschaften, Psychologie und Psychiatrie in den USA (1903–1990). Langjährige therapeutische Arbeit mit Kindern; zahlreiche Werke über Probleme der Kindererziehung u. a.: „Die Geburt des Selbst", „Ein Leben für Kinder", „Liebe allein genügt nicht", „Kinder brauchen Märchen".

Bloch, Ernst
Bedeutender deutscher Philosoph (1885–1977); für sein Denken stand der Mensch als hoffendes und wünschendes Wesen im Mittelpunkt. Er entwarf eine Philosophie der Utopie einer Gesellschaft ohne Entfremdung. Wichtigstes Werk: „Das Prinzip Hoffnung".

Bowlby, John
Englischer Psychiater; Forschung und Veröffentlichung zu Fragen der Mutter-Kind-Beziehung und Folgen der Trennung von Mutter und Kind. Bücher zu den Themen „Bindung", „Trennung", „Verlust" und „Trauer".

Brazelton, T. Berry
Professor für Kinderheilkunde in Havard und Boston, praktischer Kinderarzt und Psychoanalytiker; Forschung über kindliche Entwicklung; erarbeitete in Anlehnung an Winnicott Konzepte der präventiven Elternberatung; Autor zahlreicher wissenschaftlicher Arbeiten und Bücher zum Umgang mit Kindern.

Dolto, Françoise
Bekannte französische Kinderärztin und Psychoanalytikerin; sie wurde populär durch langjährige Rundfunksendungen, in denen sie Eltern zu allen Bereichen des Erziehungsalltags beriet. Dolto veröffentlichte Standardwerke zur Erziehungspraxis.

Dreikurs, Rudolf
Amerikanischer Kinderpsychologe und Elternberater (1897–1972), bekannt v. a. durch das Buch „Kinder lernen aus den Folgen".

Erikson, Erik H.
Professor für Sozialpsychologie in Berkeley und Cambridge, Lehranalytiker; forschte und veröffentlichte über die Psychodynamik der Identitätsentwicklung und ihre Krisen unter den Bedingungen des sozialen Wandels. Bekannteste Bücher: „Jugend und Krise", „Kindheit und Gesellschaft".

Finzi, Silvia Vegetti
Italienische Psychotherapeutin und Dozentin für dynamische Psychologie.

Freud, Anna
Tochter von Sigmund Freud und Begründerin der Kinderpsychoanalyse (1885–1982). Leitete in London eine psychosomatische Kinderklinik und widmete sich lebenslang der Kinderbeobachtung und Therapie. Veröffentlichungen u. a.: „Wege und Irrwege der Kinderentwicklung", „Die Rolle der körperlichen Krankheiten im Seelenleben des Kindes".

Hentig, Hartmut von
Professor für Pädagogik; bekannt durch Thesen zur Kindheit bzw. Verlust von Kindheit in einer kinderfeindlichen Welt. Vertritt eine dem Gemeinwohl verpflichtete Erziehung in den Formen lebensbezogenen Lernens.

Kluge, Alexander
Schriftsteller, Filmregisseur, Jurist; neben Film- und Medienarbeit wissenschaftlich-soziologische Untersuchungen über Erfahrung und Lebenszusammenhang im Medienzeitalter und über die sinnliche Wahrnehmung von Zeiterfahrung.

Kohut, Heinz
Professor für Psychoanalyse in den USA; war Präsident der Internationalen Psychoanalytischen Vereinigung; entwarf eine Theorie der therapeutischen Behandlung von narzißtischen Persönlichkeitsstörungen.

Mertens, Wolfgang
Professor für klinische Psychologie; verschiedene Veröffentlichungen im Bereich der Psychoanalyse; verfaßte ein Standardwerk zur Entwicklung der Sexualität und Geschlechtsidentität.

Miller, Alice
Schweizer Philosophin und Psychoanalytikerin; langjährige therapeutische Tätigkeit und Forschung über Kindheit, insbesondere über Ursachen und Folgen von Kindesmißhandlung; Leitthemen: Ursprung des Selbstverlustes, Wege der Selbstfindung. Bekannteste Veröffentlichung: „Das Drama des begabten Kindes".

Mitscherlich-Nielsen, Margarete
Psychoanalytikerin, bekannt vor allem durch die Werke „Die friedfertige Frau", „Die Unfähigkeit zu trauern".
Montessori, Maria
Italienische Ärztin und Pädagogin mit weltweitem Einfluß auf die moderne Pädagogik (1870 bis 1952). Begründerin eines Unterrichts, in dem die individuelle Selbständigkeit des Kindes gefördert wird; entwickelte ein eigenes Konzept sowie Methoden und Materialien zur Unterstützung der kindlichen Entwicklung und Selbsttätigkeit. Die erste Montessori-Schule wurde 1907 in Rom gegründet; inzwischen gibt es weltweit Montessori-Kindergärten und Schulen. Wichtigste Veröffentlichungen: „Die Entdeckung des Kindes", „Kinder sind anders", „Das kreative Kind", „Frieden und Erziehung".
Neutzling, Rainer
siehe: Schnack, Dieter
Piaget, Jean
(1896–1980) Psychologe, Erkenntnistheoretiker, Biologe; faßte die seelische Entwicklung auf als ständig differenzierte, kognitive Repräsentation der Welt (s. a. Begriffe „Assimilation", „Akkommodation"). Seine Beschreibung der menschlichen Denkentwicklung hat große Bedeutung für die Intelligenzforschung. Zahlreiche Veröffentlichungen, darunter: „Das Erwachen der Intelligenz beim Kinde", „Nachahmung, Spiel und Traum", „Sprechen und Denken des Kindes". (Im Text zitiert nach: Mary Ann Pulaski: Piaget. Eine Einführung in seine Theorien und sein Werk. 1975)
Postman, Neil
Professor für Media Ecology in New

Literatur

Adorno, Theodor W.: Erziehung zur Mündigkeit. Frankfurt/Main 1975
Ariès, Philippe: Geschichte der Kindheit. München 1998
Bachmann, Helen: Malen als Lebensspur. Stuttgart 6. Aufl. 1996
Becker-Textor, Ingeborg: Unser Kind soll in den Kindergarten. Freiburg 1993
Bettelheim, Bruno: Kinder brauchen Märchen. München 1993
ders.: Liebe allein genügt nicht. Stuttgart 11. Aufl. 1997
ders.: Ein Leben für Kinder. Erziehung in unserer Zeit. Stuttgart 1987
Biddulph, Steve: Das Geheimnis glücklicher Kinder. München 2002
Bowlby, John: Psychoanalyse und Kindererziehung; aus: Das Glück und die Trauer. Herstellung und Lösung affektiver Bindungen. Stuttgart 2. Aufl. 2001
Brazelton, T. Berry: Ein Kind wächst auf. Stuttgart 1995
ders.: Babys erstes Lebensjahr. München 1994
ders./Bertrand G. Cramer: Die frühe Bindung. Stuttgart 2. Aufl. 1994
Chesler, Phyllis: Mutter werden. Die Geschichte einer Verwandlung. Hamburg 1980
Claessens, Dieter: Familie und Wertsystem. Berlin 4. Aufl. 1979
Dolto, Francoise: Alltagsprobleme mit Kindern und Jugendlichen. Weinheim 1992
Dornes, Martin: Der kompetente Säugling. Frankfurt/Main 1993
ders.: Die frühe Kindheit. Frankfurt/Main 2001
Dosick, Wayne: Kinder brauchen Werte. München 1998
Dreikurs, Rudolf/Grey, Loren: Kinder lernen aus den Folgen. Freiburg 22. Aufl. 2002
Erikson, Erik. H.: Identität und Lebenszyklus. Frankfurt 1976
Finzi, Silvia Vegetti: Ein Versprechen auf ewig. Hamburg 1995
Friesen, Astrid von: Liebe spielt eine Rolle. Hamburg 1997
Gürtler, Helga: Kinderärger – Elternsorgen. Ravensburg 12. Aufl. 1996
dies.: Das lernt mein Kind im Kindergarten. München 1994

Habermas, Jürgen: Erkenntnis und Interesse. Frankfurt/Main 2001
Hentig, Hartmut von: in: Ariès, Geschichte der Kindheit. München 1998
Hilsberg, Regina: Schwangerschaft, Geburt und erstes Lebensjahr. Hamburg 2000
Holtstiege, Hildegard: Modell Montessori. Freiburg 12. Aufl. 2000
Kohut, Heinz: Auf der Suche nach dem Selbst. München 1993
Kursbuch Kinder. Köln 1993
Largo, Remo: Babyjahre. München, Zürich 2001
Mertens, Wolfgang: Entwicklung der Psychosexualität und Geschlechtsidentität. Bd. 1-2. Köln 2. Aufl. 1996
Miller, Alice: Das Drama des begabten Kindes. Frankfurt 1983
Mitscherlich-Nielsen, Margarete: Müssen wir hassen? Über den Konflikt zwischen innerer und äußerer Realität. München 1972
Montessori, Maria: Kinder sind anders. München Neuaufl. 1992
Ohlmeier, Dieter: Psychoanalytische Entwicklungspsychologie. Freiburg 1973
Oswald, Paul: Grundgedanken der Montessori-Pädagogik. Freiburg 2002
Piontelli, Alessandra: Vom Fetus zum Kind: Die Ursprünge des psychischen Lebens. Stuttgart 1996
Postman, Neil: Das Verschwinden der Kindheit. Frankfurt/Main 1983
Prekop, Jirina/Schweizer, Christel: Kinder sind Gäste, die nach dem Weg fragen. München 2. Aufl. 2001
Pulaski, Mary Ann: Piaget. Ravensburg 1975
Pulkkinen, Anne: Babys spielerisch fördern. München 5. Aufl. 2002
Richter, Horst E.: Eltern, Kind und Neurose. Hamburg 1972
Rogge, Jan-Uwe: Kinder brauchen Grenzen. Hamburg 1993
ders.: Eltern setzen Grenzen. Hamburg 1995
ders.: Kinder können fernsehen. Hamburg 8. Aufl. 2001
Rudolf, Charlotte: Waldorf-Erziehung. Darmstadt 1987
Schmauch, Ulrike: Kindheit und Geschlecht. Anatomie und Schicksal. Frankfurt/Main 1993
Schnack, Dieter/Neutzling, Rainer: Kleine Helden in Not. Jungen auf der Suche nach Männlichkeit. Hamburg 2001
Sichtermann, Barbara: Leben mit einem Neugeborenen. Frankfurt/Main 20. Aufl. 1997
Stemann-Acheampong, Susanne: Der phantastische Unterschied. Zur psychoanalytischen Theorie der Geschlechtsidentität. Göttingen 1996
Stern, Daniel N.: Die Lebenserfahrung des Säuglings. Stuttgart 7. Aufl. 2000
Widlöcher, Daniel: Was eine Kinderzeichnung verrät. Frankfurt 6. Aufl. 1995
Winnicott, D. W.: Familie und individuelle Entwicklung. Frankfurt/Main 1984
ders.: Vom Spiel zur Kreativität. Stuttgart 9. Aufl. 1997
ders.: Reifungsprozesse und fördernde Umwelt. Frankfurt/Main 2002
ders.: Kinder. Gespräche mit Eltern. Stuttgart 1994
Wißkirchen, Hubert: Die wiederentdeckte Erziehung. München 3. Aufl. 1999
Zimmer, Katharina: Was mein Baby sagen will. München 1999
dies.: Wenn Eltern laufen lernen. München 1998

Register